AF401494

QUESTIONS DE PÉDAGOGIE

THÉORIQUE ET PRATIQUE

TRAITÉES EN VUE DE LA PRÉPARATION
AUX EXAMENS PROFESSIONNELS DE L'ENSEIGNEMENT PRIMAIRE

PAR

EUGÈNE BROUARD

Inspecteur général honoraire de l'enseignement primaire

ET

CHARLES DEFODON

Inspecteur primaire à Paris
Rédacteur en chef du « Manuel général de l'instruction primaire »
Membre du Conseil supérieur de l'instruction publique.

PARIS

LIBRAIRIE HACHETTE ET Cⁱᵉ

79, BOULEVARD SAINT-GERMAIN, 79

QUESTIONS

DE PÉDAGOGIE

COULOMMIERS

Imprimerie P. Brodard et Gallois.

QUESTIONS
DE PÉDAGOGIE

THÉORIQUE ET PRATIQUE

TRAITÉES EN VUE DE LA PRÉPARATION
AUX EXAMENS PROFESSIONNELS DE L'ENSEIGNEMENT PRIMAIRE

PAR

EUGÈNE BROUARD

Inspecteur général honoraire de l'enseignement primaire

ET

CHARLES DEFODON

Inspecteur primaire à Paris
Rédacteur en chef du « Manuel général de l'instruction primaire »
Membre du Conseil supérieur de l'instruction publique

PARIS

LIBRAIRIE HACHETTE ET Cie

79, BOULEVARD SAINT-GERMAIN, 79

—

1890

Droits de traduction et de reproduction réservés.

PRÉFACE

En général, ce qui manque, pour la préparation aux divers examens, ce ne sont pas les conseils, mais les modèles. C'est pour cela que les préparateurs bien avisés ont soin de faire suivre leurs observations et leurs critiques de ce qu'ils appellent le *corrigé*, c'est-à-dire du sujet traité par une main exercée, au besoin par eux-mêmes. C'est en effet par la comparaison avec un modèle que les candidats sont amenés à bien voir les côtés faibles de leur travail, par exemple à constater que leur plan est défectueux, qu'ils n'ont pas pris la question à son véritable point de vue, qu'ils l'ont mal divisée et qu'ils en ont mal équilibré les diverses parties; qu'enfin leur style manque d'élégance, de convenance par rapport au sujet, quelquefois de correction. Le modèle leur présente en quelque sorte le niveau auquel il eût été bon de se tenir et leur trace les limites dans lesquelles il fallait se renfermer, les mettant en garde contre les exagérations tantôt dans un sens, tantôt dans un autre.

On ne saurait, à notre avis, trop multiplier ce que nous n'hésiterons pas à appeler de bons modèles, c'est-à-dire des compositions qui, sans prétendre à la perfection, répondent avec simplicité et exactitude aux questions posées.

C'est pour cela que nous en offrons aujourd'hui un grand nombre (soixante-dix) aux jeunes maîtres et aux jeunes maîtresses qui se préparent aux examens professionnels de l'enseignement primaire, notamment au certificat d'aptitude pédagogique.

Nous avons voulu aussi être utiles à d'autres points de vue. Pour se former à penser et à écrire sur les choses de leur profession, les aspirants et les aspirantes peuvent assurément consulter les manuels et les traités spéciaux qu'ils ont entre leurs mains. Mais ces ouvrages, dont plusieurs ont une valeur que nous reconnaissons volontiers, présentent le grave inconvénient d'être plutôt théoriques que pratiques. Les auteurs de la plupart des traités d'éducation se résignent rarement à descendre à l'humble école primaire pour en étudier les exigences spéciales et conduire par la main les maîtres et maîtresses qui y font leurs débuts. Il est bon, assurément, de les lire; mais il faut le faire avec sobriété et prudence, afin de ne point se laisser emporter dans des régions qui ne sont pas les nôtres, de ne point s'exposer à donner prématurément dans des théories risquées, parfois voisines de l'utopie. Ce qu'il nous faut, à nous maîtres et maîtresses d'écoles primaires, surtout à notre entrée dans la carrière, ce sont des principes sûrs, des méthodes éprouvées, une suffisante connaissance des doctrines courantes fondées sur l'expérience de nos devanciers et sur celle des meilleurs praticiens d'aujourd'hui.

Ces doctrines à leur portée, nous croyons que les maîtres les trouveront dans les modèles que nous avons rassemblés à leur intention. Nos sujets n'ont point été pris au hasard : ils embrassent les questions les plus diverses d'éducation et d'enseignement qui sont à l'ordre du jour. Ils reflètent la pédagogie de notre temps, une pédagogie qui est à la fois d'expérience et de progrès. Nos lecteurs pourront donc y puiser des idées sans trop craindre de s'égarer, sans risquer d'offrir aux juges devant lesquels ils se présenteront soit des théories ou des pratiques surannées, soit des nouveautés trop hardies et s'accordant mal avec leur âge.

Nous pensons même qu'à ce titre, en dehors de toute préoccupation d'examen, on peut lire utilement ces chapitres détachés : par leur nature même, ils n'imposent ni fatigue ni contention d'esprit, et chacun d'eux reportera utilement les maîtres à ces souvenirs de leurs études qu'il importe de ne point laisser s'effacer et se perdre, si l'on tient à rester dans le grand courant. D'un autre côté, par le nombre des matières qu'ils embrassent, nos sujets forment une sorte de traité de pédagogie assez complet pour qu'on puisse y trouver des conseils et des directions dans la plupart des circonstances embarrassantes de la vie scolaire.

Le présent ouvrage nous paraît ainsi devoir trouver une modeste place dans les bibliothèques des écoles et des instituteurs. Puisse-t-il y rendre les services dont l'espérance nous a guidés et soutenus en l'écrivant.

E. B. et C. D.

Paris, le 1er juillet 1890.

QUESTIONS
DE PÉDAGOGIE

I

PRINCIPES GÉNÉRAUX DE PÉDAGOGIE

1. — LES TROIS OBJETS DE L'ÉDUCATION

Des trois objets de l'éducation de l'enfant à l'école primaire.
— Passer en revue les différentes parties du programme
correspondant à ces trois objets. — Montrer que l'éducation
est cependant une.

Il n'est pas bien difficile de déterminer quels sont les
trois objets de l'éducation de l'enfant à l'école primaire. Il
s'agit tout simplement, pour l'école primaire, d'abord de
laisser l'enfant s'élever, ensuite de contribuer, pour une
juste part, à son éducation envisagée au triple point de vue
physique, intellectuel et moral.

Laisser l'enfant s'élever. Nous entendons par là ne point
contrarier chez lui l'œuvre de la nature, ne point gêner le
développement de ses organes et de ses facultés. L'école
où manquent l'air, la lumière, le mouvement, où les exercices soit assis, soit debout, se prolongent outre mesure;
où le mobilier, mal construit, oblige de prendre ou de
garder des positions pénibles, nuit au développement des
organes et peut même l'arrêter ou le fausser. De son côté,

l'école où, pour venir à bout de programmes trop chargés, il faut supprimer les repos, raccourcir les récréations, empiéter sur le temps libre, celui qui devrait se consumer en jeux, en épanouissants ébats sur la place publique ou dans la famille ; l'école où l'on épuise les cerveaux par une culture intensive ; où, d'ailleurs, on ne laisse rien à l'initiative des enfants, brisant les volontés au lieu de les assouplir, forçant les attentions plutôt qu'on ne les captive et qu'on ne les soutient, cette école-là écrase les facultés. Dans l'une et l'autre de ces alternatives, l'école ne laisse point l'enfant s'élever ; elle le violente et court grand risque de produire de dangereuses déviations, dans tous les cas, de troubler profondément l'œuvre de la nature. L'école doit tout d'abord respecter cette œuvre, en comptant avec les forces et les besoins de l'enfant, en évitant tout ce qui peut nuire à son développement normal dans tous les sens.

Toutefois, qu'on se garde bien de penser que nous la réduisions à un rôle purement négatif. Bien loin d'avoir à s'abstenir, elle doit exercer les moyens d'action qui lui sont propres sur l'éducation physique, morale et intellectuelle des enfants qui lui sont confiés.

L'éducation physique est peut-être celle qui lui appartient le moins ; la nature est là qui y travaille silencieusement et sûrement ; la famille est là à son tour, pour y pourvoir par ses incessantes sollicitudes :

> Sur les soins d'une mère on peut s'en rapporter....

Aussi, en dehors des mesures préventives auxquelles nous faisions allusion tout à l'heure, elle a peu de chose à faire pour les corps. Cependant, nos programmes se préoccupent de cette partie de l'éducation ; ils prescrivent la gymnastique, les exercices militaires pour les garçons, les travaux manuels pour les garçons et pour les filles, travaux prudemment gradués, appropriés à l'âge et au sexe. « Pour le travail manuel des garçons, disent-ils, les exercices se répartissent en deux groupes : l'un comprend les divers exercices destinés d'une façon générale à délier les doigts et à faire acquérir la dextérité, la souplesse, la rapidité et la justesse des mouvements ; l'autre groupe comprend les exercices gradués de modelage qui servent de complément à l'étude correspondante du dessin, et particulièrement du dessin industriel. — Le travail manuel des filles, outre les ouvrages de couture et de coupe, comporte un certain nombre de leçons, de conseils, d'exercices au moyen desquels la maîtresse se proposera, non pas de faire un cours régulier d'économie domestique, mais d'inspirer aux jeunes filles, par un grand nombre d'exemples pratiques, l'amour de l'ordre, de leur faire acquérir les qualités sérieuses de la femme de ménage, de les mettre en garde contre les goûts frivoles ou dangereux. » On voit que, pour les jeunes filles surtout, l'éducation physique se rapproche singulièrement de l'éducation morale, et que, pour les garçons, les exercices conseillés ou prescrits n'ont pas tous pour objet le développement physique ; beaucoup sont destinés à mettre les organes en quelque sorte à la disposition de l'esprit, et confinent ainsi à l'éducation intellectuelle, voire à l'éducation esthétique ; tant il est vrai que, comme nous aurons à l'établir bientôt, dans l'éducation, tout se mêle et se confond pour former une œuvre unique et indivisible.

Les programmes donnent la seconde place à l'éducation intellectuelle et y insistent longuement. C'est qu'ici l'école entre en plein dans son rôle. Sa mission est d'élever, mais elle est aussi, et particulièrement, d'instruire. C'est même par ce seul côté que les familles l'envisagent et la jugent. Les programmes rappellent l'objet de l'éducation intellectuelle, tracent la méthode générale qui doit y présider, puis énumèrent par le menu les différentes branches d'enseignement qui sont du domaine de l'instruction primaire, au moins de l'instruction primaire élémentaire, qui est seule en cause pour le moment. C'est en parcourant le « cycle des études primaires » que devra se faire l'éducation intellectuelle : nos élèves doivent emporter de l'école « d'abord une somme de connaissances appropriées à leurs futurs besoins, ensuite et surtout de bonnes habitudes d'esprit, une intelligence ouverte et éveillée, des idées claires, du jugement, de la réflexion, de l'ordre et de la justesse dans la pensée et dans le langage ». En d'autres termes, l'éducation et le juste développement des facultés auront dû être le résultat de ces enseignements si nombreux et si variés qu'embrasse le programme officiel. Chacun de ces enseignements fournira son contingent à l'œuvre entreprise. La lecture ouvrira des horizons sans fin à l'intelligence; ce sera le principal instrument de culture générale. La grammaire, avec les deux genres d'analyses qui sont de son ressort, accoutumera la pensée à obéir aux lois de la logique et du langage; l'arithmétique, avec tout ce qui s'y rattache, développera la faculté d'abstraire et de raisonner avec clarté et précision; les sciences physiques et naturelles feront naître l'esprit d'observation, l'habitude de classer des faits pour en conclure des lois générales et, réciproquement, de déduire des lois générales les faits particuliers qui y trouvent leur règle et leur raison d'être. La géographie explique le monde, la formation des peuples et leurs relations. L'histoire du passé donne l'intelligence du présent, apprend à juger des personnes et des choses. Chemin faisant, la mémoire s'exerce; peu à peu se fait cette provision d'idées et de connaissances qui « agissent sur les facultés, forment l'esprit, le cultivent, l'étendent et constituent vraiment une éducation ».

Et, en même temps que l'éducation intellectuelle, se fait l'éducation morale. Ici, nos programmes sont plus explicites qu'ailleurs. C'est qu'il s'agit d'un enseignement, non pas précisément nouveau (on a toujours fait de la morale dans nos écoles), mais d'un enseignement plus spécialement prescrit que par le passé, tirant une importance plus grande de la suppression de l'enseignement religieux confessionnel qui l'avait à peu près absorbé. Il fallait en bien définir le but, les caractères, les limites; il fallait aussi marquer le rôle des maîtres, leur tracer une marche et une méthode, surtout peut-être leur fournir des points de repère pour les trois cours, comme un triple programme assez détaillé pour leur faire éviter des oublis ou des écarts. En lisant attentivement, d'une part, les directions générales, d'autre part, le programme détaillé qui les suit, on voit où il faut aller, le but qu'il faut atteindre et les limites dans lesquelles il faut se renfermer. On voit aussi comment il convient de procéder pour l'enseignement de la morale. Ici on s'adresse plutôt au cœur et au sentiment qu'au raisonnement et au savoir. Cependant, on ne craint pas de faire connaître les devoirs ; on les passe tous en revue ; seulement on s'attache plus à les faire sentir et à les faire pratiquer qu'à les démontrer à la manière d'un professeur de philosophie : « à l'école primaire, la morale n'est pas une science, c'est un art, l'art d'incliner la volonté libre vers le bien ». C'est à cela que tous les exercices de l'école doivent aboutir, et telle est sans doute la raison du rang assigné à l'enseignement de la morale dans le programme général.

Mais de ce que ce programme distingue entre l'éducation physique, l'éducation intellectuelle et l'éducation morale, s'en suit-il que l'éducation soit triple ? Nullement ; ce sont là simplement trois aspects sous lesquels on la considère pour soulager l'esprit ; car l'éducation est complexe comme celui qui en est l'objet. L'enfant est un assemblage d'organes qui sont la condition de son existence, un assemblage de facultés qui font sa noblesse et sa supériorité sur tous les êtres environnants ; il a une destinée morale qui ajoute à cette noblesse et à cette supériorité, qui le fait toucher en quelque sorte jusqu'aux cieux. Mais, au fond, tout cela ne fait qu'un seul être, d'abord l'enfant, l'homme plus tard.

Or, c'est l'enfant qu'il faut élever, c'est l'homme qu'il faut préparer, l'enfant et l'homme tout entiers. Ne s'occuper que de l'être physique ou bien ne viser que le développement des facultés, ou bien encore ne songer qu'à la destinée morale, ce serait s'exposer à tronquer l'œuvre, à produire, nous ne dirons pas une monstruosité, mais à tout le moins quelque chose d'incomplet, d'inachevé, pénible à entendre ou à voir ; la lyre n'aurait pas toutes ses cordes ; l'édifice manquerait de proportions ; l'artiste n'aurait pas mis la dernière main à son tableau.

Donc, en séparant par la pensée la triple éducation dont

nous sommes chargés, nous la confondons en fait dans une synthèse unique, en un faisceau qui ne doit jamais être délié. En effet, l'école, par son organisation et par son origine même, travaille chaque jour et à tous moments à l'œuvre de l'éducation générale, tout en faisant la part de l'éducation physique, de l'éducation intellectuelle et de l'éducation morale.

L'école est une société en miniature. On y apprend à supporter les autres, à respecter leurs droits, à leur venir en aide au besoin. On y prend l'habitude du travail, de l'accomplissement du devoir, de l'obéissance à la règle, qui est la loi du moment. On n'y doit l'estime, le succès, la supériorité qu'à l'effort et au mérite personnel. La vertu y est honorée et souvent récompensée ; le vice y est méprisé et toujours puni. Pendant sept ou huit ans, on y vit dans cette atmosphère de vertu et de justice et, de plus, dans la société d'un honnête homme ou d'une honnête maîtresse. En dehors des leçons spéciales que prescrit le programme, voilà certes de quoi former des enfants à la vie morale, leur créer d'heureuses habitudes, les faire entrer en quelque sorte dans la voie du bien.

A l'école, on s'éclaire, on s'instruit par des méthodes rationnelles, par les procédés reconnus les meilleurs ; on observe, on juge, on prononce sous une direction sûre. Voilà de quoi donner de bonnes habitudes d'esprit, de quoi faire l'éducation de l'intelligence et des facultés qui s'y rattachent particulièrement.

D'un autre côté, nous l'avons supposé au début de cette étude, l'école se fait la gardienne vigilante de la santé du corps, l'éducatrice des sens et des organes qui les servent.

Et tout cela se fait, non séparément, non à tour de rôle, non par périodes successives, mais on peut dire à la fois, à toute heure du jour et tous les jours de l'année, et c'est ainsi, nous le répétons, que, malgré des appellations diverses, toute l'œuvre de l'école est une : l'éducation.

2. — L'ÉCOLE EST UN MOYEN, NON UN BUT

Développer et apprécier cette pensée d'Horace Mann : « On
s'imagine que l'école est un but; elle n'est qu'un moyen.
Quand elle existe et qu'elle est établie, on croit volontiers
que tout est fini : c'est alors que tout commence. Il reste, en
effet, à savoir si les écoles font leur œuvre, si elles indem-
nisent le pays de ses sacrifices : si elles élèvent les enfants. »

Une population fortuitement agglomérée manquait d'école;
les enfants vaguaient oisifs par les voies et places publiques
ou bien étaient obligés, s'ils voulaient s'instruire, de faire
un long trajet pour se rendre dans des écoles dites *voi-*
sines, mais qui, en réalité, étaient fort éloignées, d'un
accès difficile, et qui d'ailleurs étaient quelquefois encom-
brées. Les administrations locales et aussi l'administration
départementale se sont émues de cette situation; on a créé
des ressources; on a construit un local, on l'a meublé et
outillé, et voici que l'école s'élève maintenant, spacieuse,
saine, propre, engageante, pourvue du matériel et des maîtres nécessaires. Le but que l'on se proposait, que l'on
devait se proposer, est-il atteint? Généralement, on le
croit, « on se l'imagine ». Il n'en est rien cependant; tout
commence, au contraire. L'école n'est que la pose du
problème; la première donnée, si l'on veut; mais le problème lui-même demeure tout entier à résoudre. Ce problème, c'est l'éducation, « l'éducation réelle, effective de
tous les enfants », dit Horace Mann.

L'école existe. La première difficulté est d'y attirer les
enfants, la seconde de les y retenir, la troisième de les
élever, en donnant à ce mot sa signification la plus étendue.
C'est quand ce résultat, triple en apparence, unique au
fond, sera obtenu, que l'école aura vraiment accompli son
œuvre.

Attirer et retenir les enfants à l'école,... cela peut-il être
désormais pour nous un souci et une préoccupation? La loi
sur l'obligation n'est-elle pas là, qui nous permet de nous
croiser les bras et d'attendre avec confiance que nos classes

se remplissent et se maintiennent au grand complet? Hélas, la loi sur l'obligation n'est pas encore entrée dans nos mœurs. A peine s'en arme-t-on parfois dans quelques cas spéciaux, contre des négligences calculées et obstinées. Ne comptons donc point sur la commission scolaire, sur l'affichage à la porte de la mairie, sur les comparutions, sur les articles 479 et 480 du code pénal, pour remplir l'école qui vient d'être ouverte, pour la mettre à même « d'indemniser le pays de ses sacrifices », en accomplissant l'œuvre d'éducation qui est son but et sa raison d'être; ne comptons pour cela que sur les familles et sur nous-mêmes.

On conquiert les familles à l'école par la persuasion et par les résultats. Notre grand moyen d'action sur elles, ce sont les enfants, et ce n'est que par les enfants eux-mêmes que les résultats se manifestent; de sorte que, dans la circonstance, les enfants sont à la fois cause et effet et qu'en définitive, ce sont les enfants qu'il faut gagner avant tout. Comment nous y prendrons-nous pour y parvenir? Imitant le procédé qu'employèrent jadis les premiers civilisateurs du Paraguay, nous en irons-nous par monts et par vaux, sur le fleuve ou sur la lisière des bois, faire entendre des accents qui charment les jeunes sauvages, les ravissent à leurs libres ébats et les entraînent à notre suite jusqu'au seuil de l'école? Non, assurément; mais nous userons de procédés analogues : pour ceux qui viendront d'eux-mêmes, l'école ne sera point une « geôle »; elle ne sera point non plus, comme le voudraient certains pédagogues de cabinet, un paradis de délices; elle sera, sans doute, un lieu de travail et de recueillement, mais la nature n'y sera point violentée; il y sera permis d'être encore enfant, c'est-à-dire que la joie et les libres épanouissements n'en seront pas bannis; en même temps, tous les exercices, jusqu'aux jeux, y seront mis à profit pour amener le développement intellectuel et moral au point voulu, sans qu'il soit, tant s'en faut, porté préjudice au développement des organes. Les enfants en sortiront plus dociles, plus honnêtes, plus laborieux, plus prêts pour la vie morale et pour la vie matérielle. On s'en apercevra, on se le dira; parents et enfants seront gagnés; l'école s'emplira peu à peu, rapidement peut-être, pour ne plus se vider, les générations s'y succédant comme le flot succède au flot sur nos rivages : son « œuvre » commencera.

Voyons comment elle devra se continuer.

La dépense faite pour la construction et pour l'outillage de l'école ne doit pas rester improductive, cela est convenu ou va de soi. Mais à ce capital d'argent s'en joint immédiatement un autre qu'il importe encore plus de faire valoir : chaque enfant qui nous arrive nous confie six ou sept années de son existence, de ses forces physiques et intellectuelles. Bien coupable serait le maître qui gaspillerait ce précieux trésor, qui laisserait s'écouler ces années sans les remplir, s'évanouir ces forces sans en faire emploi. Pour qu'il ne soit rien perdu de ces jours d'enfance et de jeunesse qui, une fois passés, « ne reviennent jamais plus », de ces énergies printanières qui seules préparent les fleurs, les fruits, la moisson à venir, l'école doit recevoir une organisation telle qu'elle empêche toute déperdition, qu'elle assure une marche en avant continue. Cette organisation, c'est aux maîtres dans l'art d'élever des enfants en commun à la fournir. Qu'il nous suffise de rappeler qu'elle se résume dans ces trois mots : classement, programmes, emploi du temps; classement rationnel, fondé sur l'âge et sur les connaissances déjà acquises, programmes mesurés et bien équilibrés, emploi du temps sagement combiné. Avec cela, point d'hésitations ni de tâtonnements; la discipline et l'ordre ne tardent pas à s'établir; le temps, cette « étoffe dont la vie est faite », est ménagé, les forces sont conduites et dirigées vers le but à atteindre, et l'éducation avance à grands pas. Insistons sur ce dernier point.

L'éducation, voilà, croyons-nous, quel est pour Horace Mann et quel est, pour nous aussi, le produit attendu avant tout des capitaux engagés. Cette population, au milieu de laquelle vous avez érigé comme un temple à la science et à la morale, est ignorante, et cela est un malheur. Mais il en est un bien plus grand : c'est que, chez elle, le sens moral n'existe pas, ou que, s'il existe, il tend sans cesse à s'abaisser, à s'oblitérer, à s'égarer. Les causes de cette décadence sont dans les appétits brutaux, dans les instincts égoïstes dont l'humanité a tant de peine à se dégager, qui sont comme un boulet qu'elle traîne partout avec elle, comme un poids qui menace sans cesse de l'écraser ou du moins de la faire redescendre à l'état sauvage originel; elles sont peut-être aussi dans l'excès même de la civilisation qui semble engendrer des vices au fur et à mesure qu'elle crée des vertus. Et c'est pour cela que les Américains, si positifs, si clairvoyants, commencent, dès qu'ils entreprennent de s'établir sur une terre nouvelle, par y construire une école. Ils sentent qu'il faut réagir par l'éducation contre les défaillances incessantes de la nature humaine. Peut-être ne sommes-nous pas assez convaincus de cette nécessité. Nous reconnaissons celle de l'instruction; nous ne marchandons point les enseignements à nos élèves : nos programmes, nos concours, nos examens multiples en font foi. Mais nous nous préoccupons peu de l'éducation; il semble qu'elle doive se faire toute seule et par la force des choses, qu'on peut au moins sans grand inconvénient la reléguer au second plan. Nous oublions que, comme l'école, l'instruction, l'instruction première au moins, n'est pas un but, qu'elle n'est qu'un moyen; que, si ce moyen est puissant, il ne saurait cependant remplacer le but lui-même.

Aux maîtres et aux maîtresses de réagir contre cette erreur ou cette fâcheuse tendance. Malheureusement, ils ont, dans la circonstance, à lutter contre eux-mêmes et contre les familles : l'instruction est un résultat qui saute aux yeux, qui appelle les distinctions et les récompenses; qui séduit les parents et les enfants eux-mêmes, parce que l'instruction, à notre époque, est une condition *sine quâ non* de succès et de prospérité matérielle. L'éducation n'apparaît pas aussi vite; les fruits en sont moins précoces et moins brillants; le vulgaire daigne à peine les apercevoir: l'homme qui pense, qui porte ses regards en avant, qui se demande ce que deviendront ces enfants s'ils ne sont point *élevés*, ce que seront, en leur temps, la patrie et la société, est seul à s'inquiéter de l'éducation et à

voir en elle le but de l'école et de l'instruction elle-même.
Aussi, quand les écoles existent, au lieu de s'imaginer
« que tout est fini », il estime « que tout commence », qu'il
reste à savoir si les écoles « font leur œuvre, si elles in-
demnisent le pays de ses sacrifices, si elles élèvent les enfants ». Il leur demande « l'éducation réelle et effective »
de tous ceux qui les fréquentent.

En disant *tous* les enfants, Horace Mann craint des
exceptions. Il prévoit que certains enfants échapperont à
l'action moralisatrice de l'école. Il en est, malheureusement,
ainsi ailleurs qu'en Amérique, dans notre beau pays de
France, par exemple; en dépit de la loi et de nos efforts,
le défaut de fréquentation partiel ou complet est la plaie de
nos écoles, par suite de la société qu'elles ont pour mission
de former; d'une part, nous avons à lutter contre l'inexactitude, le manque d'assiduité, les congés prolongés; d'autre
part, nous rencontrons par les rues, dans la lande, à l'atelier,
à la mine, des figures que nous n'avons jamais vues à l'école.

Nous pourrions trouver plusieurs causes à ce mal, à « cet
absentéisme » momentané ou continu. Mais il en est une
qui est particulièrement pénible, qui doit peser plus lour-
dement que toute autre sur la conscience publique, et qui
est plus fréquente qu'on ne pense : c'est la misère, le
manque de vêtements, de chaussures, d'instruments de
travail, de pain et d'aliments peut-être. Pour que l'école
soit accessible à *tous*, il ne suffit pas, encore une fois,
« qu'elle existe », ni même qu'elle soit parfaitement organisée, régulièrement fréquentée par le grand nombre; il
faut que *tous*, même les plus pauvres, puissent y paraître
décemment, sans rougir et sans avoir faim. Donc, dès que
les écoles sont fondées, créons à côté et parallèlement des
caisses des écoles, des institutions de bienfaisance publiques
ou privées, des comités de secours, un vestiaire, une can-
tine, etc., afin de poursuivre et de parachever l'œuvre
« qui commence ».

Il nous resterait à montrer comment cette œuvre, tant
au point de vue de l'instruction que de l'éducation,
demande à être conduite, en quoi consiste notamment

cette éducation que l'école doit à tous, en quoi elle se distingue de l'instruction et par quels moyens on l'accomplit. Mais c'est là un sujet tout spécial et qui serait à traiter à part. Nous croyons avoir épuisé notre sujet du moment en développant quelque peu la pensée d'Horace Mann, en montrant qu'elles doivent être nos préoccupations à nous, administrations, chefs du service, inspecteurs primaires, maîtres ou maîtresses, quand une école est fondée. Heureux si nous avons contribué à persuader aux autres et à nous-mêmes que, quand l'école existe et qu'elle est établie, « tout n'est pas fini », que « c'est alors que tout commence ».

---

3. — L'INSTITUTEUR A DEUX SUJETS A ÉTUDIER ET DEUX BUTS A POURSUIVRE

Un pédagogue contemporain a dit : « Un instituteur a deux sujets à étudier, les élèves et lui-même ; deux buts à poursuivre, leur éducation et la sienne propre ». — Tirer des conclusions pratiques.

Lorsque Mme Pape-Carpantiér publia ses premiers ouvrages — car c'est à l'un de ses premiers ouvrages que ce passage a été emprunté, — l'on s'occupait beaucoup, même encore avec quelque passion, des modes, des méthodes et des procédés d'enseignement, c'est-à-dire, au fond, des moyens d'instruire les enfants du peuple avec le moins de maîtres et avec le moins de frais possible. Le mode individuel était proscrit ; le mode mutuel et le mode simultané se disputaient les écoles ; les méthodes nouvelles étaient partout expérimentées, et, dans les écoles normales ou dans les conférences d'instituteurs, on discutait chaleureusement les procédés propres à chacune d'elles. Mme Pape remarqua une grosse lacune dans ces efforts vers le bien ou vers le mieux : on oubliait d'étudier d'abord celui qui en était l'objet, de rechercher ce qu'il est, ce que comportent sa nature et les lois mêmes de son développement. Elle remarqua en outre qu'une foule de jeunes gens ou de jeunes filles s'engageaient dans une carrière pleine de difficultés sans savoir s'ils étaient vraiment faits pour la suivre, sans même se donner la peine de s'interroger sur leur vocation. Et c'est pour cela qu'elle avertit les futurs maîtres ou maîtresses de l'enfance qu'ils ont avant tout deux choses à faire : étudier leurs élèves et s'étudier eux-mêmes.

En disant qu'il faut étudier ses élèves, elle entend sans doute qu'il faut étudier d'abord l'enfant, ensuite l'écolier, puis le groupe que l'on a à conduire.

Il faut étudier d'abord l'enfant. En effet, qu'est-ce qu'un maître qui ne connait pas l'enfant, sinon un médecin qui ne connait point son malade ou un agriculteur qui ne connait point sa terre ! Que de fautes on s'expose à commettre en éducation si l'on n'a point étudié son sujet ! L'enfant a besoin d'air, d'espace, de mouvement, et on l'emprisonne entre quatre murailles ; on le tient immobile pendant de longues heures, et on lui fait un crime de sa pétulance. Il aime la liberté, et on le comprime ; il est timide, et on le terrorise ; il est faible, et on l'accable, on le *surmène*. Son vocabulaire est borné, et on lui parle comme si tous les mots de la langue lui étaient familiers. Ses facultés apparaissent à peine, et l'on veut qu'il sente, qu'il comprenne, comme si ces facultés avaient atteint tout le développement. A sa manière, il compare, il juge, il induit et il déduit, et J.-J. Rousseau ne veut pas qu'on raisonne avec lui ! Il est susceptible, et de bonne heure, de discerner le bien du mal, de choisir entre l'un et l'autre, de devenir une petite personne morale, et on lui interdit les actes libres, on l'asservit, on le réduit à une obéissance passive et machinale. Voilà, en raccourci, où aboutit la méconnaissance de l'enfant, de sa nature, de ses penchants, de ses aptitudes : on le conduit à tâtons et au hasard, au risque de froisser continuellement sa jeune âme, de fausser son intelligence, d'éteindre cette lumière vacillante, d'étioler ce corps débile, de fatiguer ces organes et ce cerveau qui ne sont encore qu'en voie de formation et auxquels il ne faudrait rien demander que de s'affermir.

Mais l'enfant ne vit pas longtemps seul. Il est bientôt nécessaire de le considérer autrement que comme un être isolé. Vers six ou sept ans et même plus tôt, il devient membre d'une petite société ayant son chef, ses lois et ses mœurs : il *passe écolier*, et il convient de l'étudier comme tel. De nouvelles qualités se manifestent en lui : l'émulation, le désir de connaître et de s'instruire, le sentiment du devoir et du bien sous ses formes multiples. Mais de graves défauts apparaissent en même temps : la tendance à l'espièglerie, au mensonge, au *sans pitié* que la Fontaine reproche au jeune âge, je ne sais quels entraînements qui font qu'un groupe d'écoliers ressemble si peu à chaque écolier pris en particulier. Puis se produisent, à des degrés divers, la nonchalance, la paresse, le dégoût de l'étude et du travail, la haine du joug et de la discipline. Il faut qu'un maître sache par avance qu'il rencontrera tout cela; autrement, il sera pris au dépourvu, incapable de diriger les qualités et de combattre les défauts.

A l'étude générale de l'enfant et de l'écolier, un maître ou une maîtresse doivent joindre celle de l'école ou de la classe qui leur est confiée. L'école dans laquelle on arrive, la classe que l'on prend ressemblent rarement de tous points à celle que l'on vient de quitter; un inspecteur primaire s'en aperçoit bien quand il passe d'une école dans une autre école, d'une classe dans une autre classe : ici on obéit sans peine à la règle, là on ne semble se soumettre que par force; ici un bon esprit, là un esprit frondeur; ici une vraie émulation qui vivifie tout, qui rend tout facile, là une nonchalance et un laisser-aller désespérants. La conduite du maître ne saurait donc être la même ici ou là. Mais il faut descendre du corps aux membres, du tout à la partie, du composé aux éléments. De ces centaines d'enfants que votre école réunit, ou seulement de ces quarante ou cinquante enfants qui composent votre classe, il n'en est pas deux qui se ressemblent entièrement au physique; il n'en est pas deux non plus qui se ressemblent de tous points au moral. Tous, au fond, ont les mêmes instincts, les mêmes passions, les mêmes aptitudes, les mêmes tendances générales, et d'ailleurs la même destinée fondamentale, parce que tous appartiennent à l'humanité et doivent un jour passer par les épreuves, par les luttes, par les misères qui sont l'apanage de l'humanité et aussi, espérons-le du moins, par les vertus qui l'honorent et qui rachètent ses faiblesses; c'est pour cela que vous devez avoir pour tous une charité égale en même temps qu'une règle et des directions communes. Mais quelles nuances les distinguent et les séparent! Chacun d'eux se présente à vous avec un caractère différent, avec son tempérament propre. Ce caractère, ce tempérament, il faut les connaître et, par conséquent, les étudier. Autrement vous vous exposez à les prendre à rebours; vous risquez de tout gâter et de tout perdre.

Il nous souvient d'un directeur d'une grande école, qui, quand on lui présentait un enfant, amenait habilement les parents à confesser ses faiblesses; lui-même causait avec le nouveau venu, l'observait dans sa physionomie et dans toute sa petite personne et, en le remettant au maître de la classe, disait à celui-ci : « Voilà un enfant qui me paraît devoir être traité de telle ou telle manière, conduit de telle ou telle façon ».

Rarement il s'était trompé; il avait deviné une petite nature nonchalante ou énergique, forte ou délicate, malléable ou difficile. J'étais au nombre de ses collaborateurs et je l'ai entendu plus d'une fois nous lire et nous commenter un passage de Rollin, ayant pour titre : « Étudier le caractère des enfants pour se mettre en état de les bien conduire », ou ce chapitre de je ne sais plus quel pédagogue, d'un maître de Port-Royal, je crois : « Un maître doit tâcher de bien connaître l'esprit et l'humeur des enfants qu'il doit conduire », ou encore ces quelques mots de Montaigne : « Qui veut mener les hommes les étudie; serai-je moins soigneux pour mon élève? » On voit que le *pédagogue contemporain* a eu des devanciers.

Il n'a rien dit non plus de bien nouveau en recommandant au maître de s'étudier lui-même.

C'était peut-être les maîtres de la jeunesse que Socrate avait en vue quand il formulait son fameux précepte : « Con-

nais-toi toi-même » ; du moins, ce précepte semble particulièrement fait pour eux.

Oui, avant d'entrer dans l'enseignement, avant d'accepter
ce qu'on a appelé en termes un peu ambitieux peut-être,
mais parfaitement justes cependant, le *sacerdoce* de l'éducation, il faut s'interroger, s'éprouver, voir si l'on possède
« les douze vertus d'un bon maître », ou tout au moins si
l'on se sent la volonté de travailler à les acquérir. Il en est
une qui, dans une certaine mesure, supplée à toutes les
autres, ou qui, dans tous les cas, les engendre et les soutient : c'est l'amour des enfants. Se sent-on porté vers eux,
heureux dans leur société? Aime-t-on leurs ébats, leur
tapage et « jusqu'à leur poussière » ? Est-on prêt à passer
sa vie au milieu d'eux, dans la modeste chaire d'une école?
A-t-on au cœur un peu de dévouement, de feu sacré, de
force de renoncement? Pourra-t-on se contenter, pendant
sa jeunesse et son âge mûr, de ce que M. Duruy appelait
l'austère satisfaction du devoir accompli? Et puis, il faudra
toute sa vie se tenir en relation avec des intelligences naissantes, en trouver le chemin, en deviner et en surprendre
les ressources. Il y a pour cela tout un arsenal de méthodes
et de procédés déjà essayés par les devanciers. Les pos-
sède-t-on? Est-on en état de les créer au besoin? Autant
de questions redoutables à se faire et à résoudre; ce sera
là, croyons-nous, « s'étudier soi-même ».

L'instituteur a deux buts à poursuivre : l'éducation de
ses élèves et la sienne propre. Il semble qu'en rappelant
la première de ces obligations, le pédagogue contemporain
ait prévu ce qui allait se produire dans les écoles qui s'ou-
vraient de toutes parts : on y songerait beaucoup à l'instruction, mais peu ou point à l'éducation. De l'instruction,
des prix, des couronnes, des diplômes, puis l'application
lucrative des connaissances acquises, voilà ce qu'attend le
père de famille fort peu soucieux du reste; le succès, les
satisfactions qu'il donne, les avantages qu'il procure, voilà,
d'un autre côté, la préoccupation de la plupart des maîtres.
Quant à l'éducation, à cette préparation à la vie morale qui
est pourtant notre véritable destinée, elle ne vient qu'en

seconde ligne et si elle peut. Et cependant, quand l'éducation a-t-elle été plus nécessaire? Par ces temps où tout semble s'effacer devant les préoccupations de la vie matérielle, où les anciennes croyances religieuses, ce viatique puissant des générations qui nous ont précédés, ne sont plus là pour soutenir et réconforter les âmes, que reste-t-il pour sauver la famille et la société d'un déchirement cruel, peut-être de l'anéantissement et de la désorganisation? Rien, croyons-nous, que l'éducation.

Il n'est donc pas étonnant que ceux qui voient de haut, qui voient de loin et qui voient juste, mettent l'éducation au premier rang parmi les devoirs de l'instituteur. D'autant plus que, pour cette œuvre, l'instituteur est à peu près seul : les familles qui « élèvent » sont rares; la rue est un perpétuel scandale; l'Église a beaucoup perdu de son prestige et de son influence; il ne reste guère que l'école pour l'éducation. Il faut qu'elle devienne le sanctuaire de l'âme; que, dans ce lieu inaccessible aux influences délétères du dehors, l'enfant voie se réaliser, au moins au début de sa vie, un idéal de vertu qui l'attire et le conquière, dont il puisse rapprocher plus tard, ne fût-ce que pour en rougir et les condamner, ses pensées et ses actes. C'est là et là seulement que se fera pour lui cette éducation d'*indépendance*, de *justice*, de *bonté* et de *charité* dont les grandes lignes ont été si bien tracées dans un ouvrage récent auquel nous empruntons plus d'une des idées que nous exprimons ici [1].

Mais pourquoi insister sur cette nécessité pour l'instituteur de faire l'éducation de ses élèves? Si la mission d'*élever* n'entrait pas absolument dans son ancien titre de *maître d'école*, elle ressort surabondamment de son titre nouveau : qui dit *instituteur* ne dit-il pas éducateur?

Qu'un instituteur ait à faire l'éducation de ses élèves, cela surprend peu. Mais qu'il ait à faire sa propre éducation, voilà ce qui étonne davantage et, au premier abord,

1. *L'Éducation de la bourgeoisie sous la République*, par M. Manœuvrier.

semble un paradoxe. Est-ce que, quand nos maîtres sont placés à la tête d'une classe ou d'une école, leur éducation n'est point faite? Hélas, non, pas plus celle de l'homme que celle du pédagogue : la première, on l'a dit bien des fois, est de toute la vie; la seconde, on peut le dire aussi, dure autant que la carrière même.

« On naît poète »; peut-être naît-on aussi pédagogue; il est, dans tous les cas, difficile de le devenir si l'on ne sent point « du ciel l'influence secrète ». Mais on peut se perfectionner dans sa vocation, dans son art. Cet art, c'est l'amour de l'enfance, l'intelligence de ses besoins, le respect de sa faiblesse et de sa dignité. Mais c'est aussi le dévouement, le sacrifice, la lutte incessante contre les obstacles et le découragement. Il faut sans cesse s'interroger sur tout cela, s'y retremper par la méditation et par l'effort et y progresser. Si on ne travaille pas tous les jours à son éducation d'homme, et d'homme placé dans des circonstances particulières, on court grand risque de s'affaiblir, de s'alanguir au lieu de se fortifier, et les défaillances ne sont pas loin. Songeons qu'il faut être un modèle, non seulement de vertu, mais de bon ton, de bonnes manières, de bon langage : que personne n'est perspicace comme les enfants pour découvrir les faiblesses de ceux avec lesquels ils vivent, pour voir si leur conduite ne dément point leurs conseils et leurs enseignements, et nous serons convaincus de la nécessité où nous sommes d'être ce que nous voulons paraître, de le devenir si nous ne le sommes pas, par conséquent de faire ou de parfaire de ce chef notre éducation.

En outre, il faut savoir enseigner, trouver le chemin des intelligences, inventer mille ressorts pour se faire écouter, pour captiver les esprits et y faire pénétrer la lumière. On peut facilement se mettre au courant des méthodes et des procédés les plus employés; mais combien il faut y mettre du sien, inventer, perfectionner, tirer de son propre fonds, de ses propres essais et de son expérience personnelle, si l'on veut obtenir des résultats à la fois rapides et sûrs! D'ailleurs, les méthodes et les procédés se modifient, se perfectionnent, marchent avec le temps. Supposons qu'un bon instituteur de 1833, de 1850, de 1860, et même d'un temps plus rapproché, se réveille et apparaisse au milieu de ses jeunes collègues d'aujourd'hui, quel serait son étonnement et combien il se trouverait arriéré et malhabile! Il en serait à peu près de même au bout de quelques années pour un maître qui s'arrêterait court au sortir de l'école normale et négligerait de poursuivre son éducation professionnelle.

Conclusions pratiques. — Les conclusions à tirer de ce qui précède ne sont pas difficiles à trouver; elles s'imposent d'elles-mêmes.

Il faut étudier l'enfant, les enfants, les écoliers. Les traités de pédagogie nous y aideront : ils sont le fruit des observations et des méditations de ceux qui nous ont précédés. Mais quand nous les avons lus, fermons le livre pour lire en nous-mêmes. Lisons dans nos souvenirs d'abord, comme nous dirait Mlle Sauvan : nos élèves sont ce que nous avons été; avec des nuances plus ou moins marquées, ils sont créés à notre image et à notre ressemblance. N'exigeons donc pas d'eux ce qu'on ne pouvait raisonnablement exiger de nous à leur âge. Gardons-nous donc de vouloir qu'ils aient nos idées, nos sentiments, notre intelligence, notre force de volonté. Souffrons qu'ils soient étourdis, inappliqués, rétifs à la censure, emportés dans leurs jeux et dans leurs plaisirs, qu'ils soient enfants, qu'ils soient jeunes : ils ont si peu de temps à l'être! Souffrons surtout qu'ils soient faibles, et n'allons point les surcharger, les *surmener*, comme on nous reproche de le faire en ce moment. Qu'à nos souvenirs se joigne le fruit de notre propre expérience, des observations que nous aurons mille occasions de faire, à l'étude, à la promenade, surtout dans les jeux et les conversations; c'est là que la nature se trahit, que le caractère se révèle, que les bonnes comme les mauvaises tendances, que le bon comme le mauvais esprit apparaissent et s'épanouissent; saisissons-en les moindres manifestations, non en espions et en commissaires de police, mais en maîtres affectueux et vigilants, soucieux de s'éclairer afin d'agir efficacement et en connaissance de cause.

Nous devons nous étudier nous-même, cela est convenu. Le meilleur moyen de nous connaître, c'est de faire chaque soir un examen de conscience du genre de celui que recommandent les mystiques : c'est là que nous nous retrouverons tels que nous sommes, avec nos misères, avec nos imperfections et nos défaillances; que nous verrons ce qui nous manque, ce qui nous reste à acquérir pour pousser plus loin cette éducation personnelle que nous avons reconnue comme devant être l'œuvre de toute notre vie d'hommes et de maîtres de la jeunesse. C'est là aussi que nous nous rendrons compte de l'action que nous aurons exercée sur les intelligences et surtout sur les cœurs, puisque notre mission est encore plus d'élever que d'instruire.

----

4. — LES SCIENCES, INSTRUMENT
DE PERFECTIONNEMENT POUR LA RAISON

Discuter, en le restreignant à l'école primaire, ce mot de Nicole : « On ne devrait se servir des sciences que comme d'un instrument pour perfectionner la raison ».

« On ne devrait se servir des sciences que pour perfectionner la raison », telle devait bien être la doctrine d'un disciple de Port-Royal au xvii° siècle. Les sciences, surtout dans leurs applications, étaient peu connues alors; on les abandonnait volontiers aux hommes d'art et de métier. Du reste, elles étaient peu avancées et, pour celui qui en faisait usage, elles ne constituaient guère qu'une routine, un savoir-faire traditionnel, que des découvertes nouvelles, dues à peu près exclusivement au hasard, venaient rarement augmenter. Les préoccupations des grands esprits étaient ailleurs : elles se portaient avant tout, d'une part, sur le salut, d'autre part, sur la raison, la raison telle que l'avaient comprise Descartes, Pascal et les philosophes du temps, découvrant à l'homme sa petitesse sans doute, mais aussi sa grandeur et ses hautes destinées, se complétant par la foi, « l'y conduisant », dira plus tard Louis Racine. Si l'on donnait quelque soin aux sciences, aux mathématiques par exemple, c'était par grâce, peut-être un peu par curiosité, dans tous les cas à la condition qu'elles viendraient en aide à la raison pour en accroître la force et l'étendue.

Les circonstances, les milieux, les besoins sont tout autres aujourd'hui. Notre siècle est tout aux sciences : il vit d'elles et par elles; la théorie en précède et en éclaire la pratique; chaque jour y apporte un progrès d'où naît une application nouvelle. Les nations luttent encore plus par la science que par leurs forces matérielles et, du reste, ces forces matérielles sont elles-mêmes un produit de la science. Et, sans aller si loin, il n'est pas de si modeste industriel pour lequel la science ne soit une condition de supériorité et de succès; pour beaucoup, elle est une condition d'existence. Les grands esprits d'autrefois ne verraient donc plus uniquement dans les sciences un instrument de perfectionnement pour la raison; ils nous pardonneraient certainement de les cultiver pour elles-mêmes et pour les avantages positifs que nous pouvons en tirer, qu'il est nécessaire que nous en tirions. Ils ne s'étonneraient pas de voir l'éducation moderne leur faire dans les études une place si large et quelquefois à peu près exclusive. A un point de vue général, la pensée de Nicole a cessé d'être vraie, et nous ne pouvons plus l'admettre sans réserve.

Mais elle nous paraît encore applicable dans le petit monde où notre texte nous invite à nous renfermer, c'est-à-dire à l'école primaire, du moins à l'école primaire que nous qualifions *élémentaire.*

Ces écoles primaires élémentaires, ainsi que celles qui les précèdent et qui leur servent en quelque sorte de vestibule, sont des établissements de culture générale; elles ne préparent point particulièrement à telle ou telle profession, elles préparent de loin à toutes, ou plutôt elles préparent à la vie intellectuelle et morale qui doit les dominer et les ennoblir. Elles ont pour mission d'abord de laisser l'enfant s'élever, de ne point compromettre son développement physique, d'y aider au contraire dans la mesure du possible, ensuite de le pourvoir de cette somme de connaissances, nous pourrions dire de bon sens et de raison, que la Convention déclarait, il y a tout à l'heure cent ans, nécessaire à tous les hommes. « Elles ne donnent, disent les prolégomènes de nos programmes, qu'un nombre limité de connaissances. Mais ces connaissances sont choisies de telle sorte que, non seulement elles assurent à l'enfant tout le savoir pratique dont il aura besoin dans la vie, mais encore elles agissent sur ses facultés, forment son esprit, le cultivent, l'étendent, et constituent vraiment une éducation. » *Agir sur les facultés, former l'esprit, le cultiver, l'étendre,* en définitive « perfectionner la raison », voilà au fond le premier but de l'école primaire élémentaire; tout doit tendre à cette fin et y conduire, les sciences comme le reste et, ici, nous sommes en complet accord avec Nicole. Est-ce que nous songerions, nous maîtres et maîtresses d'écoles primaires élémentaires, à faire de nos élèves des mathématiciens, des physiciens, des chimistes, des naturalistes, voire des agriculteurs ou des industriels, en un mot à leur faire cultiver les sciences pour elles-mêmes ou en vue d'une carrière prévue et déterminée? Cette prétention, n'est-ce pas? serait ridicule; nous ne leur parlons science qu'en vue de leur éducation générale.

A l'école primaire élémentaire comme ailleurs, le calcul est le grand ennemi de l'erreur, des déductions hasardées, de la paresse ou de la faiblesse d'esprit; il détache l'intelligence de la matière, des objets sensibles, pour la porter vers l'abstraction, vers la généralisation et les conceptions métaphysiques, vers la vérité pure, dégagée de toute fausse lueur et de toute obscurité; il accoutume à voir et à bien voir, à exiger partout la précision, la clarté, l'évidence; il est, on peut le dire, notre petite logique et notre petite philosophie, notre principal instrument pour « perfectionner la raison ». Le peu que nous pouvons faire de géométrie entre, bien entendu, comme facteur important dans ce résultat.

Ce que notre programme général appelle « éléments des sciences physiques et naturelles » et que notre programme détaillé range sous ces rubriques : « L'homme, les animaux, les végétaux, premières notions de physique, premières notions de chimie », donne à nos élèves l'intelligence du monde qui les entoure, des phénomènes quotidiens qui se passent sous leurs yeux, dont ils sont souvent les agents et, hélas ! quelquefois les victimes. Cette petite somme de connaissances suffit pour les garantir des préjugés et des superstitions dont nos pères ont eu tant à souffrir, contre la faiblesse de vues, l'étroitesse d'esprit qui sont particulièrement l'apanage de l'ignorant. Pour l'acquérir, ils sont obligés d'observer, de classer, d'induire, de remonter du particulier au général, et c'est autant de gagné pour le développement intellectuel, pour le « perfectionnement de la raison ». Quelle différence sous tous les rapports entre l'enfant qui sort de nos écoles ayant reçu au moins des clartés de tout, ayant été quelque peu initié aux sciences, et l'enfant qui, comme autrefois, n'en emporte que quelques bribes d'arithmétique et quelque accoutumance à la lecture et à l'écriture ! L'un comprend un raisonnement et le suit ; l'autre écoute bouche béante et ne saisit que la conclusion quelle qu'elle soit, tout prêt qu'il est pour être trompé et séduit. L'un prévoit, suppute, se rend compte ; l'autre agit machinalement, sous l'empire d'une routine une fois adoptée, rebelle à tout progrès, à toute amélioration. Les sciences ont élargi, émancipé la raison de l'homme ; elles préparent chez l'enfant ce magnifique effet ; c'est pour cela que l'école les enseigne ; c'est pour cela aussi qu'elle doit les enseigner, trouvant en elles un de ses plus puissants moyens de développement intellectuel.

Mais, à mesure que nous avançons dans notre étude, il nous vient dans la pensée que Nicole donne peut-être au mot *sciences* un sens plus étendu que celui où nous l'avons pris tout d'abord ; qu'il entend par *sciences* toutes les connaissances que l'homme avide de s'instruire cherche à acquérir ; que   que l'on soumet à notre discussion est l'éternelle question de savoir si, à l'école primaire, les enseignements doivent être un but ou un moyen, si l'école est faite pour instruire ou simplement pour élever. En ce cas, notre thèse sur le but à poursuivre à l'école primaire élémentaire pourrait se généraliser aussi : nous n'aurions qu'à appliquer à toutes les branches du programme le principe que nous venons d'établir à propos de l'enseignement des sciences. Ce principe, c'est que l'école doit faire tourner toutes ses leçons au profit du développement intellectuel et moral, c'est-à-dire, en définitive, « au perfectionnement de la raison ». Et c'est là, sous les réserves que nous ferons bientôt, la véritable doctrine : l'œuvre de l'école est avant tout une œuvre d'éducation, de perfectionnement dans tous les sens. Malheureusement, d'accord avec les familles, persécutés par elles en quelque sorte, nous sommes loin de la comprendre ainsi. La famille, le plus souvent, n'apprécie l'école que par l'instruction que l'enfant en rapporte. Nos chefs hiérarchiques aussi se font, pour ainsi dire, ses complices : ne jugent-ils pas souvent de la valeur d'une école, du maître ou de la maîtresse qui la dirige, par le nombre des certificats d'étude qui y sont obtenus en fin d'année ! Et, à l'examen du certificat d'études, de quoi s'enquiert-on ? De la somme des connaissances emmagasinées par la mémoire ; on s'informe, non si la tête est « bien faite », mais si elle est « bien pleine ». Et nos récompenses, qui vont-elles chercher ? Ceux qui prouvent qu'ils ont beaucoup retenu plutôt que d'autres qui, peut-être, s'ils étaient sensément interrogés, feraient preuve de plus de jugement et de plus de raison que les heureux lauréats. Instruisons nos élèves, il le faut, mais que ce ne soit pas là notre unique emploi ; tâchons de faire servir nos enseignements au développement de toutes les facultés, « au perfectionnement de la raison » et, quand nous nous sentons entraînés par le courant auquel cèdent les familles, nos chefs, les commissions d'examen, tout le monde, méditons la pensée de Nicole. Elle nous rappellera qu'à l'école primaire élémentaire, les sciences, si l'on prend ce mot dans un sens res-

treint, tous les enseignements, si on le prend dans le sens
général de connaissances, ne doivent être « qu'un instrument pour perfectionner la raison ».

Mais nous avons dit tout à l'heure que nous devrions
faire des réserves. C'est qu'en effet, la pensée de Nicole
va en perdant de sa vérité à mesure que l'on monte plus
haut dans l'échelle scolaire. Déjà, dès l'école primaire
élémentaire, les programmes nous avertissent que « les
connaissances sont choisies de telle sorte qu'elles assurent
à l'enfant *tout le savoir pratique* dont il aura besoin dans
la vie » ; ce qui veut dire que les enseignements, même à
l'école primaire élémentaire, ne doivent pas avoir un caractère purement spéculatif et éducatif; que, dans les cours
supérieurs, à plus forte raison dans les cours *complémen-
taires*, nous sommes déjà obligés de viser un peu au
delà du développement intellectuel et moral. Le moment
approche où nos élèves vont embrasser une carrière; il
faut les y préparer, ne fût-ce que de loin. C'est pour cela,
que l'on nous conseille de donner à notre enseignement,
dans les campagnes, ce qu'en 1867 on appelait « une couleur agricole », et, dans les villes, ce qu'on pourrait appeler,
par analogie de langage, « une couleur industrielle ». Les
écoles primaires supérieures, à leur tour, si elles ont à
continuer l'enseignement élémentaire, à le développer et à
le fixer davantage, ont aussi pour objet de préparer d'une
manière de plus en plus prochaine à la profession probable.

« L'enseignement primaire supérieur, disait naguère
M. Bardoux, au cours de la discussion d'une de nos lois
nouvelles, s'il n'est que le développement de l'enseignement primaire obligatoire, s'il n'a pas un côté pratique,
s'il ne fait que donner des connaissances générales à la
clientèle laborieuse à laquelle il s'applique, ne se dirige
pas vers le but que nous nous proposons d'atteindre. »
Donc ici, sans perdre de vue, tant s'en faut, « le perfectionnement de la raison », il faut cultiver les sciences, pour
les applications qu'on aura bientôt à en faire, pour les
avantages positifs qu'on pourra en tirer.

Cette appropriation de l'école primaire supérieure aux besoins de la vie matérielle nous est commandée par les exigences du temps et de notre état social. Elle nous est d'ailleurs prescrite par les programmes officiels, dans lesquels on trouve, à côté de la revision et du développement des matières étudiées à l'école élémentaire, la matière de véritables cours de sciences, par exemple de cours de mathématiques, de physique, de chimie, d'histoire naturelle, d'agriculture ou d'industrie, qui ont un autre objet que celui que propose Nicole.

Cette indispensable appropriation des enseignements à des nécessités prochaines est encore plus accentuée dans les écoles professionnelles et techniques. Elle est particulièrement apparente dans nos écoles normales, soit ordinaires, soit supérieures. Nous y apprenons les sciences pour les enseigner avec méthode, avec compétence, surtout avec mesure, suivant les milieux où nous nous trouverons bientôt transportés.

Ainsi la pensée de Nicole est pour nous un avertissement de toujours faire servir soit l'enseignement des sciences à proprement parler, soit toutes nos leçons, « au perfectionnement de la raison ». Mais elle ne peut guère être prise dans un sens absolu qu'à l'école primaire élémentaire. Nous venons de montrer, surabondamment, croyons-nous, qu'ailleurs les sciences, soit qu'on prenne ce mot dans un sens restreint, soit qu'on le prenne dans un sens général, ne doivent pas seulement être un moyen d'éducation, qu'elles peuvent et doivent en outre être elles-mêmes un but : ainsi l'exigent les besoins du siècle, la vie qu'ils nous créent, et à laquelle nous devons nous préparer pour y préparer les autres.

5. — DE L'ACTION RÉCIPROQUE DES MAITRES SUR LES ÉLÈVES ET DES ÉLÈVES SUR LES MAITRES

Développer cette pensée de Frœbel : « Que les instituteurs ne perdent pas de vue cette vérité : il faut que, toujours et à la fois, ils donnent et ils prennent, qu'ils devancent et qu'ils suivent, qu'ils agissent et laissent agir ». — Donner des exemples.

« Il faut que, toujours et à la fois, les maîtres donnent et prennent. » L'éducation en effet n'est qu'un échange continuel d'idées et de sentiments. Le maître, pour sa part, donne le meilleur de son âme, tout ce qu'elle contient d'idées et de sentiments élevés, appropriés, bien entendu, à l'âge de ses élèves, à leur degré de développement intellectuel et moral. Au moment opportun, il place un conseil, une direction, un éloge ou un blâme, un enseignement ou une explication, le tout accompagné de bons soins, d'encourageantes paroles et de marques non équivoques d'affection. Sa sollicitude porte sur les corps, sur les cœurs et sur les intelligences. Ces corps, ces organes sont la demeure et les serviteurs de l'âme ; ils ne doivent souffrir aucune atteinte ; c'est pour eux comme un droit et un devoir de se développer sans gêne ni contrainte. Ces cœurs ne doivent recevoir que d'heureuses impressions ; ces intelligences sont faites pour être nourries de lumière et de vérité. L'enfant est essentiellement imitateur ; il doit n'avoir sous les yeux que de bons exemples ; il les trouvera dans la tenue, dans le langage, dans les manières de son maître. La jeune fille surtout aura à se former sur le modèle de sa maîtresse : elle prendra d'elle les vertus qui conviennent particulièrement à son sexe, surtout ces vertus domestiques qui seront un jour, dans toute une famille, la meilleure garantie d'honneur et d'aisance. Voilà, en raccourci, ce que donnent un maître et une maîtresse qui se dépensent, qui se consument, qui vivent pour leurs élèves.

Que recevront-ils en échange ? Eh bien, ces enfants qu'ils aiment et pour lesquels ils se dévouent, leur payeront un tribut d'affection et de reconnaissance, et ce sera l'heureux point de départ pour l'éducation qui commence. Chez ces écoliers, qu'ils intéressent, qu'ils captivent, qu'ils ont su gagner, ils trouveront de l'attention pour les écouter, des efforts pour les suivre, déjà une certaine puissance de volonté pour supporter les labeurs de l'école et en accepter la discipline. Ils recevront des confidences précieuses qui les mettront en communication intime avec ces jeunes cœurs et ces jeunes esprits, et qui leur permettront d'y lire à livre ouvert. Le dirai-je? ils recevront quelquefois des leçons sur l'art si difficile de conduire l'enfance et de s'ouvrir un accès dans des intelligences naissantes; ils apprendront d'eux comment l'enfance demande à être traitée, comment on s'empare d'elle pour la gouverner à son gré sans la violenter et l'instruire dans la mesure voulue. Ils recevront quelquefois tout d'abord de la bien menue et de la bien chétive monnaie en échange de leurs grosses pièces. Mais qu'ils ne se découragent ni ne s'impatientent. Le moment *psychologique* n'est pas encore venu, mais il viendra : les enfants qui ne donnent rien en retour de ce que l'on fait pour eux sont rares; tôt ou tard le moment vient où le champ cultivé péniblement, opiniâtrément débarrassé des mauvaises herbes et des plantes parasites, finit par produire au moins une petite moisson. Ainsi le maître donne et reçoit, et cela, comme le veut Frœbel, « toujours et à la fois » : il existe peu d'instants dans la journée scolaire où cet échange incessant d'idées, de sentiments, de connaissances ne se fasse sous quelque forme ou par quelque côté, et souvent alors qu'on y pense le moins : l'enfant qui, à son banc, travaille avec recueillement, ne fait autre chose que rendre ce qu'il a reçu de son maître, que mettre en valeur le petit fonds que celui-ci lui a créé par ses leçons ou par ses conseils. Il en est encore de même lorsque, loin de son maître pourtant, il se montre poli dans la rue, obéissant et respectueux au foyer paternel.

« Il faut que le maître devance et qu'il suive. » Les maîtres et maîtresses devancent leurs élèves par la maturité de l'âge, par l'expérience de la vie, par la science acquise de longue main et par la vertu virilement pratiquée. Mais il est un autre point où ils doivent être surtout en avance, c'est cette affection qui leur est si absolument nécessaire pour l'éducation et même pour l'instruction. Le premier moyen de provoquer l'affection chez nos élèves, c'est de les aimer nous-mêmes et, dans la circonstance, c'est à nous de commencer. En réalité, cela n'est pas bien difficile. Est-ce qu'il ne va pas de soi d'aimer l'enfant dès qu'il se présente à nous?

Il est si beau, l'enfant, avec son doux sourire!...

On dira, si l'on veut, que le poète a singulièrement idéalisé l'enfant; mais, dans tous les cas et en dehors de l'auréole dont l'enveloppent ses beaux vers, on peut dire que tout enfant, quel qu'il soit, rappelle le printemps et est « beau comme l'espérance ». Je sais bien qu'il est des natures insensibles à ses charmes, que les enfants ennuient et énervent, que « leur poussière » ne séduit pas du tout et que leurs perpétuels manquements à la règle mettent hors d'elles-mêmes. Ceux-là ne devanceront pas leurs élèves par l'affection et il n'importe, car, leurs élèves n'ayant rien reçu d'eux sous ce rapport, n'ont rien à leur rendre. Il n'y a qu'un mot à leur dire : ils peuvent se retirer de l'école, et c'est ce qu'ils ont de mieux à faire : l'amour des enfants, celui qui se manifeste tout de suite et quand même, qui précède au lieu de suivre, qui espère la réciproque, mais qui ne l'exige ni ne s'en inquiète, feu qui s'allume à son propre foyer et s'alimente de lui-même, est la première marque de la vocation pour l'enseignement, et celui-là n'est pas un maître, chez lequel on ne le rencontrerait pas!

Les maîtres et maîtresses devancent leurs élèves par la science acquise de longue main, disions-nous tout à l'heure. Mais cela ne suffit pas. Il faut qu'à cet approvisionnement général se joigne un approvisionnement plus spécial et de date plus récente, puisé dans la préparation immédiate des matières à enseigner. Ne nous contentons pas pourtant de penser au présent, de vivre au jour le jour avec nos élèves. Songeons au lendemain et au surlendemain.

C'est le mois de mai. En histoire, nous en sommes à la *Révolution française*. Nous avons préparé pour aujourd'hui « les États généraux ». Est-ce assez? Non; il faut que nous *devancions* nos élèves, que nos lectures, notre préparation nous aient portés en avant; que nous ayons retrempé nos souvenirs au moins sur ce qui forme le programme de la semaine, qui est à peu près celui-ci : « Assemblée constituante : abolition des privilèges, réformes politiques et administratives. — Assemblée législative. — Première coalition. — Le 10 août 1792 [1]. » Grâce à cette précaution, outre que nous serons plus prêts sur le commencement de la Révolution, nous verrons mieux le but que nous devrons atteindre les jours suivants; notre tâche sera mieux mesurée et notre marche plus ferme. Si, ce qui peut se présenter surtout dans un cours supérieur, nos élèves nous mènent plus loin que nous ne le pensions, le terrain ne nous manquera pas sous les pieds; nous ne serons pas intéressés en quelque sorte à modérer une ardeur que nous sommes chargés au contraire de soutenir et stimuler. De même pour toutes les matières, pour toutes les leçons : devançons toujours nos élèves au moins de quelques longueurs, au lieu de nous traîner tristement à leur remorque, de leur emboîter le pas, au lieu de le leur marquer. Oh! la préparation, la préparation prochaine et quelque peu étendue des classes, quelle importance n'at-elle pas pour nous maîtres et maîtresses auxquels il n'est pas loisible de se spécialiser, qui sommes obligés d'enseigner *de omni re scibili et quibusdam aliis*, de discourir convenablement de ceci, puis de cela, devant des petits d'abord, ensuite devant des moyens, ensuite devant des grands, ensuite peut-être devant tous! C'est pour cela que les anciens maîtres avaient inventé le journal de classe. Les

---

1. Voir les *Nouveaux Programmes des écoles primaires* avec divisions mensuelles, etc., par MM. Brouard et Defodon (Hachette et Cie).

jeunes l'ont supprimé, soit; mais, par une sorte de contradiction, d'ailleurs plus apparente que réelle, ils l'ont fait en affirmant la nécessité de ces prévisions, de cette préparation dont le pauvre proscrit était à la fois la constatation et l'instrument. Depuis cette exécution, les maîtres et maîtresses devancent-ils leurs élèves? Je ne sais. Mais je suppose au moins qu'ils les suivent. Car, s'il faut marcher en avant pour soi-même, il faut, pour eux, se tenir en même temps en arrière, les observer, afin de juger de leur allure. Ont-ils compris la question donnée? Sont-ils dans la bonne voie pour la résoudre? N'y a-t-il pas urgence ou convenance à leur venir en aide, peut-être à recommencer une leçon ou un exercice, même à rétrograder pour rappeler des règles ou des principes perdus de vue? Ce sont là autant de points d'interrogation que se pose un maître qui ne se contente pas d'aller de l'avant, qui suit ses élèves, prêt à porter la main partout où il sent se produire une lacune ou une défaillance. Et c'est en les précédant et en les suivant ainsi qu'il sera en mesure d'apprécier quelle part d'initiative il doit leur laisser à eux-mêmes, car, dit Frœbel — et c'est par là qu'il termine — il faut que « les instituteurs agissent et laissent agir ».

En général, ce n'est pas l'action qui manque chez nous. Il arrive, au contraire, que nous nous agitions jusqu'à la fatigue et même jusqu'à l'épuisement; nous entreprenons de tout dire et de tout faire, ne laissant à nos élèves que la peine de nous écouter ou d'achever quelques devoirs plus qu'ébauchés. Évitons cet excès de zèle. L'action qu'on nous demande est plus modérée, plus douce, au fond plus dirigeante et plus réellement efficace. Sans laisser ses leçons manquer de vie et d'entrain, le bon maître se possède : il dit ce qu'il faut dire, il tait ce qu'il faut taire; il fait ce qui est de son rôle de professeur, gardien de l'ordre et de la discipline. Il surveille tout, il préside à tout, il dirige tout, il ne perd rien de vue. Mais, l'impulsion donnée, il sait se dérober, s'effacer, presque disparaître. Pourquoi? Parce qu'il doit « laisser agir ».

La nécessité de laisser agir l'élève n'est plus à démontrer. Cent fois on nous a répété avec Dupanloup : « Ce que fait le maître n'est rien, ce qu'il fait faire est tout ». Il faut donc laisser les enfants vouloir et faire d'eux mêmes.

C'est à cette condition que la volonté et l'énergie se développent, que vient cette habitude de l'effort sans lequel la personnalité s'efface au lieu de s'affirmer de plus en plus pour apparaître dans toute sa plénitude à l'entrée dans la vie. Seulement dans quelles circonstances et dans quelle mesure laisserons-nous nos élèves vouloir et agir? C'est là qu'est la difficulté. Ici comme ailleurs nous procéderons par gradation. Ainsi, dans le cours élémentaire, nous interviendrons davantage. Là, en effet, les volontés se manifestent, mais elles sont incapables de se gouverner : il faut les régler et les diriger. Les intelligences sont peu ouvertes; elles ne donnent que des lueurs; il faut transformer ces lueurs en clartés. L'effort coûte : il faut le provoquer et le soutenir en captivant les attentions, en parlant, en joignant, s'il est possible, l'action à la parole. Hélas! c'est pourtant dans le cours élémentaire que les enfants sont le plus délaissés, le plus abandonnés à eux-mêmes, comme s'ils étaient capables d'énergie, d'action, de travail personnel! On met un petit enfant devant un tableau de lecture ou devant un tableau noir : que voulez-vous qu'il y voie? On le place à une table avec un crayon, une ardoise, un cahier : que voulez-vous qu'il en fasse? L'action personnelle, indépendante d'une action étrangère, n'est point encore possible pour lui à l'école du moins et pour des exercices utiles. Agissez pour lui ou du moins avec lui : ne le faites agir par lui-même et librement qu'avec la plus grande réserve; autrement, il agira de travers, plutôt à son dam qu'au profit de son instruction. Dans le cours moyen, faisons une part plus large à l'initiative. Faisons-la plus large encore dans le cours supérieur. C'est là que nous pouvons retirer notre main, laisser faire l'habitude de l'effort et de la recherche comme celle de remplir une tâche. C'est là aussi que les actes libres doivent commencer à se produire, non en dehors de la règle, mais par un libre assentiment à la règle et à la discipline, surtout par acquiescement à la loi du devoir. L'enfant est devant ses livres ou ses cahiers ; il sait pourquoi, et, fût-il à la maison, libre de toute pression extérieure, qu'il sache se soumettre à sa tâche et l'accomplir ; en un mot, qu'il agisse. Que son maître l'ait amené à agir, à se tirer d'affaire de son mieux par ses propres forces. Demain, au moment de la correction du devoir de la veille ou de la préparation mesurée d'un devoir nouveau, le maître trouvera à placer la part d'action qui lui incombe à lui-même, cette part d'action que nous voulons voir s'amoindrir peu à peu jusqu'au jour où elle ne sera plus, pour ainsi dire, qu'un souffle, qu'une inspiration, qu'une suggestion du bon génie de l'enfance, de l'instituteur selon Frœbel, qui aura su « toujours et à la fois donner et prendre, devancer et suivre, agir et laisser agir ».

---

6. — LE SAVOIR PROFESSIONNEL

Du savoir professionnel. — En quoi il consiste pour un maître et une maîtresse d'école primaire. — Moyens de l'acquérir.

En général, le savoir professionnel est la science théorique et pratique de l'art ou du métier que l'on exerce. Il suppose l'intelligence du but à atteindre et de l'effet à produire, la parfaite connaissance des matières premières à employer, celle des outils propres à la profession et surtout l'habitude de les manier avec dextérité. L'agriculteur vraiment digne de ce nom connaît à fond sa terre, ses semences, son bétail, ses instruments de culture. Il sait que son but est de faire produire le plus possible à ses champs, à sa basse-cour, à ses bergeries, etc., sans rien épuiser ni compromettre. De plus, voyez comme il est à l'aise au milieu de son monde, de son outillage, de ses animaux ; il connaît tout cela, et tout cela semble le connaître. C'est qu'il joint la théorie à la pratique et réciproquement, qu'il est à la fois agronome et agriculteur, qu'il possède dans sa plénitude le *savoir professionnel* ; il a toutes les chances de réussir dans son entreprise et il y réussira, à moins que la fortune ou les saisons ne s'arment contre lui.

Pour un maître ou une maîtresse d'école primaire, le but à atteindre, c'est l'éducation, dans tous les sens, des enfants qui leur sont confiés; la matière première, ce sont ces enfants tels que la nature ou la famille les leur livrent; les instruments de travail sont les ressources qu'ils trouvent en eux-mêmes et celles que leur offre l'école avec son organisation et sa discipline, avec les méthodes et les procédés qui lui sont particuliers. Il faut qu'ils aient longuement contemplé d'avance ce but si élevé, étudié à fond cette matière première si délicate et si ondoyante; qu'ils trouvent en eux ces précieuses ressources ou qu'ils les y aient créées; qu'ils se soient familiarisés à l'avance avec cet outillage, ces méthodes, ces procédés qui doivent leur être d'un si grand secours pour l'accomplissement de leur tâche. Ce n'est qu'à ces conditions qu'ils posséderont le savoir propre à leur profession d'instituteur ou d'institutrice et qu'on pourra leur délivrer avec justice le *certificat d'aptitude pédagogique*.

Théoriquement, l'éducation est une science; pratiquement, elle est un art. Les nécessités sociales en ont fait une profession et, selon nous, la plus belle de toutes les professions. Mais, à quelque point de vue qu'on l'envisage, elle suppose la connaissance des enfants, de leur esprit à la fois sérieux et volage, de leurs instincts tantôt nobles et tantôt pervers, de leurs tendances d'un côté vers le bien, de l'autre vers le mal; de leurs qualités natives comme des défauts qui ne tardent pas à se manifester chez eux, quoi qu'en aient pensé et dit certains pédagogues optimistes à l'excès.

Cette connaissance des enfants s'acquiert, on l'a répété bien des fois, par l'étude, par l'observation et par de fréquents retours sur soi-même.

La psychologie enfantine, si longtemps négligée chez nous, y est aujourd'hui en grand honneur. Des livres spéciaux traitent cette matière importante : il faut les lire et les méditer. On en fait de savantes leçons à la Sorbonne et dans plus d'une de nos Facultés : il faut suivre ces leçons si on le peut; si on ne le peut pas, il faudrait en lire l'analyse et les comptes rendus. A tout le moins, observons les enfants, qui nous entourent; la pédagogie s'éclaire à son propre foyer : rien n'est fertile en leçons sur la matière comme une réunion d'enfants au milieu desquels on vit, dont on suit les entretiens, les études et les jeux. A tout le moins encore, souvenons-nous. Hélas! notre enfance, notre jeunesse ont passé dans le ciel de notre existence comme ces météores qui brillent un instant, puis s'évanouissent en ne laissant après eux qu'une lueur ou un bruit. Eh bien! quand on a mission d'élever des enfants, il faut faire revivre ces jours si gais, si purs, mais quelquefois si troublés, de notre jeune âge. Il faut nous reporter à nos premières joies et aussi à nos premières tristesses, à nos premiers pas dans la vie écolière, au temps où nous dûmes subir les premières rigueurs de la discipline, faire le dur apprentissage de la lecture, de la langue, du calcul, etc.; nous rappeler les gros labeurs d'alors, les hésitations, les tâtonnements, les recherches parfois pénibles, les défaillances fréquentes et les trop rares succès. En outre, comment s'y prenait-on avec nous? Comment réussissait-on à provoquer chez nous l'effort et surtout à le soutenir? Comment aboutissait-on aussi à nous décourager et à nous faire jeter, comme on dit vulgairement, le manche après la cognée? Tel maître faisait sans peine la lumière dans notre intelligence; tel autre n'arrivait qu'à nous assourdir de son verbiage. Tel maître excellait à faire vibrer toutes les cordes sensibles de notre âme, à nous faire concevoir des sentiments généreux et à nous faire produire des actes en conséquence; tel autre n'arrivait qu'à nous ennuyer, à nous dégoûter de l'étude et même de la vertu. Ainsi se dressent devant nous des modèles à imiter ou à écarter de notre esprit et de notre voie. Et encore, ce caractère difficile, ombrageux, avec lequel il fallait plus d'une fois composer, qu'il fallait savoir prendre et manier sous peine de ne rien tirer de son propriétaire; cette intelligence lente et paresseuse, qui exigeait des redites ou des stimulants; cette mémoire rebelle qu'il était si pénible d'exercer; cette diction embarrassée, bredouillante, qui donnait sur les nerfs; cette attention fugitive, cette légèreté désespérante, cette humeur papillonne qu'on ne pouvait fixer, cette pétulance qu'on avait tant de peine à modérer; ces tendances à la domination, à l'emportement, à l'égoïsme, à l'intolérance, qu'il importait si fort de ne point laisser se fortifier avec l'âge, tout cela, c'était nous ou quelqu'un des nôtres; c'était l'enfant du temps passé; c'est l'enfant du temps présent; et voilà comment nos souvenirs contribueront puissamment à nous le faire connaître. Ils peuvent aussi contribuer à nous donner l'intelligence de l'objet que nous poursuivons : il s'agissait de faire de nous des enfants bien élevés, suffisamment instruits, en état de paraître honorablement dans la société et de gérer convenablement leurs petites affaires. Cet objet est encore celui que nous avons à poursuivre à notre tour.

Nous le savons de reste, élever des enfants, ce n'est pas seulement les tenir sous ses yeux, faire régner parmi eux un certain ordre en leur inculquant tellement quellement des connaissances prévues par un programme. L'œuvre de l'éducation est tout autre : il s'agit de former des cœurs et des esprits, de diriger des volontés vers le bien, de guider des intelligences dans la recherche et, pour mieux dire, dans la conquête de la vérité. Et, dans cette œuvre, il y a à faire la part de chacun, celle de l'élève et celle du maître, sans compter celle de la nature et des choses. Si la vie est un perpétuel combat, on peut dire que l'éducation en est un autre, telles étant la hauteur du but et la difficulté de l'atteindre. Malheur à celui qui ne le verrait pas ou qui ne l'aurait pas sans cesse dans l'esprit, qui s'embarquerait sur cette mer houleuse de l'éducation sans s'être demandé vers quels rivages il faut tendre et à quel port il faut aborder! Celui-là assurément serait bien loin de posséder, même dans ses premiers éléments, le *savoir professionnel*.

Nous connaissons l'enfant, nous savons où nous devons le conduire. Il nous reste à étudier nos moyens d'action : les moyens généraux, qui sont de toute éducation, et les moyens spéciaux, ceux qui sont particuliers à l'éducation en commun, à l'école. Je laisse aux traités dont je conseillais tout à l'heure la lecture à parler des premiers : ils le font plus pertinemment et plus longuement que je ne pourrais le faire ici. Je vais seulement dire quelques mots des seconds qui forment une partie importante de notre savoir professionnel, à nous instituteurs et institutrices.

Autrefois, à ce que racontent les vieux inspecteurs, en entrant dans les écoles, on reconnaissait tout de suite les normaliens. On rencontrait chez eux, paraît-il, plus de tenue et plus de dignité, plus d'habitude de la hiérarchie et un sentiment plus vif du devoir. Mais ce que l'on constatait surtout, c'est qu'ils se trouvaient à l'aise et comme chez eux dans une école ou dans une classe. Ainsi, ils faisaient régner sans peine autour d'eux l'ordre et la discipline; ils savaient organiser le travail, employer utilement tous les instants; les nouvelles méthodes leur étaient familières et leurs procédés étaient au moins réfléchis. On sentait qu'ils avaient été préparés à l'exercice de la profession, nous pouvons dire ici du métier; car il y a dans le maniement d'une école ou tout simplement d'une classe, une sorte de routine — de routine intelligente, s'entend — qu'il faut acquérir et à laquelle il faut se rompre. Il y a aussi, pour l'enseignement simultané, des méthodes et des procédés spéciaux qu'il faut connaître, appliquer avec discernement en les adaptant au milieu où l'on se trouve placé. L'école ne se ressemble pas partout de tous points. Ici elle ne contient qu'une classe et nous y sommes en présence de trois cours, de trois catégories d'élèves; là elle en contient plusieurs, depuis deux jusqu'à dix ou onze peut-être. Ici encore l'école est mixte, là elle est spéciale aux garçons ou aux filles. Nous sommes tantôt dans une agglomération urbaine, tantôt dans un obscur village. Il faut que nous sachions prendre nos dispositions en conséquence, modifier notre organisation pédagogique tout en conservant les grandes lignes, nuancer notre enseignement sans nous écarter pourtant des programmes officiels, qui doivent recevoir partout une consciencieuse application. Si toutes ces difficultés, ces exigences de la carrière scolaire nous étonnent et nous embarrassent, c'est que nous ne sommes point préparés suffisamment à nos fonctions.

C'est assurément l'école normale qui devrait nous pourvoir de cette science du métier. Mais les écoles normales sont-elles toujours des écoles vraiment professionnelles, préparant effectivement l'instituteur, c'est-à-dire, d'une part, l'homme instruit en vue de la fonction qu'il aura à remplir, et, d'autre part, l'homme spécialement apte à conduire une école ou une classe dans les diverses circonstances que nous venons de passer en revue? De l'instruction, elles en donnent à foison : il n'y a pas de lycée, pas d'établissement préparatoire aux divers baccalauréats où l'on fasse autant de lettres et de sciences en trois années. Je ne sais pas jusqu'à quel point cette instruction si vaste et si variée est bien réellement professionnelle. Pourtant, c'est de l'instruction et l'on peut toujours en tirer quelque parti, quitte à l'approprier soi-même à sa profession bien comprise. Mais la science du métier, où et quand la donne-t-elle? A l'école annexe, dira-t-on, pendant les jours que nous y passons. Mais, outre que ces jours sont trop faciles à compter, nous ne nous rendons trop souvent à l'école annexe qu'à contre-cœur, mécontents de voir nos chères études suspendues et notre succès au prochain examen de passage ou autre peut-être compromis. D'ailleurs, livrées à des essais incessants plutôt que soumises à un régime quelque peu uniforme et constant (autant de directeurs d'école annexe ou même de directeurs d'école normale, autant de régimes différents), les écoles annexes nous sont d'un bien faible secours pour notre apprentissage et, en arrivant au premier poste qui nous est confié, nous sommes obligés de nous enquérir auprès de notre directeur ou de nos collègues de ce qu'il faut faire et de la manière dont il convient de le faire. Enquérons-nous donc et faisons-le avec courage et docilité. Ce sont nos devanciers qui, par leurs conseils et encore plus par leurs exemples, nous initieront à la science de l'école; l'expérience et l'observation personnelle feront le reste. En appliquant à notre tour les méthodes et les procédés de l'école, de l'éducation en commun, nous en apprécierons la valeur; au besoin, nous les modifierons pour les mieux adapter à notre génie propre en même temps qu'aux milieux où les hasards d'une première nomination nous auront transportés.

D'ailleurs l'éducation professionnelle n'est point seulement une phase passagère de notre existence; pour nous, maîtres et maîtresses d'école, elle est l'œuvre de toute la vie. Je connais de vieux maîtres, des plus intelligents et des plus dévoués, qui cherchent toujours, qui sont sans cesse aux écoutes, qui avouent sans vergogne qu'ils apprennent chaque jour quelque chose de nouveau et de meilleur, qui redoutent de s'endormir dans des errements immuables, c'est-à-dire dans une routine une fois adoptée. Pour ne point s'attarder, pour suivre le progrès et avancer, ils ont toujours à leur chevet quelque bon traité de pédagogie; ils méditent sur les choses de leur profession dans leurs insomnies ou dans leurs promenades et s'en entretiennent volontiers avec leurs collaborateurs; ils lisent consciencieusement leur journal pédagogique de prédilection et plus d'une fois le prennent à partie au lieu d'en accepter les doctrines comme des oracles. Ainsi ils se perfectionnent dans la science de l'éducation et dans la science de l'école.

---

7. — MOYENS D'ASSOCIER LES PARENTS
A L'ŒUVRE DE L'ÉCOLE

Nécessité d'associer les parents à l'œuvre de l'école. — Moyens de s'assurer leur concours.
(Sujet traité sous forme de conférence.)

Messieurs, en général, vous vous plaignez du peu d'intérêt que les parents portent à l'école et à ce qui s'y passe. « Pourvu, dites-vous, que les enfants leur reviennent, au bout de quelques années, sachant lire, écrire et compter, ils s'inquiètent peu de nos labeurs et des difficultés de notre tâche; ils nous laissent faire nos classes comme ils laissent M. le curé faire ses prônes et ses catéchismes, sans se préoccuper le moins du monde du résultat élevé que nous poursuivons : l'éducation de leurs enfants au triple point de vue physique, intellectuel et moral. » Vous déplorez cette indifférence, sachant combien il vous importe, pour l'accomplissement de votre mission, de ne point demeurer isolés et abandonnés à vos seules forces.

En effet, l'école et la famille exercent l'une sur l'autre une réaction inévitable. L'école prépare à la famille des membres respectueux, éclairés et utiles. La famille, de son côté, fournit à l'école ses éléments de succès; elle l'appuie, elle la soutient contre des défaillances inévitables sans elle. C'est la famille qui crée la santé, la propreté, l'exactitude et l'assiduité. L'éducation, on l'a dit souvent, est une œuvre d'autorité, d'autorité matérielle ou effective et d'autorité morale. Si l'instituteur ne tient cette dernière que de lui-même, il tient la première de la famille : en définitive, vous n'êtes maîtres que par délégation; vous ne prescrivez, vous n'obligez que comme mandataires des parents; ce n'est qu'en leur nom et à leur place que vous gouvernez et que vous régentez. D'ailleurs, la famille est le lieu où vos élèves mettront en pratique vos enseignements; si elle n'est point d'accord avec vous, si elle ne vous fait point écho, si elle n'emboîte point votre pas et ne suit point votre voie, à plus forte raison si elle contrarie vos efforts ou vous oppose seulement une regrettable inertie, l'instruction que vous aurez donnée ne portera que peu de fruits, l'éducation que vous aurez commencée ne se complétera point et demeurera à l'état d'ébauche.

Ces quelques considérations suffisent pour vous rappeler combien le concours des familles vous est nécessaire. Voyons par quels moyens nous parviendrons à nous assurer ce concours et à le rendre aussi efficace que possible.

Avant tout, pour s'assurer le concours des familles, il faut mériter l'estime, commander le respect et gagner les sympathies.

Un instituteur arrive dans une commune. Parents et élèves l'accueillent d'abord froidement. On se tient à son égard sur une certaine réserve et comme sur la défensive ; on l'observe, on attend qu'il se révèle. Si ses allures sont correctes, sa tenue digne, sa conduite irréprochable de tous points, si on le voit d'ailleurs tout entier à sa fonction, on commence à concevoir de lui une bonne opinion. L'estime s'accroît si on le sent instruit et ami de l'étude. Les sympathies ne tarderont pas à naître si les manières du nouveau venu sont affables, si sa parole est bienveillante, si sa physionomie, bien qu'empreinte de la gravité professionnelle, respire cependant la douceur et la bonté. Mais, vous en avez tous fait l'expérience, c'est dans sa classe surtout qu'il donnera sa mesure et que se fera sa réputation, une réputation qui franchira bientôt les murs de l'école pour aller réveiller les parents de leur torpeur et les faire sortir de leur indifférence. Là, une discipline exempte de compromis comme de rigueurs inutiles inspire tout d'abord le respect pour l'école et, en même temps, pour celui qui la dirige. Des soins, des attentions, des témoignages non équivoques d'intérêt, qu'on n'est pas sans redire à la maison, charment les mères, leur enlèvent toute crainte et toute défiance ; elles voient sans peine leur enfant partir pour l'école et, au besoin, le pressent de s'y rendre. Elles n'ont point d'ailleurs à menacer et à gourmander pour hâter le départ si le petiot se plaît auprès de son maître. J'ai vu — et la même chose a dû arriver à plus d'un d'entre vous, — j'ai vu, pour ma part, des enfants pleurer pour un retard, pour une absence involontaire causée par une indisposition ou par quelque empêchement imprévu ; braver la pluie, la neige, la boue des chemins, la demi-obscurité des matinées d'hiver pour arriver à l'école à l'heure réglementaire. D'où venaient cette ardeur et cet empressement ? De ce que l'école était attrayante, et l'école était attrayante parce que l'enseignement l'était lui-même. Le maître se donnait, se dépensait, se tenait sans cesse en communication avec ses disciples ; ceux-ci sentaient leur cœur s'échauffer à son foyer, leur intelligence s'éclairer à sa lumière, toutes leurs facultés s'épanouir, grandir et se fortifier à vue d'œil par un commerce assidu avec un esprit qui savait s'abaisser jusqu'à eux pour les élever peu à peu jusqu'à lui; ils étaient entraînés, subjugués; l'école était un milieu où ils se trouvaient à l'aise et comme dans leur élément. Les parents, heureux de cette ferveur, finissaient par la partager et par avoir à cœur de seconder le maître qui savait l'inspirer.

Mais ce qui les séduisait davantage, c'était le caractère des connaissances que l'on rapportait de l'école. Les enfants leur revenaient non seulement plus doux, plus affables, plus maniables, plus accessibles au sentiment du devoir, plus respectueux de tout ce qui doit être respecté, mais aussi plus ouverts et plus intelligents, plus aptes aux affaires, plus prêts pour la vie pratique : la jeune fille s'intéressait au ménage et commençait à s'y entendre; le jeune garçon acceptait volontiers de servir de secrétaire à son père et ne se tirait pas trop mal de la fonction; la rédaction d'une facture, d'un mémoire, d'une lettre de famille, la solution d'un problème usuel, un mesurage quelconque, arpentage ou cubage, ne l'effrayait point, et il s'y mettait sans répugnance ni gaucherie; c'était un lecteur aimé et écouté à la veillée, le dimanche ou durant les loisirs forcés de l'hiver; il expliquait assez bien la nuée qui montait à l'horizon et l'éclair qui la sillonnait, ainsi que maints phénomènes que l'ignorant prend pour surnaturels ou laisse passer à l'instar du sourd et de l'aveugle; les plantes du jardin, du champ ou de la prairie ne lui étaient point inconnues, il en causait sensément, disant leur nom, leurs propriétés, leur usage, les soins particuliers à leur donner; bref, on sentait que son esprit était cultivé; que son horizon était agrandi et qu'il prendrait plus largement que ses pères possession de la vie et de la nature.

Rien, messieurs, ne rend les parents indifférents à l'école comme de voir qu'elle ne profite à peu près en rien à leur enfant, que le pauvret, pour toute compensation à la privation de sa liberté, à cinq à six heures de *carcero duro*, n'en rapporte, avec quelques bribes de lecture, d'écriture, de calcul machinal, etc., que l'espièglerie, fruit de l'oisiveté de l'esprit, la ruse et le mensonge, résultat ordinaire de la compression et de l'abus de la force, la nonchalance, le dégoût de l'étude qu'engendre fatalement un enseignement morose, mal donné, non approprié aux besoins et aux milieux.

C'est là, vous en êtes persuadés avec moi, la cause principale de cette incurie que nous reprochons aux familles à l'endroit de l'école. « A quoi bon envoyer mon enfant en classe ? me disait un jour un père découragé. Il me revient aussi mauvais sujet et à peu près aussi ignorant que devant, aussi incapable de m'aider à quoi que ce soit. Cela n'est point étonnant : les problèmes qu'on lui donne à résoudre portent sur la lune, le soleil et les étoiles, je veux dire qu'ils sont pris dans le monde des chimères. En fait d'histoire, il me récite je ne sais quoi sur les Hébreux, les Égyptiens, les Grecs, les Romains, les premiers rois francs. Ce qu'il appelle ses *styles* ne sont que du pathos auquel ni lui ni moi ne comprenons à peu près rien. Ses cartes de géographie ne sont que des assemblages de couleurs, auxquels il passe un temps dont j'aurais bien besoin ailleurs.... Et, au milieu de tout cela, il ne sait quoi répondre à son frère qui est soldat ni à sa sœur qui est en apprentissage; il me barbouille mes livres si je le prie d'y inscrire une dépense ou une recette. Si je lui parle de diviser un coin de mon jardin en quelques planches égales, de relever le labour ou l'ensemencement que je viens de faire pour le voisin à tant l'arpent ou la journée, il ne sait ce que veux lui dire. D'ailleurs, il n'a pas le temps : il faut qu'il se bourre la tête de je ne sais quels noms et quelles dates pour son examen du certificat d'études. Tenez, monsieur, il vaut mieux qu'il me fasse du bois ou de l'herbe, qu'il joue même au grand air, que d'aller s'enfermer à l'école pour y perdre son temps, et peut-être un peu de sa vigueur et de sa santé. » Ce brave homme, n'est-ce pas? était de mauvaise humeur, par suite, injuste à l'égard de l'école, peut-être aussi trop préoccupé de ses intérêts du moment. Mais il y avait du vrai dans ses accusations utilitaires : nous ne nous préoccupons pas assez de faire tourner les exercices de l'école au profit de la vie réelle.

Nous rendrons donc l'école et l'étude aimables si nous voulons que nos élèves nous recherchent et nous suivent ; nous rendrons nos leçons aussi pratiques que possible si nous voulons que leurs parents soient pour nous et avec nous. Et, pour cela, faut-il abaisser notre enseignement, lui faire perdre son caractère élevé, le dépouiller de ce qui l'ennoblit, de ce qui en fait notre meilleur moyen d'éducation pour l'intelligence et pour le cœur? Nullement; il suffit qu'il soit plus approprié aux besoins de la vie, plus fécond en résultats immédiatement appréciables.

A tous ces moyens qu'on pourrait appeler intrinsèques d'intéresser les familles à l'école, ne pourrait-on pas en ajouter quelques autres moins directs, moins efficaces sans doute, mais qui, cependant, ne seraient pas sans contribuer, dans une certaine mesure, au résultat cherché? Vous en proposez plusieurs dans les mémoires que vous m'avez adressés sur la question : les distributions de prix faites avec quelque apparat ; l'admission des parents à certains exercices de l'école, la publicité de l'école, pourrait-on dire ; enfin des réunions ou conférences dans lesquelles l'instituteur rendrait en quelque sorte compte de son mandat, tiendrait les parents au courant de ses efforts et les mettrait à même de constater par leurs yeux et par leurs oreilles les progrès obtenus. Ces moyens peuvent présenter des avantages, mais ils peuvent aussi avoir leurs inconvénients; il convient de les discuter. Je vais le faire en m'adressant à notre commune expérience des hommes et des choses.

On a tout dit sur les distributions de prix. Sincères, réduites à la récompense du mérite vrai et dûment constaté, elles sont froides; elles ne plaisent guère qu'aux heureux et ne sont, pour le grand nombre, qu'un sujet de chagrin, de dépit et d'envieuses colères. Celles qu'on relève par des représentations plus ou moins théâtrales, qu'on égaye par des exhibitions d'enfants préparés de longue main à un rôle, à la récitation d'un ou plusieurs morceaux, à l'exécution de quelque chansonnette semi-burlesque ou semi-grivoise, rarement spirituelle, entraînent des pertes de temps considérables pour les élèves, des soucis et des responsabilités de plus d'une sorte pour les maîtres. Celles où l'on veut satisfaire tout le monde se transforment en de banales distributions de livres, en un étalage de travaux qui ne sont pas toujours authentiques. On doit peu compter sur tout cela pour exciter parmi les élèves une émulation réelle et de bon aloi, et chez les parents de sérieuses sympathies pour l'école.

Les plus novateurs d'entre vous rêvent d'ouvrir toutes grandes à certains jours et même tous les jours, si l'on veut, les portes de leur classe et de faire assister les parents au travail de leurs enfants. Ce n'est là, à mon avis, qu'une généreuse utopie. Voyez-vous des pères, des mères, des frères ou sœurs aînés, peut-être de simples amateurs, se presser à vos leçons, circuler, échanger des propos, les plus hardis allant jusqu'à vous interpeller et à vous faire des observations? A tout le moins, préparez une tribune, des galeries où se tiendront ces spectateurs d'un nouveau genre et où vous maintiendrez, si vous le pouvez, l'ordre et le silence! En outre, empêchez le maître timide de se troubler, le maître ayant des tendances contraires de poser devant un public qui sera rarement compétent et impartial. Heureusement, ce public ne tardera pas à manquer encore plus à vos séances qu'à celles de certains conseils municipaux.

Distributions de prix, publicité de l'école, voilà deux moyens extérieurs sur lesquels nous ne pouvons guère compter ou sur lesquels nous ne pouvons même pas compter du tout. Reste le troisième : les conférences ou plutôt des entretiens de l'instituteur avec les familles réunies autour de lui, sur l'école, sur ce qui s'y passe, sur ce qu'y ont fait les enfants pendant une période déterminée.

Cette idée est nouvelle ; il semble qu'elle ne soit pas impraticable ; peut-être que, dans certaines conditions, elle ne serait pas sans produire de sérieux résultats.

Un dimanche ou un jour férié, l'instituteur convoque ses élèves et leurs parents, dans la salle de classe s'il est possible, sinon dans le préau ou bien dans un local se prêtant à la circonstance. Après un court exorde où il explique l'objet de la réunion, il expose quelle a été la vie de l'école depuis telle époque, depuis la rentrée par exemple; il dit ses efforts et ceux de ses élèves, les obstacles qu'il a rencontrés, la portion des programmes qui, malgré tout, a été parcourue sur chaque matière avec les petits, avec les moyens, avec les grands; il interroge, il fait passer de main en main les cahiers, les livres, les cartes, accompagnant le tout de critiques quelquefois sévères, jamais blessantes ni désobligeantes néanmoins. Il fait remarquer qu'ici ou là, il y a eu des défaillances, des moments d'arrêt; il en montre les causes et laisse entrevoir les moyens de tout réparer, de marcher plus vite et plus sûrement. Au lieu d'attaquer tous les *desiderata* à la fois, il en fait particulièrement toucher un du doigt : aujourd'hui c'est l'inexactitude ou le manque d'assiduité qu'il prend à partie; une autre fois il gourmande, toujours sans aigreur et avec convenance, bien entendu, la paresse ou l'indolence. Une autre fois encore il se plaint de la rue, de la maison paternelle : de la rue où ses recommandations sont oubliées, de la maison paternelle où l'enfant n'est pas suivi, où le livret n'est pas examiné et n'est signé que pour la forme, où les peines infligées ne rencontrent aucune sanction. Et, s'il se sent la force de le faire avec une compétence suffisante, pourquoi n'ajouterait-il pas à ces communications intimes un entretien sur un point de morale usuelle, sur une question d'histoire, de géographie, de sciences physiques et naturelles, d'hygiène, qui se trouverait amenée par la réponse d'un enfant ou par quelque accident récent survenu dans la localité? Pourquoi, à un moment propice, ne ferait-on pas une visite à l'atelier, au jardin, au champ d'expérimentation, visite pendant laquelle on signalerait le travail de tous et de chacun?

Naturellement, l'autorité locale serait là; elle se trouverait entraînée par l'opinion, par les vœux exprimés, à faire tels sacrifices qui seraient jugés nécessaires, à réparer le mobilier, à compléter la bibliothèque, à donner des outils à ce maître qui se dépense, à ces jeunes ouvriers qui ne demandent qu'à le suivre.

Messieurs, c'est ainsi que procédait, il y a quelque trente ou quarante ans, aux États-Unis, un homme dont je lis la vie en ce moment [1]; c'est ainsi qu'ont procédé parmi nous les premiers organisateurs de l'instruction primaire : nos vieillards se rappellent encore les conférences de ce genre que les premiers inspecteurs primaires faisaient à leur passage dans les communes. Pourquoi ne procéderions-nous pas encore ainsi, aujourd'hui qu'il s'agit non plus de créer les écoles, mais de les soutenir contre l'indifférence et le délaissement! Oui, des conférences bien comprises, variées, faites avec tact, avec mesure, avec autorité, assez espacées d'ailleurs pour ne point devenir banales, pour être suffisamment nourries, pour être presque des événements dans la localité, rapprocheraient les maîtres et les familles, doubleraient les résultats en concentrant les efforts et les ressources, feraient cesser ce triste isolement, ce fâcheux abandon qui font que l'école apparaît là-bas, dans son coin, comme une prison ou un lieu de débarras.

A ces moyens d'intéresser les familles à l'école, que les administrations supérieures en ajoutent un autre qui dépend particulièrement d'elles : la stabilité du personnel enseignant. En vérité, nos communes changent trop souvent de maîtres et de maîtresses. Où sont aujourd'hui les maîtres qui vieillissent au milieu des générations qu'ils ont élevées, qui aient le temps de s'attacher aux familles et de se les attacher, de faire corps en quelque sorte avec elles? Les sympathies, la mutuelle confiance ne sont pas l'œuvre d'un jour. Les parents qui voient les directeurs et les directrices de leurs écoles ne faire que paraître et disparaître, ne tardent pas à se désintéresser de l'école elle-même, pour y envoyer leurs enfants par habitude, par routine pourrait-on dire, sans s'occuper autrement de ce qu'ils font et de ce

1. *Horace Mann, son œuvre et ses écrits*, par M. J. Gaufrès; mémoires et documents scolaires publiés par le *Musée pédagogique*, fasc. n° 39.

qu'ils deviennent entre les mains d'un inconnu qui arrive aujourd'hui et qui, demain, ira planter sa tente ailleurs. Restez donc, messieurs, restez dans vos communes aussi longtemps qu'il dépendra de vous. Faites-vous y apprécier par votre savoir, par la dignité de votre vie et de votre caractère; gagnez les enfants par un enseignement attrayant, les parents par un enseignement vraiment pratique; choisissez, parmi les moyens que nous venons de discuter, ceux qui vous paraîtront les plus capables de populariser l'école sans la compromettre, et vous aurez au moins la satisfaction d'avoir fait tout ce qui était en votre pouvoir pour vous ménager ce concours de la famille sans lequel, nous l'avons reconnu, il vous est si difficile d'instruire et d'élever.

8. — LES MOYENS D'ASSURER L'EXACTITUDE ET L'ASSIDUITÉ

Vous arrivez dans une classe où l'inexactitude et le manque d'assiduité sont passés en habitude. Dans une note adressée au directeur de l'école, vous faites ressortir les inconvénients de cet état de choses, vous recherchez les causes et vous indiquez les remèdes que vous vous proposez d'y apporter.

(Sujet d'examen.)

Monsieur le directeur, vous me demandez de vous faire connaître l'état de ma nouvelle classe et de vous en dire toute ma pensée. Je vais tâcher de répondre de mon mieux à votre désir.

Mes élèves sont dociles, assez disciplinés, disposés à m'écouter et à répondre aux sentiments de bienveillance dont je me sens animé à leur égard. Leur degré d'instruction et de développement intellectuel vous est connu puisque vous leur avez fait subir récemment, avant de les faire passer dans le cours moyen, le petit examen prescrit par le règlement. Une seule chose me peine chez eux :

c'est le déplorable laisser-aller dont ils font preuve à l'endroit de l'exactitude et de l'assiduité.

Aux termes de notre règlement et, d'ailleurs, suivant les traditions du pays, la classe du matin s'ouvre à huit heures et celle du soir à une heure. Or, le matin, à huit heures et demie et même à neuf heures, le soir jusqu'à près d'une heure et demie, il m'arrive des retardataires. En outre, mon registre d'appel est déjà tout émaillé de signes indiquant des demi-absences ou des absences complètes.

Les inconvénients de ces fâcheuses habitudes ne vous échappent pas, monsieur le directeur, et vous connaissez à l'avance les moyens par lesquels il serait possible d'y remédier. Je vais cependant traiter des uns et des autres, ne fût-ce que pour avoir une occasion de plus de vous soumettre mes idées sur des questions de pédagogie pratique qu'il est toujours bon d'agiter et d'étudier à mon âge, alors que l'expérience n'est point faite et que l'on se laisse aller si facilement à des illusions de toute sorte.

L'inexactitude est mauvaise à plus d'un point de vue. Elle est un manque de respect pour la règle, pour le maître et pour les condisciples; elle entrave l'enseignement et en compromet les résultats. Elle est en outre une triste préparation aux obligations de la vie de la famille et de la vie sociale. Je pourrais m'étendre longuement sur chacun de ces points; je ne m'attacherai pour le moment qu'à celui qui nous touche le plus : aux troubles que le manque d'exactitude apporte dans le fonctionnement de l'école et des obstacles qu'il met à l'accomplissement des programmes. Ainsi, je fais chaque matin ma leçon de morale et, de une heure à deux heures, tantôt ma leçon d'arithmétique, tantôt ma leçon d'histoire ou de géographie. Dans ces divers enseignements, je dois mettre de l'ordre, de la suite, faire tous les jours un pas en avant. Eh bien, avec des élèves inexacts il me faut à tout moment m'interrompre, revenir sur ce que j'ai dit, piétiner sur place en quelque sorte, si je ne veux pas que, dans l'esprit de celui-ci ou de celui-là, il y ait des lacunes, des solutions de continuité entre la leçon d'hier et celle d'aujourd'hui, entre la leçon d'aujourd'hui et celle de demain. Et ces retours perpétuels, ces redites incessantes m'enlèvent une grande partie de mon temps, du temps déjà si court que je puis consacrer à chaque matière. M. l'inspecteur me dit : « Marchez quand même. » Je marche en effet; mais, si je parviens, à l'heure voulue, au bout de mon programme, vous voyez ce qu'il peut rester de mes leçons : des bribes, des fragments au lieu de ce tout harmonique qui est mon rêve, l'objet de tous mes efforts; des notions à peine ébauchées aussi fugitives qu'improductives, au lieu de connaissances tant soit peu complètes, approfondies et durables.

Le manque d'assiduité produit des effets encore plus désastreux. Au lieu de ne porter que sur certaines matières, les lacunes portent sur toutes. Les divers enseignements se trouvent interrompus une ou plusieurs fois par mois, heureux quand ce n'est pas une ou plusieurs fois par semaine! De là, quand j'interroge, des surprises, des ignorances inattendues, des silences que vous vous expliqueriez difficilement et qui vous donneraient à penser que je fais apprendre les leçons dans des livres où des feuillets ont disparu. De là, pour moi, pour les familles et pour les pauvres enfants eux-mêmes, d'amères déceptions : nous nous demandons tous si nous ne perdons pas et notre peine et notre temps.

Quand on a traité devant nous, à l'école normale, de l'inexactitude et du manque d'assiduité, voilà à peu près ce qu'on nous a dit :

« Si vos élèves viennent en retard ou manquent souvent la classe, ne vous emportez ni contre eux, ni contre leurs familles; n'accusez que vous-mêmes : c'est de vous que vient l'indifférence des enfants et des parents pour l'école. » Et, à l'appui de ces assertions, qui nous paraissaient bien un peu étranges, notre directeur nous citait ce souvenir de sa carrière d'inspecteur.

« C'était sur les bords de la Garonne, là-bas, dans les montagnes, pas bien loin de sa source, alors qu'elle coule encore, écumeuse et glacée, dans une vallée étroite. Je la franchis pour visiter l'école d'un petit village assis sur l'autre bord, au pied d'un contrefort des Pyrénées. Un spectacle inattendu s'offrit alors à mes yeux : une pauvre école mal bâtie, enfumée, — mais des enfants partout : soixante dans la salle de classe qui, régulièrement, pouvait en contenir vingt-cinq, puis une trentaine dans un vestibule, dans le grenier, peut-être dans la cave !... — « Mais, « monsieur le maire, dis-je au premier magistrat de la « commune, voilà une situation qui n'est pas tolérable ! « Comment, des enfants ainsi empilés, privés absolument « d'air et d'espace !... — Ah ! monsieur, me répondit le « maire, c'est la faute de M. Vincent, notre instituteur. « Jusqu'ici, notre école était largement suffisante : vingt-« cinq élèves au plus, et pas toute la journée, voilà quel « était en tout temps notre effectif scolaire. Mais, il y a six « mois, nous est arrivé M. Vincent. Il a si bien endoctriné « les familles qu'elles envoient toutes leurs enfants dès « qu'ils peuvent descendre et gravir nos sentiers ; il inté-« resse à un si haut point ces bambins dès qu'ils lui vien-« nent, qu'ils ne manqueraient pas la classe pour un empire « et que, le matin, c'est comme une avalanche qui roule « de la montagne et s'abat sur l'école aussitôt que huit « heures et demie tintent au sommet de notre clocher. Si « M. Vincent est ainsi à l'étroit, il ne peut s'en prendre « qu'à lui-même ; son prédécesseur était au large, je vous « assure. Il est vrai que le père Moreau s'y prenait d'autre « façon, que ses élèves s'ennuyaient, ne faisaient à peu près « rien et, ma foi, les parents aimaient autant les garder « auprès d'eux. »

« J'étais jeune alors, ajoutait notre brave directeur. Mais, si jeune que je fusse, je compris la véritable cause de l'ab-sentéisme dans nos écoles et, au lieu d'appeler de mes vœux la gratuité et l'obligation, qui étaient alors en l'air, je for-mulai dans mon esprit ce projet de loi : « Article unique : Il « sera pris des mesures efficaces pour qu'il n'y ait plus à la « tête des écoles et des classes que des maîtres dévoués, « actifs, pratiques et sachant intéresser leurs élèves. »

Et, en effet, cher maître, là me paraît être tout le secret de l'exactitude et de l'assiduité. Aussi, au lieu de récri-miner contre l'indifférence des parents, contre la nonchalance et la paresse de mes élèves, d'accuser les charmes séducteurs de la route, les attraits invincibles de la forêt qui l'avoisine ou des fossés qui la bordent, au lieu de tonner contre les retardataires et de leur infliger des punitions accompagnées de menaces et de pronostics terrifiants pour leur avenir, je crois que nous ferons mieux de leur inspirer le goût, je dirais volontiers la passion de l'école. Cette passion, nous l'avions dans mon village : nous pleurions non pour être dispensés de l'école, mais pour qu'il nous fût permis d'y aller malgré les travaux pressants de la moisson ou des vendanges, et cela parce que, comme M. Vincent, notre maître nous donnait un enseignement qui nous attirait et dont, avec nos parents, nous sentions la valeur pratique.

Enseignement attrayant, enseignement pratique, voilà le grand moyen pour prévenir l'inexactitude et le manque d'assiduité de nos élèves ou pour les en corriger. J'apprécie la loi sur l'obligation et sa sœur la loi sur la gratuité : il fallait, d'une part, armer la société contre des négligences obstinées et, de l'autre, enlever aux pauvres gens le prétexte qu'ils alléguaient le plus souvent pour garder leurs enfants chez eux ou les laisser dans la rue. Mais tout le monde sait que les bonnes intentions du législateur ont été bien incomplètement réalisées. Que voulez-vous? Il y a dans mon pays des proverbes qui disent : « On n'envoie pas les chiens à la chasse à coups de bâton », ou bien : « On prend plus de mouches avec une cuillerée d'huile qu'avec un baril de vinaigre », ce qui me paraît signifier qu'on ne rend pas les enfants exacts et assidus par la force. On leur fait hâter le pas vers le bourg, on amène les plus douillets à braver la froidure ou les petites indispositions, à faire fi des douceurs de l'école buissonnière, en leur rendant la vie scolaire agréable et chère. Les moyens? Je crois que je n'ai pas pour le moment à en traiter avec développement et que mon sujet n'est pas tout à fait là. A cette heure, je dois me contenter de vous faire connaître mes résolutions.

D'abord, je resterai le plus longtemps possible à mon poste : rien ne nuit plus à la bonne discipline d'une classe que les fréquents changements de maîtres. Si j'ai trouvé la mienne en désarroi, c'est que mes prédécesseurs n'ont fait que passer : on n'a pas eu le temps de s'attacher à eux ; ils n'ont pas eu celui de fonder des traditions. Pourquoi vos élèves à vous, monsieur le directeur, sont-ils exacts et assidus? C'est parce que, en dehors de l'autorité que vous donnent sur eux votre titre et votre expérience, vous êtes toujours là et que, pendant au moins une année ou deux, vous demeurez leur maître, leur guide, leur conseiller aimé.

Ensuite, je préparerai mes classes. Je me demanderai chaque soir pourquoi je n'ai pas réussi dans tel exercice et pourquoi mes élèves s'y ennuyaient ; je m'endormirai en rêvant aux moyens d'être plus heureux le lendemain. Le matin, en m'habillant, je ferai trotter mon esprit en avant, j'essayerai de prévoir, de combiner, de trouver de nouvelles ressources pour captiver davantage mon volage auditoire. Quand la classe sonnera, je ferai bon visage aux présents, mais j'aurai un mot à l'adresse des absents : « Nous avons pourtant, murmurerai-je, à faire ce matin une leçon intéressante : à mon grand regret un tel et un tel vont la manquer ». Et, en effet, je tâcherai de placer en tête des exercices quelque chose de particulièrement attrayant. N'ai-je pas surpris un jour un de mes camarades commençant sa classe par une lecture? Et quelle lecture!... un chapitre des aventures de Gulliver!... Sans viser à tant d'originalité, je débuterai au moins par une histoire s'adaptant par exemple à ma leçon de morale, et, si je m'aperçois que mon petit monde s'y intéresse, je ferai comme dans les *Mille et une nuits*,.. je remettrai la suite au lendemain. Au besoin, je commencerai par quelque exhibition, par quelque expérience, etc.

Mais mon grand moyen de séduction sera la part faite à mes élèves dans les leçons, la satisfaction donnée à leur besoin d'activité, les mille moyens d'émulation que me fournira leur désir de se distinguer, ne fût-ce que vis-à-vis d'eux-mêmes. Ce sera aussi le plaisir de se sentir plus intelligents, plus instruits, plus prêts pour la vie, de constater qu'on leur donne un enseignement vraiment pratique et dont ils peuvent d'ores et déjà faire des applications utiles dans leurs champs ou dans l'atelier de leurs pères.

A ces conditions, j'espère que mes élèves s'attacheront un peu à moi et beaucoup à l'école; qu'il leur en coûtera de manquer la classe ou seulement une partie de la classe; qu'en d'autres termes ils se corrigeront peu à peu de ce laisser-aller et de ce sans-gêne qui font ma désolation et qui rendent si difficiles, si laborieux, les résultats que vous êtes en droit d'attendre de mon zèle et de mon dévouement.

9. — BIEN ENSEIGNER PLUTOT QUE BEAUCOUP ENSEIGNER

Développer cette pensée : « L'idéal de l'école n'est point d'enseigner beaucoup, mais de bien enseigner », et en tirer des applications pratiques.

On enseigne beaucoup dans nos écoles; on y enseigne même trop à notre avis. Cependant nous ne comptons pas parmi les alarmistes qui ont créé le mot de *surmenage* et qui s'en sont fait comme un drapeau pour soulever, s'il était possible, l'opinion contre nos programmes, peut-être contre l'Université elle-même. On accuse les programmes, peut-être l'Université, disons-nous ; nous, nous accusons les idées nouvelles et les besoins nouveaux. D'une part, on ne conçoit plus les enfants du peuple, la masse de la nation comme devant se contenter de savoir lire, écrire et compter. On veut que tout citoyen soit instruit de ses droits et de ses devoirs; qu'il ait l'intelligence de la langue nationale et qu'il sache la parler et l'écrire sans trop de gaucherie; qu'il ne soit point étranger à l'histoire et à la géographie de son pays, voire à l'histoire et à la géographie du monde entier; qu'il fasse un peu connaissance avec les êtres qui l'entourent, etc. D'autre part, on veut que tous soient prêts pour cette existence fiévreuse et tourmentée, pour cette vie de labeurs et de lutte que nous a faite le progrès et dans laquelle l'ignorant, mieux que cela, l'homme qui ne sait tout juste que lire, écrire et compter, ne trouve plus sa place ou ne la trouve que difficilement. L'école est chargée d'élever l'enfant du peuple à la hauteur de ce nouvel idéal et de ces nouveaux besoins. Pour le faire autant qu'il est possible, elle ne dispose que de quelques années; force lui est donc d'enseigner et de faire travailler beaucoup et, nous le répétons, ce ne sont point les programmes qui ont créé cette situation; ils n'en sont tout au plus que l'expression.

Mais le mal est qu'on les exagère; les écoles normales peuvent en faire leur *meâ culpâ* et, avec elles, les commissions d'examen. Celles-ci, au lieu de constater purement et simplement l'enseignement reçu, s'en font les régulatrices et les arbitres : composées le plus souvent d'hommes spéciaux, elles perdent terre et s'élèvent à des hauteurs imprévues. Les écoles normales, au lieu de les arrêter, se mettent à leur remorque. Et, d'ailleurs, elles sont entraînées par leurs programmes particuliers, dont nous ne nous chargeons pas de plaider entièrement la cause. Il semble qu'on y enseigne tout, hormis une seule chose : les besoins de l'humble école primaire à la tête de laquelle nous allons être bientôt placés, et la mesure que nous devrons y garder pour chaque nature d'enseignement. Arrivés devant nos élèves, nous parlons, nous parlons; nous professons, nous professons; nous dévidons tout notre écheveau; nous ne voulons rien moins que repasser à nos pauvres petits auditeurs toute la science accumulée dans notre propre cerveau par une demi-douzaine au moins de professeurs tellement savants, tellement éprouvés, qu'ils pourraient en remontrer sur plus d'un point aux professeurs de l'enseignement secondaire. Le vent est à la science; le vent est même à la pédagogie, car Dieu sait si l'on *pédagogise* à cette heure en France! mais cette pédagogie, peut-être trop scientifique, ne prépare, en fin de compte, personne au modeste rôle d'*instituteur primaire*. Avons-nous jamais été avertis que « l'idéal de l'école primaire n'est pas d'enseigner beaucoup, mais de bien enseigner » ?

Qu'est-ce qu'enseigner beaucoup? Nous ne le savons que trop par expérience. Mais qu'est-ce que « bien enseigner » ? C'est ce que nous ignorons ou ce sur quoi nous ne sommes que médiocrement fondés. Bien enseigner, c'est sans doute user des méthodes et des procédés reconnus les meilleurs. Mais ce n'est pas tout : la marque caractéristique du bon enseignement, c'est la mesure et la conformité à l'objet.

Eh bien, avant tout, l'objet de l'école est d'élever. Or, on n'élève un enfant qu'en le laissant d'abord s'élever lui-même, en souffrant qu'il se développe suivant les lois de la nature et en aidant le mieux qu'on peut à son épanouissement dans tous les sens. Est-ce en enseignant beaucoup que vous obtiendrez ce résultat, le seul vrai pourtant, le seul qui s'accorde avec votre titre d'instituteur? Non : en enseignant longuement et beaucoup de choses, vous accablez l'enfant, vous fatiguez ses organes et vous écrasez son intelligence. En outre, vous ne fondez rien. Renvoyez, au bout de quelques années, ces enfants qui sont sortis de vos mains, bourrés de connaissances de toute sorte, ayant subi, à leur honneur et au vôtre, les épreuves du certificat d'études. Vous les retrouverez, dans la moindre lettre, écorchant la langue et violant effrontément les règles les plus élémentaires de la grammaire. Je ne parle pas du reste : il n'en demeure que des souvenirs incohérents. Déception amère! Quelques-uns qui pourtant étaient de vos meilleurs, devront, au conseil de revision — cela s'est vu, — être classés parmi les illettrés! Voilà où nous conduit la manie de multiplier les enseignements et, ce qui revient au même, de les étendre outre mesure.

Je ne voudrais pas me faire le panégyriste du passé ; mais la vieille école avait du bon ; si elle enseignait peu, on retenait ce peu et on le gardait toute la vie. Qu'eût-ce été si elle avait eu à sa disposition les ressources dont abonde l'école nouvelle : des maîtres solidement instruits, des méthodes et des procédés rationnels, un outillage perfectionné, les instruments de travail dont nous sommes pourvus aujourd'hui?

Mais, dira-t-on, et ces programmes que vous avez excusés,

et ces besoins nombreux auxquels, de votre aveu, nous avons à satisfaire? L'objection est grave, et il n'est pas facile d'y répondre; je vais pourtant essayer de le faire.

Dans les programmes, il y a des choses essentielles, qui sont comme le fond de l'instruction primaire, sans lesquelles celle-ci n'existe pour ainsi dire pas : l'enseignement moral et civique, la lecture, l'écriture, le calcul, la langue française; puis il y a des choses qui, quoique très utiles, ne sont pourtant que des accessoires, des choses dont, à la rigueur, on pourrait se passer, si bonnes qu'elles soient en elles-mêmes, si utiles qu'elles nous puissent être dans la vie et pour la vie : l'histoire, la géographie, au moins la géographie générale; le dessin, le chant, le travail manuel, la gymnastique, les sciences physiques et naturelles, etc.

Je sais bien que cette assertion, avec la distinction que je viens de faire, est presque un blasphème pour beaucoup de gens, que l'idéal qu'ils se sont fait de l'école ne leur permet de rien retrancher du programme officiel. Mais remarquez que je ne propose pas de délaisser les matières que je qualifie d'accessoires. Je fais seulement un classement; je dis : ceci est absolument nécessaire, cela l'est moins; telles matières tiendront la première place dans nos préoccupations, telles autres ne viendront qu'en seconde ou en troisième ligne; telles matières seront l'objet d'un enseignement direct, incessant, telles autres ne seront enseignées que discrètement, quelques-unes même ne le seront qu'occasionnellement, presque à titre de récréation, de diversion aux leçons trop sérieuses ou trop arides. Ne saurait-on condenser ou réduire l'histoire, la géographie? faire des sciences physiques et naturelles, du dessin, du chant, de la gymnastique, des travaux manuels, des exercices militaires, un repos où même une récréation? En adoptant cette manière de voir et d'agir, on appuierait particulièrement sur les matières fondamentales; on tirerait de ces matières les éléments, les moyens de développement intellectuel et moral; d'une part, on élèverait; d'autre part, on enseignerait peu ou beaucoup moins, et l'on pourrait enseigner *bien*, comme dit notre texte.

C'est ainsi, du reste, que ceux qui nous ont précédés comprenaient l'école. Je n'en veux d'autres preuves que les bons livres qui se sont publiés de leur temps, ceux de M. Lebrun par exemple. Il faut bien l'avouer : ce n'est pas nous qui avons inventé l'instruction primaire; tout au plus l'avons-nous formulée d'une manière plus nette et plus précise; peut-être l'avons-nous aussi gâtée parfois; en voulant mettre sur le même pied les matières qu'elle comprend *nécessairement* et celles qu'elle comprend *utilement*, nous l'avons gonflée jusqu'à la pléthore, jusqu'à la rupture, jusqu'à l'écrasement; nous avons mérité qu'on nous rappelât au bon sens en nous criant bien haut : « Jeunes gens, vous faites fausse route; l'idéal de l'école n'est pas d'enseigner beaucoup, mais de bien enseigner ».

Nous reprenons la grande objection : « Les temps, le progrès, l'industrie, les carrières semi-libérales qui se sont ouvertes de toutes parts, réclamaient plus et mieux que ce que nous donnerait l'école telle que vous la concevez ». Eh bien, ce plus et ce mieux nous sera fourni par les écoles supérieures, au besoin par des écoles plus spéciales encore. — « Mais tout le monde ne peut aborder les écoles supérieures, ces écoles sont nécessairement réservées à une élite. » Il est vrai; mais il est vrai aussi que l'école primaire ordinaire ne saurait, sans se laisser aller à ce surmenage infructueux que nous signalions plus haut, dépasser son but, sa mesure et sa mission. Pour remédier à son insuffisance, à l'impuissance où elle est de vous satisfaire de tous points, vous avez pour l'élite, comme vous dites, les écoles supérieures; pour les masses, vous trouverez d'autres ressources. Ainsi, au lieu de laisser les cours d'adultes mourir d'inanition et de les enserrer dans une réglementation qui, plus d'une fois, a dû paraître ridicule aux étrangers, que n'en faites-vous la prolongation, le complément de l'école? Que ne les ouvrez-vous largement, moyennant un peu de bois en hiver et un peu de lumière dans tous les temps, moyennant une juste rétribution pour les maîtres et maîtresses, à quiconque veut continuer son instruction, la soutenir et la développer pour la mettre au niveau de ses besoins ?

C'est, pour ma part, ce que j'entreprendrais de faire dans ma commune, si j'avais l'honneur d'être instituteur. J'appellerais la municipalité à mon aide; je suppléerais à ce qui me manque par le courage qui naît de la conviction. Ma conviction à moi, c'est qu'en effet nous chargeons trop l'école, que nous lui demandons plus qu'elle ne peut donner; qu'en y enseignant beaucoup, au lieu d'y enseigner bien, nous compromettons sa mission qui est d'élever, de développer bien plus que d'instruire au long et au large, d'inculquer quelques connaissances solides et durables plutôt qu'une multitude de connaissances superficielles et éphémères; que nous devons nous trouver heureux si, à l'école, au cours de la période si courte et si tourmentée qui s'écoule entre six et treize ans, nos élèves prennent assez le goût de l'étude pour nous revenir sans trop de peine, le soir, après leurs premiers jours de travail aux champs ou à l'atelier, désireux de raviver leurs petites connaissances et d'en acquérir de nouvelles.

---

10. — LA MEILLEURE CLASSE

Dites pourquoi la meilleure classe n'est pas celle où l'on trouve les plus brillants élèves, mais celle qui compte le moins d'élèves mauvais ou médiocres. Montrez que cela est vrai, surtout à l'école primaire, en raison de son rôle social. — Indiquer par quel ensemble de moyens vous vous efforcerez d'atteindre ce résultat.

Il arrive souvent qu'à des critiques qui lui sont faites sur son organisation pédagogique, sur ses méthodes et sur ses procédés d'enseignement, un maître réponde par l'énumération des succès qu'il a obtenus dans les concours, ou des sujets d'élite qu'il a formés et qu'il forme encore. Il croit ou il affecte de croire que la meilleure classe et la meilleure école sont celles où l'on trouve les plus brillants élèves.

C'est là une grande erreur. Les succès exceptionnels tiennent le plus souvent aux circonstances, nous dirions presque à d'heureux hasards. La nature a ses caprices : on a vu des siècles ou des règnes féconds en grands hommes et suivis de siècles ou de règnes absolument stériles. De même dans une école : certaines années produisent ou rassemblent quelques élèves mieux doués. Mais cette abondance est loin de se soutenir et, quand elle viendra à disparaître, la réputation du maître tombera du même coup, comme il arrive d'ailleurs de toute réputation usurpée. En voyant qu'une école ou une classe ne compte que quelques élèves de valeur, pendant que le reste est mauvais ou médiocre, il vient une inquiétude : on se prend à penser que le maître donne particulièrement ses soins à ces élèves privilégiés et qu'il néglige ou même délaisse entièrement les autres. Et le soupçon est presque toujours fondé. Il est bien plus agréable d'avoir affaire à des intelligences qui s'ouvrent et s'épanouissent d'elles-mêmes, qu'à des esprits lents dont la culture est toujours pénible, souvent ingrate. La pente est glissante, on s'y laisse aller, et l'école ou la classe ne tarde pas à se trouver remplie de pauvres enfants qui demeurent stationnaires quand ils ne deviennent pas réfractaires à tout progrès.

Quand ces tristes choses se présentent, au lieu d'applaudir un maître et de le féliciter, nous sommes plutôt tentés, pour notre part, de hausser les épaules et de lui dire brutalement : « Mon ami, vous n'entendez rien à votre mission. On vous confie trente ou quarante enfants pour les élever et les instruire, et vous en instruisez un cinquième, peut-être moins ! vous ne remplissez pas votre tâche. Si vous cédez à un entraînement, vous êtes faible et manquez d'énergie ; si vous agissez ainsi de propos délibéré, vous êtes coupable : vous trahissez la famille dont vous êtes le mandataire, tous ces enfants que vous avez pris en charge et, dans des circonstances sur lesquelles nous insisterons bientôt, la société, dont vous vous êtes fait cependant volontairement l'agent responsable. Vous n'êtes point dans votre chaire pour faire éclore des petits prodiges, mais bien pour conduire vos trente ou quarante élèves, sans exception,

à la vie morale et intellectuelle. Vous vous devez également
à tous; mais peut-être vous devez-vous plus particulièrement aux faibles; vous le comprendriez, si vous consentiez
à être plus homme ou seulement plus humain. Oh! combien nous vous préférons le maître qui, portant à tous ses
élèves la même affection et le même intérêt, se dépense
pour tous, modérant ceux qui prennent les devants, tendant
la main à ceux qui s'attardent, pour amener au but la
famille entière! Les derniers arrivent haletants peut-être,
mais, que bien que mal, ils arrivent : ils ont au moins
emboîté le pas, au lieu de demeurer au point de départ ou
à des distances qu'on ne peut plus rattraper. Si quelques-uns
manquent à l'appel, c'est que leur nature ne comportait
pas le voyage qui était à faire; un jour, ils le sentiront et
n'accuseront point leur maître de négligence ou de partia-
lité. Mais est-ce que les traînards auront empêché le progrès? Nullement : les forts auront eu le temps de voir et de
revoir, de mieux s'assimiler les enseignements; moins brillants peut-être et sortant moins du rang, ils seront plus
solides. Du reste, il n'importe : le maître aura accompli
sa tâche suivant les lois de l'équité et aussi suivant les sentiments d'égalité qui nous sont chers même dès l'enfance;
sa classe sera une bonne classe, elle sera la meilleure si
c'est lui qui a laissé le moins d'élèves en arrière. »

Voilà pour le professeur quelconque. Mais nous serions
encore plus exigeant et plus ferme s'il s'agissait de l'instituteur. Écoutez ce que disaient nos pères :

« Il sera créé et organisé une instruction publique, *commune à tous les citoyens*, gratuite à l'égard des parties de
l'enseignement *indispensable pour tous les hommes*. »
(Loi de 1791.) — « L'objet des écoles primaires est d'enseigner *à tous les enfants* leurs premiers et indispensables
devoirs, de les pénétrer des principes qui doivent diriger
leurs actions, et d'en faire, en les préservant de l'ignorance,
des hommes plus heureux et des citoyens plus utiles. »
(Projet de loi de Talleyrand.)

Ainsi, il y a des connaissances indispensables à tous les
hommes, et l'école primaire a pour mission spéciale de

donner ces connaissances à tous les enfants. Cette conception de l'instruction et de l'école primaire se retrouve, plus ou moins explicite, mais parfaitement saisissable, dans toutes les lois et dans tous les projets de lois ou rapports sur la matière, qui se sont succédé depuis 1789. Partout et toujours, le but social de l'école primaire apparaît clairement : l'extension à tous des connaissances et de l'éducation qu'elle est chargée de donner. Dès lors, les privilèges, les soins spéciaux, les préparations spéciales en vue de ceci ou en vue de cela, ne sauraient y trouver place. Par conséquent, l'instituteur qui néglige la masse de ses élèves pour ne s'occuper que des mieux doués, méconnaît le plus essentiel de ses devoirs et s'expose à de justes revendications. Il est d'autant plus coupable que, pour les pauvres enfants qu'il dédaigne, le dommage matériel et moral est irréparable : l'enfant des collèges ou des lycées peut refaire sa première éducation ; l'enfant de l'école primaire, une fois rendu à sa famille, est absorbé sans retour par les labeurs de la vie ; il reste forcément ce que l'école l'a fait. Toute négligence à son égard est comme un vol fait sur sa part de revient dans les avantages que la société entend assurer à tous.

Mais par quel ensemble de moyens pouvons-nous arriver au résultat que nous présentons comme le seul à poursuivre dans nos écoles ? Comment éviter la sélection qui quelquefois se fait sans nous et, pour ainsi dire, malgré nous ? Comment conduirons-nous tous les élèves d'une classe ou d'une école à ce degré de développement intellectuel et moral qu'a en vue le législateur, et à la somme de connaissances qui est la voie unique pour y parvenir ? Par une bonne organisation pédagogique, puis par des enseignements dûment appropriés, donnés avec intelligence et mesure.

Une organisation pédagogique un peu complète comprend au moins trois choses : des programmes, le classement des élèves et un règlement horaire. Nous ne retenons pour le moment que le classement des élèves. Commençons par équilibrer les forces, par appareiller les âges et surtout les intelligences. Comment voudrions-nous que nos élèves marchassent à peu près du même pas si, dès le point de départ, il existait entre eux des différences trop marquées? Sous ce rapport, les grandes écoles ont des avantages considérables sur les petites : des nuances sont faciles à établir même parmi des élèves appartenant au même cours; il y aura une division supérieure pour l'enfant qui dépasse notablement ses compagnons de classe, une division inférieure pour celui qui ne peut les suivre. Les petites écoles, les écoles à un seul maître, présentent plus de difficultés : elles ne peuvent admettre que les trois cours réglementaires, et force est souvent de maintenir, ici ou là, des élèves qui marcheraient volontiers plus vite ou plus lentement que le programme du cours ne le comporte. C'est alors qu'il faut un tact infini pour ne point retarder les uns et pour soutenir les autres.

On y parviendra si l'on a soin de ne paraître en classe qu'avec des leçons et des devoirs appropriés à la force moyenne de ses élèves; si, au cours des leçons et des corrections, on se tient en communication incessante avec tous, s'adressant aux faibles d'abord et en appelant ensuite aux forts pour réformer les réponses erronées ou fautives : « si, comme dit M. Gréard dans un rapport récent [1], en faisant la classe pour trente élèves à la fois, le professeur habile dirige les exercices et les questions d'après la connaissance qu'il a de chacun d'eux et dans l'esprit où il a le plus de chances de lui en faire recueillir le profit ». Et c'est là d'ailleurs un des fruits du professorat tel que nous le comprenons à l'école primaire, de rapprocher les intelligences sans les courber pour cela sous un niveau inflexible, de stimuler les esprits lents sans entraver les allures plus vives et surtout d'empêcher la stagnation ou le découragement sur quelque point qu'ils se produisent.

Nous pourrions indiquer d'autres moyens de triompher des embarras qui résultent pour nous de l'inégalité des forces et des aptitudes. Ainsi nous conseillerions de tenir compte, dans les éloges, plutôt de l'effort que du résultat; de mettre dans un groupe à part les élèves qui dépassent de trop loin des condisciples moins heureux, ou du moins

____

1. *L'Esprit de discipline dans l'éducation.*

de rendre pour eux les devoirs plus longs et plus difficiles, etc. Mais nous voyons surtout la solution du problème dans le classement, dans le professorat direct, dans
l'appropriation des devoirs et des leçons au grand nombre.
Qu'à ces moyens s'ajoutent chez les maîtres l'intelligence
de leur véritable mission, chez les supérieurs une saine
appréciation des personnes et des choses, et nos écoles primaires, suivant l'intention si souvent exprimée par le législateur, feront l'éducation des foules, au lieu de ne faire
jaillir que quelques brillantes individualités.

---

11. — QUE LE MAITRE DOIT SAVOIR SE RENDRE INUTILE

Commenter et interpréter cette pensée : « L'idéal d'un maître,
comme celui d'un gouverneur, doit être de se rendre inutile ». — Applications à l'école primaire.

C'est une perspective peu séduisante pour un maître que
celle de devenir « inutile » et, au premier abord, notre
sujet nous propose un singulier idéal : qui donc consentira
volontiers à être inutile, aura le courage de travailler à
s'effacer, à s'annihiler, à se transformer devant ses élèves
en une sorte de hors-d'œuvre et de non-valeur? En vérité,
la pensée qu'on nous donne à développer a toutes les apparences d'un paradoxe!... Pourtant, il n'en est pas ainsi, car
déjà nous la trouvons mise en pratique, sous l'inspiration
de la nature, par la famille, qui, au fond, est notre modèle
et notre guide en matière d'éducation.

L'enfant, dans l'état où il est jeté sur la terre, ne saurait
se passer de ses parents : sans leur assistance, il ne tarderait pas à périr misérablement. Mais peu à peu leur intervention devient moins nécessaire : bientôt il va marcher
seul, s'habiller seul, manger seul, et le moment n'est pas
loin où il suffira par ses seules forces à tous ses besoins.
Loin de chercher à reculer ce moment, les parents font tout

ce qu'ils peuvent pour le hâter : ils aspirent et travaillent à se rendre inutiles.

C'est dans ce sens, quoique à un point de vue un peu différent, que l'on peut proposer pour idéal à un maître de se rendre inutile, lui aussi. Seulement, pour la circonstance, nous remplacerons l'adjectif *utile*, dont *inutile* est le contraire, par l'adjectif *nécessaire*. Ainsi nous dirons que, quand l'enfant nous est présenté à l'école, nous lui sommes nécessaires; qu'un jour nous lui deviendrons moins nécessaires, puis plus nécessaires du tout, tandis que peut-être ne lui serons-nous jamais inutiles dans toute l'acception du mot.

Nous sommes aussi nécessaires à l'enfant à son entrée dans la vie intellectuelle que l'ont été ses parents à son entrée dans la vie matérielle. Que ferait sans nous, sans une assistance continue de notre part, le pauvre petiot qui doit apprendre à lire, à écrire, à compter et, ce faisant, se tenir debout ou assis, parler et surtout se taire, se mouvoir et surtout s'immobiliser, jouer et surtout travailler sur commande, suivant une règle ou des convenances qu'il lui faut subir avant de les comprendre? Sans nous, si nous ne le conduisions pas par la main, si nous ne le portions pas pour ainsi dire sur nos bras, il ne ferait rien, il n'aboutirait à rien devant ce tableau ou ce livre qui ne lui présentent que du noir tranchant sur du blanc, que des lettres si difficiles à reconnaître, à faire sonner d'une façon étrange pour en composer des syllabes, des mots, des phrases; devant ce cahier d'écriture ou de dessin, tout plein d'hiéroglyphes, dont sa main tremblante et malhabile, si l'on n'y prenait garde, maculerait simplement les pages de pâtés ou de caractères informes. Je sais bien que nous avons des auxiliaires : l'exemple, l'instinct d'imitation, l'émulation, l'entraînement du nombre, une foule de ressources que la bonne nature et l'école mettent à notre disposition. Mais il n'en est pas moins vrai que nous sommes nécessaires pour guider, pour dresser, pour réformer, pour mouler peu à peu notre élève, nos élèves à notre image, à l'image de la société dont ils sont l'avenir et l'espérance, à la vie morale et intellectuelle et à la vie de travail qui sont notre destinée même.

Nous sommes nécessaires pour donner les premières impulsions et pour les continuer pendant un temps plus ou moins long.

C'est ce temps qu'il faut savoir mesurer, c'est cette impulsion, cette action qu'il faut modérer peu à peu dans notre intérêt, dans celui de l'école, surtout dans celui de nos élèves. De même que les parents ne seront pas toujours là pour pourvoir aux besoins matériels, à la nourriture et au vêtement, de même nous ne serons pas toujours là pour aider le travail et le soutenir, et il est nécessaire que notre intervention se rende de plus en plus rare, que même elle cesse ou paraisse cesser entièrement. L'enfant est une personne; cette personne doit, le plus tôt possible, prendre possession d'elle-même, se faire l'agent direct de son perfectionnement, devenir responsable de ses actes. Nous sommes, avec l'école, intéressés les premiers à cette éclosion de la personnalité dans l'enfant et à son rapide développement. En effet, tant que l'enfant ne dispose pas d'une activité propre, qu'il a besoin d'être conduit comme à la lisière, nous sommes dans l'obligation d'être tout à lui, de nous tenir sans cesse à ses côtés pour le suivre dans ses mouvements et l'empêcher de s'égarer. Pas un instant de répit, de liberté ne nous reste pour vaquer à d'autres soins, à d'autres devoirs, aux devoirs multiples de notre situation. Chargés d'un grand nombre d'élèves, souvent de plusieurs cours ou divisions, force nous est de nous partager, de quitter celui-ci ou ceux-ci pour aller à celui-là ou à ceux-là. Comment pourrons-nous le faire si nous n'avons point cessé d'être toujours et partout nécessaires, si une partie de nos auditeurs, bientôt tous à tour de rôle n'ont point été amenés à faire par eux-mêmes, à marcher seuls, à demeurer plus ou moins longtemps livrés à leur initiative, à être de petites personnes capables de se mouvoir, de se déterminer, de s'imposer un labeur, de s'astreindre à une tâche et de l'accomplir plus ou moins heureusement par un acte de leur propre volonté? Le travail personnel est une des nécessités de l'école; il sera bientôt une des nécessités de la vie. Il faut donc y former nos élèves en retirant peu à peu notre main, en les privant de plus en plus de ces secours que leur faiblesse a réclamés tout d'abord. Et, d'ailleurs, qu'est-ce qu'un enfant qui n'est point accoutumé de bonne heure au travail personnel, à l'essai de ses forces dans tous les sens? Ses facultés, au lieu de se fortifier, s'alanguissent et s'étiolent. Il devient indolent et sans énergie et, dans la vie, où tout est lutte contre soi-même et contre les choses, il restera désarmé, réduit à chercher des appuis qui ne tarderont pas à lui manquer.

Gardons-nous donc de nous tenir trop près de nos élèves. Au fur et à mesure qu'ils grandissent, éloignons-nous et augmentons chaque jour la distance. Après leur avoir montré la voie, écarté les premières broussailles, laissons-les s'avancer seuls, au risque de se heurter aux obstacles et de se meurtrir un peu les pieds. Nous ne serons d'ailleurs jamais bien loin; nous les suivrons de l'œil, prêts à venir à leur secours quand les embarras seraient de nature à les décourager. J'aime à voir mes petits faire un effort pour délier leur langue et leurs doigts, pour formuler une pensée, tracer des caractères, reproduire un modèle sans ma collaboration. J'aime à mettre mes *moyens* aux prises avec un problème exigeant quelques recherches et quelques combinaisons, avec une règle de grammaire demandant de la réflexion, du discernement, et dont ils tâcheront de se tirer seuls avec honneur. Quant à mes *grands*, je les soutiens à peine. Sans doute je n'oublie point la mission de professeur et d'éducateur que j'ai à remplir quand même auprès d'eux. Je cause avec eux dans les moments que je sais me réserver pour cela; je dirige leurs petites discussions; je leur suggère plus d'une fois une idée ou un sentiment; je redresse ici une opinion erronée, là un jugement faux ou insuffisamment motivé; en un mot, je fais profiter mon jeune auditoire de l'expérience que m'ont donnée l'étude et les années. Peu à peu et en me portant encore de temps en temps à leur secours, je les accoutume à voir de leurs yeux, à penser par leur cerveau, à se décider par eux-mêmes. Les devoirs une fois donnés, expliqués autant qu'il est besoin, je m'efface de mon mieux, laissant chacun à son initiative et à ses inspirations. En même temps, je ne les punis plus, je m'en rapporte à eux pour l'accomplissement de la règle ; je compte sur le sentiment du devoir que j'ai éveillé chez eux de bonne heure et qui est allé en se fortifiant par l'âge, par la raison et aussi un peu par l'habitude. Dans l'occasion, je lève un coin du voile qui leur dérobe encore l'avenir ; je les mets en présence de la vie, de ses réalités et de ses exigences. Je leur apprends à envisager sans trop de crainte le moment où ils vont être livrés à leurs seules forces, à leurs seules ressources. Maintes fois, je les laisse libres de faire ou de ne pas faire, de se déterminer pour ceci plutôt que pour cela ; je romps une à une leurs lisières ; je leur fais sentir de moins en moins mon autorité et la transforme en une bienveillante tutelle. Ah ! cette tutelle, je ne m'en dessaisirai jamais entièrement de moi-même. Beaucoup de mes chers pupilles s'y soustrairont pour toujours et je ne les reverrai plus. Mais beaucoup aussi ne se contenteront pas de me garder un souvenir platonique. Précisément parce que j'aurai cherché à éclairer et à diriger leur volonté plutôt qu'à la briser et à l'accaparer à mon profit, que je les aurai accoutumés à recevoir plutôt des conseils que des ordres, à m'aimer plutôt qu'à me craindre, ils reviendront me consulter, me faire part de leurs projets et peut-être, hélas ! chercher auprès de moi des consolations à leurs premiers échecs et à leurs premières déceptions. Et c'est pour cela que, plus haut, je n'acceptais pas le mot *inutile* et que j'y substituais celui de *nécessaire* : j'aspire, sagement je crois, à cesser d'être nécessaire à mes élèves, mais il me serait dur de penser que je puisse jamais leur être inutile. Mentor laisse volontiers Télémaque dans la main de son propre conseil. Mais il n'est jamais bien loin de lui, et Télémaque le retrouve toujours au moment du suprême danger. C'est sans doute la conduite que tenait Fénelon à l'égard du duc de Bourgogne. Je me plais à penser que ce modèle des précepteurs avait travaillé à faire une volonté à son élève, qu'il tâchait de l'amener tout doucement à se passer de sa tutelle, mais il gardait comme moi une arrière-pensée, celle de lui être utile dans l'occasion. On lui reproche d'avoir peu réussi, mais, pour ma part, je suppose qu'il a été trahi par la nature et que ses intentions étaient droites et éclairées. J'aurais moins de confiance dans le cardinal de Fleury : en voyant son pusillanime élève éperdu dès que son précepteur feignait de se retirer au séminaire de Saint-Sulpice, il me vient dans l'esprit que « son adroite vertu ménageait son crédit », que le rusé vieillard avait manœuvré de manière à se rendre toujours non seulement utile, mais nécessaire. Dieu me garde de l'imiter! Mon idéal est autre et, pour m'y affermir, je me remets souvent sous les yeux cette pensée de Guizot : « Le grand but de l'éducation est d'apprendre à l'homme à s'élever lui-même lorsque d'autres auront cessé de l'élever. »

12. — IL FAUT ENSEIGNER LE MOINS POSSIBLE

Un pédagogue a dit : « Il faut enseigner le moins possible et faire découvrir le plus possible ». Apprécier ce précepte et montrer dans quelle mesure il peut être appliqué à l'école primaire. — Donner des exemples.

« Il faut enseigner le moins possible, et faire découvrir le plus possible. » Cette pensée est, je crois, d'Herbert Spencer. On fait bien de la proposer à nos méditations, car, en ce moment, des programmes quelque peu excessifs engendrent partout la hâte et la précipitation. Dans les écoles normales, les professeurs sont obligés d'enseigner à outrance, s'ils ne veulent pas rester en arrière et voir arriver la fin de l'année scolaire ou de la période triennale d'études avant d'avoir achevé de dévider leur écheveau. Il en est de même dans les écoles primaires des divers degrés : faute de temps, il nous faut parler et parler encore, servir une science toute faite, toute d'emprunt d'ailleurs, car c'est et ce ne peut être que celle que l'on nous a débitée à l'école normale, à moins que ce ne soit — ce qui vaudrait à peu près autant — celle dont nous inondent les livres ou la presse pédagogique. On dirait qu'Herbert Spencer sentait monter le flot qui nous envahit et cherchait à y opposer une digue en nous rappelant à la marche qu'a dû suivre l'humanité : l'humanité n'a point reçu la science, elle l'a faite à force de patientes recherches et de laborieuses observations. Nous appartenons à l'humanité et nous devons partager ses destinées, travailler comme elle et avec elle; c'est la loi de notre nature et nous ne pouvons nous y soustraire sans compromettre nos plus graves intérêts.

Ce n'est pas que, comme semble le vouloir Herbert Spencer, nous devions imposer à chaque génération l'obligation de repasser par toutes les ignorances et par tous les tâtonnements des siècles qui l'ont précédée; qu'il ne nous soit pas permis de profiter des labeurs de nos devanciers et de considérer comme acquis à l'avance un certain fonds d'idées et de connaissances; qu'en d'autres termes, il nous faille remonter sans cesse le rocher de Sisyphe ou remplir indéfiniment le tonneau des Danaïdes. Nous voulons dire, et Herbert Spencer ne dit pas non plus sans doute autre chose, que l'effort est la condition de notre développement intellectuel comme il est celle de notre perfectionnement moral, et que rien n'est solidement acquis dont il ne soit le principe et la cause efficiente. Sans l'effort, sans le travail personnel, sans une collaboration active de notre part, nos facultés atteignent rarement leur complet développement et nos connaissances ne se fondent pas. Voilà pourquoi on nous dit, à nous maîtres et maîtresses : « Ce que vous faites est peu de chose, ce que vous faites faire est tout », ou, ce qui revient au même : « enseignez le moins possible et faites découvrir le plus possible », c'est-à-dire faites que vos élèves interviennent dans vos leçons et s'y associent, qu'ils cherchent et observent avec vous, induisant, déduisant, trouvant ou croyant trouver. Ainsi leurs forces intellectuelles et morales se développeront par l'exercice; ainsi, en même temps que leur personnalité s'accusera et se formera, leur instruction deviendra plus facile, leur intelligence étant, comme dit M. Compayré, soutenue par le plaisir qui se mêle à l'activité; leurs connaissances leur seront d'ailleurs chères comme une conquête, comme une œuvre propre, et, partant, leur esprit sera plus porté à les conserver et à en faire un noble usage. Avec la découverte, l'intérêt; avec l'intérêt, l'attention, le désir et la volonté de s'instruire. Avec la science servie toute faite, imposée comme un dogme, débitée comme un sermon, l'ennui, le dégoût, à tout le moins l'indifférence, presque inévitablement la surcharge des esprits. Ce sont là des résultats mille fois constatés. Entre ces deux manières de procéder, une saine pédagogie n'a point à hésiter; un maître intelligent et dévoué à l'œuvre d'éducation qu'il a entreprise, n'hésitera pas à « enseigner le moins possible et à faire découvrir le plus possible ».

On me demande des exemples. En voici un que je puise dans mes souvenirs et que j'ai toujours cherché à imiter.

C'était dans une école supérieure, devant des élèves ayant entre quatorze et dix-huit ans. A cet âge, la morale sonne un peu creux et il faut être singulièrement habile pour se faire écouter sur cette matière. Entrés à l'école dans l'intention de se créer un avenir, de se préparer à la grande lutte pour la vie matérielle, les jeunes gens croient avoir bien autre chose à faire qu'à s'instruire sur une science qui ne leur rapportera rien, qui d'ores et déjà gêne leurs instincts et leurs tendances, prétend comprimer leurs passions, régler leurs désirs, soumettre leur vie à la tyrannie du devoir. Aussi je plaignais le professeur. Sa tâche me paraissait particulièrement ingrate. Sa voix, si éloquente qu'elle fût, devait se perdre en de vains efforts, écrasée par les mathématiques, les sciences physiques et naturelles, les langues vivantes, la comptabilité commerciale, le dessin, etc., toutes sciences autrement utilisables que la morale dans un bureau, dans une usine ou simplement dans un atelier. Eh bien, non : le professeur était désiré et bien accueilli. Devant lui, point de ces attitudes qui indiquent qu'on écoute une leçon par ordre et par convenance, avec la persuasion qu'on y dépense un temps qui serait mieux employé à autre chose. Les esprits étaient éveillés et les oreilles tendues, et cela durait toute la classe.

Quand, à la fin de son cours, il s'enquérait des résultats qu'il avait obtenus, on lui répondait avec intelligence et conviction. Comment s'y prenait-il? Il enseignait peu et faisait beaucoup découvrir. Par des questions habilement ménagées, il amenait ses jeunes disciples à descendre dans leur conscience, à s'interroger, à faire comme l'inventaire de leurs facultés, à reconnaître, écrites en caractères indélébiles, les lois de leur intelligence et de leur âme tout entière. Et, parmi ces lois, il y avait la loi morale avec ses sanctions inéluctables, le libre arbitre avec ses indéniables responsabilités, le devoir avec ses ramifications multiples, la destinée humaine avec sa grandeur et sa noblesse. Et ces jeunes gens étaient séduits, entraînés; ils sortaient des mains de leur professeur avec une foi, non une foi incertaine, flottante, susceptible de sombrer aux premiers coups de vent, mais ferme comme une doctrine qu'on s'est faite, ou plutôt dont on a trouvé en soi-même les principes et la formule. Il en eût été autrement si le professeur n'eût fait que parler et enseigner. D'abord il n'eût que fort médiocrement intéressé, que très difficilement attiré et soutenu les attentions. Ensuite, il eût rencontré des volontés rebelles ou pour le moins mal disposées à accepter la vérité, la morale sortant toute nue de son puits pour imposer d'autorité le devoir et le sacrifice. Mais le moyen de résister au joug, quand c'est la nature elle-même qui le met sur les épaules, de ne point accueillir avec respect des préceptes mis en pleine lumière par la conscience et la raison préalablement consultées?

Quoique à un moindre degré, la plupart des matières de notre enseignement primaire se prêtent à cette marche et, par suite, à l'application de la maxime d'Herbert Spencer.

Enseignez à un enfant les règles de la grammaire, une à une, dans un ordre aussi rationnel que vous voudrez. Joignez à l'exposé et à l'explication de chaque règle des applications immédiates et multipliées. Ajoutez des exercices récapitulatifs; n'oubliez point de rappeler les règles étudiées toutes les fois que l'occasion s'en présentera. Certes, personne ne vous accusera de ne pas procéder méthodiquement. Et pourtant, combien les résultats que vous obtiendrez seront lents et combien de déceptions vous attendent! Les malheureuses formules échapperont à la mémoire ou seront violées à tout moment, bien que répétées à satiété. La grammaire entière aura été passée en revue, apprise par cœur, copiée peut-être plusieurs fois en punition des fautes commises contre elle. Elle s'étalera sur le pupitre, écornée, fripée, maculée, usée,... et les fautes continueront au point de vous faire douter de l'intelligence du propriétaire, à tout le moins de son succès aux épreuves de notre pauvre petit certificat d'études. Prenez une autre voie. Mettez votre élève en présence d'un morceau où telle règle se trouve appliquée de manière à frapper ses regards, à attirer son attention, à provoquer de sa part un *pourquoi?* Il se fera dans son esprit un travail inattendu. Il voudra se rendre compte, il cherchera et, dussiez-vous l'aider un peu, il trouvera ; il découvrira la règle et peut-être même viendra-t-il à bout de la formuler tellement quellement après en avoir compris la raison, si raison il y a. Dès lors, il ne l'oubliera plus, surtout si vous avez soin, comme tout à l'heure, de la faire appliquer et de la rappeler à propos. C'est qu'elle sera devenue son bien, sa conquête, sa découverte, le fruit de son travail personnel, au lieu d'être un apport du dehors auquel il serait resté à peu près indifférent.

De même en arithmétique. Les règles simplement données s'oublient vite, outre qu'elles n'exercent ni le jugement ni le raisonnement. Quand, au contraire, l'enfant est amené à les découvrir, à les faire en quelque sorte lui-même, il les retient ou, s'il vient à les oublier, il les retrouve sans peine. D'ailleurs, ici encore, ici surtout, l'effort développe l'intelligence, car, on l'a dit avec raison, l'arithmétique et plus tard, quand cela est possible, la géométrie et l'algèbre, sont la véritable gymnastique de l'esprit.

De même encore pour les sciences physiques et naturelles. Oh! assurément, il serait ridicule de prétendre que nos enfants découvrent à nouveau les lois de la physique et de la chimie, qu'ils refassent les classifications de Linné ou de Jussieu, qu'ils repassent, en géologie, par les durs et persévérants travaux de Cuvier et de tant d'autres. Mais à tout le moins pouvons-nous les ramener sur le chemin tracé par ces grands travailleurs et le leur faire parcourir rapidement, maintenant qu'il est déblayé et aplani. Des expériences toutes prêtes maintenant, des observations désormais à l'abri des erreurs et des tâtonnements, des constatations de faits aujourd'hui solidement établis, etc., leur feront découvrir la science en repassant par les voies qu'a suivies l'humanité. Seulement les siècles auront été remplacés par les jours, les heures et les minutes. Et c'est tant mieux pour eux si, grâce au temps et aux progrès qu'il opère, les lourds chariots se sont métamorphosés en voitures commodes, et celles-ci en wagons moelleux et rapides. Toujours est-il que leur esprit aura travaillé, qu'ils auront collaboré à la science, qu'ils l'auront faite dans une certaine mesure, au lieu de la tenir de la parole continue du maître.

Il est des matières qui paraissent peu se prêter à la méthode recommandée par Herbert Spencer. L'histoire et la géographie, par exemple, ne se découvrent pas, elles s'enseignent. Mais, ici même, bien des choses peuvent encore donner lieu à des recherches et à des investigations. En histoire, que de jugements à provoquer! que de causes à faire découvrir! que de conclusions à faire tirer à divers points de vue! En géographie, n'y a-t-il pas continuellement à induire et à déduire? Les climats, les mœurs, les industries, le commerce des diverses régions, etc., sont soumis à des lois sur lesquelles l'esprit d'observation et de découverte peut s'exercer avec grand profit pour la formation du jugement et pour le développement intellectuel en même temps que pour la science elle-même, pour cette science que nous désirons voir nos enfants acquérir par eux-mêmes.

Ainsi donc, en toutes circonstances, nous pouvons mettre en pratique la maxime d'Herbert Spencer. Le tout est de deviner la mesure dans laquelle nous devons, d'une part, enseigner, de l'autre, faire découvrir, associer ces deux procédés en les employant tour à tour ou concurremment : l'exposition continue et la collaboration de nos élèves à leur propre éducation. Cette mesure nous sera indiquée par le milieu où nous nous trouvons, et surtout par le temps dont nous disposons. Aucune règle absolue ne peut être donnée à cet égard. Il suffit que nous soyons bien persuadés qu'il y a avantage à « faire découvrir le plus possible » et que, dès que le temps et les circonstances nous le permettent, nous ne devons point hésiter à préférer la méthode de découverte à toute autre. Cette méthode, nous ne savons si c'est l'*ironie* ou la *maïeutique*. Ce n'est probablement ni l'une ni l'autre, mais plutôt quelque chose qui participe des deux : l'étude et l'effort mis en commun, le maître associant ses élèves à ses leçons, les dirigeant dans leurs recherches, les empêchant de s'y égarer ou de trop s'y attarder, mais leur faisant *acquérir* la science au lieu de la leur livrer faite de toutes pièces et sans intervention directe et active de leur part.

13. — COMMENT IL FAUT SAVOIR PERDRE DU TEMPS A L'ÉCOLE PRIMAIRE

Développer cette pensée : « Avec beaucoup d'enfants, perdre la moitié du temps est un moyen de mieux employer l'autre ». — Application à l'école primaire.

« Perdre du temps, perdre son temps », cela peut s'entendre de bien des manières. L'enfant qui baye aux corneilles, fatigué d'une classe trop longue ou d'une leçon énervante, perd son temps. Le lièvre de la Fontaine qui « broute, se repose, s'amuse à toute autre chose qu'à la gageure », le perd d'une autre façon. Dans l'un et l'autre cas — et combien ne pourrait-on pas imaginer de cas analogues! — il ne se produit rien d'utile, rien qui soit la rançon d'un moment d'oisiveté et d'abandon, qui profite à qui que ce soit ni à quoi que ce soit : le temps est bien réellement perdu. Mais ce n'est pas, croyons-nous, dans un sens aussi absolu que notre texte emploie cette expression. Ici, perdre du temps, cela veut dire : mettre de côté le travail intensif, les enseignements effectifs pour laisser l'évolution humaine s'accomplir suivant les lois de la nature; souffrir que l'enfant

> Soit tout d'abord dedans la gouvernance
> De une dame que on appelle enfance;

ne point vouloir qu'il soit adolescent avant d'avoir été enfant, homme avant d'avoir été adolescent; donner aux forces le temps de se développer, aux facultés le temps de s'épanouir, aux unes et aux autres le temps de se reposer, de se refaire après un exercice même modéré; faire une large part à la vie physique, n'en rien retrancher au prétendu profit de la vie morale et intellectuelle; cela veut dire, en un mot, suivre la nature au lieu de chercher à la devancer; savoir l'attendre, au besoin, au lieu de la gourmander sans cesse de ses lenteurs et d'entreprendre de lui faire violence.

Eh bien, dans ce siècle de vapeur et d'électricité, nous ne savons plus « perdre ainsi du temps »; nous nous ingénions au contraire à en gagner et nous recourons pour cela à tous les moyens imaginables. Parmi ces moyens, il en est de très légitimes, par exemple, l'amélioration des méthodes et des procédés, le perfectionnement des instruments de travail, la réforme du vieil outillage scolaire. Mais il en est aussi que la raison réprouve et que l'expérience ne tardera pas à condamner, si cela n'est déjà fait. Ceux-ci se résument dans le surmenage sous toutes ses formes. Mais ils consistent surtout à appliquer l'enfant tout de suite ou sans relâche à l'enseignement effectif et intensif, et cela à peu près exclusivement en vue de programmes à remplir, d'examens à subir.

Tout est sacrifié à cette fatale préoccupation.

Dès qu'un enfant nous arrive, notre gros souci est de lui

apprendre à lire, à écrire, à réciter ; car, une fois ces points obtenus, non seulement il pourra être livré au travail personnel et solitaire, ce qui nous débarrassera en quelque sorte de lui, mais encore il sera loisible de l'engager à outrance dans la grammaire, l'histoire, la géographie, les chiffres, de le bourrer de toutes ces connaissances dont sont gonflés nos programmes et que les examinateurs seront si heureux de le voir dégorger devant eux dès onze, douze et treize ans au plus. Il n'aura point perdu de temps, nous n'en aurons point perdu avec lui, nous croirons au contraire en avoir gagné, et avoir pleinement accompli notre mission à son égard.

Notre mission de professeurs ou de répétiteurs, peut-être ; mais d'éducateurs, d'*instituteurs*, non certainement.

Le véritable instituteur peut ne point partager cette opinion de Rousseau que « la plus importante, la plus utile règle de toute éducation, ce n'est pas de gagner du temps, c'est d'en perdre ». Mais il estime au moins « qu'avec beaucoup d'enfants, perdre la moitié du temps est un moyen de mieux employer l'autre ». Il va plus loin ; il généralise et dit : « avec les enfants... ». Car pour qui faire une restriction? Pour quelques enfants qui, comme les favoris de la fortune, mais à un autre point de vue, n'ont « que la peine de naître », dont, pour se développer, les facultés n'attendent ni les années ni les secours extérieurs? Ceux-là, en effet, peuvent partir dès que le jour point et sans avoir fait au préalable des provisions de voyage : la nature a pour eux pourvu à tout. Mais, hélas! ces privilégiés sont rares. Ils forment une élite que nous ne trouverons jamais qu'exceptionnellement. Ce qui est notre partage à nous, ce sont les masses, non les élites et les exceptions. Or, les masses, telles qu'elles se présentent à nous, si elles recèlent des trésors, ne les possèdent qu'enfouis à de grandes profondeurs. Chez elles, les facultés qui peut-être un jour brilleront d'un vif éclat, sont lentes à se manifester, si lentes que, parfois, nous nous laissons aller à douter d'elles. Il serait insensé de les mettre tout de suite aux prises avec les connaissances à acquérir. Au préalable, il faut les exciter, leur fournir des occasions de se produire et les fortifier par des exercices appropriés. La gymnastique n'est point faite que pour le corps et les organes ; il y a aussi la gymnastique de l'esprit et celle-ci n'est ni la moins importante ni la moins difficile : la nature fait à peu près tous les frais de l'éducation physique ; l'enfant trouve de lui-même à faire emploi de son activité et de sa force matérielle ; mais il est très maladroit à diriger ses forces morales et intellectuelles, il les laisse volontiers sommeiller ou les applique sans discernement, par conséquent sans profit pour son perfectionnement. Ici, l'intervention du maître est particulièrement nécessaire ; sans cette intervention, les trésors d'intelligence, de sensibilité, d'honnêteté, de droiture, de sentiments élevés et délicats qui, à des degrés différents, sont l'apanage de l'âme humaine et le meilleur de notre patrimoine héréditaire, demeurent inconnus ou improductifs. Il faut qu'un maître habile les découvre et les mette en valeur. La famille commence l'œuvre avec plus ou moins de bonheur ; à l'instituteur de la reprendre et de la continuer. Ce ne sera pas trop pour lui d'y dépenser « la moitié du temps » dont il dispose.

Et c'est là ce qui coûte. Employer les premières années de séjour à l'école, au besoin une partie des années suivantes, à causer avec ses élèves et à les faire parler, à leur faire chercher et découvrir ce qui est découvert depuis si longtemps, à les faire passer, au moins dans une certaine mesure, par les chemins que l'humanité a mis des siècles à parcourir ; suggérer ce qu'il serait si facile de dire en quelques mots ; raconter quelquefois en termes péniblement rassemblés ce qu'un livre a sitôt fait d'exposer en phrases bien peignées et bien arrondies ; s'adresser à l'entendement si lent dans ses opérations au lieu de faire simplement appel à la mémoire si vive, si souple, si prête à tout dans le jeune âge ; en d'autres termes, prendre des voies détournées, pleines de heurts, d'arrêts, de broussailles, quand il en est de si directes et de si soigneusement déblayées, cela répugne, cela exige un courage héroïque, car ne risque-t-on pas de ne point arriver à l'heure voulue, même de manquer absolument le but? C'est là qu'est l'erreur. Tâchons de la combattre, de la détruire, si enracinée qu'elle soit.

Quoi! ce serait commettre une faute, ce serait vraiment perdre du temps que de préparer d'avance le champ de culture et d'aiguiser les instruments de travail, de fortifier ces facultés dont nous allons bientôt avoir si grand besoin? Ne serait-ce pas plutôt ajouter à nos ressources et nous ménager de l'avance? Oui, vraiment. Si, surtout au début, nous donnions davantage à la culture générale pendant que se fait le développement physique; si nous savions perdre du temps, « la moitié du temps », et plus, s'il le fallait, à dégrossir les intelligences, à former le jugement, à donner une sage direction à la volonté et à la sensibilité, combien nous serions en mesure, plus tard, dans le cours supérieur par exemple, de marcher plus vite et plus sûrement! Le temps soi-disant perdu serait bien vite regagné, grâce aux forces acquises et aux provisions amassées, à des habitudes de réflexion, d'observation, de recherche, d'allures plus franches et plus fermes. La mémoire, sans avoir été surchargée, n'aurait point été négligée. Seulement, elle serait accoutumée à n'admettre que ce qui aurait passé préalablement par l'intelligence; la tête ne serait pas aussi « pleine », mais elle serait « mieux faite ». Nous aurions affaire à des esprits moins légers, moins superficiels, déjà rassis et sérieux, en état de supporter des enseignements d'un certain ordre et d'une certaine profondeur. Nous serions compris et suivis, au lieu d'être obligés, comme cela arrive malheureusement si souvent, de revenir, avec étonnement et découragement, sur les choses les plus élémentaires. Combien de fois n'entend-on pas, dans les cours supérieurs, les maîtres et les maîtresses se plaindre de trouver leurs élèves au-dessous des leçons qu'ils sont obligés de donner, de se voir sans cesse arrêtés par des difficultés inattendues! C'est que, et ils le sentent vivement, les enfants leur sont livrés bourrés de connaissances, il est vrai, mais avec un entendement débile, des volontés vacillantes, une sensibilité mal réglée, avec des facultés qui ont été surchargées, mais qui n'ont jamais été fortifiées par l'exercice. Heureux encore si, à ce manque de maturité intellectuelle et morale, ne se joint pas une fatigue déplorable du cerveau et des autres organes! Que voulez-vous? les maîtres et les maîtresses qui ont précédé ont été persécutés par les programmes mal compris et mal interprétés; ils auraient craint de s'attarder en perdant « la moitié du temps » pour mettre leurs successeurs à même de « mieux employer l'autre ».

Hâtons-nous donc lentement, notamment dans les petites classes; sachons perdre du temps à ces exercices d'intelligence, à cette gymnastique intellectuelle que les meilleurs praticiens nous recommandent et dont ils nous ont donné tant de modèles. Malheureusement, nous nous heurtons, dans les écoles primaires, à un obstacle à peu près invincible, que des personnes autorisées ont plus d'une fois signalé.

Les écoles maternelles et les classes enfantines sont relativement rares. Si les grandes agglomérations en sont pourvues, nos communes rurales, à bien peu d'exceptions près, sont réduites à la portion congrue, je veux dire à une école de garçons et à une école de filles, fort souvent même à une seule école, à l'antique et primitive école mixte. Dans ces deux écoles ou dans cette école unique, nous sommes obligés de recevoir des enfants de quatre, cinq et six ans, et de les mêler au reste de notre effectif. Quel bizarre assemblage! Mais, pour le moment, n'en voyons les inconvénients qu'au point de vue de cette première culture intellectuelle et morale dont nous venons de parler, dont il me semble avoir établi les avantages et la nécessité. Eh bien, dans les conditions que nous crée ce mélange étrange, il ne nous reste aucun temps pour les entretiens et les échanges d'idées, pour un travail quelconque de recherche et d'invention, pour les répétitions et les retours, pour les repos et les diversions, pour toutes les heureuses et utiles pertes de temps auxquelles veut évidemment nous convertir notre texte; nous ne pouvons qu'occuper de notre mieux notre auditoire de tout petits, de petits, de moyens et de grands, que presser le pas pour aboutir, si possible, à l'accomplissement tel quel de nos programmes, à la somme non d'intelligence et de bon sens, mais de connaissances positives exigées dans les examens qui barrent l'accès au certificat d'études, aux écoles primaires supérieures, aux écoles normales, etc. Que l'on nous débarrasse des petits; qu'on les laisse aux mains des femmes, qui, elles, sont si bien faites pour perdre utilement la moitié du temps. Ces petits nous arriveront avec une certaine culture, plus prêts pour nos enseignements, débrouillés d'ailleurs sur toutes choses. Dès lors, comme nous l'avons dit plus haut, nous marcherons plus vite et plus sûrement et, qui sait? plus libres de nos mouvements, peut-être pourrons-nous encore « perdre la moitié du temps pour mieux employer l'autre ».

---

14. — ENSEIGNER, C'EST CHOISIR

Développer cette pensée : « Enseigner, c'est choisir ». — Donner des exemples.

(Sujet d'examen.)

« Enseigner, c'est choisir »; qui a dit cela? je ne sais; mais celui-là a résumé en trois mots toute la science pédagogique. Oui, enseigner, c'est choisir ou, si l'on veut, c'est savoir choisir, parmi ses connaissances, celles que l'on doit transmettre, celles qu'attendent les auditeurs et que comportent leur âge, leur milieu, leur état d'esprit, leur degré de culture intellectuelle ou morale.

Voici un savant conférencier. Il est en présence d'un public peu lettré, ayant besoin avant tout de connaissances techniques qui soient à sa portée et dont il puisse immédiatement tirer profit. Il se lance dans le grand, dans les hautes spéculations, dans les sphères les plus élevées de la science.... Il ne sait point choisir.

Voici un grand orateur, un prédicateu. réputé. Il a pour auditeurs des paysans ou des gens de métier, il parle comme il parlerait à Notre-Dame de Paris. Il n'est ni compris ni écouté.... Il n'a pas su choisir. On dit que cela arrivait à Bossuet dans sa cathédrale : l'aigle prenait son vol vers les hautes régions et les bons bourgeois de Meaux n'essayaient pas même de le suivre : quand il prêchait, ils restaient à leur foyer ou sur le pas de leur porte.

Mais, pour ne pas nous égarer, pour ne pas aller plus loin que nous ne devons (*ne sutor ultra crepidam*), pour ne point violer nous-même la maxime que nous avons à développer, restons à l'école primaire et parlons pour elle.

Nous arrivons de l'école normale bourrés de science. Heureux de trouver une chaire, nous y montons avec une confiance superbe et de là, comme de grands enfants que nous sommes, nous débitons tout ce que nous savons, tel que nos doctes professeurs nous le débitaient naguère. Nous servons une nourriture abondante, solide, substantielle : des pains entiers, des plats débordants, des desserts plantureux.... O déception! nos convives touchent à peine à tout cela ou n'y touchent pas du tout; s'ils mangent, ils ne digèrent pas et ils sortent de notre banquet maigres et affamés : pour parler sans figures, nous ne sommes ni compris, ni suivis. — C'est que pour être suivi, compris ou même simplement écouté, il faut dire juste ce qu'il faut dire, ne dire que cela, mesurer la quantité et la qualité de la nourriture aux estomacs à satisfaire, la quantité et la force de la liqueur au vase qui doit la recevoir et la garder; en d'autres termes, approprier ses enseignements à son auditoire et cela sous peine d'échec complet. Voilà pourquoi on nous avertit que « enseigner, c'est choisir ».

Mais nous avons à choisir ailleurs que dans les connaissances dont nous avons fait provision : nos programmes mêmes nous imposent un choix dans les matières si nombreuses qu'ils énumèrent. Ce n'est pas que nous puissions nous dispenser à notre gré d'enseigner quelques-unes de ces matières. Mais il est évident que, dans l'esprit du législateur, elles n'ont pas toutes la même importance. C'est à nous de le voir et de régler notre enseignement en conséquence. Il y en a de fondamentales, sans lesquelles l'instruction primaire n'existerait pas : la lecture, l'écriture, le calcul, l'enseignement moral et civique, etc. Il y en a qui importent à un moindre degré, que l'on peut ne posséder que très superficiellement, sans pour cela être un ignorant ou un *illettré* : les éléments de la littérature française, des sciences physiques et naturelles, etc. Ceux qui n'insisteraient pas spécialement sur les premières, qui ne glisseraient pas un peu sur les secondes en en renvoyant le développement à l'école supérieure, n'enseigneraient pas; au moins ils enseigneraient mal, parce qu'ils ne sauraient pas *choisir* ou négligeraient de le faire.

Mais, dans l'éducation en général, à l'école primaire en particulier, que de choses à choisir, en outre, si l'on veut quelque peu réussir dans son enseignement? la méthode à adopter, le procédé à suivre, le devoir à donner, les fautes à signaler dans la correction, le livre et souvent jusqu'au passage du livre à lire ou à expliquer, voire les expressions qu'il conviendra d'employer. Et c'est faute de satisfaire à cette dernière obligation que tant de livres soi-disant faits pour nos écoles aggravent notre tâche au lieu de l'alléger, que tant de maîtres savants, dévoués même, échouent dans nos campagnes, peut-être dans nos villes : ils ne savent pas mettre leur langage à la portée de leurs pauvres petits auditeurs, *choisir* le mot qui frappera juste, l'expression qui ira à l'intelligence et y fera la lumière.

« Enseigner, c'est choisir ».... On me demande, pour faire bien ressortir aux yeux cette vérité, de donner des exemples; en voici quelques-uns :

C'est dans une promenade du jeudi. Mes élèves du cours moyen et du cours supérieur m'accompagnent. Nous sommes à la fin de juillet et nous nous asseyons, pour goûter, juste devant un champ de blé où des moissonneurs fauchent et ramassent. Les provisions tirées du panier et le premier appétit satisfait, j'entreprends une *leçon de choses*. Du morceau de pain qui s'achève nous passons à ce blé qui le fournit, à la manière dont on le sème, dont il pousse et dont on le récolte. On va le transporter à la ferme, le mettre en meule, le battre, le livrer au meunier qui en fera de la farine. Avec la farine, la ménagère fera du pain, de ce pain dont nous nous régalons en ce moment. Alors : « Que les petits du cours moyen s'en aillent faire une ronde à vingt pas d'ici ! Vous, mes grands, approchez-vous et continuons notre causerie, à moins…. — Non, non, parlez-nous, monsieur; nous ferons notre partie après. — Eh bien, continuons notre entretien sur le blé. C'est une plante de la famille des graminées. Voici les caractères auxquels on reconnaît les graminées…. Ce fourrage vert qui couvre le champ voisin et qu'on appelle, je crois, du ray-grass, ce chiendent, ennemi du cultivateur, cette herbe que nous foulons aux pieds, sont des graminées. Fleurs, tiges, feuilles, racines, examinez-moi tout cela de votre mieux et voyez si vous y découvrez au moins quelques-uns des caractères que nous avons étudiés tout à l'heure. Comparez-les à ces trèfles, à ces luzernes, à ces sainfoins qui nous entourent et tâchez de trouver des différences…. » Après quelques échanges d'idées, mes grands élèves allèrent rejoindre leurs camarades plus jeunes, puis on reprit le chemin du village, des poignées d'herbes et de fleurs à la main.

Le lendemain, grands et petits me firent des comptes rendus qui n'étaient point sans valeur. Ma leçon avait réussi,… parce que j'avais approprié mon entretien à chacun de mes cours. Pourtant je craignis d'avoir été trop loin. Qu'ont à faire, je me le demande, mes petits campagnards des « familles de plantes » ! Qu'ils sachent analyser une fleur, l'admirer, la cultiver, en parer la cheminée de leur petite chambre, s'en délier ou s'en servir au besoin, n'est-ce point assez ! Peut-être ai-je manqué de mesure et n'ai-je point encore suffisamment choisi !

J'ai dit qu'au nombre des choix que nous avons à faire, il faut mettre celui de la méthode et des procédés. Ma méthode à moi, c'est l'exposition interrompue; mon procédé, c'est l'interrogation ou plutôt l'interpellation plus ou moins fréquente, la mise en demeure, pour mes élèves, de collaborer à la leçon. Un jour, j'y manquai et voici comment :

Nous en étions à Philippe-Auguste. Je commence par dire quelques mots de sa jeunesse, de son mariage ; puis je passe à la croisade. Je nomme en passant Richard Cœur de Lion. Mais voilà que ce nom m'entraine à une longue digression sur l'histoire d'Angleterre, et je parle sans plus faire parler. Mes enfants deviennent peu attentifs ou du moins leur attention est détournée du fait principal. Quand j'arrivai à la bataille de Bouvines, ils étaient distraits, fatigués : évidemment leur esprit était ailleurs. Pour n'avoir pas été fidèle à la mesure que je m'étais prescrite, à ma méthode, aux procédés de mon choix, j'avais à peu près perdu mon temps et dépensé ma science en vain.

Oui, « enseigner, c'est choisir », et des soins que nous apportons à suivre cette maxime dépendent les résultats que nous pouvons espérer de notre dévouement et de nos efforts.

---

15. — LE MEILLEUR MAITRE EST CELUI QUI SAIT SE TAIRE QUAND IL LE FAUT

Commenter et apprécier cette pensée d'un pédagogue allemand : « Le bon maître se reconnaît non à ce qu'il dit, mais à ce qu'il tait ».

« Le bon maître se reconnaît non à ce qu'il dit, mais à ce qu'il tait », voilà une doctrine qui, au premier abord, parait passablement paradoxale. Eh quoi ! le maître n'est-il pas placé auprès de son disciple pour lui parler et pour lui parler beaucoup, et son principal talent, son principal mérite ne sera-t-il pas de le faire avec clarté et avec aisance ? N'est-il pas là pour révéler la science, pour la servir au degré où elle est parvenue, ou tout au moins

dans la mesure des besoins? Attendra-t-il que son élève
la devine et la crée, sous ce prétexte que l'enfant doit
passer par les chemins que l'humanité a parcourus avant
lui? A quoi servirait donc au pauvret d'être venu après
mille et mille générations, s'il ne pouvait recueillir leur
héritage et profiter de leurs découvertes, si son professeur
devait surtout se taire devant lui?... Pourtant, n'allons pas
trop vite dans le jugement que nous avons apporté aujour-
d'hui : dans cet aphorisme du pédagogue allemand, comme
du reste dans les affirmations parfois si étrenges de notre
Rousseau, il y a sans doute une part de vérité; c'est cette
part de vérité qu'il s'agit de découvrir et de mettre en lumière : essayons.

Et d'abord, la pensée du pédagogue allemand évoque
chez moi un souvenir. Nous avions autrefois, à l'école normale, deux professeurs que nous nous plaisions à mettre
en parallèle, ou plutôt à opposer l'un à l'autre : M. Bernard
et M. Guillaume. M. Bernard était un charmeur, un
« Chrysostome », disaient les érudits d'entre nous. Il avait
beau être long, il ne nous fatiguait pas : il disait si bien!
il était si aisé, si abondant, si élégant! Il ne cherchait point
ses mots : ceux-ci lui arrivaient aux lèvres, choisis, purs de
toute impropriété, de toute négligence, clairs et limpides,
comme la pensée d'ailleurs. Nous comprenions, nous saisissions du premier coup; heureusement, du reste, car
M. Bernard ne s'arrêtait non plus que l'aimable ruisseau
qui coulait au pied de nos murailles. Bref, il était notre
préféré; M. le directeur ne dédaignait pas de venir s'asseoir
près de son bureau et plus d'un inspecteur général en
avait fait autant en écrivant sur son calepin des notes certainement élogieuses. M. Guillaume parlait bien aussi, mais
avec moins de continuité. Ses phrases étaient précises, mais
un peu sèches. Il suspendait parfois sa leçon, non pour
s'écouter et se savourer lui-même, mais pour un motif que
nous ne saisissions pas bien, peut-être pour chercher ses
mots et ses expressions, peut-être aussi pour nous donner
le temps de reprendre haleine et de réfléchir un peu sur
ce qu'il venait de nous dire. Il lui arrivait de s'arrêter tout

à coup comme s'il craignait de dire trop, puis il reprenait le fil de son discours, mais en passant évidemment par-dessus quelque fait qui se présentait à tort ou quelque idée qui ne venait pas en son temps et en son lieu. Enfin, il nous interrogeait; toutefois, il n'attendait pas toujours notre réponse, ayant l'air de nous dire : cherchez et parachevez. D'ailleurs, jamais un mot de trop ou qui n'eût point été pesé, qui ne fût parfaitement dans le sujet et qui n'éclairât la question. Le dirai-je? nous le mettions dans notre estime bien au-dessous de M. Bernard : avec lui, il fallait sortir de notre repos béat, payer notre écot, collaborer à la leçon, tandis qu'il nous était si doux, avec M. Bernard, de nous laisser vivre comme à une table richement servie, où les mets arrivent à point, apportés par une fée bienfaisante! Les perpétuels points d'interrogation de M. Guillaume et ses fréquents silences nous pesaient et, au lieu d'en faire un Chrysostome, nos érudits le surnommaient « Guillaume le Taciturne ».

Oh! combien nos opinions se sont modifiées depuis, la mienne du moins! Excellent monsieur Guillaume, si je vaux aujourd'hui quelque chose, si je m'entends quelque peu à l'éducation et à l'enseignement, si, en ce moment même, je suis en état de trouver quelques idées sur le sujet que j'ai à traiter, c'est à ta discrétion, à tes réticences, à tes silences calculés que je le dois.

Oui, le bon maître se reconnaît moins à ce qu'il dit qu'à ce qu'il tait : 1° parce que « enseigner, c'est choisir »; 2° parce que « ce que fait le maître n'est rien, ce qu'il fait faire est tout ».

Quel que soit l'objet de la leçon que nous avons à faire, nous nous trouvons, nous autres maîtres, aux prises avec une foule d'idées ou de faits qui nous demandent plus ou moins impérieusement à se faire jour et à se placer; c'est la science complète qui se présente à nous : la morale avec ses principes, ses caractères, ses sources, ses exemples; la grammaire avec toutes ses règles et toutes ses exceptions, voire avec ses curiosités historiques et étymologiques; la géographie avec ses accidents multiples, ses aspects si divers et si intéressants ; l'histoire avec tous ses faits, essentiels et secondaires, ses anecdotes, ses portraits, ses déductions, ses moralités ; l'arithmétique avec son cortège de définitions, de méthodes, de procédés. Il n'y a pas jusqu'à la lecture qui ne nous presse de nous étendre en explications, de profiter des mille occasions qu'elle nous offre d'ajouter à l'instruction générale de nos élèves, de raviver leurs souvenirs, d'exercer leur intelligence, etc. Je ne dis rien des sciences physiques et naturelles : elles sont plus gourmandes que les autres branches du programme ; elles accapareraient volontiers et notre temps et nos forces. A toutes ces sollicitations des diverses sciences, à toutes leurs envies de paraître dans tous leurs atours et avec tous leurs avantages, il faut opposer un *non possumus* énergique et l'adage sur lequel nous nous appuyons en ce moment : « Enseigner, c'est choisir ». Le bon maître choisit ; il choisit ce qui convient à ses auditeurs, à leur âge, à leur degré de développement intellectuel, à leurs besoins. Il se tait sur le reste et le remet à plus tard ou même le retranche impitoyablement. Et, du reste, nos programmes, notre système d'enseignement concentrique, nuancé suivant les cours, exigeant peu d'abord, ensuite davantage sur chaque matière, nous placent, à l'école primaire élémentaire du moins, dans la nécessité de faire ce travail de sélection qui est prescrit par la nature elle-même. Ils obligent à s'arrêter à chaque instant, à se borner à ce qui est de l'année, du cours où l'on se trouve, de la division à laquelle on s'adresse ; ils avertissent le grand parleur de nos écoles de mettre un frein à sa faconde et de pratiquer ce précepte d'Horace qui ne pensait guère à lui, mais qui se trouve avoir écrit pour lui :

> *... Jam nunc dicat jam nunc debentia dici,*
> *Pleraque differat et præsens in tempus omittat.*

Notons en passant que c'est peut-être en morale que la discrétion, la sobriété, voire le silence, ont surtout leur prix. Une faute grave a été commise. Peut-être est-elle déjà expiée, suivie qu'elle a été de ses conséquences naturelles : un résultat fâcheux pour le délinquant, l'humiliation, la honte, au moins le remords. Dès lors, à quoi bon longuement discourir, « citer Virgile et Cicéron avec force traits de science » ? Un coup d'œil sévère, un visage affligé, tout au plus une courte admonestation suffiront, surtout s'il s'agit de certaines fautes dont la répression exige une délicatesse infinie, surtout aussi s'il s'agit de ces fautes, de ces étourderies vénielles qui font que le plus sage des écoliers pèche sept fois par jour :

> Je blâme ici plus de gens qu'on ne pense.
> Tout babillard, tout censeur, tout pédant,
> Se peut connaître au discours que j'avance.

Échappe seul à cette critique si souvent méritée le maître qui sait se taire à propos, croyant qu'en bien des cas « si la parole est d'argent, le silence est d'or ».

« Ce que fait le maître n'est rien, ce qu'il fait faire est tout », voilà la seconde raison sur laquelle je m'appuie pour exalter le maître discret, habile dans l'art si précieux de se taire.

L'enfant ne fait point seul son éducation intellectuelle et morale. Il lui faut un maître. Mais cette éducation ne se fait point sans sa coopération, sans le concours énergique et assidu de sa volonté. Il faut que nous l'amenions à vouloir nous prêter ce concours, à exercer lui-même ses facultés ; sans cela, celles-ci s'engourdiraient et finiraient par s'atrophier comme le font les membres et les organes condamnés à un éternel repos. Or, un maître qui parle toujours, qui prend pour lui seul toute la tâche de l'enseignement, qui ne laisse point à son élève une juste part du labeur, lui rend un fatal service. Qu'il déblaye la route, qu'il écarte les premiers obstacles, ceux qui, loin d'exciter la volonté, la décourageraient et feraient qu'elle nous opposerait bientôt la plus terrible des forces, l'inertie, rien de mieux assurément. Qu'il dirige, qu'il soutienne, qu'il éclaire, qu'il débrouille le chaos des premières idées et des premières impressions, rien de mieux encore. Et, pour cela, il peut recourir à la parole; une diction nette et précise, abondante même, le servira merveilleusement dans la circonstance; ce sera chez lui un talent précieux qu'il devra s'efforcer d'acquérir, s'il ne le possède point naturellement. Mais, pour Dieu, qu'il se garde d'en abuser! Qu'il sache s'arrêter à temps pour écouter son disciple, pour le faire « trotter devant lui », pour s'assurer que ses facultés se sont mises en mouvement et qu'il fait acte d'activité propre, qu'il commence à accuser sa personnalité; qu'au lieu, par exemple, d'énoncer l'idée, il la suggère, puisque c'est là, a-t-on dit très justement, « la grande finesse pédagogique ». En un mot, qu'il fasse faire, car ce n'est qu'à ce prix que ce qu'il fera lui-même échappera à la sentence, un peu trop absolue, de Dupanloup. Du reste, s'il est des sciences qui, comme l'histoire, la géographie, les sciences physiques et naturelles, ne se font point sans la parole du maître, il en est aussi qui se trouvent dans l'esprit de l'enfant ou qui s'y créent en quelque sorte, qui semblent y renaître comme des « ressouvenirs » d'une autre vie, dirait Platon; telles sont la morale et les mathématiques. Pour ne parler que de la première, l'enfant en rencontre les principes et les grandes données dans sa propre conscience. Aussi, un bon maître, au moins un maître d'école primaire, car c'est à l'école primaire que nous nous cantonnons, ne la sert point toute faite. Il frappe le caillou et en fait jaillir l'étincelle. A la suite d'un récit, en présence d'un fait qui vient de se produire dans la classe ou au dehors, il interroge, et l'enfant est étonné de trouver au fond de sa conscience des vérités et des lumières qu'il ne soupçonnait pas. Et ces vérités, ces clartés, ne perdront plus rien de leur éclat, car elles font désormais partie intégrante de l'âme. Il en serait tout autrement si elles n'étaient point nées en quelque sorte d'un éloquent silence, si le maître, au lieu de les faire découvrir, les eût dictées, même dans les termes les plus choisis et les plus élégants. Une fois de plus le bon maître s'est révélé par sa sobriété de parole et par sa prudente réserve : il s'est fait reconnaître moins à ce qu'il a dit qu'à ce qu'il a su taire.

Quels sont les moyens d'arriver à cette modération dans l'usage de la parole et à ces silences savamment placés ? Nous en voyons trois : la connaissance de l'enfant, la pleine possession des matières que nous avons à enseigner, la préparation consciencieuse et rapprochée de nos leçons.

On apprend à connaître l'enfant en l'observant et aussi « en se souvenant », disait Mlle Sauvan. Nous laissons à cette noble femme et à Mme Pape-Carpantier — déjà bien oubliées, hélas ! — à Dupanloup et à Mme Kergomard qui sont plus de notre temps, et, si l'on aime mieux, aux pédagogues des derniers siècles, le soin de nous guider dans l'étude de l'enfant, de nous montrer comment il veut être traité, ce que comporte sa frêle nature, ce qu'il convient de dire et surtout de taire devant lui, et nous insistons seulement sur les deux derniers points.

Pour être à même de couper et de tailler dans une matière, d'y choisir ce qui est nécessaire ou utile à l'auditoire auquel on s'adresse, il faut la dominer et, pour cela, la posséder à fond. Le moment n'est plus de répéter qu'on en sait toujours assez pour enseigner des enfants et surtout des enfants d'école primaire.

On est, Dieu merci, bien revenu de ce triste préjugé. Aussi a-t-on créé Fontenay et Saint-Cloud pour peupler les écoles normales de professeurs préparés de longue main, éprouvés par des examens durs à passer et qui écartent brutalement les médiocrités. Mais, à côté des avantages que présentent les fortes études exigées de nos maîtres, il y a un danger réel : c'est que, formés sur leur modèle et voulant les imiter de trop près, nous dépassions la mesure en présence des humbles bancs de l'école primaire. Nous conjurerons ce danger par la préparation à courte échéance de nos leçons et de nos devoirs. N'adapte point qui veut, sur-le-champ et d'inspiration, sa parole aux milieux et aux besoins. C'est dans le silence du cabinet, en présence de nos cahiers, de nos livres... et de nous-mêmes, que nous distinguerons ce qui importe à notre sujet et ce qui ne ferait que le surcharger, ce qu'il va convenir de dire et surtout de taire pour que notre leçon aille droit aux intelligences, les éclaire et contribue, pour sa part, à leur développement graduel et sagement mesuré.

C'est ainsi que nous suivrons les conseils implicitement contenus dans l'aphorisme du pédagogue allemand, que nous nous ferons reconnaître pour de bons maîtres, pour des maîtres sachant parler, mais surtout se taire à propos.

---

16. — L'ÉDUCATION, OEUVRE D'AUTORITÉ ET DE LIBERTÉ

Montrer que l'éducation est une œuvre d'autorité et de liberté. — Conséquences pédagogiques. — Applications à l'école primaire.

L'éducation est « une œuvre d'autorité »; l'autorité doit y avoir une large part.

L'éducation est en même temps « une œuvre de liberté »; l'autorité doit y être tempérée, librement acceptée, puis aussi peu apparente que possible.

Voilà, ce me semble, les points saillants de la thèse qu'il s'agit d'établir et de développer.

L'autorité — j'entends celle des parents et des maîtres — vient de la nature et est voulue par la nature. Elle est la conséquence de la faiblesse de l'enfant, de son inexpérience et de l'insuffisance de ses instincts; abandonné à lui-même, l'enfant compromettrait bientôt son existence physique et n'arriverait pas à la vie intellectuelle et morale; si, comme on le veut, l'humanité est parvenue par elle-même à la vie intellectuelle et morale, c'est qu'elle a eu des siècles à sa disposition, tandis que l'individu n'a devant lui que des années, et des années, on peut le dire, aussitôt achevées que commencées.

Sans doute « tout est bien, sortant des mains de l'auteur des choses », mais à une condition, c'est que, pour l'homme au moins, une action extérieure intervienne pour préserver l'ébauche de la ruine, pour la façonner et la parfaire. Cette action, c'est celle de l'autorité. Sans elle, rien ne se ferait et tout périrait. Il faut que l'autorité impose à l'enfant la sobriété, l'hygiène, le travail, la vertu. C'est là une vérité d'intuition, contre laquelle on peut bien entasser des sophismes, mais vers laquelle on ne tarde pas à être ramené quand on a commis l'imprudence de s'en écarter; puissent ceux qui président à nos destinées n'en pas faire la triste expérience! Seulement, au point de vue de l'éducation, l'autorité se dédouble en autorité matérielle et en autorité morale.

L'autorité matérielle, c'est la force que les parents tiennent de la nature, de la nécessité et des lois, que les maîtres tiennent, par délégation, de la famille et, par situation, de leurs fonctions et du règlement; c'est la force ayant pour cortège obligé toute une série de pénalités, depuis le châtiment corporel jusqu'au simple pensum.

L'autorité morale, c'est l'ascendant, le prestige, que donne la supériorité de l'âge, du savoir et de la vertu.

La première est nécessaire surtout au début et, dans tous les cas, comme réserve, comme l'*ultima ratio* dans les querelles des rois. Un établissement où il n'y auroit ni loi ni sanction, c'est-à-dire ni un règlement ni une force pour le faire respecter, en d'autres termes, où l'autorité matérielle n'existerait pas ou bien se montrerait seulement faible et hésitante, serait un établissement perdu à l'avance, destiné à tomber bientôt en dissolution. Au fait, l'autorité dont nous parlons n'est autre chose que la discipline; or, on l'a dit bien des fois, sans discipline point d'ordre, sans ordre point de travail régulier et suivi; point de lien, point de cohésion, point de communauté de but ni d'efforts; pas de résultats ni pour l'instruction ni surtout pour l'éducation proprement dite. Nous savons bien qu'en ce moment même, une certaine école cherche à bannir la contrainte de nos établissements sous prétexte d'y substituer, à peu près exclusivement, la libre initiative, le libre exercice de la volonté, l'essai de forces que rien ne doit bientôt plus ni comprimer ni gêner, et dont la subite explosion présente en effet plus d'un danger. Mais, si le séjour à l'école doit être l'apprentissage de la vie, où donc, dans celle-ci, ne se trouve pas la contrainte? Les lois, les convenances familiales et sociales, le respect de soi-même et le respect des droits d'autrui, et plus encore les dures nécessités de l'existence avec les ballottements du sort et les hasards de la destinée, n'imposent-ils pas de perpétuelles contraintes et des soumissions forcées? Ces contraintes, ces soumissions, il faut s'y faire, s'y rompre, les adoucir par l'habitude, c'est-à-dire, en somme, par l'éducation. Et, d'ailleurs, il y a le devoir, cet *impératif catégorique* de Kant, ce tyran impitoyable qui se présente avec ses exigences de tous les instants; que fera-t-on si, de bonne heure, on n'a point été formé à faire plier sa volonté, ses intérêts, ses caprices devant une force, devant une autorité? N'est-ce point pour cela qu'un sage de l'antiquité proclame heureux celui qui aura porté le joug dès sa jeunesse?

Mais, à côté de l'autorité matérielle, il y a, avons-nous dit, l'autorité morale. Celle-là aussi est nécessaire dans l'œuvre de l'éducation. Elle l'est tellement que, sans elle, l'autre n'est que la force, qui soutient, mais, qui, disait Napoléon, ne fonde rien. Elle aussi pèse sur les volontés, les assouplit, les entraîne même fatalement : mais la violence qu'elle leur fait est douce et de bon aloi : la physionomie d'un maître honnête et bon incline vers l'honnêteté et la bonté; le commerce d'un maître vertueux, laborieux, dévoué, conquiert à la vertu, au travail, au dévouement : à sa vue, on rougit d'une faiblesse, on s'en veut d'une lâcheté ou d'un trait d'égoïsme. Ainsi l'autorité morale se manifeste, s'affirme, contribue à former les esprits et les cœurs et joue un rôle prépondérant dans l'éducation. Ainsi encore l'éducation est une œuvre d'autorité.

Elle est, en outre, une œuvre de liberté. Voilà ce qui, au premier abord, apparaît comme une contradiction à ce que nous venons de dire : autorité et liberté, ne sont-ce pas en effet deux mots contradictoires en même temps que les idées qu'ils représentent? Il n'en est rien cependant : dans l'éducation, l'autorité et la liberté doivent se concilier; il faut qu'elles se concilient, qu'elles se viennent en aide; sans quoi l'œuvre est caduque ou boiteuse.

Nous avons à préparer le citoyen respectueux des lois, soumis à toutes les obligations sociales, résigné devant la brutalité des accidents humains. Mais nous avons aussi à préparer l'homme moral, l'homme libre par conséquent et, d'une manière plus rapprochée, le jeune homme ou la jeune fille qui, demain, se trouveront à la merci de leur propre conseil. A ce point de vue surtout, nous devons à nos élèves de leur ménager des transitions et des accoutumances : sans cela le passage d'un joug inflexible à une liberté sans frein créerait pour eux une crise, et une crise presque toujours funeste. D'ailleurs, l'enfant toujours tenu en laisse et par la lisière, toujours courbé sous la règle, auquel on dicte tous ses actes, presque ses pensées et ses sentiments, devient timide, embarrassé, maladroit, peu apte à se tirer de la moindre affaire, incapable de se gouverner. C'est une machine qui s'arrête dès que les rouages n'en sont plus mis en mouvement par une force extérieure. Certes, ce n'est pas là l'homme que nous entendons livrer à la société. Ce n'est pas même là l'écolier, l'élève que nous rêvons. Nous voulons trouver chez nos enfants du ressort, de l'initiative, une certaine vie propre, déjà de la personnalité et de la responsabilité. Pour cela, il faut que nous leur laissions la possibilité de faire des actes de leur choix, où leurs facultés s'exercent sans contrainte et sans direction au moins immédiates, où les conséquences viennent naturellement les éclairer, les récompenser, au besoin les punir.

Déjà l'autorité morale est un acheminement dans cette voie et vers ce résultat, la pression n'en étant point déterminante comme celle de l'autorité matérielle et effective. Mais celle-ci, à son tour, sans s'abandonner, sans cesser d'être partout présente et partout visible, peut se modérer elle-même à mesure que le jugement et la raison apparaissent, que la conscience se forme et s'éclaire, que la volonté se fortifie, que l'âme s'éprend du beau et du bien. Sans lâcher les rênes et sans rendre entièrement la main, on peut moins peser sur le mors, laisser « trotter devant soi » en étudiant l'allure ; on peut surveiller de moins près, moins diriger, moins commander, témoigner de la confiance, faire appel à la conscience et aux bons vouloirs. Ainsi l'enfant, mis plus à l'aise, laissé plus maître de ses mouvements, prend peu à peu possession de lui-même et de son libre arbitre; d'extérieure qu'elle a été tout d'abord, l'autorité pour lui devient intérieure : elle est celle de la conscience et du sentiment du devoir; celle-là ne compromet point la liberté, elle en est au contraire la génératrice et la sauvegarde. Cependant, défions-nous de la faiblesse humaine; que l'autorité extérieure, la règle, la discipline soient toujours là, debout et armées, pour ramener dans la voie quiconque s'en écarterait outre mesure.

Et c'est en cela que notre doctrine diffère de celle qui prétend supprimer toute règle et toute contrainte dans l'éducation. Nous commençons par l'autorité; nous maintenons l'autorité jusqu'au bout. Seulement, outre que, bien entendu, nous la tempérons toujours par la bienveillance, nous en mesurons l'emploi sur l'âge de l'enfant et sur son degré de développement intellectuel et moral. Nous n'affranchissons pas brusquement notre cher esclave; nous l'émancipons peu à peu et le conduisons insensiblement à la liberté. Notre autorité matérielle se transforme d'abord en autorité morale, ensuite en tutelle; mais nous n'abdiquons jamais au point de nous décharger en quelque sorte de toute responsabilité devant la famille et devant la société.

Tels sont nos principes et les conséquences pédagogiques que nous en tirons. Il ne nous reste presque rien à dire pour montrer les applications que nous comptons en faire à l'école primaire.

Notre premier soin sera de faire respecter, dans notre classe ou dans notre école, l'autorité effective, la nôtre et celle du règlement. Nous disons *la nôtre*, parce que le règlement ne peut tout prévoir et qu'il faut bien que, dans maintes occasions, nous imposions notre autorité propre. Du reste, nos élèves ne s'en étonneront pas : ils savent ou devinent d'instinct que nous sommes établis par la loi, par le règlement lui-même, pour commander et nous faire obéir. Ne craignons pas de le dire : nous serons *autori-*

taires; nous ne souffrirons point qu'on nous résiste; nous n'admettrons pas que nous puissions être vaincus. Seulement, pour ne point nous exposer à des défaites, nous bannirons de notre conduite l'arbitraire, la fantaisie, le caprice; nous veillerons à ce que nos ordres ou nos défenses soient dictés par la raison, par la justice et par l'intérêt bien entendu de nos élèves : ceux-ci s'apercevront bien vite qu'il en est ainsi, car, en général, ni la raison, ni l'esprit de justice ne font défaut chez les enfants, et ils se soumettent sans trop de peine quand leur petite conscience se met de notre côté. Et puis, nous nous rappellerons en toute circonstance que les roseaux qui sont devant nous, s'ils sont faits pour plier, ne sont point faits pour rompre; que toutes ces petites volontés doivent être inclinées et dirigées, mais non être brisées; qu'un jour qui n'est pas loin elles devront se soumettre à la loi bien plus qu'au fort et au puissant. Et c'est pour cela que nous nous abriterons le plus tôt possible derrière le règlement, qui est la loi du moment; on nous y invite d'ailleurs en nous prescrivant d'afficher le règlement de l'école dans l'endroit le plus apparent de notre classe.

Toutefois nous serions bien à plaindre si nous étions sans cesse obligés d'invoquer notre volonté ou la règle, si nous n'avions pas sur nos élèves cet ascendant que nous avons appelé plus haut d'*autorité morale*. N'insistons pas sur les moyens de conquérir cette autorité : tous les bons maîtres savent qu'on y parvient notamment par la dignité de la vie et du caractère qui commande l'estime et par une bienveillance contenue qui gagne les cœurs sans diminuer le respect.

Ce qu'il y a de plus difficile dans nos écoles, c'est de concilier la liberté avec la double autorité dont nous venons de parler. Certes, nous pouvons amener nos élèves à se soumettre à la discipline, même à l'aimer et à la vouloir. Mais, avec un emploi du temps qui règle minutieusement la vie écolière, avec des exercices prévus et ordonnés qui en remplissent les jours, les heures, les minutes, où donc trouver place pour des actes qui les initient à la liberté, où ils soient *sui juris*, en possession de faire ou de ne pas faire, de choisir un but et de le poursuivre par des moyens qui leur appartiennent? On se plaint que, dans nos écoles primaires et même plus haut, dans nos écoles normales, par exemple, le temps manque absolument pour des actes de cet ordre. En effet, partout, en bas comme en haut et en haut comme en bas, la vie écolière est un véritable engrenage qui saisit l'enfant au seuil de nos établissements et le rend le soir à la famille sans que le pauvret ait eu le temps de se reconnaître et de se sentir vivre ; encore le poursuivons-nous au delà en lui donnant des devoirs à faire et des leçons à apprendre. Nous ne savons si Mgr Dupanloup dans son séminaire de la Chapelle trouvait du temps pour mettre en pratique les magnifiques chapitres qu'il a écrits sur le respect dû à la liberté de l'enfant. Mais, nous avouons que, pour notre part, nous n'en trouvons point dans nos écoles. Et pourtant il faut à tout prix fournir à nos enfants l'occasion de naître à la vie morale, par conséquent se faire des actes libres, spontanés ou réfléchis, suivant le cas et les circonstances ; essayons.

. Pourquoi, dans le règlement horaire, du moins dans celui des grandes classes, n'introduirions-nous pas des rubriques de ce genre : « Tel jour, de telle heure à telle heure, *travail libre?* » Pourquoi, de temps en temps, ne tiendrions-nous pas ce langage : « Mes amis, voilà un devoir que je ne vous impose pas, une leçon que vous êtes libres d'apprendre, une manière de procéder que je ne fais que vous conseiller. — J'entreprends tel travail, m'y aideront ceux qui le jugeront à propos, il ne me faut que des bonnes volontés. — Quelques-uns de vos camarades manquent de pain, de vêtements, de chaussures ; voilà un tronc où chacun mettra à son gré sa petite ou sa grosse pièce. — Demain promenade, herborisation, exploration de tel coin de la plaine ou de la forêt ; il faudra prendre des notes et en faire le compte rendu ; avis à ceux qui voudront m'accompagner. »

Il y a les récréations, les jeux, où la liberté est entière et doit demeurer telle sous la réserve d'une surveillance discrète. Il y a les causeries, où chacun parle en toute liberté à la seule condition de le faire en bon langage et avec convenance. Il y aura enfin tout ce qu'un maître ou une maîtresse intelligents, désireux d'allier la liberté à l'autorité, pourront imaginer pour provoquer la libre initiative et rendre les ordres ou les directions de moins en moins nécessaires. Dans tous les cas, si la soumission demeure, ce sera, suivant le langage que tenait récemment un ministre de l'instruction publique, non l'ancienne soumission contrainte et forcée, mais la soumission réfléchie et voulue, la soumission méditée et acceptée : non cette soumission qu'on subit comme un joug et comme un opprobre, mais la soumission au-devant de laquelle on court avec une pleine et entière liberté d'esprit et de cœur [1].

---

17. — CRITIQUE DES SYSTÈMES PÉDAGOGIQUES DE RABELAIS ET DE MONTAIGNE

On lit dans Rabelais : « Somme que je voie en toi un abyme de science ». (Lettre de Gargantua à Pantagruel.) — D'autre part, Montaigne demande que le gouverneur et l'élève aient « la tête plutôt bien faite que bien pleine ». — Que pensez-vous de ces deux préceptes de pédagogie ? — Discussion et conclusions.

Les deux représentants les plus anciens et non les moins autorisés de la pédagogie française, Rabelais et Montaigne, ne semblent pas d'accord sur la fin générale qu'il convient de donner à l'éducation. Quoique vivant à peu près à la même époque et à un moment où le besoin d'une réforme se faisait vivement sentir, ils ne se proposent pas le même but, ainsi que nous le voyons par les textes que nous vou-

1. M. Spuller, discours prononcé au banquet de l'Association des anciens élèves de l'école normale de la Seine, le 22 octobre 1887.

lons discuter ici, et qui sont, pour ainsi dire, le résumé de leur doctrine pédagogique.

Rabelais, dont on ne saurait contester la valeur pédagogique, malgré les bouffonneries, les scènes burlesques, etc., dont son livre est plein, demande, dans sa fameuse lettre de Gargantua à Pantagruel, qui est en quelque sorte son programme, que l'éducation embrasse toutes les connaissances humaines : « Somme, dit-il, que je voie en toi un abyme de science ». Par là, il entend certainement les lettres, les arts et les sciences, mais surtout les sciences physiques et naturelles dont il a été le premier à reconnaître l'importance, et qu'il a recommandées comme les plus propres à développer l'esprit d'observation, sans lequel on ne retient souvent que des mots. Et, pour arriver à la fin qu'il propose, il demande à son élève un travail à outrance.

En cela, Rabelais veut réagir contre l'enseignement formaliste de la scolastique qui réduisait l'instruction à un verbiage subtil et ne développait que le mécanisme du raisonnement. Avec lui, au lieu d'étudier ses livres au point qu'il pourra les réciter à rebours, l'élève apprendra à se rendre compte et travaillera d'une manière beaucoup plus sensée. Mais la somme de travail exigée par Ponocrates de son élève est énorme et bien faite d'ailleurs pour un géant. Il veut des efforts continus et une prodigieuse activité. Il appartient, pour ainsi dire, à la société moderne, où le travail est devenu la loi commune, où la raison et la lutte pour l'existence montrent bien la nécessité d'utiliser tous les moments de la vie, afin de faire produire aux facultés le plus de fruits possible en développant tous les germes qu'elles renferment en quelque sorte.

L'élève de Ponocrates, l'enfant, suivant Rabelais, est toujours à l'école : à table, pendant qu'on l'habille même, l'instruction continue. Elle se fait en causant sur les objets qui frappent les yeux : ce sont les leçons indirectes, que préconiseront plus tard Fénelon et Rousseau ; c'est la leçon de choses, devenue de nos jours un moyen général d'éducation, un procédé fécond en excellents résultats, qui a été entrevue par Rabelais, et qui est le seul moyen de laisser quelque chose dans l'esprit de l'enfant. Sur toutes les matières, l'élève est instruit par des méthodes attrayantes, au moyen d'objets sensibles lorsqu'il est possible. Éducation physique, intellectuelle et morale, Rabelais fait aller tout de front; il ne néglige rien, et propose à l'homme l'idéal le plus élevé qu'il puisse atteindre. Dans la lettre que nous rappelions en commençant, il trace de main de maître le portrait de l'homme qu'il a rêvé, fort, instruit, honnête, en un mot bien élevé, avec des connaissances encyclopédiques.

Telles sont en gros les vues de Rabelais sur l'éducation, vues qu'il nous fait entrevoir dans quelques pages perdues au milieu des excentricités de son livre.

La pédagogie de Montaigne est tout autre. Le gentilhomme périgourdin aime ses aises par-dessus tout, et il ne demande pas aux autres tant de travail. Il veut qu'on goûte des sciences la *croûte première*, qu'on les effleure sans les épuiser, qu'on les traverse légèrement, à la française enfin. Comme tous les pédagogues, il se souvient beaucoup de son éducation personnelle, et il avoue franchement, dans le chapitre xxv de ses *Essais*, qu'il ne sait rien à fond et qu'il se trouverait fort en peine s'il lui fallait interroger un élève des classes moyennes. Il mesure la dose d'instruction qui convient à l'homme à ses goûts et à ses connaissances, qui, de son propre aveu, sont assez bornées. Il a appris beaucoup de choses dans les années qu'il a passées au collège de Guyenne; mais il les a vues trop vite, il a quitté l'école au moment où il aurait pu mieux profiter, en sorte qu'il ne lui en est resté qu'une teinture dont l'épaisseur est assez minime. En somme, il n'attache pas une grande importance aux sciences, et dit que les apprendre ne sert à rien si l'on n'en devient meilleur. Pour lui, les études sont non le but, mais l'instrument de l'éducation : il se propose avant tout de former le jugement, et résume sa pédagogie par une maxime bien souvent répétée de nos jours par les adversaires de nos programmes quand on les accuse d'être surchargés : « Une tête bien faite vaut mieux qu'une tête bien pleine ».

La modération est le caractère dominant de la pédagogie de Montaigne. Comme Rabelais, il s'élève contre la dialectique scolastique, mais il ne tient pas à ce que de nouveaux objets d'étude soient ajoutés à ceux qui constituent le fonds de l'éducation ; il veut seulement qu'on apprenne autrement, avec le dessein moins de remplir la mémoire que de former l'entendement et la conscience. Il s'agit de faire non des érudits, des spécialistes, mais des hommes, et par conséquent son effort principal est de réclamer une éducation générale, le développement des facultés. Pour lui, il faut songer à obtenir des intelligences capables de comprendre, des consciences droites, avant de chercher à faire des savants ; il faut que les enfants apprennent d'abord ce qui est nécessaire pour réussir dans toutes les carrières, les notions indispensables dans toutes les conditions de la vie et pouvant servir de fondement solide à des études spéciales.

Ce que réclame Montaigne, c'est une instruction pratique : son but est de faire des hommes vertueux, dont le jugement soit sûr et les actions prudentes et sages. Tout dans l'éducation doit tendre à faire devenir meilleur : « Rien ne servirait à un enfant, dit-il, d'avoir pâli sur les livres au collège s'il n'en était devenu meilleur ; autant qu'il ait passé son temps à jouer à la paume ». D'après lui, les sciences doivent être cultivées non pour elles-mêmes, mais pour perfectionner la raison, la justesse d'esprit.

Tels sont, dans leurs grands traits, les caractères généraux de la pédagogie de Montaigne.

Maintenant que nous connaissons la manière de penser des deux pédagogues, il nous reste à discuter leurs opinions, à les comparer et à tirer les conclusions propres à l'enseignement primaire.

Les idées de Rabelais et de Montaigne en éducation diffèrent, cela est bien certain ; mais peut-être cette divergence de vues n'existe-t-elle que parce que les deux grands esprits du XVIe siècle se placent à un point de vue différent.

Rabelais, lui, place son élève dans des conditions particulières. C'est un géant qu'il a à élever, et tout naturellement il faut à une organisation extraordinaire des aliments en rapport avec sa puissance d'assimilation. Il ne faut donc pas s'étonner outre mesure de voir l'élève s'adonner au travail avec une ardeur exceptionnelle et faire des efforts surhumains. Comme les repas du héros de Rabelais sont hors de proportion avec la réalité, de même la nourriture intellectuelle, vraiment digne des soupers pantagruéliques auxquels l'ancien curé de Meudon nous fait assister, comprend un menu capable de donner une indigestion aux pauvres cervelles ordinaires. De plus, bien qu'il ne soit pas douteux que Rabelais ait voulu donner pour tout le monde quelques préceptes nouveaux sur l'éducation en général, ses héros, dans son esprit, ne sont-ils pas princes et appelés à gouverner un jour? Rien d'extraordinaire dès lors que ces personnages reçoivent une éducation spéciale, une instruction en rapport avec la haute situation qu'ils doivent occuper dans la suite. Pour cela, ils sont placés dans des conditions particulièrement favorables, avec un précepteur éclairé qui ne les quitte pas un seul instant et qui sait allier l'éducation physique à l'éducation intellectuelle et morale, de sorte que si Pantagruel devient un « abyme de science » il sera en même temps d'une force prodigieuse et d'une honnêteté à toute épreuve. Toute proportion gardée et quoi qu'il en soit, ce que réclame Rabelais n'est pas une éducation à la portée de tous; c'est une éducation toute spéciale, convenant seulement à un certain nombre d'individus, mais ne pouvant se donner à la plupart des hommes, qui du reste n'en ont nullement besoin. Les sciences étudiées dans leurs secrets les plus profonds sont l'affaire de quelques savants, dont la seule occupation est de chercher à les pénétrer; mais elles ne sont pas indispensables à la généralité des citoyens, qui n'ont ni les facultés ni les loisirs de Gargantua et de Pantagruel. Ce que nous retiendrons de Rabelais, ce seront ses moyens généraux : méthodes attrayantes, leçons de choses, promenades scolaires à la campagne et dans les usines, toutes choses qui ne peuvent que contribuer à développer l'intelligence des élèves; mais, quant à approfondir les sciences, c'est chose impossible à l'école primaire, et, à ce point de vue, nous préférons Montaigne, qui donne, à notre avis, la note plus juste.

Ce dernier, en effet, si l'on s'en rapporte à la courte analyse que nous avons donnée de sa pédagogie, ne considère pas l'éducation spéciale, et, quoique les conseils qu'il donne soient destinés à un jeune comte, nous pensons qu'ils peuvent être appliqués à tous.

Comme il le dit lui-même, il ne s'agit pas de former un grammairien, ou un logicien, mais un homme, c'est-à-dire une intelligence capable de comprendre et juger, ayant « la tête bien faite plutôt que bien pleine ». C'est, en somme, ce qu'il nous faut dans l'enseignement primaire. Nous ne saurions avoir la prétention de faire, des enfants qui nous sont confiés, « des abîmes de science » : cela est du reste impossible à l'âge où on nous donne les élèves. Nous avons à développer, autant que nous pouvons, les différentes facultés de l'entendement humain, à donner aux enfants les notions indispensables par les moyens les plus propres à former le jugement, à donner seulement des clartés des choses moins essentielles. Il semble donc que Montaigne nous ait fourni un tableau à peu près complet de ce que doit être cette éducation moyenne propre à la grande majorité des esprits, qui ne veulent être ni de grands savants ni de grands écrivains; mais qui ont besoin avant tout de voir leur raison exercée, de manière à pouvoir porter un jugement droit sur les faits dont ils seront témoins dans leur vie.

En résumé, la pédagogie de Montaigne convient à l'école primaire, qui a pour mission de former des hommes non pas instruits, mais « instruisables », capables de comprendre et d'agir en conséquence, connaissant leurs droits et leurs devoirs. Son idée de tout effleurer est suffisante pour la plupart des matières de l'enseignement primaire : quand on aura donné à fond les notions essentielles qui font la base de l'éducation, et sans lesquelles on n'est vraiment pas homme, et des clartés de toutes choses, de manière à exciter la curiosité, si le jugement est d'ailleurs formé, l'éducation se continuera dans les différentes circonstances de la vie, suivant la spécialité que l'enfant, devenu homme, embrassera. Le système de Montaigne est donc excellent pour l'éducation première : mais il est évident que, si l'on veut l'appliquer à la sortie de l'école, il sera beaucoup moins bon, pour ne pas dire insuffisant. En effet, l'éducation générale une fois faite, il y a nécessité d'approfondir tout au moins les choses de sa profession, non plus seulement d'en avoir des notions, mais de les connaître à fond.

Telles sont les conclusions que nous tirerons de l'examen des deux textes qui nous sont donnés. Tous deux ont en vue une portion de l'éducation : Montaigne convient pour la première éducation, Rabelais pour la seconde. Ce dernier étend davantage les connaissances; le premier forme avant tout le jugement.

Tout en prenant le précepte de Montaigne pour guide général, nous conserverons les méthodes de Rabelais, qui ne diffèrent pas du reste sensiblement de celles de Montaigne. Mais nous n'oublierons pas que l'école ne peut enseigner tout, et qu'elle ne doit pas chercher à enseigner tout. Si le mot « enseigner, c'est choisir » est vrai pour l'enseignement en général, il l'est surtout pour l'enseignement primaire, où il s'agit d'apprendre non tout ce qu'il est possible de savoir, mais ce qu'il n'est pas permis d'ignorer, c'est-à-dire d'acquérir des connaissances assez approfondies sur certaines matières, nécessaires ou très utiles, mais seulement des clartés sur le reste.

---

18. — LES FABLES DE LA FONTAINE COMME MOYEN D'ÉDUCATION

Quel parti peut-on tirer de la lecture des fables de La Fontaine pour l'éducation morale et littéraire des élèves? — Application aux divers cours.

Fénelon a écrit ses fables pour les enfants. En a-t-il été de même de La Fontaine? Je crois bien que non : comme ceux qui l'ont précédé, qu'il a laissés si loin derrière lui.

La Fontaine écrivait pour tout le monde, pour les hommes en général, pour l'humanité. Entendait-il être un moraliste dans toute la rigueur du terme? Non encore, aimant l'apologue et le maniant comme personne, il le fait servir un peu à tout : ici à habiller une vérité qui ne gagnerait pas à être vue toute nue, là à faire écouter un avertissement, un conseil dont, sans ses vers, la folle jeunesse « se soucierait comme d'une guigne »; ailleurs à faire accepter quelque dure leçon, à obliger l'orgueilleux ou le vaniteux, le sot, le fat, le poltron, etc., à se regarder dans le miroir et à s'y reconnaître; ailleurs encore à faire ressortir les conséquences de nos imprudences ou de nos fautes. Quoi qu'il en soit, aussitôt nées, ses fables ont paru bien placées entre les mains des enfants, et les maîtres ont cru qu'elles leur offraient de merveilleuses ressources pour l'éducation morale de leurs élèves.

Ils ont eu raison. Quand, par devoir, on doit faire de la morale, il faut, avant tout, réussir à se faire écouter. Or, quand sommes-nous plus écoutés que quand nous *moralisons* La Fontaine à la main? Pourquoi? Parce que, dans La Fontaine,

> Tout prend un corps, une âme, un esprit, un visage.

Nos enfants, qui animeraient volontiers la nature entière, sont si heureux de voir tout s'animer, penser, sentir, parler dans la fable que nous leur lisons, d'être transportés dans le monde de leurs rêves, monde de chimères sans doute, mais où l'homme aime à revenir toute sa vie! Ils écoutent; ils sont charmés, ravis et, grâce à cette disposition d'esprit, nos leçons sont bien accueillies; elles touchent, demeurent et produisent les résultats attendus, car, quoi qu'en aient dit d'illustres critiques, ces leçons, mises au point, bien entendu, sont comprises de bonne heure; dans les petits drames auxquels elles les font assister, nos enfants placent bien leur sympathie, leur estime, leur compassion ou leur pitié, leur mépris ou leur haine. Le sens moral, qui naît chez eux, s'égare bien rarement; nous pourrions dire qu'il ne s'égare jamais. Au surplus, s'il flotte un instant, troublé par certaines formes comme par cette affirmation : « La raison du plus fort est toujours la meilleure », il ne tarde pas à se raffermir. Dans l'espèce, l'enfant a bientôt pris parti pour l'agneau, et « la raison du plus fort » lui devient aussi odieuse que le loup lui-même.

Sûrs d'être écoutés, sûrs d'être compris, nous trouvons, en outre, dans notre La Fontaine, des leçons pour toutes les situations et pour tous les besoins. A l'usage des imprévoyants, de ceux qui se laisseraient volontiers aller à la paresse et à l'indolence, nous avons *la Cigale et la Fourmi*, *le Laboureur et ses enfants*; pour les vaniteux, *le Corbeau et le Renard*, *les Deux Mulets*,... et bien d'autres; pour ceux qui sont peu portés à rendre service, *le Lion et le Rat*, *la Colombe et la Fourmi*, *l'Ane et le Chien*, etc.; pour les musards, *le Lièvre et la Tortue*; pour qui sourirait dédaigneusement en voyant un vieillard se préoccuper de l'avenir, *le Vieillard et les trois jeunes hommes*; pour les vantards, les fanfarons, les orgueilleux, *le Chêne et le Roseau*, *l'Ane portant des reliques*, etc. En un mot, nous avons une galerie complète d'images, de portraits, de tableaux; nous n'avons qu'à choisir non au hasard, mais suivant que nous avons un défaut à attaquer, une vertu à exalter, un sentiment à développer, suivant aussi que la leçon de morale que nous venons de faire a besoin d'être confirmée par un ou plusieurs exemples.

Je sais bien que les morales de La Fontaine sont incriminées, qu'elles reposent sur l'intérêt et les conséquences; que, si La Fontaine fait souvent preuve de sentiments exquis, il ne s'élève pas, en morale, jusqu'à la pure idée du devoir. Mais cette morale de l'intérêt et des conséquences est-elle donc si mauvaise? On a traité bien des fois de *sublime* la morale de l'Évangile. Eh bien, dans l'Évangile, je rencontre à chaque pas des promesses et des menaces, des conséquences consolantes ou terribles : à qui fait bien le Christ montre le royaume des cieux; à qui fait mal, l'éternelle géhenne. Le Christ, dira-t-on, comme plus tard l'Église, avait affaire à des natures grossières qu'il fallait remuer et effrayer, incapables d'aimer et de pratiquer la vertu pour elle-même, peu disposées à se contenter des austères satisfactions de la conscience. Mais n'en sommes-nous pas un peu là? Si nous n'avons pas affaire à des natures grossières, nous sommes au moins en présence de natures encore incultes. L'idée pure du devoir n'est pas née chez nos enfants. En attendant qu'elle apparaisse et se fonde, quel mal y a-t-il à ce qu'ils voient, au bout d'un effort ou d'une défaillance, une récompense ou un châtiment; à ce que de bonne heure ils mettent en pratique ce conseil : « En toute chose il faut considérer la fin », la conséquence? L'important est que leur esprit conçoive le bien et le discerne, que leur cœur se prenne à l'aimer et qu'ils commencent à s'y porter de toute la force des premières impressions et des premières habitudes. L'important aussi est que leur jugement se forme, que le bon sens pratique et l'expérience de la vie leur viennent le plus tôt possible. Or, pour nous conduire à ce précieux résultat, nous n'avons rien de mieux que la lecture des fables de La Fontaine. Ne craignons donc point d'exploiter cette mine, et, si quelqu'un nous en blâme, murmurons à son oreille :

Dans Athène autrefois....

Ce qu'il y a de plus difficile pour nous, ce n'est pas d'amener nos élèves à la connaissance et à la pratique de la morale : la conscience et mille circonstances extérieures nous viennent en aide pour cette partie de notre tâche. Le difficile, là où nous échouons la plupart du temps, c'est de leur donner un style courant acceptable en même temps qu'une petite éducation littéraire suffisante. Les idées leur manquent, mais beaucoup moins toutefois que les mots, les expressions et les tours pour les rendre, que le goût pour les choisir et pour les disposer, que le sens délicat qui permet de reconnaître le beau littéraire et de s'y plaire. Eh bien, tout cela peut leur venir par la lecture des fables de La Fontaine. Et d'abord ils peuvent y enrichir singulièrement leur vocabulaire si pauvre, si pauvre que, les trois quarts du temps, nous sommes obligés de leur souffler les mots nécessaires pour répondre à nos questions les plus simples.

Il y a, dit-on, dans La Fontaine beaucoup d'expressions hors d'usage : les unes étaient déjà passées du temps de l'auteur lui-même; d'autres ont vieilli depuis, peut-être, mais il en reste à foison qui sont demeurées usuelles et tout à notre service. Prenons les premières fables venues : *la Cigale et la Fourmi, l'Alouette et ses petits avec le maître d'un champ, le Loup et l'Agneau, le Vieillard et ses enfants*, etc.; passons-les au crible pour en séparer ce qui ne saurait nous convenir : nous serons étonnés de la quantité de mots, d'expressions et de tours qui nous resteront pour notre usage quotidien, que nous pourrons nous approprier, faire nôtres sans être accusés de larcin ou de prétention, tant ils semblent être du domaine public : *Quand la bise (ou l'hiver) sera venue.... Pas un seul petit morceau de ceci ou de cela.... Je vous payerai à telle époque le principal et les intérêts.... Ma camarade une telle n'est point prêteuse.... C'est là mon moindre défaut.... Voilà les blés en herbe, c'est le moment où les oiseaux vont faire leur nid.... Les mauvaises herbes pullulent dans ce champ.... A toute force je me résolus de.... Le tout alla du mieux qu'il put.... Les blés d'alentour étaient mûrs.... Prendre l'essor.... Prendre sa volée.... Se trouver assez fort pour.... Être agité de mille soins.... Être au guet.... Faire sentinelle.... Sitôt que j'eus quitté ma famille....* Voilà certes des mots et des tours qui peuvent venir sur les lèvres ou sous la plume de chacun sans trop sentir l'emprunt, l'importation, ni ce *cahier d'expressions* que des hommes d'enseignement secondaire cherchent en ce moment à introduire dans nos écoles.

On a dit justement (d'accord en cela du reste avec les auteurs de nos programmes officiels) que, à l'école primaire, l'éducation littéraire devait surtout se faire par des exemples. On a dit encore que les instituteurs pouvaient se faire, rien qu'avec des exemples, une petite *rhétorique française*, une rhétorique complète dans son genre, à laquelle il ne manquerait que le nom et les grands mots. Ils en trouveront facilement tous les matériaux dans les fables de La Fontaine : fonds d'idées, figures, tournures ; à peu près tous les genres (hors le genre ennuyeux) ; modèles de récits, de narrations, de descriptions, de portraits, de tableaux, voire de discours ; le gai, le grave, le doux ; le style léger, le style sérieux, quelquefois le style sublime, toujours le style simple, naturel et correct. Ce sont les fables de La Fontaine, bien plus que le *Télémaque*, que Jacotot aurait dû nous indiquer comme pouvant suffire à l'éducation morale et littéraire d'un enfant.

Seulement, ici comme ailleurs, il faut *savoir choisir*. Plusieurs auteurs ont prétendu le faire pour nous. C'est une bonne intention; mais, dans la circonstance aussi, « il n'est meilleur ami ni parent que soi-même ». Nous connaissons mieux que personne notre milieu, notre but, nos besoins; agissons en conséquence. Notre milieu, ce sont trois catégories d'enfants, les petits, les moyens, les grands. Notre but, c'est de faire la guerre à tel défaut et d'encourager telle qualité contraire. Nos besoins, c'est de faire saisir et goûter une vérité, ou tout simplement de confirmer par un exemple la leçon de morale que nous venons de faire. Dans tous les cas, procédons par gradation. Au cours élémentaire, nous nous contenterons des fables les plus simples, les plus courtes, et nous en dirons juste de quoi faire ouvrir les yeux et les oreilles, de quoi faire babiller nos petiots, et provoquer chez eux quelque bon sentiment ou quelques réflexions utiles. Qu'avec cela ils retiennent un certain nombre de mots et d'expressions pour grossir un peu leur vocabulaire, et ce sera assez.

Dans le cours moyen, nous ajouterons des explications sur les mots et sur les choses. Un peu de grammaire, d'histoire naturelle, de mythologie (car il y a de tout cela dans les fables de La Fontaine), ne sera pas hors de saison. Il y aura même à corriger, de ce chef, des erreurs en même temps que des invraisemblances.

Dans le cours supérieur, les mêmes choses, mais prises sur un ton plus élevé. Les tours de phrase, les inversions, les figures seront notés. Et puis, il faudra voir dans le petit drame tout ce qu'il contient : le drame lui-même, les personnages avec leur caractère, l'intrigue, le nœud et le dénouement. Le fond, la forme, les expressions, le style, la manière dont tout est disposé, présenté, exprimé, feront l'objet d'un entretien ; en un mot chaque fable sera l'objet d'une petite analyse littéraire, mais c'est alors surtout qu'il conviendra de peser la morale, de l'expliquer, de la corriger, de la redresser et de l'élever s'il y a lieu.

La fourmi n'est point prêteuse ; elle reçoit durement la pauvre cigale et lui jette pour aumône cette impertinence :

> Vous chantiez ? j'en suis fort aise.
> Eh bien ! dansez maintenant.

Joli exemple que celui que La Fontaine vous met sous les yeux ! — Monsieur, La Fontaine ne prétend point nous donner, dans la circonstance, une leçon de charité. Il ne nous dit point que la fourmi ait raison ; il ne nous conseille point de l'imiter. Il nous avertit seulement que, si nous faisons comme la cigale, nous courons grand risque d'être traités un jour comme elle : les gens qui ne sont pas prêteurs, qui ne partagent pas volontiers avec les paresseux et les imprévoyants le bien qu'ils ont acquis à la sueur de leur front, sont et seront toujours fort nombreux.

« La raison du plus fort est toujours la meilleure », est-ce bien vrai ? — En soi, non, monsieur. Mais c'est encore ici un avertissement : dans ce monde, il arrive bien souvent que, contrairement à l'idée de souveraine justice, la force prime le droit. — Oui, et j'ai honte de le dire, il y a ici des petits bonshommes qui s'en aperçoivent plus d'une fois.... Nous nous en sommes bien aperçus, il y a quelque vingt ans ! La force brutale qui a dominé dans le moyen âge a laissé des traditions parmi les hommes... et même parmi les écoliers : avis à ceux d'entre vous qui seraient tentés d'abuser de leur force.

Est-ce parce que « l'on a souvent besoin d'un plus petit que soi, qu'il faut, autant qu'on peut, obliger tout le monde » ? — Non, monsieur : il faut, autant qu'on peut, obliger tout le monde en vertu du grand principe que vous nous avez expliqué ce matin : « Fais à autrui ce que tu voudrais qu'on fit pour toi-même ». Mais l'accomplissement de notre devoir est presque toujours d'accord avec notre intérêt.... On gagne à obliger tout le monde, et c'est ce que La Fontaine nous montre par deux exemples.

Vous avez traité tantôt Maurice de « Mouche du coche » A quoi faisiez-vous allusion? — A la fable *le Coche et la Mouche*. — Expliquons cette fable; plus que bien d'autres, elle se prête à une analyse littéraire à votre portée. Nous y retrouverons presque toute notre petite rhétorique....

Et c'est ainsi que je tournerai la plupart des fables de La Fontaine au plus grand bien de la pédagogie.

II

ÉDUCATION MORALE

___

19. — DÉVELOPPEMENT DU SENS MORAL DANS L'ÉCOLE

Du sens moral. — Obligation de le développer dans l'enfant. — Moyen dont dispose pour cela l'école primaire.

Je ne sais comment les psychologues et les philosophes définissent le *sens moral*. Mais, pour moi, un homme a le *sens moral* quand il distingue spontanément et comme d'instinct ce qui est bien de ce qui est mal, quand une bonne action le touche et l'attire, quand il se sent fier et heureux d'avoir bien fait et qu'au contraire il se condamne et s'en veut d'avoir eu seulement la pensée de mal faire. Si l'injustice, la violence, la mauvaise foi, etc., le laissent froid et insensible et n'excitent en lui ni indignation ni mépris; s'il en est venu pour lui-même à *avaler l'iniquité comme l'eau*, à ne point s'inquiéter de savoir si ses actes sont conformes ou non à la loi morale, à faire le bien ou le mal indifféremment et au gré de ses intérêts présents, je dis : cet homme n'a pas le *sens moral*, il n'a pas de conscience morale; il n'entend pas ou il n'écoute pas la voix intérieure qui prononce sur la valeur morale des actions et qui murmure à son oreille : « Ceci est bon, approuve-le; ceci est laid et indigne d'un homme, indigne de toi, garde-toi de le faire ou de l'approuver ».

Que sont devenus cette voix qui s'est éteinte, ce juge qui ne prononce plus d'arrêt, ce tribunal resté vide? Hélas! tout cela s'en est sans doute allé où va ce qui n'est point suffisamment fondé, ce qui n'est point cultivé, ce qui est abandonné aux broussailles, aux vents et aux tempêtes. Tout cela a-t-il vécu ou bien a-t-il péri dans quelque grand naufrage? L'une et l'autre hypothèse sont possibles : le *sens moral*, à l'instar des sens physiques, est susceptible de manquer, de se fausser et de s'oblitérer, comme il est susceptible aussi de se développer et de se fortifier. Et c'est en grande partie l'éducation qui est responsable du résultat. Si elle néglige le sens moral, il demeurera sans force et à peu près comme s'il n'existait pas; si elle en fait l'objet de son principal souci, elle a les plus grandes chances de livrer à la famille d'abord, à la société ensuite, des esprits droits, comprenant le bien et disposés à le choisir, ayant le mal en horreur, sachant le reconnaître et ayant la force de s'en détourner.

De ces considérations découle l'obligation de développer et de fortifier le sens moral dans l'enfant et, en vérité, cette obligation n'est pas à démontrer.

L'homme sort-il bon ou mauvais des mains du créateur? C'est une question que je laisse à Rousseau, à Port-Royal, aux théologiens et à d'autres le soin de vider. Je sais seulement que mes élèves, avec de très bonnes tendances sans doute, ne m'arrivent point parfaits du tout; que, si je laissais un libre essor à tous leurs instincts, mon école deviendrait bientôt, sinon « une spélunque de voleurs », du moins une troupe d'enfants endiablés ne cherchant que « leur bien d'abord, et puis le mal d'autrui ». Tous les vices ne tarderaient pas à se montrer chez eux, particulièrement un égoïsme superbe, bien résolu à s'immoler les faibles, à tout soumettre à ses caprices, à conquérir des satisfactions par tous les moyens possibles, par la violence, la ruse, le mensonge, le vol, etc. Et, si tous ces instincts, que je ne puis m'empêcher de qualifier de pervers et d'affirmer de toute la force de mon expérience, demeuraient sans contrepoids, que deviendraient le monde, mon Dieu!

et, pour le moment, mon école? Un assemblage de bêtes féroces, prêtes à se dévorer ou à s'asservir. Il a dû en être ainsi aux premiers jours du monde, à en juger par les temps où il était à peu près de principe que la force primât le droit. Et, s'il faut en croire un mot célèbre, s'il faut prêter l'oreille à certains bruits du dehors, ces temps ne seraient pas encore si loin de nous qu'on voudrait pouvoir le croire.

Heureusement qu'à ces instincts qui, n'en déplaise à Rousseau et à quelques autres optimistes, saisissent l'enfant à son entrée dans la vie pour ne le lâcher qu'à la tombe, il y a un contrepoids puissant, un correctif efficace, le *sens moral*. C'est là qu'est le salut, le salut de la famille, de la société, des nations, de l'humanité tout entière. Dieu en a déposé le germe dans le cœur de tout homme venant en ce monde; à l'éducation de frapper le caillou pour en faire jaillir l'étincelle, d'amener le *sens moral* à se produire, à prendre possession de l'âme et à gouverner la volonté. Ce doit être là notre principale préoccupation : préparer nos élèves à la vie morale et subordonner tout le reste à cette grande pensée.

Ici, si c'en était le moment, que de reproches ne pourrions-nous pas adresser à l'école contemporaine! « De l'instruction, encore de l'instruction et toujours de l'instruction! De la science, des connaissances dont on puisse tirer parti le plus tôt possible dans la lutte pour la vie matérielle. *Virtus post nummos*, la vertu après les gros sous! Le *sens moral*,... c'est bien de cela qu'il s'agit vraiment! Il viendra s'il peut et quand il pourra; présentez-nous d'abord des enfants en état de gagner de l'argent, de faire fortune s'il est possible. » Ne nous laissons point détourner de notre voie par ces clameurs, par cette sorte d'affolement d'un siècle sceptique et avant tout utilitaire. Répondons avec M. Gréard : « L'objet propre de l'enseignement primaire est sans doute d'inculquer à l'enfant un certain nombre de connaissances positives sans lesquelles l'homme se trouverait aujourd'hui en dehors de l'humanité; mais c'est aussi, en même temps, de former et de développer dans l'enfant le bon sens et le *sens moral* : le bon sens par l'exercice du raisonnement, le *sens moral* par la culture de tous les sentiments honnêtes, de tous les instincts élevés dont Dieu a déposé le germe dans son cœur. » Avec le congrès des instituteurs de la Suisse romande, et avec son rapporteur, l'honorable M. Juillard, concevons le rôle de l'école comme devant être plutôt *éducatif* qu'*éruditif* (qu'on me pardonne ces mots dont, du reste, je ne suis pas coupable, en faveur de l'idée si juste qu'ils recouvrent et qu'ils mettent si bien en relief).

Mais si l'école a surtout pour mission de former l'homme moral, de faire naître et de développer le *sens moral* chez l'enfant, de quelles ressources dispose-t-elle à cet effet!

Oh! les ressources ne lui manquent pas.

Elle en trouve d'abord en elle-même. Elle est là avec son atmosphère de moralité quasi naturelle, avec sa vie d'ordre, de règle et de travail, avec ses principes d'égalité, de fraternité, de justice distributive. Être à l'école et mener une conduite conforme à toutes les bienséances, c'est tout un : « Est-ce à l'école qu'on t'apprend cela? » demandent les mères à leurs enfants surpris en flagrant délit de manque de véracité, de respect ou de convenance? Tant elles ont foi dans la moralité de l'école et du maître qui la dirige! C'est qu'à l'école, ce qui est bien est récompensé ou au moins approuvé ; ce qui est mal, soigneusement relevé et même puni, non arbitrairement, mais par voie de conséquence et d'expiation ; les sentiments nobles sont provoqués et exaltés, les mauvaises tendances combattues, la volonté non détruite ni affaiblie, mais assouplie et tournée vers ce qui est conforme au règlement, puis à la loi morale, au devoir. Ainsi, par elle-même, l'école donne de bonnes habitudes à l'esprit, au cœur, à la volonté, fait naître, développe et affermit le *sens moral.*

Il y a, à l'école, le commerce continu avec un honnête homme : « Dis-moi qui tu fréquentes et je te dirai qui tu es ». Eh bien, à l'école, l'enfant se trouve sans cesse en contact avec un homme de devoir, de sentiments nobles et élevés. Cet homme déteint fatalement sur ceux qui l'entourent et qu'il a en charge. Il nous souvient à tous que la seule présence de notre maître nous tenait dans le respect de tout ce qui doit être respecté, nous soutenait dans le bien et nous faisait rougir même d'une mauvaise pensée. Notre esprit se formait sur son esprit, nos sentiments sur ses sentiments, nos jugements sur ses jugements, notre conduite sur sa conduite, et, quand le moment vint de penser, de sentir et d'agir par nous-mêmes, nous nous trouvâmes avec un esprit droit et des sentiments honnêtes jusqu'à la délicatesse : le sens moral était si bien fondé chez nous que les orages de la jeunesse ne l'ont point ébranlé. Vous qui me lisez, vous qui avez été élevés par un bon maître et dans une bonne école, pouvez-vous, à quinze ou vingt ans de distance, vous faire à l'idée de dérober un sou ou de commettre seulement une indélicatesse? Si vous aviez le malheur de n'en être plus là, souvenez-vous, et le sens moral se réveillera dans votre âme.

Il y a la vie écolière, avec ses mille incidents, avec les mille occasions qu'elle fournit de faire naître dans l'âme de salutaires émotions, de faire prononcer des jugements sur la valeur morale des faits qui viennent de se produire dans la petite société d'aujourd'hui, image de la grande société où l'on se trouvera transporté demain.

Il y a enfin tous les exercices de l'école. Le Père Girard pense qu'il n'en est pas un qu'on ne puisse faire tourner au profit de l'éducation du cœur, de la culture du sens moral par conséquent. Pour ne pas m'exposer à mal dire ce qu'il a dit si bien, je me contenterai de parler un peu de la lecture et de l'histoire, en faisant rentrer, bien entendu, les morceaux de mémoire dans la première.

Nos devanciers avaient compris l'influence que peut exercer la lecture sur le développement du sens moral : longtemps, l'unique ou le principal livre de lecture qu'ils mettaient entre les mains de leurs élèves a été la *Morale en action*. Nous marchons, Dieu merci, sur leurs traces, car, que sont encore, à l'heure qu'il est, la plupart de nos livres de lecture, sinon des *Morales en action* variées et rajeunies? Pour le dire en passant, ils présentent peut-être plus d'un inconvénient : la vertu y est à peu près toujours récompensée et le vice toujours puni; en outre, quand les personnages qui y sont mis en scène se trouvent dans une impasse, un *Deus ex machina* vient généralement les tirer d'embarras. Il n'en est pas ainsi dans la vie : la Providence laisse plus d'une fois au sentiment du devoir accompli le soin de récompenser et au remords le soin de punir. Mais enfin, quelles qu'elles soient, lues, expliquées par un maître ému et convaincu, nos leçons de lecture portent au bien, font haïr le mal et, en définitive, moralisent. De leur côté, nos morceaux de mémoire, les beaux passages de notre histoire nous viennent efficacement en aide. Il est vrai qu'ils placent le plus souvent la vertu bien haut : nos enfants ne sont pas destinés à devenir des héros; à faire des actions d'éclat, à renouveler les dévouements célèbres. Mais les grandes choses qu'ils lisent et qu'ils récitent les touchent, les pénètrent; et le sens moral s'élève d'autant chez eux.

Qu'à tous ces moyens de culture s'ajoute le cours spécial de morale prescrit par le règlement, cours où tous les devoirs seront reconnus, expliqués, éclairés par de nombreux exemples; et nos élèves se retireront de l'école pourvus de ces sentiments honnêtes dont parle M. Gréard, de « cet instinct divin sans lequel, dit Rousseau, nous ne sentons rien en nous qui nous élève au-dessus des bêtes », en un mot de ce *sens moral* qui fait découvrir à l'homme sa véritable destinée et qui l'aide si puissamment à l'accomplir.

---

20. — L'IDÉE DE JUSTICE

Pourquoi faut-il développer de bonne heure, chez l'enfant, l'idée de justice et comment l'école peut-elle et doit-elle y contribuer?

L'idée de justice, comme celles de mérite et de démérite, de cause et d'effet, qui en sont si proches parentes, est innée chez l'enfant. Elle s'éveille au premier choc. Est-il puni injustement, il s'irrite; s'il ose, c'est-à-dire s'il n'est point arrêté par la crainte, paralysé par la terreur, il affirme son innocence avec fermeté, quelquefois avec emportement; s'il parvient à l'établir, il éprouve une vive satisfaction; dans le cas contraire, il s'attriste, pleure et se dépite; encore quelques défaites, il s'aigrira et jettera dans son âme, avant de savoir le formuler, ce cri de découragement : « Vertu, tu n'es qu'un nom! »

De lui-même, ce sentiment de justice, cette horreur de l'iniquité s'épanche au dehors et se porte sur les autres. Un châtiment immérité est-il infligé à son camarade, il s'en afflige, s'il est bon; il en éprouve un malin plaisir, si déjà il est méchant; mais, dans tous les cas, il voit l'injustice qui a été commise, il la sent et la réprouve; il en condamne l'auteur, il lui retire son estime, pour un peu il le haïrait.

Cette idée, ce sentiment de justice sont précieux pour le présent et surtout pour l'avenir; ils font le bon écolier, ils feront un jour l'honnête homme.

L'enfant se laisse d'abord gouverner machinalement et par la conscience qu'il a de sa faiblesse. Mais il ne tarde pas à obéir à de tout autres motifs : il prend confiance dans ses parents et dans ses maîtres, et cette confiance, il la puise dans l'idée de justice : ses parents et ses maîtres lui apparaissent bons, dévoués, empressés à satisfaire à ses besoins présents et soucieux de son avenir, d'ailleurs plus forts et plus éclairés que lui-même; il lui semble dès lors juste de se laisser conduire par eux, et encore de leur payer un tribut d'amour et de reconnaissance. Voilà comment l'ordre, la discipline, l'affection mutuelle s'établissent dans la famille et dans l'école. L'enfant se sent des droits, il veut qu'on les respecte; mais il conçoit bientôt les droits des autres et se fait à les respecter à son tour. Voilà comment aussi la société subsistera un jour : grâce à l'idée de justice, la violence, l'odieuse raison du plus fort, l'arbitraire disparaîtront, autant que le permet l'humaine faiblesse, pour faire place à nos grands principes de liberté, d'égalité et de fraternité. Et ces heureux résultats seront en raison des efforts que nous autres, maîtres et maîtresses, aurons faits pour développer chez nos élèves cette idée et ce sentiment de justice dont la bonne nature a déposé le germe dans leur âme.

Ils seront aussi en raison de l'âge auquel nous aurons entrepris de les produire. Ce n'est pas demain qu'il faut se mettre à la tâche; c'est aujourd'hui même, c'est tout de suite qu'il faut faire à nos élèves

> ... ce trésor de vertu, de sagesse
> Qui ne s'amasse bien qu'au temps de la jeunesse.

Le vase nouvellement façonné est encore tiède; versons-y la précieuse liqueur afin qu'il s'en imprègne et qu'il la conserve. On l'a dit cent fois, l'enfance est le temps où il faut cultiver, sarcler, répandre la semence si l'on veut qu'elle lève, qu'elle se développe et qu'elle produise. D'ailleurs, nos élèves ont besoin tout de suite de l'idée de justice et trouvent à en faire emploi dès qu'ils nous arrivent. Ne va-t-il pas falloir immédiatement qu'ils vivent de règle, de travail, de tolérance, de respect, de raison — et cela d'une manière de moins en moins machinale et de moins en moins inconsciente, — c'est-à-dire d'emprunts faits à l'idée de justice? Il y a une règle à laquelle tous doivent se soumettre,... c'est justice. Il faut travailler, seconder les labeurs du maître et les partager,... c'est justice. Il faut respecter le condisciple dans sa personne et dans son bien,... c'est justice. Il se faut supporter, entr'aider,... c'est justice; c'est l'idée de justice qui se représentera partout et toujours, et nous aurions la plus triste opinion d'une école où cette idée ne serait pas le point d'appui de la discipline, du travail et des rapports entre le maître et ses élèves.

Ces principes posés, comment l'école contribuera-t-elle à éveiller, à développer et à fortifier l'idée de justice chez les enfants qui la fréquentent? Quelles sont pour cela ses ressources?

La première est sans contredit la conduite du maître et son exemple. N'inculqueraient point l'idée de justice un maître ou une maîtresse qui n'agiraient que par caprice et au gré de leurs fantaisies, qui infligeraient des punitions à la légère, peu proportionnées au délit ou à la faute, peu méritées, imméritées peut-être ; ou bien qui récompenseraient à tort et à travers, ou bien encore qui régleraient leur faveur et leur sympathie sur des avantages extérieurs et sans valeur morale. Nous l'avons dit : l'idée de justice est innée chez l'enfant. La punition n'a son assentiment que quand il a conscience d'avoir commis une faute. La récompense, les préférences n'ont son acquiescement que quand il les sent justifiées par de libres efforts, par des actes émanant de la volonté. Autrement, il se révolte, au moins intérieurement, puis il s'écarte lui-même de l'idée de justice ; cette idée s'oblitère ou se fausse ; la jalousie, l'envie, les plus mauvaises passions s'emparent de son âme, et l'on sait quels ravages elles y exerceront. Pour Dieu ! veillons sur nos paroles et sur nos actions, nous souvenant qu'elles peuvent froisser l'âme d'un enfant, affaiblir en lui la si précieuse idée de justice, déflorer sa foi naïve dans la justice en général et dans la nôtre en particulier. Au contraire, si ses maîtres, dominant leurs impressions, s'élevant au-dessus de toute considération étrangère, s'appuient en toute occasion sur des motifs de justice, non seulement l'enfant acceptera leur sentence, mais encore sa conscience se formera sur la leur ; l'idée et le sentiment de justice se développeront dans son âme, s'y enracineront au point de pouvoir résister aux prochaines tempêtes et à tant d'autres naufrages.

Aux exemples se joindront les préceptes.

Comme la morale dont elle est la base, la justice peut s'enseigner et se préciser dans des formules. Mais, comme en d'autres matières, nous tâcherons de tirer la formule de faits concrets, surtout de la faire jaillir de la conscience même. Pierre est accusé d'avoir dérobé des fruits sur le chemin de l'école, ou bien de n'avoir pas tendu la main à son camarade embourbé, ou bien d'avoir manqué de respect à son grand-père.... Le fait s'est ébruité ; il y a eu scandale ; il y a, par conséquent, nécessité de faire une semonce au moins devant un groupe, peut-être devant toute la petite communauté. Dirons-nous tout simplement : « Il faut respecter le bien d'autrui ; il se faut entr'aider ; on doit le respect aux vieillards, surtout à ses grands-parents »? Non, nous soumettrons le méfait au jugement de notre auditoire et, si nous sommes un peu habiles dans notre art d'éducateurs, nous amènerons nos élèves à condamner Pierre, à réprouver son action au nom d'un noble sentiment, notamment au nom du sentiment de justice : il est mal, il est injuste de dérober le bien d'autrui, de ne point porter secours à un camarade qui se trouve dans une mauvaise passe, de manquer de respect à un vieillard, surtout quand ce vieillard est notre grand-père ; d'une manière générale : « Bien d'autrui tu ne prendras, tes père et mère honoreras », etc. Je sais des écoles où un tribunal d'élèves est officiellement constitué pour juger toutes les grosses affaires, crimes ou délits : infractions graves à la règle, paresse persistante, manquements obstinés à l'exactitude, à la propreté, au respect dû aux personnes ou aux choses, mauvais tours joués au maître, aux camarades ou aux voisins, etc. C'est, disent les inventeurs ou les partisans de ce système de gouvernement autonome, renouvelé d'ailleurs de l'abbé de Saint-Pierre, un excellent moyen de former les enfants à l'idée de justice tout en les initiant à la vie pratique. Peut-être, mais pas n'est besoin, selon moi, d'introduire dans l'école un tribunal avec président, assesseurs et avocats. Mon tribunal à moi, c'est la conscience de mes élèves avec sa droiture naturelle ; le président, c'est moi, avec l'autorité que me donnent l'âge, l'expérience, mon titre, l'esprit de justice dont je crois être animé et que je cherche à faire passer dans mon auditoire. Je juge avec cet auditoire et, pour éveiller en lui l'idée de justice, si je profite des fautes qui se commettent autour de moi, je n'ai point à les attendre. Rien que l'histoire me fournit abondamment des matières à jugements : « Que pensez-vous, mes enfants, de la grande confiscation de Philippe-Auguste, des restitutions de saint Louis, des conquêtes de Louis XIV, des revendications de 89 ; de tel bannissement, de telle mort, de telle sentence?... » J'ai en outre pour ressource les lectures, les récits, quelques événements du dehors qui retentissent jusqu'à l'école ; j'ai enfin l'école elle-même avec son régime et ses exercices. Tous les exercices de l'école, on l'a dit bien des fois, peuvent et doivent être mis à contribution pour l'éducation. Ils le seront pour développer et fortifier particulièrement l'esprit de justice. Ils sont conçus dans cet esprit : ils sont combinés de manière à ne point peser outre mesure sur personne, à profiter à chacun en proportion de sa mise de temps, de force, d'intelligence et de bonne volonté; les châtiments ne planent que sur les coupables, les récompenses ne vont qu'au mérite se manifestant, sinon toujours par le succès, du moins par l'effort; le maître ou la maîtresse se dépensent également pour tous, enveloppent toute la petite famille d'une égale sollicitude. Voilà, ou je me trompe bien, un milieu où l'idée de justice se développe à l'aise. Et il en est le plus souvent ainsi : on peut dire que nos élèves nous quittent avec un profond sentiment de la justice, avec l'habitude de la voir régner autour d'eux, même de la pratiquer, d'en faire la règle de leurs jugements et de leur conduite. Malheureusement, l'idéal qu'ils emportent de chez nous va se heurter bientôt à de tristes réalités : ils ne retrouvent guère dans la société où ils entrent la pure et saine atmosphère de l'école. L'iniquité abonde encore dans le monde. Mais on peut dire que l'idée de justice y grandit tous les jours : quelle différence, à ce point de vue, entre le moyen âge, même entre des temps tout proches de nous et le temps où nous vivons! Nous nous plaisons à penser que l'école n'est point étrangère à ce progrès et cela nous encourage puissamment à « développer de bonne heure l'idée de justice chez nos élèves et à profiter de toutes les ressources que nous offre l'école pour contribuer à cet heureux résultat ».

---

21. — LES PRÉCEPTES, L'HABITUDE ET L'EXEMPLE DANS L'ÉDUCATION

Du rôle des préceptes, de l'habitude et de l'exemple dans l'éducation.

« Tout ce que nous n'avons pas à notre naissance et dont nous avons besoin étant grands, dit **J.-J. Rousseau**, nous est donné par l'éducation. Cette éducation nous vient de la nature, ou des hommes ou des choses. » A son tour, ce qui nous vient des hommes peut se décomposer en préceptes, en exemples et en habitudes. C'est de ces trois sous-facteurs de l'éducation et du rôle de chacun d'eux que nous avons à nous occuper aujourd'hui.

Ce rôle dépend de leur importance, et cette importance elle-même est en raison de l'influence qu'ils exercent sur la destinée morale de nos chers enfants.

Logiquement, le précepte précède et domine : il est la lumière qui éclaire, le phare qui guide vers le port ou qui y ramène. Il indique sans ambages ni obscurité où est le bien, il l'exprime, il en est la formule; il commande ou défend en quelques mots bien précis que la conscience approuve et que la mémoire retient. Il apparaît soudainement au moment de la délibération pour marquer clairement la détermination à prendre, le bien à faire ou la défaillance à éviter, et souvent il décide la victoire. Nous sommes en présence d'un service à rendre. Soit antipathie à l'endroit de la personne qui le réclame, soit paresse à sortir de notre repos, à donner de notre temps ou de notre argent, nous hésitons; nous allons très probablement nous soustraire à l'occasion d'être utile à notre semblable dans le besoin. Heureusement, au milieu de la lutte qui se livre dans notre âme apparaît, comme une vision céleste, le précepte : « Fais pour autrui ce que tu voudrais qu'on fît pour toi-même ».

Le devoir est ainsi tracé si nettement que l'hésitation est vaincue : nous rendrons le service demandé. Cependant de nouveaux obstacles surgissent : ce service peut nous nuire ici ou là, entraîner pour nous des conséquences fâcheuses, nous jeter dans plus d'un embarras, nous exposer à plus d'un danger, et voilà la bonne action remise en délibération. Alors une nouvelle vision s'offre à notre conscience inquiète, cet autre précepte : « Fais ce que dois, advienne que pourra ». Cette fois, la victoire est décisive, et nous entrons sans plus tarder dans la voie que nous percevons clairement être celle du devoir. Telle est la puissance du précepte et, par suite, l'importance de son rôle dans l'éducation. Du reste il est nécessaire à un autre point de vue.

Comme le rappellent nos programmes, à l'école primaire, « la force de l'éducation morale dépend bien moins de la précision et de la liaison logique des vérités enseignées que de l'intensité du sentiment, de la vivacité des impressions et de la chaleur communicative de la conviction. Cette éducation n'a pas pour but de faire *savoir*, mais de faire *vouloir*; elle émeut plus qu'elle ne démontre; devant agir sur l'être sensible, elle procède plus du cœur que du raisonnement; elle n'entreprend pas d'analyser toutes les raisons de l'acte moral, elle cherche avant tout à le produire, à le répéter, à en faire une habitude qui gouverne la vie. » C'est là une excellente doctrine. En voici une autre qui a aussi sa valeur : « Dans nos écoles, il s'agit moins d'enseigner la morale que de la faire découvrir, que de la faire lire au fond des consciences ». Mais, quelque application que nous fassions de ces conseils, la morale que nous aurons fait découvrir et aimer courrait grand risque de s'évaporer au soleil montant des passions. Pour persister, pour ne point être ébranlée par les chocs et les heurts de la vie, la morale, la religion naturelle a besoin d'avoir, elle aussi, son symbole. Ce symbole, c'est l'ensemble des préceptes qui ont été la sagesse des nations et qui, sachons-le bien, seront la sagesse de nos élèves. Donc, par quelque méthode que nous enseignions la morale, nos leçons ne porteront tout leur fruit qu'autant que nous les résumerons, que nous les condenserons, que nous les incarnerons en quelque sorte dans une phrase nette, précise, substantielle, qui en soit la forme sensible et parfaitement saisissable.

Mais le précepte, si utile, si nécessaire qu'il soit, produirait de bien pauvres résultats s'il n'était soutenu par l'exemple, s'il ne naissait pour ainsi dire de l'exemple lui-même. Telle est chez l'enfant la force de l'instinct d'imitation, qu'il se forme à tout beaucoup plus en voyant faire qu'en enregistrant des règles et des maximes dans sa mémoire.

Sans l'entraînement de l'exemple, armé des seuls préceptes, il ne tarderait pas à se dire ce que nous nous répétons si souvent avec découragement :

> ... Video meliora proboque,
> Deteriora sequor.

C'est l'exemple qui fait le bon ouvrier, le bon agriculteur, le bon soldat ; c'est l'exemple qui fait l'enfant bien élevé, au bon langage, aux bonnes manières, aux sentiments nobles et généreux. Nous le constatons tous les jours, nous qui voyons venir à nous des enfants appartenant à des milieux si divers. Une parole, un geste, un rien nous révèle si ces enfants ont eu de bons exemples sous les yeux ou s'ils n'ont reçu d'autre éducation première que celle de la rue ou du hasard.

Les bons exemples continus, longtemps imités d'instinct, corroborés d'ailleurs par de sages préceptes, inclinent la volonté vers le bien et mettent une nouvelle force aux mains de l'éducateur en créant l'*habitude*.

Et ici, par habitude, nous n'entendons pas seulement l'accoutumance grâce à laquelle tel acte qui exigeait d'abord de grands efforts, en exige moins ensuite, devenu plus facile par sa répétition même. Nous donnons à ce mot un sens plus étendu ; pour nous il signifie, en outre, un état permanent, *habituel*, de l'esprit et de la volonté. On s'accoutume à bien penser, à bien sentir, à bien vouloir, comme à se bien tenir et à bien faire. Or, l'habitude, ainsi envisagée à son point de vue le plus élevé et le plus général, exerce une influence immense sur notre vie morale. Le devoir a ses aspérités, ses rigueurs et ses tyrannies ; le mal a ses charmes, ses séductions, si trompeuses qu'elles soient. Aussi que de défaillances, que de chutes et de meurtrissures sur les pentes de ce roc où les anciens plaçaient la vertu ! Ce qui nous en fait le plus éviter ou le plus réparer, c'est sans contredit l'habitude : comme disposition au bien, elle nous tient tournés vers lui ; comme accoutumance, elle nous en rend la pratique douce ou moins laborieuse, si bien que Rousseau et certains moralistes la repoussent comme portant atteinte à notre liberté. Je ne sais pas jusqu'à quel point Rousseau et Kant ont raison. Mais ce que je sais bien, c'est que la vertu coûte quand même, que l'homme est faible et que l'enfant l'est encore davantage ; que, par conséquent, l'habitude rend à l'un et à l'autre un service inappréciable en doublant ses forces et en diminuant d'autant sa faiblesse. Si elle amoindrit le mérite de l'acte en allégeant l'effort à faire pour le produire, elle ne lui ôte pas sa conformité à la loi morale et ne lui enlève pas, par conséquent, sa moralité. L'habitude aide puissamment à bien voir, à bien sentir, à bien vouloir, à bien faire ; c'est assez pour établir à mes yeux sa légitimité, son utilité, sa nécessité ; c'est assez pour que je cherche, par tous les moyens en mon pouvoir, à la faire contracter dans mon école.

Et vraiment j'ai besoin de le faire. « Tout est bien, sortant des mains de l'auteur des choses. » Par conséquent, l'enfant naît bon et, comme tout le reste, « il ne dégénère qu'entre les mains de l'homme ». Je le veux bien. Mais la plupart de mes élèves sont déjà terriblement dégénérés quand ils m'arrivent ; et je ne sais pas ce que la société deviendrait si je ne leur faisais, par d'autres habitudes, une *seconde nature*.

Heureusement que l'école semble créée pour cela.

L'école vit d'ordre, de travail, de discipline, c'est-à-dire d'obéissance à la loi. La justice, la tolérance, la charité, le dévouement même y ont de nombreuses occasions de s'exercer et s'y exercent en effet. L'hygiène y est une nécessité. Le respect de soi-même et des autres, en particulier le respect de la propriété et du droit d'autrui s'y imposent. Et ce régime, cet essai de toutes les vertus privées et sociales, dure autant que la période scolaire, c'est-à-dire les six ou sept années où l'enfant s'accoutume le mieux, prend le plus facilement son pli, au besoin réforme sans trop de peine ses mauvais instincts ou ses fâcheuses tendances.

D'un autre côté, les préceptes et les exemples ne manquent pas à l'école.

Les préceptes y abondent et quelquefois y sont en excès. Pour sa part, mon vieux maître les prodiguait. Au premier

symptôme de paresse, il nous servait cette sentence :
« L'homme est fait pour travailler, comme l'oiseau pour
voler ». Cela ne nous convainquait guère; nous trouvions
seulement que l'oiseau était bien plus heureux que nous
de n'avoir qu'à battre l'air de ses ailes et à vaguer dans
l'empyrée, pendant que nous.... Mais cela nous avertissait
au moins de notre destinée et nous apprenait à nous y soumettre, d'autant plus que le bon M. Aubry joignait l'exemple
au précepte. Levé avant ou avec le jour, il préparait nos
devoirs. Le soir, il épuisait son huile et ses forces à les corriger. Quant au jour lui-même, il nous le consacrait tout
entier, mêlé à nos études et à nos jeux. Mais ce qui nous
entraînait surtout, c'était la vue de nos camarades penchés
sur leur pupitre, soignant leur page, cherchant la solution
de leur problème. Nous faisions comme eux et, l'exemple
se joignant au précepte, nous prenions peu à peu l'habitude
du travail, et ce qui avait été si dur d'abord se changeait,
par l'habitude, en tâche légère, presque en plaisir. C'est
ainsi que de paresseux ou indolents par nature, plusieurs
d'entre nous se sont faits laborieux ; que, pour le plus grand
nombre, l'activité innée s'est réglée, s'est portée des choses
futiles sur les choses sérieuses ; que tous nous nous sommes
réconciliés avec notre destinée, qui est « de travailler comme
celle de l'oiseau est de voler ».

De même pour tout le reste. A chaque instant on nous
disait : « Il faut être ceci, il faut être cela ». Maximes, sentences, proverbes, préceptes sous toutes les formes pleuvaient à nos oreilles. Même, assez souvent, on nous les
expliquait ou l'on nous chargeait de les commenter nous-
mêmes. Mais, ce qui valait mieux, nous en avions sous les
yeux l'application. Peu à peu nous nous moulions à l'effigie
de notre maître, puis à celle de nos devanciers, laissant à
notre tour de bons exemples et de bonnes habitudes à ceux
qui devaient nous remplacer sur les bancs. Ainsi se sont
formées, par les sages préceptes, par les bons exemples, par
les saines habitudes, des générations qui accomplissent noblement leur destinée en servant la société et en l'honorant.

Telle est l'importance des trois facteurs de l'éducation que

nous venons de passer en revue. Remarquons en terminant
que, si nous les avons isolés, ce n'est que par la pensée,
que pour en parler plus à notre aise. Car, en réalité, ils sont
inséparables : il n'y a véritablement éducation que là où ils
se réunissent, où ils se donnent en quelque sorte la main
pour concourir au résultat cherché : l'éducation.

22. — PLUS FAIT DOUCEUR QUE VIOLENCE,

« Plus fait douceur que violence. » — Développer cette pensée
en l'appliquant à l'éducation en général et, en particulier, à
la direction d'une école primaire.

« Plus fait douceur que violence. » C'est notre bon La
Fontaine qui a formulé ainsi cette sentence, et l'on sait
comme il la met « en crédit » :

Un voyageur est en route dans ces mois « où le manteau
est fort nécessaire ». Aussi s'est-il pourvu : « Bon manteau
bien doublé, bonne étoffe bien forte ». — A qui le forcera
d'en « dégarnir ses épaules », voilà le pari qui s'engage
entre Borée et Phébus. Borée

> Se gorge de vapeurs, s'enfle comme un ballon,
>   Fait un vacarme de démon,
> Siffle, souffle, tempête. . . . .
> . . . . Le vent perdit son temps;
> Plus il se tourmentait, plus l'autre tenait ferme.
> . . . .
> . . . . Le Soleil dissipe la nue,
> Récrée et puis pénètre enfin le cavalier,
>   Sous son balandras fait qu'il sue,
>   Le contraint de s'en dépouiller;
> Encor n'usa-t-il pas de toute sa puissance.

Ainsi vont les choses en ce monde et surtout en éducation.
Le voyageur, c'est l'enfant qui se présente à nous drapé
dans un manteau, nous ne dirons pas de vices, mais de
défauts, qui, si l'on n'y prend garde, se transformeront en

l'un ou plusieurs des sept péchés capitaux. Il faut l'amener à se dépouiller de cette triste enveloppe. Pour cela il y a deux moyens, du moins à ce qu'on croit : la violence et la douceur. Lequel nous réussira le mieux? Telle est la question.

« La force ne fonde rien », a dit Napoléon, après en avoir fait la cruelle expérience. Nous pouvons ajouter que, si elle est efficace dans les choses physiques, si « elle brise en son passage maint toit qui n'en peut mais, fait périr maint bateau... », elle réussit bien rarement dans les choses morales. Là, elle comprime, elle engendre la soumission apparente, la sournoiserie, l'hypocrisie, etc. Mais, dès qu'elle ne pèse plus, le ressort se détend; l'inclination ou le défaut reparaissent et souvent avec toute l'énergie d'une réaction. Voyez ces enfants : pour le moment, leurs défauts les plus saillants sont l'étourderie, la paresse, la colère, l'entêtement et je ne sais quoi encore. Orbilius frappe dru et fort, au point d'y gagner pour jamais le surnom de *plagosus* (le fouetteur) et de personnifier un système : l'orbilianisme; M. de Montausier donne consciencieusement des férules à Monseigneur le Dauphin et, au besoin, « se jette sur lui à coups de poing de toute sa force ». Dans les anciens collèges, il y a le frère fouetteur ou le portier qui administrent le fouet pour trois livres à prendre « sur l'argent des menus plaisirs ». Dans les anciennes écoles, il y a la baguette et la patoche; les oreilles sont tirées, les mains sont endolories, etc. A quoi tout cela aboutit-il?... La volonté humaine résiste à ces assauts et à ces tempêtes; elle se replie sur elle-même, se réfugie je ne sais où comme dans une citadelle imprenable; elle y attend des temps meilleurs pour se révéler et, avec elle, le vice que vous vouliez atteindre : le manteau tient bon; « le cavalier a soin d'empêcher que l'orage ne puisse s'engouffrer dedans ». Ou bien, peut-on dire avec un journal américain, « l'herbe que le rouleau a pressée, écrasée, ne s'en relève que plus tenace, plus rebelle; de même les âmes de ces enfants, que vous aurez, pour ainsi dire, courbées, travaillées par la violence, n'attendent que le moment de se relever pour se venger sur la société de vos rigueurs injustes et mal calculées. » Et, s'il arrivait que la violence ne créât pas cet esprit de révolte, si l'herbe a été assez foulée pour ne plus se relever, ce sera encore pis : au lieu de régler la volonté, vous l'aurez brisée, atrophiée, anéantie ; vous aurez donné à la société un être apathique et inerte, impuissant peut-être pour le mal, mais impuissant aussi pour le bien.

Et il n'y a point que la volonté qui ne se force pas. Il y a aussi les autres facultés qui ne souffrent point d'être violentées. Devant la colère ou les emportements, l'intelligence se trouble et rien n'y pénètre, le jugement se fausse, l'imagination s'éteint, la sensibilité s'émousse ou se déprave. Ce sont là des faits qui n'ont pas besoin d'être établis, parce que chacun les trouve dans ses souvenirs : il y en a si peu d'entre nous qui n'aient été, à quelque degré, maltraités de gestes ou de paroles dans leur enfance et dans leur jeunesse ! Comment les pédagogues ont-ils été si longtemps sans s'en émouvoir ? Comment tant de maîtres, qui sont pourtant en communications quotidiennes avec les enfants, qui sont par conséquent bien placés pour les connaître, se laissent-ils encore aller à vouloir gouverner par de dangereuses rigueurs ? Eh, mon Dieu ! c'est que, pendant des siècles, le règne a été à la force ; il fallait bien que l'éducation s'en ressentît ; il y avait des traditions, une sorte d'atavisme pédagogique dont le temps et l'expérience, une longue expérience, devaient seuls triompher.

Non, l'âme humaine n'est point faite pour être prise d'assaut ou pour être conduite en esclave. Pourquoi en est-il ainsi ? Je ne sais, je ne suis point entré au conseil de celui que prêche mon curé. Mais toujours est-il que la force et la violence nous sont odieuses et ne font que nous irriter et que surtout, nous autres Français, nous ne nous laissons vaincre à fond que par la douceur. Ainsi, nos pères s'étaient pris à aimer leurs rois, peut-être parce qu'ils les avaient vus donner de grands coups d'épée, mais surtout parce qu'il s'en était trouvé par-ci par-là qui ne les tondaient pas de trop près et qui les traitaient un peu en pères de famille ; même que l'un deux leur souhaitait la poule au pot et disait : « On prend plus de mouches avec une cuillerée d'huile qu'avec un baril de vinaigre ».

Et il en est dans les écoles comme dans la nation. Il m'en souvient, je puis même dire qu'il m'en cuit encore à moi qui écris ces lignes. Au village de X..., moi et mes contemporains nous eûmes deux maîtres au cours de notre vie écolière. L'un ne souffrait pas une parole en classe ou dans le rang ; la moindre peccadille amenait un orage, des grands mots, des menaces de renvoi, sans compter maints horions, précurseurs de cette mesure radicale. On se taisait, on tremblait, on se faisait petit ; on rampait comme le chien qui redoute la cravache ou le coup de pied. Surtout, on se cachait ou on faisait le bon apôtre en face. Mais, dès que l'œil et les sourcils olympiens n'étaient plus là, dès que la silhouette redoutée s'était effacée, ne fût-ce que pour un instant, quel dévergondage de langue, quelle abondante provision de paresse, de mauvais tours, de méchancetés ? Tout ce qu'il y avait de mauvais en nous bourgeonnait, s'épanouissait, prenait racine. Or, un jour, ce maître d'un autre âge s'éclipsa. A sa place nous vint un bon jeune homme à l'air grave, au maintien digne et correct, mais dont le visage reflétait la bienveillance. Il voyait tout, il entendait tout, mais, sans être indifférent à nos agissements, il ne s'en émouvait pas outre mesure. Il paraissait se plaire au milieu de nous et « aimer notre poussière », « cette joie, ce pétillement des enfants qui fait qu'ils ne peuvent demeurer en place, ce ravissement de se sentir jeune et d'avoir de la santé ». (Mme de Maintenon.) Il se disait en pensant à nous : « Il faut que la joie et la confiance soient leur disposition ordinaire ; autrement, on obscurcit leur esprit, on abat leur courage ; s'ils sont vifs, on les irrite ; s'ils sont mous, on les rend stupides. La crainte est comme les remèdes violents qu'on emploie dans les maladies extrêmes : ils purgent, mais ils altèrent le tempérament et usent les organes : une âme menée par la crainte en est toujours plus faible.... » (Fénelon.)

Il eut à réprimander, à réformer, et il n'y manqua pas. Mais son visage ne s'enflammait pas, sa voix ne s'usait pas en éclats : adieu, orages et tempêtes ; l'école redevint un séjour paisible et ensoleillé. Je me rappelle qu'il chercha d'abord à tempérer notre pétulance en charmant nos yeux et en captivant nos oreilles, en nous montrant ceci, en causant avec nous sur cela ; peut-être aussi puissant que le dieu auquel nos pères mettaient des chaînes d'or à la bouche, il nous suspendait à ses lèvres par ses récits. Peu à peu, il daigna nous sourire et même nous égayer ; il s'intéressa à nos parties de jeux et en vint même à s'y mêler. Quand nous faisions mal, il s'en attristait ; si nous faisions seulement un effort vers le bien, il s'en montrait heureux, presque fier. Et en classe : « Un tel, ces sottises ne sont point de votre âge,... je suis obligé de vous marquer une mauvaise note ; si vous ne la rachetez, vos parents la liront sur votre livret et en seront affligés. — Un tel, vous troublez vos camarades, ils ne vous approuvent pas ; ils savent bien qu'ils viennent ici pour travailler, non pour prendre part à vos gamineries ou pour y applaudir. — Mon petit un tel, on joue dans la cour, non à l'école ; si vous ne vous tenez pas mieux, point d'histoire pour vous ce soir. — Mes enfants, la journée a été presque bonne, nous allons la terminer par une lecture.... — La journée a été mauvaise, nous n'irons pas en promenade demain. » Ce calme nous confondait ; cette douceur nous atterrait. Plus de bonheur malsain à faire enrager un maître qui n'enrageait pas. A quoi bon un tour pendable ?... On ne pendait plus ; on ne menaçait plus de la potence ni de l'échafaud. Lui échapper ?... Pourquoi faire ? Une espièglerie le trouvait sévère, mais indulgent, mais toujours en pleine possession de lui-même, au moins aussi porté à nous plaindre qu'à nous blâmer. Les punitions ?... Il en infligeait ou plutôt il les prononçait, car c'était le règlement, cette loi de notre âge, qui les édictait ; la colère, l'arbitraire, la vengeance n'y étaient pour rien. Quant aux humiliations publiques, au pilori, aux peines afflictives, tout cela devint bientôt un lointain souvenir pour les anciens, une légende et un mythe pour les générations nouvelles.

Pour l'enseignement, même marche que pour la conduite. Si nous ne comprenions pas, notre maître recommençait en prenant d'autres tours : il cherchait à s'ouvrir doucement le chemin de nos intelligences, jamais à en forcer l'entrée. De même encore quand il s'agissait de former en nous le bon goût et le sens moral, d'éveiller ou de tempérer la sensibilité, l'imagination, etc. Ainsi nos facultés se développèrent, notre volonté se régla, se détournant du mal et se détournant d'elle-même vers le bien : ce n'est jamais Borée qui aurait obtenu ce résultat!...

Notre jeune maître était sans doute doué d'un heureux caractère. Mais nous n'étions pas sans nous apercevoir qu'il prenait beaucoup sur lui, qu'il appliquait une doctrine, qu'il était convaincu que, en éducation comme et plus qu'ailleurs, « plus fait douceur que violence ».

---

23. — CET ÂGE EST SANS PITIÉ,

La Fontaine a dit en parlant des enfants : « Cet âge est sans pitié ». — Cette accusation vous paraît-elle fondée? Dans tous les cas, quels moyens l'école primaire peut-elle employer pour faire naître et développer chez les enfants des sentiments contraires?

Un jour, je traversais un village, et voici ce que je vis :

Une bande d'enfants s'était emparée d'un malheureux chat, lui avait attaché une pierre au cou et l'avait jeté au beau milieu de la mare du pays. La pauvre bête, triomphant de la pierre ou s'en étant débarrassée, se cramponnait aux herbes du rivage et, par suite, à la vie. Les polissons la repoussaient dans l'abîme, hurlant de joie à chaque rechute du moribond. « Cet âge est sans pitié! »

Plus loin, un autre groupe fouillait les haies, sondait les hautes herbes, explorait les arbres. Tout à coup, des cris de victoire retentissent : un habile a découvert un nid au haut d'un pommier; un des rôdeurs s'enlace comme un serpent autour de l'arbre et en atteint bientôt les premières branches. Deux pinsons passent et repassent au-dessus de sa tête en poussant des cris désespérés. C'est en vain. Le ravisseur porte une main sacrilège sur le nid, l'arrache de la fourche qui lui sert d'assise et le jette aux larrons d'en bas. « Cet âge est sans pitié! »

Une autre fois, un vieillard se traînait sur la route poudreuse. Il boitait d'une façon particulière et qui, paraît-il, prêtait à la risée et à la contrefaçon. C'était le brave père Tranquille, et il me souvient bien de lui. Il devait son infirmité à une balle qui, à l'Alma ou au pont de Traktir, lui avait traversé la cuisse. Des petits vauriens lui lançaient des pierres et des lazzi. « Cet âge est sans pitié! »

Qui ouvrirait les mémoires de l'*élève Bovary*, du *professeur Deltheil*, du *pion Phalempin*, etc., y trouverait à chaque page, traduite sous toutes les variantes possibles, cette sentence de La Fontaine et, en la formulant, le bonhomme s'est simplement fait l'écho des siècles passés et à venir.

Oui, l'enfant est sans pitié. Il l'est pour l'insecte qui charme sa solitude, pour l'oiseau qui lui chante ses plus jolis airs, pour l'animal domestique qui le protège ou le nourrit; il l'est pour son petit frère qu'il pince, pour sa petite sœur qu'il fait pleurer, pour son camarade faible ou infirme qu'il bat ou qu'il insulte; il l'est, le monstre! pour la mère qui l'a porté, pour le père qui lui gagne son pain! On l'excuse. On dit : pardonnez-lui, il n'a pas conscience de ce qu'il fait; il n'a point encore passé par la vie; il sait à peine ce que c'est que la souffrance physique ou l'a déjà oublié; chéri, gâté, adulé, il n'a point encore éprouvé la souffrance morale, la torture du dédain, du mépris, de l'humiliation, du délaissement; s'il est égoïste, il a presque le droit de l'être : est-ce que tout n'est point fait pour lui? Il a d'ailleurs à satisfaire à un immense besoin d'activité et cette activité se porte sur tout; l'être vivant et sentant ou bien l'être inerte et insensible sont tout un pour lui, pourvu qu'ils lui soient un instrument de plaisir. D'ailleurs, a-t-il sous les yeux des exemples de compassion et de sensibilité? Par suite, peut-il être compatissant et sensible?

Je le veux bien. Mais toujours est-il qu'il est sans pitié, que même il est cruel. Que ce soit la nature qui l'ait bâti de cette façon, que ce soient les hommes qui l'aient rendu tel, il ne m'importe; je constate des faits, des faits que chacun retrouve dans ses souvenirs, peut-être dans ses remords, et l'on ne va point contre les arguments de cette sorte. D'où vient qu'il en est ainsi? Je n'en sais rien. C'est peut-être là un fatal héritage; ce n'est pas impunément que l'on descend de l'homme des cavernes, du barbare des temps anciens, de semi-barbares du moyen âge, etc. A l'origine, l'homme a été une bête féroce; il a fallu bien du temps pour que la pitié prît place parmi ses divinités et qu'elle eût quelque modeste temple à Athènes et à Rome. Ceci expliquerait jusqu'à un certain point comment elle ne se trouve pas tout d'abord dans le cœur de l'enfant.

Et pourtant, si, elle s'y trouve. Regardons par l'autre bout de notre lorgnette, celui par lequel regardent exclusivement les amis quand même de l'enfance. Changement à vue : non seulement l'enfant n'est plus sans pitié, mais il est pétri de pitié; son petit corps est un trésor d'innocence et de charité. Victor Hugo entonne la louange, les parents, les maîtres (qui sont pourtant les victimes prédestinées de l'enfant), encore plus les maîtresses, et encore plus les directrices d'écoles maternelles font chorus, justifiant leur tendresse par une foule de traits touchants dont on ferait des volumes. Qu'est-ce à dire sinon que « l'homme est un dieu tombé qui se souvient des cieux » ; qu'il est ange et démon; qu'il y a en lui comme des instincts célestes et des instincts de la terre; que, notamment, à côté du *sans pitié*, il y a dans l'enfant, au moins à l'état latent, la plus exquise sensibilité? « O contradiction! ô mystère! ô *altitudo!* » dirait le grand saint Augustin et disent bien d'autres.

De ces deux germes, lequel va éclore, se développer, pour étouffer l'autre ou du moins lutter avec lui?

Celui que favoriseront le milieu, la première éducation, les premières habitudes. Sauf de bien rares exceptions, l'enfant sera ce que l'auront fait la famille, l'école, la société. Pour le moment, ne nous occupons que de l'école et même que de l'influence qu'elle peut et doit exercer au point de vue spécial où nous place notre sujet.

Admettons (et nous le faisons sous les réserves qui précèdent) que La Fontaine ait raison, que les enfants nous arrivent « sans pitié » ou à peu près ; quels moyens emploierons-nous pour faire naître et développer chez eux des sentiments contraires ?

Oh ! ces moyens ne nous manquent pas.

Nous avons l'exemple, l'exemple toujours puissant et partout nécessaire. Si nous voulons que l'enfant soit sensible, soyons-le nous-mêmes : *Si vis me flere, dolendum est primum ipsi tibi.*

> Pour me tirer des pleurs, il faut que vous pleuriez.

Sans aller jusqu'aux larmes, jusqu'à cette sensibilité qui touche à la sensiblerie et qui sent l'affectation, témoignons de la peine de ce que ce petiot s'est laissé choir, du chagrin de ce qu'il s'est blessé ; soyons émus si ses petits vêtements le défendent mal du froid, si son panier ne contient qu'un morceau de pain sec ou ne contient rien, etc., et nous verrons les cœurs s'émouvoir autour de nous et se mettre à l'unisson du nôtre : il y a pour les cœurs comme une loi d'équilibre et de concordance, et partout se justifie ce proverbe : « Dis-moi qui tu fréquentes et je te dirai qui tu es » ; tel est l'instinct d'imitation, que ses effets se reconnaissent jusque dans les sentiments les plus délicats.

Nous avons la persuasion : les exhortations, les encouragements, la désapprobation ; nous nous gardons bien de dire les punitions, car les sentiments ne s'imposent pas. Vous êtes maître ou maîtresse ; pour peu que vous soyez digne de ce titre, que vous ayez le prestige, l'autorité morale qu'il suppose, vos paroles tombent de haut et sont pieusement recueillies ; vos gestes mêmes et l'expression de votre visage sont interprétés. Profitez de ces avantages. Il s'est produit autour de vous un fait d'égoïsme regrettable, peut-être de brutalité choquante : que votre front se plisse, que l'indignation ou au moins le dégoût se peigne dans vos traits ; que de vos lèvres s'échappent, non un long sermon qui s'émousse par sa solennité même, mais quelques-unes de ces paroles brèves et sévères qui font rougir un coupable, portent le trouble et éveillent le remords au fond de son âme. Au contraire, Pierre, non sans péril peut-être, a tendu la main à son camarade qui se noyait, qui allait être écrasé, etc.; ou bien, sans se porter à ces traits d'héroïsme, qui, heureusement, n'ont que de rares occasions de se produire, simplement, bonnement, avec empressement cependant, il est allé au secours de Paul qui était tombé, qui s'était embourbé et qui pleurait amèrement sur sa mésaventure, le tout au grand plaisir de la galerie; il l'a relevé, nettoyé, consolé; ou bien, ayant vu le petit Jacques manger tristement son pain sec dans un coin, il s'est approché discrètement et a partagé avec lui sa poire ou son fromage; ou bien encore, sans être pourtant ni très-grand ni très fort, il n'hésite pas à prendre sous sa tutelle un petit persécuté, un petit infirme, à le protéger contre les quolibets et les moqueries de camarades « sans pitié », même à en faire son compagnon de jeux.... Qu'un sourire l'encourage, qu'une bonne parole prononcée *coram populo* fasse ressortir ce qu'il y a de louable dans sa conduite; ceux qui ne l'auront pas imité, tant s'en faut, se sentiront humiliés, mécontents d'eux-mêmes et, d'une manière inconsciente, se mettront à l'unisson de Pierre : ils cesseront d'être cruels, en attendant qu'ils deviennent compatissants à leur tour. La persuasion s'achèvera dans et par le cours de morale, quand nous en serons à certains textes du programme particulièrement appropriés au sujet qui nous occupe, ceux-ci par exemple : « Justice et charité », « Ne faites pas à autrui ce que vous ne voudriez pas qu'on vous fît.... », « Traiter les animaux avec douceur; ne point les faire souffrir inutilement... », textes que nous développerons en suivant les conseils dont ils sont accompagnés : « Procéder par voie d'exemples concrets et d'appels à l'expérience immédiate des enfants pour les initier aux émotions morales..., Les élever au sentiment de la charité, en leur signalant une misère à soulager, en leur donnant l'occasion d'un acte effectif de charité à accomplir avec discrétion; aux sentiments de la reconnaissance et de la symphatie par le récit d'un trait de courage, par la visite à un établissement de bienfaisance.... Entretiens familiers. Lectures avec explications (récits, exemples, préceptes, paraboles, fables). Enseignement par le cœur. »

Des récits, des paraboles, des fables,... nos livres en sont pleins et nous n'avons que l'embarras du choix. Quant aux exemples, nous en empruntions tout à l'heure à la vie écolière. La vie sociale — j'entends celle à laquelle nos enfants prennent part déjà au village ou dans leur quartier — nous en fournira bien d'autres : un incendie a ruiné une famille,... de pauvres enfants sont devenus orphelins,... un petit camarade a été victime d'un accident,... la foudre a frappé, la mer a englouti; le fleuve voisin, grossi tout à coup, emporte les chaumières et les récoltes, etc., voilà autant de sources d'émotions que, malheureusement, l'on n'a pas besoin d'aller chercher bien loin, autant d'occasions que nous présente le cours même des choses humaines pour faire vibrer dans l'âme de l'enfant les cordes que la nature y a tendues et qu'il s'agit seulement d'y découvrir au lieu de les nier en quelque sorte, comme semble le faire notre ami La Fontaine. La sensibilité existe si bien chez l'enfant que, plus d'une fois, nous sommes obligés de la tempérer, presque de l'affaiblir, de l'émousser, si nous ne voulons pas que, par son exagération, elle le rende ou faible ou malheureux; car enfin, nous avons le droit de vivre, de goûter des joies qui ne soient point sans cesse empoisonnées par des douleurs semblables. Il suffit que nous prenions une juste part à ces douleurs, que nous soyons toujours prêts à les soulager, à tendre une main secourable à ceux de nos frères, que, sans notre aide, elles accableraient. C'est là ce dont sont capables nos enfants, ce qu'ils font plus souvent qu'on ne pense, ce que nous pouvons au moins les amener à faire en suivant la marche que nous venons de tracer.

24. — QUELLE IDÉE IL FAUT SE FAIRE
DE LA MORALITÉ DES ENFANTS

La Bruyère a dit : « Les enfants sont hautains, dédaigneux, colères, envieux, curieux, intéressés, paresseux, volages, timides, intempérants, menteurs, dissimulés ». — Que pensez-vous de cette critique? Vous paraît-elle fondée? — Comment l'opinion qu'on se fait de l'enfance peut-elle modifier la direction donnée à l'éducation?

« Les enfants sont hautains, dédaigneux, colères... », voilà un portrait peu flatté et qui vous tombe comme une douche après quelqu'une de ces aimables peintures de l'enfance qui sont à la mode aujourd'hui. Est-ce celui de l'élève de La Bruyère et des camarades royaux ou princiers qui venaient s'ébattre avec lui sur les pelouses de Chantilly? Peut-être, si l'on en juge par certains écrits du temps. Dans tous les cas, cet amas de grosses épithètes convient-il à tous les enfants ou, si l'on veut, à l'enfant en géhéral? Ma foi, je suis tenté tout d'abord de répondre affirmativement : c'est l'humanité présentée, il est vrai, sous ses vilains côtés, mais c'est bien l'humanité avec la série des jolis instincts dont l'a pourvue la nature, quoi qu'en dise J.-J. Rousseau. Seulement — il y a un seulement, — on peut établir la contre-partie : « Les enfants sont.... » Que Mme Pape-Carpantier, Mme Kergomard, à peu près toutes les femmes qui ont pris en main la cause de l'enfance, escortées de la plupart des mères, voire d'un certain nombre de pères, prennent la lyre de Victor Hugo et achèvent ma pensée. Qu'est-ce à dire sinon que l'enfant est un mélange de vilains défauts et de qualités charmantes, se heurtant, se combattant, tour à tour vaincus et vainqueurs, donnant lieu à des opinions contradictoires selon que le spectateur assiste à l'une ou à l'autre phase de la lutte, suivant aussi que ses dispositions natives ou du moment le portent vers l'enfance ou lui inspirent de l'éloignement pour elle. On a dit que la vertu est une affaire de tempérament. Je ne sais; mais ce dont je suis persuadé, c'est que nos jugements sur les enfants reflètent le plus souvent nos humeurs et nos nerfs, et qu'en outre, dans l'espèce, nous généralisons trop facilement les laideurs ou les beautés morales qui nous frappent. Un fripon d'enfant prend sa fronde et, du coup, tue plus d'à moitié une malheureuse volatile : « Cet âge est sans pitié ». La Bruyère a affaire à « une Altesse fantasque et terrible »; il doit « imposer ses leçons à un élève paresseux, rêveur, d'humeur inégale et brutal parfois, avec lequel il fallait lutter d'opiniâtreté et de mutinerie »; comme « un de ces écrivains par humeur, que le cœur fait parler,... qui tirent de leurs entrailles tout ce qu'ils expriment sur le papier », il stigmatise l'enfance et l'enveloppe tout entière dans une sentence de réprobation. Hégésippe Moreau est obligé de se faire maître d'études; Dieu sait les traits que décochent quelques jeunes vauriens de Provins ou de Coulommiers contre sa pauvre et mélancolique personne, et voilà un désenchanté de plus — un poète celui-là ! — pour qui l'enfant n'est qu'un être « grossier, égoïste » et le reste. Au contraire, un bébé cède libéralement son jouet ou sa tartine à son voisin qui n'a ni jouet ni tartine : « Les enfants sont des anges de charité et de générosité ». Un écolier a tendu la perche à un camarade qu'allait peut-être engloutir la mare du chemin : c'est un trait digne d'enrichir la *Morale en action* ou l'*Écolier vertueux* sous ce titre : « Courage et dévouement des enfants ».

Gardons-nous de ces jugements extrêmes. Ne considérons l'enfant ni par l'un ni par l'autre bout de la lorgnette. Voyons-le de nos propres yeux; jugeons-le un peu avec notre cœur, beaucoup avec notre esprit, du moins quand il s'agit de l'étudier et de le discuter. Nous ne tarderons pas à nous convaincre qu'il n'est absolument ni tel que le font La Bruyère et La Fontaine, ni tel que le font les femmes et les poètes, ou simplement le philosophe de Genève. Il est à la fois ange et démon, papillon et chenille, rose et ortie. Il y a chez lui du mauvais et du bon, des tendances indéniables vers le mal et des tendances indéniables aussi vers le bien, tendances plus ou moins prononcées, plus ou moins promptes à se déceler suivant les circonstances, les milieux, les influences de l'hérédité peut-être. Est-ce un malade, ou un coupable, comme le veut la théologie? Soit; mais, s'il en est ainsi, l'ange déchu se souvient au moins des cieux et il est apte à y remonter; nos soins d'abord, ses propres efforts ensuite peuvent faire repousser ses ailes. Pourquoi nous est-il livré dans cet état de dégradation et de noblesse, de faiblesse et de force, de méchanceté et de bonté? C'est le secret de « l'Auteur des choses ». Au lieu de chercher à pénétrer ce secret, à résoudre des problèmes qui sont peut-être du domaine de la religion, mais qui paraissent n'être point du domaine de notre raison, profitons de ce que nous trouvons chez l'enfant d'heureux germes pour les développer au mieux de ses intérêts et de ceux de la société, pour gagner chaque jour quelque victoire sur l'enfant « hautain, dédaigneux, colère, envieux, intéressé, paresseux, volage, timide, intempérant, menteur, dissimulé ». Ni absolument bon, ni absolument mauvais, disposé au mal, mais aussi disposé au bien, susceptible de céder aux attraits du vice, mais aussi de s'éprendre de la vertu et d'en faire la règle de sa vie, voilà, il nous semble, l'enfant tel que nous le révèlent l'observation et l'expérience. Les conséquences de cette doctrine ressortent d'elles-mêmes, et il n'est pas besoin de s'y appesantir.

Et il importe à un haut point de se faire des idées justes sur la valeur morale de l'enfant avant d'entreprendre son éducation : « On honore, dit-on, les saints comme on les connaît »; on est porté à agir avec l'enfant suivant l'opinion qu'on s'est faite sur son fonds de méchanceté ou de bonté, de vices ou de vertus. Voyez-vous dans l'enfant un être absolument vicieux, un petit démon incarné, toujours prêt à exercer contre vous et contre les autres sa malice native, vous le traiterez par le mépris, par la colère, par la répression sans pitié! Ses moindres méfaits se tourneront à vos yeux en crimes irrémissibles. Vous le tiendrez toujours en suspicion. Jamais pour lui un sourire, une caresse, une parole bienveillante, une marque de confiance ou d'encouragement. Ce sera un forçat qu'il faudra toujours surveiller, tenir enchaîné, rivé à une règle inflexible, à une discipline de fer. La verge ou tout au moins les admonestations sévères, les pensums, les retenues, le pain sec seront vos moyens de gouvernement. Dieu sait ce que vous produirez : un esprit aigri, un disciple n'obéissant qu'à la crainte et à la force, tout en prenant devant vous les attitudes commandées. Pour lui, le mal sera la faute découverte et punie; le bien sera la malice, le bon tour, peut-être le larcin qui échapperont à l'œil et aux investigations du tyran. Le fond du caractère sera la dissimulation, sans compter l'explosion prochaine de tous les vices · dont La Bruyère fait une si complaisante énumération. Au contraire, l'enfant est-il pour nous l'assemblage de toutes les qualités, attendu que « tout est bien, sortant des mains de l'Auteur des choses », vous tomberez dans des excès de bienveillance qui produiront des résultats aussi déplorables ou peu s'en faut : vous ne cultiverez point votre champ, vous ne le sarclerez pas; les mauvaises herbes, les ronces, les épines ne tarderont pas à l'envahir; il n'en est autrement que chez Émile, c'est-à-dire dans un roman d'éducation.

Heureusement que le bon sens et la force des choses garantissent le plus souvent de ces dangereux extrêmes. Comme l'enfant, l'homme n'est ni absolument bon, ni absolument mauvais; un certain milieu de vices ou de vertus est l'apanage de l'humanité. Il en est de même des maîtres de l'enfance : rarement un maître ou une maîtresse sont tout d'une pièce, d'une sévérité ou d'une indulgence excessive, despotes sans partage ou bienveillants jusqu'au complet laisser-aller; on trouve chez la plupart un milieu, une moyenne de sévérité et d'indulgence, de fermeté et de faiblesse, dont la résultante est à peu près le juste et le vrai. On dit que les hommes valent moins que leurs doctrines. On peut dire aussi que souvent ils valent mieux; témoin les jansénistes de Port-Royal, qui, bien que leurs élèves ne fussent à leurs yeux que des *enfants de colère*, avaient cependant pour eux de maternelles tendresses. Néanmoins, pour parler comme Töpffer, suivez le troupeau; vous en verrez s'écarter à droite ou à gauche, donner dans un extrême ou dans un autre. Ce sera, dira-t-on, l'effet du caractère, du caractère de chacun, voire du caractère national : Bossuet ne devait point être sans raideur; Fénelon devait être doux, La Bruyère aigri; La Fontaine mal disposé pour les enfants, dont les jeux et les espiègleries allaient mal à son âme rêveuse et méditative; les Anglais sont froids, les Allemands brutaux, les Français compatissants. Mais notre manière générale d'agir envers les enfants sera aussi plus d'une fois déterminée par des idées préçonçues. De ces idées sortiront des systèmes opposés qui se révéleront dans le régime disciplinaire d'un établissement, dans la marche des études, dans le but poursuivi, jusque dans la physionomie et dans l'attitude des maîtres. Sans doute on naît pédagogue comme on naît poète; comme la poésie, la pédagogie vit d'inspirations. « Pourquoi vous y prenez-vous comme ceci ou comme cela avec vos élèves? » ai-je souvent demandé à un bon maître ou à une bonne maîtresse. « Ma foi, je ne sais trop, m'a-t-il répondu; je suis mon cœur, mes impressions, ma nature, et je m'en trouve bien. » Mais j'ai vu aussi des établissements où le régime, la discipline, les procédés d'éducation et même d'instruction se ressentaient de l'idée qu'on s'était faite au préalable de la nature de l'enfant, de ses aptitudes ou de sa destinée. Selon que le proviseur, le principal, le directeur ou simplement l'instituteur s'étaient imprégnés de Rabelais, de Montaigne, de Rousseau, etc., l'éducation était laborieuse, facile ou à peu de chose près négative. Mes premiers maîtres étaient des mystiques, ne songeant qu'à la patrie céleste, ayant sans cesse dans l'esprit et à la bouche le *porro unum necessarium* de l'Évangile : ils subordonnaient tout au salut, à la foi, à l'intérêt religieux dont ils étaient les agents inconscients et convaincus; on voulait faire de nous des petits saints, le reste n'était qu'un moyen et un pur accessoire. Un autre de nos instituteurs ne voyait que le but utilitaire, que l'avantage que nous devions retirer de nos petites études;

aussi, il nous enseignait et ne nous élevait pas, l'éducation générale était le moindre de ses soucis. Il avait d'ailleurs une telle idée de nos forces intellectuelles, qu'il nous accablait de leçons et de devoirs, qu'il nous surmenait en se surmenant lui-même. En dernier lieu, je tombai entre les mains d'un maître qui ne songeait qu'à l'éducation générale, qui était convaincu, avec les disciples de Port-Royal, que « les sciences ne doivent servir qu'au perfectionnement de la raison », et il négligeait de nous armer pour la vie positive qui nous attendait. Sans doute, ces systèmes n'étaient point poussés à l'extrême : il fallait bien compter avec les exigences qui s'y accommodaient mal et rester malgré soi dans ce milieu dont je parlais tout à l'heure. Mais il n'en était pas moins vrai que ces idées préconçues déteignaient sur le régime auquel nous étions soumis, sur notre éducation, par suite sur notre avenir.

Quelles conséquences tirer de ces considérations? c'est qu'en éducation comme ailleurs, il faut se défier de l'esprit de système, ou plutôt qu'il faut se faire un système fondé sur l'observation impartiale de l'enfant, de sa nature, de ses besoins et aussi de sa destinée, non dans un monde hypothétique, mais dans le monde où il doit vivre d'abord, utile à lui-même et aux autres, heureux autant qu'il est possible par l'accomplissement de sa loi morale. Chaque système nous y aidera, si, au lieu de l'accepter tel quel, nous savons lui emprunter la part de vérité qu'il contient et qui, en son temps, lui a valu au moins un succès d'opinion.

---

25. — LES STIMULANTS DE LA DISCIPLINE

Apprécier cette pensée de Mme de Maintenon : « Les mauvais naturels se rendent au châtiment, les médiocres aux récompenses, les excellents à l'envie de plaire et d'exceller dans ce qu'on leur demande ».

Parmi les pédagogues découverts ou mis en vogue de notre temps, Mme de Maintenon, grâce aux travaux de

M. Gréard et de M. Cadet, occupe presque le premier rang, et elle le mérite sans doute par la finesse de son esprit et par celle de sa langue, surtout par cet amour des enfants qui lui faisait aimer « jusqu'à leur poussière ». Cependant la pensée qui va faire l'objet de cette étude, je le dirai tout d'abord, me séduit plus par la forme que par le fond ; je la trouve fausse et critiquable à plus d'un point de vue.

« Les mauvais naturels se rendent au châtiment.... » Il me semble que c'est là une grosse erreur, dont les maîtres, et avec eux la société, font tous les jours la triste expérience. Le châtiment (la crainte en définitive) effraye, modère, arrête quelquefois, mais il corrige et améliore bien rarement. Il retenait sans doute les demoiselles de Saint-Cyr ; mais, seul et par lui-même, il ne changeait point chez elles le mauvais naturel ; tout au plus les portait-il à composer leur visage, à refaire leur maintien devant leurs maîtresses, à comprimer au moment opportun leur humeur querelleuse, boudeuse ou légère ; leur volonté n'était point atteinte, elle n'était que violentée ; leur naturel ne se rendait pas. C'est du moins ainsi que sont bâtis nos élèves de l'école primaire, qui ne sont pas de nobles demoiselles, mais qui n'en sont pas moins pour cela des spécimens de l'humanité au grand complet. Le châtiment n'a jamais rien produit de bon chez eux ; il en a rendu plus d'un sournois, hypocrite peut-être, tout au plus sage en apparence ; c'est là, il faut l'avouer, un piètre résultat.

Pourtant, est-ce que je fais fi des châtiments ? Est-ce que je les bannis de l'éducation ? Nullement, il faut, à l'école comme dans la société, des moyens de répression, une sanction à la règle, un code pénal qui prévoie les fautes et les délits et qui les punisse à proportion de leur gravité. Sans cela, l'ordre serait continuellement troublé, la discipline n'existerait pas : « Mon cher enfant, vous bavardez au lieu de travailler, vos devoirs sont négligés, vos vêtements tachés ou fripés, vos paroles ou vos manières inconvenantes, vous payerez tant ; vous verserez tant de bons points, vous ferez tel pensum ; au goûter, vous serez au pain sec ou vous mangerez votre tartine à l'envers, à tout le moins souffrirez-vous une réprimande ou un avertissement. Mais est-ce que je compte sur tout cela pour faire de vous un petit saint, pour faire disparaître vos défauts et vous donner les vertus contraires? Pas le moins du monde; je vous paye de vos écarts, j'en diminue le nombre et l'intensité, j'en préviens plus d'un, j'assure d'autant l'ordre et la régularité dans l'école, je tâche de vous rendre, vous et vos camarades, plus retenus, plus sages au for extérieur, mais c'est tout. Au fond vous n'en demeurez pas moins une tête légère, un enfant, grand ou petit, négligent, peu soigneux, ennemi du travail et de l'effort, peut-être orgueilleux, impertinent et méchant. » Ainsi par la prison, le bagne, l'échafaud, la société se défend, entrave le crime, fait régner l'ordre à la surface, mais n'a point, je suppose, la prétention de convertir les méchants, de changer les lions en agneaux et les tigres en gazelles; d'où je conclus que Mme de Maintenon a tort de dire que· « les mauvais naturels se rendent au châtiment ».

Elle a peut-être plus raison de dire que « les médiocres se rendent aux récompenses ». Seulement elle eût bien fait de généraliser ici, d'englober les mauvais naturels avec les naturels médiocres. L'espoir de la récompense est un mobile plus noble que la crainte du châtiment. Il a aussi plus d'influence sur l'âme, sur le naturel, même lorsque celui-ci est pis que médiocre. Le châtiment produit un effet tout négatif : il empêche d'agir, il paralyse des forces prêtes à se mal employer. La récompense produit un effet positif; elle porte à faire une bonne action, une suite de bonnes actions qui conduisent vers elle et la rapprochent de nous. Elle provoque des efforts continus, et les efforts continus inclinent la volonté et finissent par la fixer; le naturel, de mauvais ou de médiocre, devient meilleur, puis bon; voilà un résultat aussi désirable qu'appréciable, qui justifierait la pensée de Mme de Maintenon si, comme nous le demandions tout à l'heure, elle l'eût généralisée. Car pourquoi seraient-ce particulièrement les naturels « médiocres » qui « se rendraient aux récompenses »? Est-ce que les actions faites en vue de la récompense manqueraient de noblesse et de dignité? Alors, condamnons le soldat qui tourne ses regards vers la croix d'honneur, le citoyen qui convoite l'estime et la considération et qui s'encourage ainsi à bien dire et à bien faire. N'ayons que du dédain pour les aspirations à la gloire et à l'honneur, qui pourtant, on ne saurait le contester, ont fait plus d'un héros et engendré plus d'un illustre dévouement. Dans nos écoles, supprimons les prix et les couronnes. Oh! sans doute, il est un mobile bien plus noble, non seulement que la crainte du châtiment, mais aussi que l'espoir de la récompense, et nous en parlerons bientôt. Mais ne rabaissons pas à la qualité de « naturels médiocres » ceux qui « se rendent aux récompenses » et se laissent entraîner par le désir de les obtenir. Que devait donc penser Mme de Maintenon des saints qu'elle vénérait et que, certainement, elle cherchait à imiter? Ces sublimes égoïstes, comme on les a appelés, n'ont-ils pas tout sacrifié à l'espérance d'occuper là-haut une bonne place, sans compter que la crainte, la crainte de l'enfer, a été souvent le commencement de leur sagesse? Étaient-ils donc des « mauvais naturels », pour « se rendre ainsi au châtiment » et « des naturels médiocres » pour « se rendre aux récompenses »?

Se rendre à l'envie de plaire et d'exceller dans ce qu'on nous demande, voilà ce qui, aux yeux de Mme de Maintenon, est d'un « naturel excellent », ce qui est sans doute la perfection. « L'envie de plaire », cela veut dire, je suppose, le désir d'être agréable à ses maîtresses dans l'école et à un chacun au dehors. Mme de Maintenon ne faisait point sans doute allusion à cette envie de plaire qui est naturelle à la jeune fille en tant que femme. Eh bien, même avec cette interprétation, nous trouvons le mobile proposé un peu vide et un peu creux. C'est par un esprit de bienveillance qui a sa source dans la justice et dans la charité, que nous devons chercher à plaire, à être agréable aux autres et particulièrement à ceux qui nous entourent. Il y a là assurément la manifestation de sentiments délicats et élevés qu'on ne trouve pas partout, qu'on ne trouve que dans des naturels d'élite, « excellents » par eux-mêmes ou devenus tels. Mais ce n'est pas là un principe de conduite. Je dis bien quelquefois à mes enfants : « En agissant ainsi, vous seriez désagréables, vous éloigneriez les sympathies; vous donneriez à penser que vous avez un mauvais caractère, que vous manquez d'éducation; vous feriez douter de la bonté de votre cœur; au lieu de rechercher votre société, on se retirerait de vous et l'on vous laisserait seuls ». Et ces considérations ont de la prise en effet sur mes élèves les mieux nés, sur les meilleurs naturels. Mais je ne me résignerais pas à dire, même à ces privilégiés : « Faites cela pour plaire ». Je ne leur dirais pas non plus : « Faites cela pour exceller dans ce que je vous demande ». Je dirai bien quelquefois : « A qui fera le mieux ! » parce que, pour moi, l'émulation est bonne; que, dans l'éducation, elle nous fournit un point d'appui et est d'une grande ressource. Mais, si précieuse qu'elle soit, je ne l'élève pas, dans mon esprit, à la hauteur d'un principe. Le seul mobile auquel je fasse cet honneur, c'est le sentiment du devoir. Dans tout le reste, dans les châtiments, les récompenses, l'émulation, je ne vois que des moyens secondaires, des acheminements, des accommodements avec la faiblesse humaine. C'est ce sentiment que j'aurais gardé pour « les naturels excellents ».

Je ne vois donc, d'après la pensée de Mme de Maintenon, que trois degrés dans le perfectionnement moral; la crainte est le commencement de la sagesse; l'attrait des récompenses y est un avancement; l'envie de plaire, l'émulation y est peut-être encore un progrès : le sentiment du devoir est seul le parfait, « l'excellent ».

Mais Mme de Maintenon n'a probablement pas songé à formuler des principes. Elle avait vu de mauvaises élèves céder au châtiment, des élèves médiocres se laisser *empoigner* par les récompenses, de bonnes élèves heureuses de plaire et de mériter un *très bien*. Elle a généralisé ces résultats et en a tiré des conséquences immédiatement pratiques, des directions au moins utiles pour ses maîtresses de classe, mais elle n'a point voulu y voir ces principes immuables et indiscutables que recherche le pédadogue philosophe, et que nous devons tous chercher après lui.

En réalité, c'est une illusion de compter sur les châtiments pour réformer les mauvaises natures. Que l'on commence par inspirer à celles-ci une sainte terreur, je ne m'y oppose pas. Mais, de grâce, qu'à la rigueur succède peu à peu la bienveillance, la douceur, la persuasion. Ces moyens, au lieu de les aigrir comme le font les châtiments, les amènent à rougir d'elles-mêmes, à avoir honte d'être mauvaises, à désirer d'être bonnes. Elles sont d'abord hésitantes dans leurs résolutions, faibles à les accomplir; mais, insensiblement, elles s'y affermissent et se corrigent. « On prend plus de mouches avec une cuillerée d'huile qu'avec un baril de vinaigre »; c'est le cas d'appliquer ce proverbe. Bien rarement, il y aura des enfants assez pervers pour résister à un maître chez lequel ils trouveront, d'une part, une fermeté qui ne transige pas; d'autre part, une bienveillante bonté qui est prête à accueillir le repentir; d'une part, un ennemi irréconciliable du défaut à corriger; d'autre part, un ami dévoué à leur personne et à tout ce qui la touche. Les criminels endurcis ne se rendent peut-être pas à ces procédés. Mais nos chers enfants ne sont pas des endurcis, des égarés sans retour; ils sont, comme on dit, mal nés, ayant reçu à la naissance même des dispositions fâcheuses et mauvaises qu'ils tiennent de race; ou bien ils ont été mal pris dès l'origine; mais nous n'avons aucune raison sérieuse de jamais désespérer d'eux.

Parmi les moyens de persuasion, nous placerons sans hésiter les récompenses. Que les naturels soient « médiocres » ou non, ils y seront sensibles. Cela est dans la nature de l'homme; cela est dans la nature de l'enfant mal disposé, méchant si l'on veut. Comment, lui qui a le sentiment de n'avoir guère mérité que des réprimandes ou quelque chose pire, approcher de près la récompense et même quelquefois l'obtenir! Mais il y a là de quoi faire tourner la plus mauvaise tête et faire volte-face au cœur le plus aigri! Au contraire, l'enfant toujours puni ou jamais récompensé perd sa propre estime et désespère de lui-même; il s'abandonne, et c'est fait de lui.

Il va sans dire, d'ailleurs, que nous devrons faire un choix entre les récompenses, comme nous devrons faire aussi un choix entre les punitions. Il y a des punitions indignes de nous, et qui dépravent au lieu de convertir. Il y a de même des récompenses mal appropriées à leur objet, il y en a de maladroites, il y en a de très dangereuses. Mais je ne fais ici qu'indiquer ce point, qui demanderait à lui seul toute une étude.

De la récompense à l'émulation, au désir « d'exceller », il n'y a qu'un pas; les mauvais naturels, les médiocres, les excellents doivent être amenés à le franchir. Nous ne faisons, nous, d'exception pour personne. Nous n'en faisons point non plus quand il s'agit du sentiment du devoir, du mobile pour lequel Mme de Maintenon, nous le répétons, aurait dû réserver l'épithète « d'excellent », et qui sera notre but suprême et dernier. Avec une mesure diverse, par des moyens peut-être un peu différents, tous doivent y être conduits. Seulement, nous ne nous scandalisons pas trop si ce sentiment n'est pas toujours pur et exclusif; nos enfants ne sont point des anges; ce n'est que bien tard qu'ils atteindront — si jamais ils l'atteignent — un point de perfection que le christianisme lui-même n'exige pas de la pauvre et faible humanité, car, à chaque instant, l'Évangile menace et promet, montre le châtiment et fait briller la récompense.

En somme, je ne trouve pas qu'il y ait un grand profit à tirer de la pensée de Mme de Maintenon pour la gouverne de mon école. Je ne regrette pourtant point d'y avoir appliqué, très sérieusement et très sincèrement, toute mon attention; cette étude m'a conduit à me faire une doctrine que je crois bonne sur les moyens généraux à employer pour traiter les « mauvais naturels, les médiocres et les excellents ».

---

26. — LA DISCIPLINE MORALE ET MATÉRIELLE

De la discipline morale et matérielle à l'école primaire. —
Montrer qu'une bonne discipline dépend principalement de
l'emploi du temps, de la méthode d'enseignement et de l'autorité du maître.

A l'école primaire comme ailleurs, la discipline est double dans son unité; on peut la décomposer, au moins par
la pensée, en discipline morale et en discipline matérielle.

Deux classes sont contiguës. Dans l'une, un silence
absolu règne dans les rangs et aux tables; pas une parole,
pas un mouvement désordonné ne troublent la parole du
m   : les évolutions s'exécutent sur un signe et militaire   . Chacun est à son poste à l'heure dite; les tâches
s'accomplissent au moment et dans le temps voulus. Il le
faut bien, car malheur au délinquant! Le moindre man-
quement à la règle est si rigoureusement et si infailliblement puni que les plus osés tremblent et que les plus
rebelles sont subjugués. Seulement, que le maître s'absente ou tourne les talons, qu'il soit momentanément remplacé par un aide que l'on sent faible ou débonnaire, les
langues se délient, les membres s'échappent et se déten-
dent, les esclaves s'émancipent.... Cette discipline qu'on
admirait tout à l'heure s'est évanouie en un clin d'œil; elle
se rétablira du reste avec la même rapidité, *si forte virum
quem...*, ce qui veut dire : si le maître ou seulement sa
silhouette vient à apparaître. C'est que cette discipline est
toute à la surface, fondée sur la répression, sur les sanctions effectives prévues; le respect de la règle et du maître
n'y est pour rien : c'est la *discipline matérielle.*

Dans l'autre classe, des allures et des attitudes régulières
aussi, mais peut-être un peu moins raides et moins guin-
dées. Le maître n'est ni gourmé, ni solennel; il est seulement grave, sans que sa parole soit rude et que sa
physionomie respire autre chose qu'une fermeté mêlée
de bienveillance. Il va, il vient, il s'occupe d'un groupe,
puis d'un autre; il vaque à tout avec la plus grande

liberté d'esprit et sans être dérangé par le bruit ou les bavardages; il peut même s'absenter sans que les exercices soient troublés ni interrompus. Bref, les choses vont pour ainsi dire toutes seules et comme si une force invisible donnait et maintenait l'impulsion. C'est que l'ordre est dans les esprits et dans les volontés, que l'obéissance est voulue ou consentie; c'est qu'il y a *discipline morale.* —

Inutile de dire quelle est la meilleure de ces disciplines, de chercher quelle est celle qui prépare le mieux à la vie et qui doit être le but de nos efforts. Qu'il nous suffise de faire remarquer qu'elles vont rarement seules et qu'elles sont génératrices l'une de l'autre. Chronologiquement, la discipline matérielle précède. Elle est nécessaire, et bien imprudent serait celui qui, avec des enfants et même avec des jeunes gens, prétendrait se passer d'elle. Tout doucement, entre des mains habiles, elle conduit à la discipline morale; dans tous les cas, elle la soutient par les bonnes habitudes qu'elle crée; elle est la base de l'édifice, la discipline morale en sera le couronnement. En se prêtant un mutuel appui, toutes deux finissent par former ce qu'on appelle une bonne discipline, celle qui nous permet de travailler avec succès à l'instruction et à l'éducation de nos élèves.

Cette discipline si désirable, si nécessaire, par quels moyens parviendrons-nous à l'établir dans nos classes et dans nos écoles? Il en est trois sur lesquels nous pourrons particulièrement compter : l'emploi du temps, la méthode d'enseignement et l'autorité du maître. Ce sont là nos trois principales ressources pour nous rendre maîtres de nos jeunes étourdis, pour soumettre à la règle leurs esprits si volages et leurs volontés si vacillantes.

1° *L'emploi du temps.* — Pourquoi nos élèves sont-ils indisciplinés? C'est souvent parce que leur vie scolaire n'est pas réglée ou qu'elle ne l'est pas conformément à leur nature. L'enfant a une dose énorme d'activité à dépenser, et nous le laissons dans l'inaction; il aime la variété et nous l'arrêtons une heure et quelquefois plus sur les mêmes sujets; il est faible encore et nous lui imposons des labeurs qui dépassent ses forces; il lui faut de fréquents ébats pour dégourdir et fortifier ses organes, et nous le maintenons pendant toute une classe dans une immobilité absolue. Voilà pourquoi il s'ennuie, pourquoi il remue et babille à contre-temps. Que voulez-vous? chassez le naturel par la porte, il rentrera par la fenêtre; comprimez la nature pétulante, exubérante de l'enfant, il vous échappera par des infractions à la règle que vous prétendez lui imposer. Un bon emploi du temps fera disparaître ces causes d'indiscipline, car, par une série d'exercices bien combinés, d'exercices debout et d'exercices assis, d'exercices fatigants et d'exercices repo-sants, variés, courts s'il le faut, il donnera satisfaction aux besoins des corps et des intelligences. Grâce à un bon rè-glement horaire, vos élèves vous prêteront volontiers quel-ques minutes d'attention, sachant que la détente n'est pas loin, que le recueillement et le labeur ne doivent pas être éternels et que, même à l'école, il y a pour eux des mo-ments de repos, de joie et de liberté.

2° La méthode d'enseignement. — Pourquoi encore nos enfants sont-ils turbulents et rebelles à la discipline? Mon Dieu! c'est peut-être que non seulement les exercices par lesquels nous les faisons passer sont mal réglés et mal équi-librés, mais qu'en outre nos enseignements les fatiguent et les ennuient quand même. Ils veulent voir, toucher, parler, agir. Or, nous ne mettons rien sous leurs yeux ni entre leurs mains; nous nous complaisons à n'avoir devant nous qu'un auditoire muet et purement passif, fait uniquement pour nous écouter. — Pour nous entendre, ne fût-ce que d'une manière inconsciente, peut-être; mais pour nous écouter, c'est autre chose : les corps sont devant nous, mais les esprits sont ailleurs. La méthode d'exposition con-tinue nous perd; abandonnons-la à l'école primaire, du moins à l'école primaire élémentaire. Ici, ce qu'il nous faut c'est la méthode d'exposition interrompue, avec les pro-cédés d'intuition, d'enseignement par l'aspect, qu'il est si facile d'y associer; la *méthode active*, voilà pour le moment la seule qui soit rationnelle, parce que c'est la seule qui s'harmonise avec l'âge et la nature de nos auditeurs, C'est en fournissant un aliment continu à leur besoin incessant d'activité que nous suspendrons leurs intempérances de langage, l'inquiétude de leur esprit et de leurs membres : pendant qu'ils seront obligés d'être pour nous tout yeux et tout oreilles, de se tenir en communication d'idées avec nous, de collaborer pour une juste part à nos leçons, qu'ils seront captivés par nos entretiens, par nos exhibitions, par nos démonstrations à l'aide du concret, ils ne songeront ni à mal penser, ni à mal faire. De même si notre enseignement est attrayant et, d'autre part, si nous entretenons l'enfant de choses qui le touchent, qui soient de son âge, de son milieu et de sa situation, l'ennui, ce mauvais conseiller de l'écolier, ce grand ennemi de la discipline, ne viendra jamais s'asseoir à ses côtés pour lui suggérer des espiègleries ou des rébellions, des infractions plus ou moins graves à la règle, à la discipline.

3° *L'autorité du maître.* — Mais, si un bon emploi du temps et une bonne méthode d'enseignement contribuent puissamment à la discipline d'une classe ou d'une école, l'autorité du maître fait plus encore : elle est la discipline même.

Il n'est pas rare de rencontrer des maîtres intelligents, instruits, experts à dresser un emploi du temps qui ne laisse rien à désirer quant à la succession et à la durée des exercices, connaissant à fond les méthodes d'enseignement et sachant choisir la meilleure, et qui cependant ne sont point écoutés. Leur présence n'inspire ni le recueillement ni le respect de la règle; leur classe peut être comparée à bon droit à la cour de certain roi; il y règne quand même un beau tapage ou tout au moins un bourdonnement de mauvais augure. D'ailleurs l'exactitude et l'assiduité y sont à peu près inconnues; les devoirs y sont négligés; on n'y obéit qu'à la deuxième ou à la troisième sommation, et quelquefois, malgré les éclats de voix et les punitions, on n'y obéit pas du tout. Pourquoi? Parce que le maître manque d'*autorité*, et cette autorité morale qui obtient tout d'elle-même et sans que l'autorité matérielle ait pour ainsi dire à s'en mêler.

Cette autorité, d'où vient que celui-ci la possède à un si haut degré, pendant que celui-là en est complètement dépourvu? La nature est pour beaucoup dans ce contraste. Voyez ce jeune moniteur à la figure douce et grave à la fois conduire avec aisance un groupe d'enfants souvent plus âgés et plus grands que lui. Il ne commande que par délégation, et pourtant on lui obéit sans peine. Dame nature lui a donné un je ne sais quoi qui séduit, qui entraîne, qui fait qu'on le suit sans observations et sans murmures. Il en est de même de certains maîtres : leur seul aspect impose la tenue, le respect, le recueillement. D'un regard, d'un signe, d'un froncement de sourcils, ils arrêtent le bavardage et compriment la pétulance; d'une bonne parole, ils provoquent l'effort; d'un sourire, ils le soutiennent et le payent. Cet heureux ascendant, qui est la grande marque de vocation pour les fonctions d'éducateur de la jeunesse, la nature ne le donne pas toujours gratuitement, mais le plus souvent elle ne le refuse pas à qui veut sérieusement l'acquérir en recourant aux moyens que nous allons indiquer.

En général, les conditions de l'autorité du maître, en dehors de ces prédispositions auxquelles nous faisions allusion tout à l'heure, sont d'abord l'âge, le savoir, l'amour des enfants, ensuite la tenue, la dignité de la vie, l'élévation des sentiments et du caractère.

La tenue témoigne du respect de soi-même et des autres et le respect engendre le respect. Le laisser-aller produit des résultats contraires. Et ici je parle de la tenue dans la classe et au dehors. L'instituteur ne saurait être un homme comme un autre, parce que sa profession n'est point une profession comme une autre. Bien des choses sont permises à la foule, qui ne le sont point à lui, éducateur. Il doit s'élever au-dessus du vulgaire et du commun. Son autorité est à ce prix. Je me rappelle qu'au lycée — ah! je voudrais qu'il y eût un siècle de cela! — nos maîtres d'études n'avaient d'autre autorité sur nous que celle du pensum et de la retenue. Nos professeurs, au contraire, n'avaient qu'à parler pour être obéis : nous gardions devant eux toutes les convenances; avec eux la règle ne nous pesait pas. Je n'ai pas besoin de donner les raisons de ces différences. « Nous défuyons l'honneur, il nous défuyt » a dit je ne sais quel poète, Villon peut-être; nous méconnaissons les devoirs spéciaux de notre profession, nous perdons bientôt l'autorité morale qu'elle exige.

Mais ce serait là un sujet à traiter à part et qui a dû l'être cent fois du reste. Qu'il me suffise, pour ne pas sortir du mien, de dire que l'autorité du maître est tout dans une classe et dans une école et que, quand il s'y joint un emploi du temps et une méthode d'enseignement rationnels, la discipline est, comme on le dit, une bague au doigt : témoin ces grandes écoles de 800 à 900 élèves où, la discipline morale s'alliant à la discipline matérielle, on n'entend presque jamais parler haut, menacer ou infliger des punitions.

III

PRINCIPES GÉNÉRAUX
D'ENSEIGNEMENT

---

27. — NÉCESSITÉ DE SE FAIRE AIMER DES ENFANTS

« Reprenez votre fils, disait Socrate, à un père qui lui avait
confié l'éducation d'un jeune homme. Qu'en ferais-je ? Il ne
m'aime pas. » — Commenter cette parole et en tirer des
conséquences pratiques, applicables à l'école primaire.

On a dit : l'éducation est une œuvre de patience, d'autorité, de respect, etc. On peut ajouter qu'elle est une œuvre
d'affection, d'affection de la part du maître sans doute, mais
peut-être plus encore d'affection de la part de l'élève : un
maître qui n'est pas aimé de ses élèves est sans action sur
eux et, ce qu'il a de mieux à faire est, en effet, de les rendre
à leurs familles.

Deux classes ou deux écoles sont voisines. Dans la classe
ou dans l'école A, du travail, de l'ordre, de la discipline,
et, tout cela accepté, consenti, voulu, exempt de pression
et de contrainte. Les physionomies sont heureuses, épa-
nouies, confiantes et honnêtes ; les attitudes et les manières
sont dignes, le langage respectueux et mesuré. Quand le
maître parle, les regards s'attachent sur lui sans crainte,
les oreilles se tendent et les esprits demeurent ouverts à ses
conseils ou à ses enseignements. S'il s'absente, le sentiment du devoir domine la pétulance et l'étourderie ; les

convenances ne cessent pas d'être observées, le respect de soi-même et des autres persiste. Il en est de même au dehors, dans la rue et dans la famille : les enfants qu'on y rencontre apparaissent avec des habitudes qui dénotent au moins un commencement d'éducation. Cherchez la cause de cet heureux résultat ; je me trompe bien si vous ne la trouvez pas dans l'affection que ces enfants portent à leur maître ; à leur insu, souvent à l'insu de leurs parents eux-mêmes, cette affection déteint sur leurs sentiments et sur leurs actes.

Dans la classe ou dans l'école B, au contraire, la discipline ne règne que par la vertu des menaces, des gros mots ou du pensum ; on se tait par crainte ; on travaille par force. On ne se tient que sous l'œil du maître. Dès que celui-ci n'est plus là, on s'émancipe, on donne libre carrière à tous ses instincts pervers. L'école est une *spelunque,* sinon de voleurs, du moins de fort mauvais sujets donnant à juste titre des inquiétudes pour l'avenir. Du reste, ce qui se passe sur la place publique, dans les carrefours, sur le chemin de l'école et jusqu'au foyer paternel, donne un spécimen de ce que peut attendre la société des recrues que lui prépare un maître qui n'est pas aimé. Car le maître de la classe ou de l'école B n'est point aimé de ses disciples. Par suite, il n'exerce sur eux aucune influence bienfaisante. Bien plus, il est pour eux comme l'ange du mal : ses conseils ne sont point écoutés ; ses directions sont méprisées et ses élèves se font un malin plaisir d'y contredire par leurs paroles et par leur conduite.

Tels sont les effets de l'affection que des élèves ont vouée à leur maître, ou des antipathies que celui-ci a eu le malheur de leur inspirer. L'enfant est ainsi fait que l'affection le conduit où elle veut, tandis que l'antipathie le porte à la résistance. Il y a là comme deux pôles opposés dont l'un attire et dont l'autre repousse.

L'affection porte vers la personne qui en est l'objet, donne foi en elle, la place sur un piédestal. Elle a grandi et divinisé plus d'une personnalité humaine. Il n'est pas étonnant qu'elle double le prestige et l'autorité d'un maître ;

qu'elle prolonge son ascendant hors de sa présence, hors de l'école et au delà, bien au delà de la période scolaire, qu'elle exerce par conséquent une si grande influence sur l'éducation. Mais là ne se bornent pas ses effets : elle rejaillit jusque sur l'instruction. On n'écoute bien que le maître qui nous est sympathique : seul, il trouve facilement le chemin des intelligences; seul il captive l'attention et la soutient. Quelquefois, dans les classes supérieures ou dans le haut enseignement, un professeur désagréable, peut-être détesté, fait de bons élèves, parce qu'il y a chez ceux-ci la ferme volonté de s'instruire et qu'ils ont le courage de boire même à une source amère. Mais il ne faut pas s'attendre à trouver ce courage et cette force dans le premier âge. Alors on a besoin que la coupe de la science soit emmiellée : ce qui l'emmielle, ce qui lui ôte son amertume ou sa fadeur, c'est l'affection, l'affection qu'on lit sur le visage du maître, dans ses paroles, dans ses procédés, et qu'on ne tarde pas à lui rendre.

Mais cette affection, qui fait que l'enfant se livre, s'abandonne, se laisse instruire et élever, par quels moyens pourrons-nous l'acquérir dans nos écoles primaires? Ces moyens sont nombreux, mais il en est un qui domine tous les autres, qui au besoin les supplée : il consiste à aimer nous-mêmes nos élèves. L'amour des enfants ne s'impose pas. Celui qui ne le tient point de la nature fait bien de s'éloigner de l'école. Celui dont le cœur reste froid et ennuyé au milieu des enfants, insensible à leurs sourires, à leur « douce bonne foi », à leurs joies et à leurs tristesses, que leurs jeux et leur turbulence énervent et impatientent, n'est point fait pour vivre avec eux, pour s'occuper d'eux, pour faire leur éducation, pas même pour les instruire, d'après ce que nous avons dit plus haut. Il peut dire aux parents qui lui présentent leurs enfants : « Remmenez-les. Qu'en ferais-je? Ils ne m'aimeraient pas! » L'amour des enfants est la première marque de notre vocation. Seul il nous fera supporter leur tapage, leurs imperfections et, hélas! leurs défauts, car jamais le sentiment qui m'entraîne personnellement vers les enfants ne m'a empêché de m'apercevoir que ces aimables êtres sont loin d'être parfaits. Les vers que Victor Hugo leur consacre me touchent, mais pas au point de me faire perdre terre et de m'empêcher de trouver qu'ici aussi l'idéal et la réalité sont deux. Quoi qu'il en soit, c'est cet amour natif que les enfants payent d'abord comme une dette et qui fait qu'ils nous aiment, qu'ils subissent sans peine notre joug, ou plutôt le joug de la règle, du travail et de toutes les convenances.

En dehors de ce moyen primordial de nous attacher les enfants, il y en a d'autres : la douceur, la patience, la bonté,... toutes les vertus qu'énumèrent les pédagogues comme devant former la couronne mystique d'un bon maître ou d'une bonne maîtresse. Arrêtons-nous à la bonté, et voyons de quelle bonté il s'agit.

Par bonté, en éducation, nous n'entendons pas une banale et inconsciente débonnaireté qui, loin d'être une qualité, ne serait qu'un défaut de caractère et une faiblesse, qui laisserait passer le mal ou la sottise sans avoir, pour ainsi dire, l'air de s'en apercevoir, prête à tout excuser, à tout rejeter sur les misères de l'âge ou de l'humanité. Cette bonté-là n'engendre point l'affection. Chez les grandes personnes, elle excite le sourire et les haussements d'épaule. Chez l'enfant, elle ne produit qu'une sympathie stérile et, dans les moments de crise, que le dédain, peut-être que le mépris. La bonté qui mène à une affection vraie et efficace part sans doute d'une nature bienveillante, d'un fond de charité universelle, et, dans l'espèce qui nous occupe, de cet amour inné des enfants que nous avons dit être la première marque de vocation chez un instituteur; mais elle a pour compagne obligée la fermeté, une fermeté qu'elle tempérera, qu'elle modérera, mais qu'elle n'annihilera jamais. L'enfant, comme l'homme d'ailleurs, n'aime véritablement que ce qu'il estime et il n'estime point la faiblesse. Il est bon qu'un peu de crainte se mêle à l'affection, ne fût-ce que pour la régler et y ajouter le charme du respect.

Ce respect et l'autorité qui en découlera, auront nécessairement pour base la valeur personnelle du maître, sa valeur morale et sa valeur intellectuelle. Sans ces deux choses, l'affection que nous pourrions inspirer serait éphémère et sans consistance. J'ai eu, pour ma part, plusieurs maîtres au cours de ma vie d'écolier. Eh bien, quels sont ceux que j'ai aimés, dont le souvenir m'est resté cher, m'a soutenu et me soutient encore, m'a sauvé de plus d'une défaillance, m'a remis plus d'une fois la force dans l'âme et le courage au cœur? Ce ne sont pas ceux qui étaient simplement bons, encore moins ceux qui, par une sotte indulgence, cherchaient à conquérir, auprès de nous et de nos familles, une popularité de mauvais aloi. Ce sont ceux qui alliaient la fermeté à la bonté et qu'en outre nous sentions solidement vertueux et solidement instruits. La vertu et le savoir, avons-nous déjà dit, sont les conditions de l'autorité d'un maître. Ce sont aussi les conditions de l'affection qu'il doit inspirer à ses élèves sous peine de n'exercer aucune influence sérieuse sur eux, de ne point travailler efficacement à leur éducation. Cette affection, il paraît qu'on ne l'acquiert pas toujours, témoin le bon Socrate qui avait trouvé un cœur insensible, lui qui pourtant paya de sa vie le crime d'être devenu cher à la jeunesse de son temps! Il y a des natures ingrates et rebelles que rien ne touche et dont rien ne triomphe. Mais, Dieu merci, elles sont des exceptions. Il est bien rare qu'il n'y ait pas quelque côté par lequel un enfant se laisse prendre. C'est à nous de le chercher. La plupart du temps, c'est notre propre cœur, notre propre affection qui nous le fera découvrir. Aimons donc nos élèves, tous nos élèves. Ils nous le rendront. Grâce à ces sentiments de mutuelle affection et de mutuelle confiance, nous mènerons à bien l'œuvre éducative dont nous sommes chargés; si nous ne réformons point la société, nous aurons au moins la joie d'y laisser d'heureuses traces de notre passage.

28. — DE L'ATTENTION CHEZ LES ENFANTS

De l'attention chez les enfants et des moyens les plus efficaces pour l'exciter et la soutenir pendant les heures de classe.

« L'attention, dit M. Michel Bréal, est la direction de toutes les forces intellectuelles sur un seul objet. La puissance de l'attention varie en intensité et en durée, selon l'âge et les facultés de chaque homme. Mais, dès les premiers temps où l'enfant commence à apprendre, il doit être exercé à la porter, ne fût-ce que pendant quelques minutes, sur la leçon qu'il entend ou sur le travail qu'il accomplit. *C'est la condition indispensable de tout progrès.* »

En effet, sans l'attention, nos enseignements sont comme des dépêches qui s'égarent en route; ils n'arrivent point jusqu'à l'intelligence; si par hasard ils vont jusque-là, ils ne pénètrent pas et ne laissent qu'une trace fugitive. Combien de fois ne prêchons-nous pas dans le désert ou ne semons-nous pas sur la pierre! Combien de nos paroles emporte le vent parce que l'esprit de notre auditoire est ailleurs! Aussi, tous tant que nous sommes, nous faisons des appels réitérés à l'attention : pour l'obtenir, le congréganiste s'use le pouce sur son signal, le laïque enroue son sifflet ou casse des règles sur son bureau, la directrice d'école maternelle agite désespérément son claquoir; mon vieux maître envoyait, envoie peut-être encore aujourd'hui sa férule à rapporter; nos jeunes crient et tempêtent si bien qu'il n'est pas rare de les rencontrer à vingt et quelques années, avec des voix éraillées, avec des dispositions manifestes à la laryngite et à la tuberculose. Ce sont là de pauvres moyens; le maître qui y recourt perd son temps et sa peine :

> L'animal aux têtes frivoles,
> Étant fait à ces traits, ne daigne l'écouter.
> Tous regardent ailleurs; il en voit s'arrêter
> A des combats... de mouche, et point à sa parole.

C'est que l'attention ne cède pas longtemps au bruit, à la menace, à la force. Si elle s'éveille un instant, elle ne tarde pas à retomber dans sa torpeur ou bien à s'en aller là où l'appellent l'attrait, le plaisir, l'intérêt ou la passion du moment. Inventez donc « des ressorts qui puissent l'attacher »; trouvez des moyens capables de l'attirer à vous et de la soutenir aussi longtemps que vous aurez besoin d'elle. Ces moyens, pas n'est besoin d'aller les chercher bien loin, ils sont tout près de nous, et presque toujours à notre disposition.

Le premier serait dans le choix des devoirs et des exercices. Malheureusement, ces devoirs et ces exercices nous sont imposés : c'est toujours de la lecture, de l'écriture, du calcul, de la grammaire, de la géographie, de l'histoire, etc. Sans doute que tout cela se succède avec une certaine rapidité et ne fait pour ainsi dire que passer devant les yeux comme les verres d'une lanterne magique; qu'un emploi du temps bien agencé — et tel est sans doute celui qu'on nous a donné ou que nous nous sommes tracé nous-même — dispose les choses de telle sorte que ce qui repose vienne à la suite de ce qui fatigue, que ce qui permet un peu de mouvement remplace ce qui a tenu l'esprit tendu et le corps immobile. Mais il n'en est pas moins vrai que, malgré tout, cette variété dans l'uniformité devient monotone, par suite fastidieuse, et que nous pouvons peu compter sur elle pour fixer les esprits et les empêcher de vagabonder en compagnie du souvenir et de l'imagination. Pourtant nous pouvons choisir entre devoirs et devoirs de la même nature, entre exercices et exercices du même genre. Cette lecture est aride et sèche, ce modèle d'écriture n'a pour lui que la régularité et la beauté des formes, ce problème ne vise que des combinaisons de nombres et de chiffres, cette dictée ne présente que des mots et des phrases sans valeur intellectuelle ou morale, ces pages d'histoire et de géographie n'offrent que des faits, des dates, des nomenclatures?... Cherchons ailleurs ou prenons à côté : parmi beaucoup de chemins, qui mènent tous à Rome, nous en trouverons bien un où les fleurs et l'ombre ne fassent pas absolument défaut, où nos jeunes voyageurs trouvent quelque rafraîchissement, quelques agréments, qui les reposent et les réconfortent.

Mais les vrais, les grands moyens de captiver les attentions, de les empêcher de nous échapper, au besoin de les rappeler à nous, me paraissent être les suivants :

1° L'intuition, l'aspect, le concours des sens et surtout des yeux. L'enfant se lasse d'écouter, mais il ne se lasse pas de voir. Présentons-lui donc les objets dont nous l'entretenons; à défaut de ces objets présentons-en l'image. L'enfant a une véritable passion pour les images et, vraiment, nous sommes tentés de penser qu'il les préfère aux réalités : l'image le charme, le séduit, l'arrête sur sa route. Si vous en doutiez, suivez ces groupes d'enfants qui retournent dans leur famille après l'école. Ils ne manqueront pas de faire une station devant la boutique où s'étalent des images, ne fût-ce que des images d'Épinal. Eux, qui ne vous écoutaient point tout à l'heure, sont là tout yeux et tout oreilles; ils écoutent religieusement les plus savants d'entre eux, les docteurs, qui veulent bien se charger de déchiffrer et d'expliquer les légendes. Heureux le maître et la maîtresse possédant des collections d'images pour les branches d'enseignement qui les comportent! Mais plus heureux encore le maître et la maîtresse dont la main est assez sûre et assez exercée pour créer l'image au tableau noir! Ceux-là possèdent deux langues; ils ont deux portes sur l'âme, et la plus large, la plus prête d'ailleurs à s'ouvrir et à demeurer ouverte, ce sont les yeux; c'est pour cela qu'Horace Mann disait : « Ce qui est perçu par l'oreille excite moins l'intelligence (l'attention, si l'on veut) que ce qui va à l'esprit par les yeux. Se servir de l'oreille quand on peut employer les yeux est aussi insensé que le serait le procédé des oiseaux, si, dans leurs migrations, ils voulaient marcher au lieu de voler. » Une des causes de l'inattention de nos élèves, et, par suite, du peu de succès de nos enseignements, c'est que nous leur parlons sans rien mettre sous les yeux, c'est que notre pensée leur vient sans être revêtue des formes sensibles qui la leur rendent claire et saisissable.

2° L'intervention des élèves dans les leçons, leur collaboration effective à leur propre instruction et, par suite, à leur propre éducation. Il est dans la nature de l'enfant d'agir moralement aussi bien que physiquement ; l'inertie n'est nulle part son fait. Imposez-lui l'immobilité, ses membres s'agitent malgré vous et malgré lui ; exigez qu'il lise ou qu'il écoute longuement, surtout quand il s'agit de sujets dépourvus par eux-mêmes d'intérêt, son activité morale se révolte, s'engourdit ou se porte ailleurs : il ne suit plus ou n'écoute plus. Donnez donc un aliment à cette activité. Pour cela, faites-lui une part, si petite qu'elle soit, dans votre enseignement. Interpellez-le, interrogez-le ; faites appel à sa mémoire, à son jugement, à son intelligence, voire à son amour-propre ; faites de lui votre collaborateur assidu ; de même que vous ne faites rien que pour lui, ne faites rien sans lui ; en un mot, abandonnez la méthode d'*exposition continue* pour la méthode d'*exposition interrompue*, vous souvenant qu'à l'école primaire vous n'êtes point professeur à la Sorbonne ou au Collège de France, placé devant un auditoire passif qui se trouve satisfait rien que de voir et d'entendre, et vos élèves sans cesse réveillés, tenus en haleine, flattés sans s'en apercevoir du concours qu'ils vous prêtent et du cas que vous faites d'eux, ne vous marchanderont ni leur sympathie ni leur attention.

3° Le ton, l'entrain, l'animation, la chaleur. Interrompue ou non, l'exposition doit réunir des conditions sans lesquelles elle réussit difficilement. Tout importe à l'attention. Sans doute l'enfant aime la clarté, la netteté, la précision ; ce sont autant d'allégements à sa tâche d'auditeur. Mais il n'est point insensible, tant s'en faut, à la manière dont on lui parle, au ton que l'on prend avec lui. Que ce ton soit toujours celui d'une conversation, seulement d'une conversation de bon goût, élégante sans prétention ni pédanterie, se relevant à propos sans donner lieu à ces éclats de voix que nous avons condamnés plus haut, excluant toujours la bassesse, les trivialités, le gros sel et les plaisanteries d'un goût douteux, mais admettant volontiers quelques saillies qui dérident et qui reposent. Qu'une douce chaleur anime nos discours, que l'*action*, le geste, le mouvement s'y mêlent dans de justes proportions : rien ne porte à la distraction comme un maître qui se transforme en statue parlante, qui semble cloué à sa chaise et incorporé avec son bureau, qui dédaigne de se rendre au tableau noir, de paraître armé de la craie, de l'éponge, de la baguette; il endort ses auditeurs et — cela s'est vu — quelquefois il s'endort lui-même.

Mais voilà que, malgré tout, nos élèves vont nous échapper. Ne les gourmandons pas; si nous ne pouvons nous accuser nous-mêmes, accusons la légèreté qui est de leur âge, l'atmosphère qui est lourde, le temps qui est à l'orage, un je ne sais quoi dans l'air, qui les assoupit ou qui les énerve.

> Que fit le harangueur? Il prit un autre tour :
> « Cérès, commença-t-il, faisait voyage un jour,
>   « Avec l'anguille et l'hirondelle.... »

Eh bien, oui, prenons un autre tour; recourons aux moyens exceptionnels : un repos, une promenade dans la classe ou au dehors, un mouvement accompagné de chant, ou simplement une digression dans le genre de celle que La Fontaine prête à l'orateur d'Athènes. Puisque nous en sommes au *pouvoir des fables*, qu'on me permette de rappeler ici un souvenir personnel. J'ai dirigé longtemps une petite classe, c'est-à-dire que je me suis trouvé souvent dans les circonstances que je dépeignais tout à l'heure. Je me fâchai d'abord. Hélas! se fâcher contre des enfants, quelle folie et surtout comme c'est peine perdue! Le calme et l'attention revenaient, mais pour s'en aller avec les derniers éclats de ma voix. Un jour, mon directeur survint au moment critique. Il m'adressa, pour toute remontrance, un sourire indulgent, qui, évidemment, n'accusait que mon inexpérience, puis, prenant un de mes plus petits, il le percha sur un banc en l'embrassant et lui dit : « Allons, mon petit Pierre, récitez-nous votre dernier morceau de mémoire ». C'était *la Cigale et la Fourmi*, rien de bien nouveau ni de bien extraordinaire, comme vous voyez. Et le petit Pierre se mit à bégayer sa fable. Un profond silence s'établit tout à coup; on eût entendu une souris courir et une mouche voler. La tempête s'était apaisée et les flots s'étaient calmés comme par enchantement. Mon directeur se retira et je continuai ma classe. J'avais compris. Depuis lors, je ne tonne, ni ne crie, ni ne me dépite quand des étourdis ne m'écoutent pas : je me contente de les rappeler à l'ordre et, si la défection menace de devenir générale, je recours simplement à une diversion. En outre, j'ai souvent médité sur les causes de l'inattention de nos élèves et sur les remèdes à y apporter. Ces causes me semblent bien être celles que j'ai relevées chemin faisant, et les remèdes ceux que je viens de proposer. Tel est, du moins, comme dirait M. de Pibrac, « le fruit de ma philosophie ».

---

20. — DE LA NÉCESSITÉ D'ENTRETENIR L'ACTIVITÉ ET LA GAÎTÉ CHEZ LES ENFANTS

On se plaint que l'activité et la gaîté de l'enfant s'arrêtent au seuil de l'école. Ce reproche vous paraît-il fondé ? Dans tous les cas, que doit faire l'école pour ne le point mériter ?

Il nous souvient que, dans notre jeunesse, au cours de nos promenades par les rues de la ville ou au dehors, nous croisions quelquefois des écoliers qui étaient conduits par une sœur grise ou par un surveillant, et qu'on nous disait être *les enfants de l'hospice*. Ces enfants nous semblaient avoir des physionomies étranges, empreintes d'une gravité ou plutôt d'une sorte de tristesse et de mélancolie qui juraient avec leur âge et qui, dans tous les cas, contrastaient singulièrement avec nos gais visages et nos vives allures. Leur regard même était quelque peu atone et l'intelligence s'y réflétait médiocrement. En les voyant, nous songions malgré nous aux plantes qui ont été privées de grand air, de chaleur et de lumière. C'est qu'en effet, si la nourriture saine et même les bons soins ne leur manquaient pas dans les grands bâtiments de l'hospice ou du cloître, ils n'y trouvaient ni la libre activité, ni les joies vivifiantes de la famille. Cette activité, ces joies, ils ne les avaient jamais connues : le soleil n'avait point lui, pour ainsi dire, sur leur enfance; ils étaient, malgré tout, étiolés comme ces pauvres plantes auxquelles ils nous faisaient penser. Eh bien, ce sentiment pénible que nous éprouvions à leur rencontre, je l'ai ressenti bien des fois à mon entrée dans les écoles. J'y trouvais comme de jeunes vieillards au front plissé, à l'humeur maussade, ne parlant que par monosyllabes ou ne parlant pas du tout, n'agissant que par ordre et, au fond, maudissant leur tâche. Les récréations elles-mêmes se traînaient. On n'entendait point de ces cris qui sont l'indice d'une pleine liberté, de ces éclats qui, dans leur discordance, sont une des harmonies de la nature, de ces échappées de rire clair et de gaîté folle qui sont le privilège de l'enfance et de la jeunesse. Les ébats étaient de commande, réglés, me disait-on, par les convenances. Heureusement qu'il y avait, avant et après la classe, la rue et la famille. Oh! là, les enfants n'étaient plus les mêmes : chassé par la porte, le naturel rentrait par la fenêtre; les enfants redevenaient eux-mêmes, gais, peu soucieux du lendemain, tout au présent, d'ailleurs d'une activité fiévreuse, inventifs, ingénieux à se créer du plaisir, et quelquefois, hélas! à imaginer des sottises et des méchancetés. C'est que le propre de l'enfance, du jeune âge en général, c'est l'action, non l'action forcée, qui contriste et qui pèse, mais l'action, sinon toujours libre et spontanée, du moins consentie ou acceptée. Pourquoi cette action et la joie qui l'accompagne ordinairement s'arrêtent-elles en effet au seuil de l'école? Pourquoi font-elles place à une sorte d'engourdissement et de stupeur, de gravité de mauvais aloi et, dans tous les cas, prématurée? C'est nous qui sommes la cause de cette déviation, de cette sorte de dépravation de l'enfance, et du vol fait à l'âge d'or de la vie : nos préjugés et nos mauvaises méthodes sont, dans l'espèce, les vrais coupables.

On dit : « L'école vit essentiellement d'ordre et de discipline; le travail prévu, réglé, imposé, y est la condition *sine qua non* du progrès ; le silence et l'immobilité y sont nécessaires pour ce travail, et pour les leçons qui en font partie intégrante ». Nous ne contestons point ces principes, mais ce que nous contesterons, c'est que l'activité de l'enfant, ce contentement intérieur, qui est l'apanage de son âge, doivent s'arrêter au seuil de l'école. L'école peut être recueillie sans immobiliser l'enfant et sans figer ses joies. Qu'elle modère, puisqu'il le faut, son activité physique, qu'elle en comprime les gênantes manifestations, qu'elle les ajourne jusqu'au moment voulu. Mais elle a un moyen sûr de donner satisfaction à son besoin d'expansion, c'est l'activité intellectuelle et morale. Celle-là, bien loin de compromettre la discipline, en est le plus ferme appui ; bien loin de nuire au progrès, elle en est le seul agent efficace. Et c'est précisément cette activité que nous négligeons et que nous comprimons. Nous faisons de l'âme de l'enfant un récipient où nous versons sans cesse ; nous le condamnons à « toujours recevoir sans jamais rendre ». Entrez dans une classe ; vous y voyez quarante ou cinquante enfants penchés sur leurs cahiers ou sur leurs livres, écrivant, lisant, comptant, suivant la place qu'occupent les aiguilles de la pendule œil-de-bœuf qui règle et mesure leur vie d'écoliers ; de temps en temps, ils se croisent les bras pour écouter passivement leur maître qui devise sur un cas de morale, de grammaire ou d'arithmétique. Et il en est ainsi tous les jours que Dieu fait, la machine étant engrenée pour l'année entière. N'a-t-on pas raison de dire dès lors que l'enfant a laissé son activité propre, toute son initiative, à la porte de l'école ?

Abandonnons ces vieux errements et substituons-y courageusement ce qu'on appelle à la Sorbonne la *méthode active*.

Employer la méthode active, c'est, croyons-nous, faire collaborer l'enfant à sa propre éducation et à sa propre instruction. C'est justement stimuler et entretenir, en la dirigeant, cette précieuse activité dont nous parlons. L'un des plus puissants moyens pour y parvenir, c'est l'enseignement oral. Le livre et le cahier ont été longtemps les instruments d'un enseignement tout passif et tout machinal. Les leçons à apprendre dans celui-ci, les longues analyses et les conjugaisons mécaniques à coucher sur celui-là, absorbaient à peu près dans son entier la vie de l'écolier. Ne les bannissons point de notre nouveau régime scolaire. Nous avons grand besoin de l'un et de l'autre : du premier, pour formuler, préciser et mieux fixer nos leçons faites de vive voix, d'ailleurs pour exercer une faculté trop dénigrée en ce moment, la mémoire; du second, pour provoquer et soutenir, par des applications incessantes, le travail de réflexion qui forme une partie importante de la gymnastique de l'esprit. Mais craignons moins que nos prédécesseurs de « perdre du temps » en causant avec nos élèves, en les faisant chercher, en les amenant à découvrir ce que nous pourrions leur dire, en leur suggérant seulement des idées ou des sentiments que nous sommes si souvent tentés de leur imposer d'autorité, qu'ils accepteraient sans peine de nous heureux de trouver une besogne toute faite et d'abdiquer paresseusement entre nos mains. En d'autres termes, faisons de l'enseignement oral. Professons, non à la manière dont on professe en général dans les lycées ou dans le haut enseignement, mais comme on doit le faire à l'école primaire. Ici, point d'exposition continue : ce serait pis que le livre. Le livre exige au moins de l'effort, et un certain nombre d'enfants s'étudient à le comprendre, à le pénétrer, à lui arracher ses secrets; il permet de s'arrêter, au besoin de le feuilleter en sens inverse. Dans l'enseignement oral continu tel que le donnent les jeunes maîtres inexpérimentés, qui ne prennent conseil que de leur ardeur et du plaisir de parler, aucun repos, aucun retour en arrière n'est possible : il faut toujours écouter le maître, sans s'écouter soi-même; l'esprit est obligé de se porter sans cesse en avant, à la suite de l'orateur qui, lui, ne s'arrêtera que quand il sera au bout de son écheveau. L'enseignement oral, tel qu'il convient dans nos modestes écoles, est tout autre. Sa forme, c'est l'entretien, c'est le travail en commun, c'est l'enseignement mis en collaboration; c'est l'activité provoquée, soutenue, dirigée. Du reste, cette forme n'est point fixe et invariable : elle est graduée, mesurée sur l'âge, sur le degré de développement intellectuel, sur les circonstances; on converse avec les tout jeunes enfants; on montre les objets, on les décrit et on les fait décrire; on mouvemente ses récits; on joint, partout où il est possible, l'action à la parole. Avec les *moyens*, le professeur s'agite moins, il parle moins, mais il fait encore parler et parler beaucoup; il cherche et fait chercher, suscitant l'idée et la suggérant au besoin; il soutient l'attention et la réveille, si cela est nécessaire, par des coups imprévus; à tout prix, il empêche les esprits de s'engourdir et poursuit à outrance l'ennui ou l'inertie. Avec les grands, l'acteur disparaît pour faire place au professeur enseignant avec calme, presque avec dignité. L'heure du travail personnel a sonné; il ne s'agit plus que de le diriger, surtout de fournir des aliments sains et vivifiants à cette activité intellectuelle que l'on a si soigneusement développée dans les cours précédents et qui, désormais, ne devra plus s'arrêter, puisque la vie positive est là, qui va saisir l'enfant et le mettre aux prises avec ses innombrables besoins. C'est ainsi que nous éviterons le reproche fait à l'école d'arrêter à son seuil l'activité de l'enfant et les joies dont elle est la source.

Mais où ce reproche ne devrait jamais être mérité, c'est dans les établissements destinés au premier âge; c'est à l'école maternelle et à la classe enfantine. On conçoit jusqu'à un certain point que l'école ordinaire soit sinon « une geôle », du moins un lieu de recueillement, où doive régner une discipline tant soit peu sévère, où l'on écoute plus qu'on ne parle, où l'enfance soit prématurément sérieuse et grave, où enfin la liberté de la famille et du dehors soit momentanément suspendue. Mais tout autres devraient être, à mon avis, la physionomie et les allures de l'école maternelle et de la classe enfantine, de l'école maternelle surtout. Je ne pense certainement pas, avec quelques pédagogues « à l'eau de rose », que l'instruction et l'éducation puissent être un perpétuel plaisir, un amusement continu : la peine, le labeur, la lutte sont dans notre destinée, et il faut nous y faire de bonne heure. Mais, avant l'été, il y a le printemps; avant l'âge de fer, il y a l'âge d'or. Ce printemps, cet âge d'or, c'est l'enfance, la première enfance du moins, puisque, dans le siècle enfiévré où nous vivons, le travail nous saisit à si peu de distance du berceau. Eh bien, il me semble que c'est un crime de ravir à cette première enfance ses joies et l'activité libre qui en est la principale richesse; c'est, disait je ne sais quel diplomate, plus qu'un crime : c'est une faute. En comprimant les enfants à l'école maternelle, on voile le soleil sur la jeune plante; on arrête tous les essors et tous les développements; on embourbe le char; on démonte l'horloge, ou bien on la retarde au lieu de l'avancer comme on se l'imagine; on s'expose à je ne sais combien de déceptions. Là, il faut laisser l'enfant parler, rire, s'ébattre, satisfaire à son immense besoin d'activité, tout au plus en le modérant et en le dirigeant par un fil. La classe enfantine doit se ressentir de son étroite parenté avec l'école maternelle à laquelle elle succède et qu'elle remplace si souvent. C'est pour elle que nous avons surtout des craintes. Souvent annexée à l'école élémentaire, elle en prend presque fatalement la réglementation et les allures. La discipline, les procédés, les enseignements de l'école s'y implantent et la compression y règne encore plus qu'à l'école, parce que les natures y sont plus flexibles et plus impressionnables, et la joie et l'activité s'y arrêtent au seuil, cette fois pour jamais peut-être.

Nous avons dit plus haut les moyens d'entretenir à l'école l'activité, l'activité morale et intellectuelle du moins. Insistons sur ceux que nous avons pour entretenir ce fonds de joie et de contentement qui est aussi nécessaire à l'enfant que le pain quotidien. Nous en trouverons les éléments dans les conditions d'hygiène et d'installation si justement réclamées pour les locaux scolaires. Nos élèves seront actifs, allègres, joyeux si notre salle de classe est pleine de jour et de lumière, si les murs en sont tapissés de cartes et d'images qui attirent l'œil et le réjouissent; si notre mobilier est propre et luisant, et si nos livres eux-mêmes, imprimés sur un beau papier, et pourvus de gravures nombreuses, variés d'ailleurs, n'inspirent point le dégoût ou simplement l'ennui.

Nous avons vu des maîtresses orner leur bureau de quelques pots de fleurs, des maîtres verdir et fleurir de leur mieux leur vestibule et leur cour, enrichir leur jardin de berceaux et de tonnelles. Nous les approuvions : en pénétrant dans leur école, on ne songeait du moins ni à une prison ni à un cloître ; de plus on y était reçu par un hôte affable et dont le visage n'avait rien de celui d'un geôlier, ni même de celui de l'antique magister « comme qui dirait trois fois plus ». Et, quand on voyait autour de lui s'ébattre librement, puis se recueillir au moment voulu la troupe des écoliers, on disait que ceux-ci n'avaient laissé sur le seuil, ni la gaîté, ni l'exubérante activité de leur âge.

30. — DE L'EFFORT

**Nécessité de l'effort. — Moyens de le provoquer
et de le soutenir à l'école primaire.**

L'effort n'a pas besoin d'être défini : nous savons tous par expérience que c'est la volonté commandant un labeur soutenu, le plus souvent pénible, aux facultés ou aux organes, faisant violence au plaisir, à l'inertie, à l'indolence, à la paresse, quelquefois à la répugnance et à la lassitude.

Et, en effet, sans l'effort on n'obtient rien qui soit solide et durable, et il en est ainsi à l'école primaire comme ailleurs. Des pédagogues de cabinet, des éducateurs trop idéalistes ont rêvé et rêvent encore d'en dispenser l'enfant. Ils nous conseillent d'instruire nos élèves en les amusant, de les conduire par des chemins « gazonnés », tout semés de fleurs qu'ils n'aient qu'à cueillir et à flairer; d'écarter de leurs sentiers les cailloux qui rendent la marche pénible, les ronces qui déchirent, les épines qui blessent; de leur épargner les labeurs, les sueurs,... l'effort qui coûte, qui chagrine, qui trouble et assombrit leur printemps, et, soi-disant, empoisonne leur vie à son aurore. Gardons-nous de les écouter. Sans doute, quand un jeune enfant nous est amené de la famille ou de l'école maternelle, chassé par ses sept ou huit ans du paradis terrestre, il ne faut pas l'effaroucher, lui montrer la vie écolière par ses côtés les plus sérieux, charger ses épaules d'un joug qu'il ne pourrait encore porter, lui demander tout d'abord une tension d'esprit que ne comporteraient point ses organes, encore débiles et mal affermis. Il faut ménager une transition entre la vie qu'il quitte et celle qu'il devra mener bientôt; il faut lui rendre l'école et l'étude agréables afin de les lui faire aimer. Mais d'une condescendance nécessaire et commandée par les circonstances à ce projet de faire de l'instruction un jeu perpétuel, de l'éducation un plaisir sans fin et sans mélange, il y a loin, loin comme du ciel à la terre.

L'effort est la loi de l'humanité; il est la condition *sine qua non* de notre développement dans tous les sens : il est nécessaire pour notre instruction, il l'est peut-être encore plus pour notre éducation.

Il est nécessaire pour notre instruction. L'enfant a une aptitude merveilleuse à apprendre et à retenir, une heureuse facilité qu'on ne retrouve plus, hélas! une fois qu'on est sorti du premier âge. La nature l'a voulu ainsi. Cette heureuse facilité est de sa part un don gratuit. En outre, elle se charge à peu près seule du développement physique; elle fait les trois quarts de la besogne pour ce qui est du développement intellectuel et moral. Mais, pour ce dernier, si elle ébauche largement l'œuvre, elle ne tarde pas, sinon à s'arrêter complètement, du moins à ne plus prêter un concours désintéressé, exempt de toute coopération de notre part; elle retire peu à peu sa main et semble dire à l'homme : « A ton tour; sois un peu et même beaucoup fils de tes œuvres; sois en raison des efforts que tu auras faits pour être ». Le savoir acquis sans peine demeure superficiel et fugitif; l'effort seul fonde les connaissances, en assure la persistance et la durée. Que produisent le plus souvent ces facilités brillantes qui nous étonnent et qui éblouissent les parents? Rien ou bien peu de chose; c'est ici que l'on peut dire que ce qui vient au son de la trompette s'en va au bruit du tambour. Ce qui est entré sans peine et sans labeur dans l'intelligence ou dans la mémoire, n'y laisse que fort peu de traces et s'évanouit du jour au lendemain. Et puis l'accoutumance à l'effort ne se fait pas, et en dépit de tout il faut s'appliquer, il faut tendre son cerveau, comme pour acquérir de la force physique, il faut sans cesse tendre ses muscles. Ces enfants que nous proclamions favorisés par la nature ou, ce qui revient au même, que nous avons eu le malheur de gâter en transformant nos leçons en jeux et en amusements, qui se sont jusque-là instruits comme en se jouant, se trouvent bientôt dépaysés, déroutés, déconcertés, surpris que la science ne leur vienne plus spontanément; ils baissent à vue d'œil et ne tardent pas à devenir des médiocrités. Au moral, c'est pis encore. Ce n'est pas sans raison que les anciens plaçaient la vertu sur un rocher escarpé; ceux-là seulement l'atteignent et parviennent à l'étreindre qui ne craignent pas de s'ensanglanter un peu les pieds et les mains : la réforme du caractère, la chasse aux mauvais instincts qui tendent sans cesse à reprendre leur empire, aux vices qui menacent de nous saisir et de nous dévorer au sortir de l'enfance, la résistance aux entraînements d'une nature quelquefois perverse, toujours faible par quelque côté, tout cela suppose du courage, de l'énergie, l'habitude de l'effort et de la lutte, habitude que ne donne point une éducation molle, faite de plaisir et de laisser-aller. Suivez dans la vie, après leur sortie de l'école, ces nombreux enfants que vous y avez vus passer, ou simplement les condisciples qui s'y sont assis auprès de vous, dont vous avez partagé les jeux et les travaux, et voyez ceux qui ont réussi ou qui ont échoué dans la conquête d'une place honorable au soleil. Vous remarquerez que ce ne sont pas ceux qui ont brillé jadis qui occupent les premiers rangs, qui ont triomphé des obstacles, qui, au besoin, se soutiennent contre les coups du sort et les rigueurs de la destinée, mais bien plutôt ceux qui, à l'école et dès l'école, se sont endurcis au combat, soit parce qu'ils ne pouvaient rien obtenir qu'à la pointe de l'épée, soit parce que, pris d'une noble ambition, ils ne savaient se reposer que dans le succès et dans la victoire.

L'effort est donc nécessaire pour l'instruction, pour l'éducation, pour la préparation à la vie. Malheur à l'enfant qui s'y refuse et le dédaigne, au maître qui néglige de le provoquer et de le soutenir!

Les moyens de le provoquer ne nous manquent pas à l'école. Nous avons notamment pour cela l'attrait, l'émulation, les récompenses.

L'enfant se laisse entraîner par le plaisir, et son plaisir est d'agir. Qu'il trouve donc du plaisir dans l'étude, et que l'étude donne satisfaction à son besoin d'activité. Un enseignement mort, aride, dépourvu d'agrément et d'intérêt, n'attire point l'enfant et lui ôte toute envie de se porter en avant; un enseignement dont le maître fait tous les frais ne fournit aucun aliment à son activité. Par conséquent, que, d'une part, notre enseignement soit attrayant; que, de l'autre, il associe nos auditeurs à notre œuvre et les fasse collaborer à nos leçons. Je n'insiste point sur ce double caractère à donner à notre enseignement; je craindrais, en le faisant, de tomber dans un lieu commun, presque dans un hors-d'œuvre : à l'heure qu'il est, il semble que tous les maîtres et maîtresses sont convertis à cette doctrine de l'enseignement attrayant et de la méthode active.

L'émulation est un puissant stimulant de l'effort. Quoi qu'en pense Rousseau, le désir de surpasser son voisin, inné chez certains animaux, comme le chien et le cheval, existe encore bien plus chez l'homme; il se manifeste presque dès le berceau; respectons-le donc comme un don et comme un ordre de la nature. L'émulation avec soi-même est une bonne chose sans doute, mais elle est froide comme une conception philosophique; et qui oserait la comparer, quant aux résultats, avec le désir et le plaisir de se placer plus haut que les autres par le succès, et par l'effort qui y conduit? Ne craignons donc point de faire appel à l'émulation. Seulement, donnons-lui des aliments de bon aloi; ennoblissons-la par le but et par les moyens : que le but, en définitive, soit de devenir meilleur, supérieur par les lumières, par la générosité, par l'élévation des sentiments, par la vertu; que les moyens soient justement l'effort dans le travail et dans le sacrifice du présent à l'avenir.

L'homme parfait se contente de l'austère satisfaction du devoir accompli. Mais rarement l'homme est parfait; surtout il ne l'est point dans l'enfance et dans la jeunesse. Alors, en dépit de l'Académie et du Portique, il vise simplement la récompense : à ses yeux, toute peine mérite salaire, tout effort doit être payé par un sourire, par une bonne parole, ou même, s'il se peut, par un encouragement effectif. Si donc nous voulons que l'enfant fasse des efforts, n'oublions pas de l'en récompenser.

En général, les récompenses ne manquent pas dans nos écoles : il y a les croix, le tableau ou la place d'honneur, les prix, les lauriers. Mais à quoi s'adressent ces récompenses? Au succès. Qui vont-elles chercher?... L'enfant à l'égard duquel la nature s'est montrée libérale ou qu'ont favorisé les circonstances. Oui, trop souvent, à nos yeux, le mérite, c'est le succès, le succès qui nous met en relief et qui nous distingue en même temps que nos élèves. Qui pourrait dire que, dans nos distributions de prix, ce n'est pas le succès seul qui est couronné; que, même dans la vie quotidienne de l'école, nous ne soyons pas séduits avant tout par le succès et que nous ne lui réservions pas nos éloges et notre approbation? Que de mérites vrais nous échappent et nous laissent insensibles! L'effort s'est produit, mais il n'a pas réussi, c'est tant pis pour lui : il devra se contenter de la récompense qu'il porte en lui-même. Cette récompense, assurément, est la meilleure, la plus saine et la plus précieuse. Mais, nous le répétons, elle est bien maigre pour l'enfant, si maigre qu'elle ne le soutient point et qu'elle le laisse désarmé contre les défaillances d'une nature encore faible, prompte à tomber dans l'inertie et dans la mollesse, à abandonner une énergie qui ne rapporte rien. Je sais bien qu'il en est ainsi dans la vie, que là le succès est tout et que l'effort infructueux passe inaperçu. Mais, à l'école, nous ne sommes point encore dans la vie positive; ajournons pour nos chers enfants les tristesses et les mécomptes de celle-ci; remarquons l'effort, sachons-en gré et récompensons-le : ce sera le meilleur moyen de le provoquer et de le soutenir.

Et d'abord, constatons-le. Voilà un enfant qui, pendant un mois, une semaine, un jour, a fait violence à sa paresse ou simplement à son étourderie; montrons-lui que nous nous en sommes aperçus. Tel devoir ne vaut peut-être pas grand'chose en lui-même, mais il témoigne qu'on ne s'y est point épargné : « Allons, Pierre, dirons-nous, vous n'avez point réussi, mais vous vous êtes appliqué, je suis content; continuez, et vous ne tarderez pas à être plus heureux ». Sur le cahier de correspondance de Jean, on mettra : « Cet enfant n'a pas eu de bonnes places, mais il travaille consciencieusement et avec courage », et sur celui de Paul : « Je me loue des efforts de Paul; il se corrige un peu de sa légèreté habituelle; ses cahiers sont plus propres, et ses devoirs plus soignés ». Et, dans les distributions solennelles, à côté des prix de ceci ou de cela, qui ne témoignent que du succès, j'en voudrais voir qui affirmassent la bonne conduite, l'assiduité, l'exactitude, la persévérance dans le travail, tout ce qui prouve la volonté de bien faire, la lutte contre soi-même, la violence faite courageusement aux mauvaises tendances et aux mauvais instincts. Est-ce à dire qu'il faille dédaigner le succès? Tant s'en faut, puisque, le plus souvent, l'effort en est le générateur et la condition. Mais je ne voudrais pas qu'il fût le seul élément d'appréciation, quand il s'agit de décerner les récompenses. Dans la vie, les malheureux sont délaissés; tout au plus leur accorde-t-on une pitié passagère et parfois dédaigneuse; dès que leur ciel s'est chargé de nuages (*tempora si fuerint nubila*), on se retire d'eux et on les laisse seuls. Qu'il n'en soit pas ainsi à l'école. C'est là surtout que ces malheureux — ce qui veut dire, pour le moment, ceux qui ne réussissent pas — doivent être entourés, consolés, relevés, sous la seule condition qu'ils auront travaillé, que, comme on dit, ils se seront appliqués, qu'ils auront tâché de faire mieux ou moins mal.

Qu'on nous permette maintenant de terminer par cet adage, qui s'applique aussi bien à l'école qu'à la morale : « Le succès n'est pas ce qui importe; ce qui importe, c'est l'effort ».

---

31. — DE LA NONCHALANCE

Origine et causes de la nonchalance. — Moyens d'en corriger les enfants. — Donner des exemples.

Émile ne s'émeut de rien, il ne met d'ardeur à rien. Tout l'ennuie ou le laisse indifférent, sinon le repos, l'inertie; le *farniente*, une sorte d'engourdissement physique et moral dans lequel il se complaît et dont nous ne saurions le faire sortir sans lui faire violence. Il se lève, il s'habille avec lenteur, laisse sa chambre en désordre et part à l'école sans avoir daigné nouer sa cravate, brosser ses habits, relever ses bas et cirer ses souliers. Il s'est mis trop tard à ses leçons pour les savoir, à ses devoirs pour les présenter achevés et soignés. Arriver en retard est dans ses habitudes. La retenue a passé dans ses mœurs : que ferait-il pendant les récréations? on y joue, on y court, on s'y bouscule, on s'y querelle, et lui n'aime ni à jouer ni à courir, ni à se bousculer, ni à se quereller : il s'assied, il regarde ou baguenaude....

« Tempérament lymphatique », dit le médecin.

« Un enfant sage », a dit la directrice de l'école maternelle. « Un détestable écolier », dit ou pense l'instituteur. Plût à Dieu qu'il fût turbulent, dissipé, tapageur, paresseux même! Je modérerais sa pétulance, je captiverais son attention; je viendrais à bout de lui inspirer le goût de l'étude; mais le guérir de sa nonchalance!... Essayons pourtant.

Et d'abord, un petit diagnostic : sa maladie se révèle d'elle-même, c'est la nonchalance, ayant pour cortège l'indolence sa sœur, la paresse et l'inertie ses filles, la nullité comme écolier et comme homme pour résultat final ; car, sauf la gourmandise et quelques autres vices stagnants de la pire espèce, la nonchalance exclut toutes les passions qui font et animent l'existence, qui séparent l'être vraiment vivant du minéral et du végétal. Mais quelle est l'origine, quelles sont les causes de cette triste maladie de l'âme et du corps ?

Eh bien, il y a le tempérament, la première éducation dans la famille, puis l'école elle-même. Quoi! l'école? — Oui, vraiment, l'école, et elle est souvent la grande, la vraie, la seule coupable.

D'où vient Émile? Est-il une victime de l'hérédité? Je ne sais. Je remarque que ses parents sont comme tout le monde et sont aussi étonnés de leur fils que durent l'être Henri IV de Louis XIII, Louis XIV du Grand Dauphin et du triste Louis XV. Toujours est-il que ce fils semble n'avoir point de sang dans les veines, qu'il manque absolument de nerf et d'énergie, que sa démarche, ses allures, ses agissements font reconnaître tout de suite en lui une nature inerte et passive.

Mais peut-être qu'Émile n'était point tel à l'origine. Ou bien le pauvre enfant a souffert de bonne heure dans son corps et dans son âme : il a été mal nourri, mal vêtu, mal traité, écrasé, stupéfié, et c'est pour cela qu'il vous présente un corps chétif, une âme languissante, des facultés engourdies, une volonté sans force, paresseuse à se produire, incapable d'effort et de persévérance. Ou bien, c'est le contraire qui a eu lieu : Émile a été une idole à laquelle un père et une mère aveugles ont sacrifié pendant des années. Ils l'ont dorloté, élevé dans du coton ; ils sont allés au-devant de ses désirs, l'ont servi dans ses moindres caprices ; ils ont tout rangé sous ses pas, de crainte qu'il ne se heurtât et ne se brisât : ils ont voulu qu'il n'eût « que la peine de naître » et de grandir à son aise. Ils en ont fait peut-être un petit tyran, mais, dans tous les cas, ils l'ont rendu incapable de travailler, de souffrir, de s'imposer le moindre effort, de se donner un peu de peine pour vouloir quelque chose avec suite et persévérance ; ils l'ont voué à la mollesse, à l'indolence, à la nonchalance.

Mais non; Émile était un enfant comme un autre. Il est venu à l'école apportant son contingent de qualités et de défauts, sa part de bonne volonté et de turbulence, cire plus ou moins molle, prête à recevoir les empreintes qu'on voudrait bien lui donner. Mais il a trouvé un maître mou, apathique, ennemi de tout bruit et de tout dérangement, cloué à son bureau et distribuant de là les tâches et les pensums, et, malgré les anathèmes de Mme Pape-Carpantier, proclamant sage « qui ne criait, qui ne riait ni ne remuait ». Livré à des exercices monotones, rebutants, mal ordonnés, il s'est ennuyé, il s'est engourdi : la non-chalance en a fait sa proie, et c'est peut-être pour la vie !

Voilà, croyons-nous, les causes du mal; maintenant quels en sont les remèdes et où les trouverons-nous?

Pour la nonchalance résultant du tempérament, le médecin ou l'hygiéniste prescriront certainement la gymnastique, les promenades, les jeux, les exercices corporels. Dans la mesure de nos forces et de nos ressources, nous exécuterons l'ordonnance, procédant avec prudence, mais aussi sachant imposer notre volonté et l'accomplissement du règlement. Nous serons nous-mêmes des exemples d'activité; et l'on ne sera pas sans nous voir quelquefois prendre part aux jeux, provoquer des parties, des courses, jusqu'à des sauts périlleux ou des vaillantises dont le plus grand danger est quelque inoffensive culbute.

Les tempéraments affaiblis par les privations, les volontés énervées par les mauvais traitements nous offriront plus de difficultés. Dans ce dernier cas, nous tâcherons de relever les âmes et les courages par un abord plein de bienveillance, par de douces paroles, par des caresses discrètes et bien placées. Pour le second, que les caisses des écoles, la commune, le bureau de bienfaisance nous viennent en aide; trouvons des aliments sains, chauds, abondants pour raffermir ces estomacs délabrés, des vêtements pour réchauffer ces membres grelottants : à mesure que la vie renaîtra dans les corps, la vigueur reviendra aux âmes; les facultés endormies se réveilleront et la nonchalance disparaîtra avec les causes qui la produisaient ; car, dans l'espèce, elle était bien plus un accident qu'une disposition permanente.

Donc, à l'école, des jeux, du mouvement, des exercices hygiéniques ; un air pur, des salles pleines de jour et de lumière ; un mobilier qui repose les corps et les soutiennent au lieu de les fatiguer et de les étioler ; de bons traitements, une bienveillance et une affabilité encourageantes ; s'il est possible et s'il y a lieu, un supplément aux maigres provisions qui garnissent les paniers ou aux pauvres vêtements que tant bien que mal fournit la famille. Mais il est un point qu'on ne cesse de nous recommander, et c'est à bon droit. Dans notre classe, au lieu de languir sur notre bureau comme les Mérovingiens sur leur trône, sachons, quand il le faudra, aller et venir, semons la vie et l'entrain ; parlons, racontons, interpellons ; joignons à la parole le geste, le dessin, les exhibitions, fuyant l'abstrait ou n'y recourant qu'à l'heure voulue. Si nous agissons ainsi, surtout si nous débutons ainsi ; si nos petites classes sont attrayantes, faites suivant les règles de la saine pédagogie, en concordance parfaite avec la nature de l'enfant, Émile, fût-il l'enfant le plus nonchalant du monde, sortira de sa torpeur, de son indifférence ; il échappera à ses fâcheux penchants ; il sera intéressé malgré lui ; quelque corde vibrera dans son âme, quelqu'une de ses facultés entrera en activité, et notre malade sera sauvé. Il le sera surtout si à l'intérêt de nos leçons viennent s'ajouter l'émulation, l'attrait des récompenses, la crainte des punitions.

La crainte des punitions !... nous ne prononçons ces mots qu'avec crainte et tremblement. Les punitions agissent sur les âmes sensibles. Or, nous avons dit qu'Émile est nonchalant, indolent, indifférent. La première punition l'étonnera peut-être, mais la seconde le laissera froid, et la troisième plus froid encore. Les pensums, les retenues entreront dans ses habitudes, ou bien elles le dégoûteront davantage de l'école et du travail, et sa maladie s'en aggravera d'autant. Aidez-le, surveillez-le, harcelez-le, faites-lui sentir sans cesse l'aiguillon ; mais, pour Dieu ! épargnez-lui les sermons, les paroles aigres, les railleries, les châtiments : d'un nonchalant vous feriez un cancre. A ma honte, je pourrais citer plusieurs faits à l'appui de ce que j'avance. J'aime mieux me rappeler quelques exemples de l'efficacité des remèdes que je propose d'apporter à la nonchalance, exemples qui font plus d'honneur à mon expérience et à ma pédagogie, à ma philosophie si l'on veut.

J'ai eu sous les yeux, dans ma pratique de l'enseignement, bien des petits bonshommes qui m'étaient arrivés dans le bel état que j'ai dépeint plus haut, c'est-à-dire nonchalants, ceux-ci par nature, ceux-là par suite de leur première éducation, et qui sont devenus, au bout de quelque temps, mes meilleurs élèves. Comment ai-je fait pour arriver à ce résultat? Qu'on me pardonne de ne point entrer dans le détail, parce que j'aurais l'air de me vanter et que je ne ferais d'ailleurs que répéter mes formules : soins quotidiens, persécutions bienveillantes, entraînements de l'exemple, etc. Je termine en disant qu'il est bien rare que les nonchalants persévèrent quand le maître est actif, dévoué, fécond en ressources et surtout aimé des enfants et des familles.

---

32. — COMMENT LE MAITRE DOIT TROUVER L'ACCÈS DE L'ESPRIT DES ÉLÈVES

Un auteur contemporain a dit : « Il est peu d'esprits qui n'aient leur accès et, le plus souvent, il faut bien l'avouer, ce n'est pas l'élève qui fait défaut au maître, mais le maître qui fait défaut à l'élève ».
Montrer ce qu'il peut y avoir de vrai dans cette pensée, notamment à l'école primaire, et indiquer comment un maître ou une maîtresse échapperont au reproche « de faire défaut à leurs élèves ».

Tous les hommes — pour le moment tous les enfants — ont-ils, comme le prétend Jacotot, une intelligence égale? Assurément non. Pour s'en convaincre, il suffit de considérer deux enfants, de la même famille, si l'on veut, ayant vécu dans le même milieu et ayant reçu les mêmes soins. Bien rarement ils feront preuve de la même intelligence et des mêmes dipositions. L'un aura l'esprit vif et le jugement naturellement sûr, la mémoire heureuse; il sera doué d'un sensibilité exquise; ses goûts le porteront vers le beau, le noble et le grand. L'autre sera lent à comprendre et à retenir; il jugera sottement ou au hasard; rien ne le touchera; ses goûts seront bas ou vulgaires; ses facultés apparaîtront à peine et ne se manifesteront que par des lueurs. Du reste, il en sera souvent au physique comme au moral : pour l'un, la nature se sera montrée prodigue de grâce et de force; pour l'autre, elle aura à peine daigné ouvrir la main, elle l'aura jeté dans la vie chétif et pour ainsi dire inachevé. Non, dans une école ou dans une classe, nous ne nous trouvons pas en présence d'intelligences égales; les aptitudes varient à l'infini chez les enfants qui nous entourent; les dispositions se nuancent à l'infini dans chaque individualité.

Cependant, au milieu de cette bigarrure, de ces dissemblances quelquefois si accentuées, nous remarquons des traits communs : un fonds de raison, d'idées, de connaissances premières qui sont la marque et comme le cachet de l'humanité, et, de plus, l'aptitude à ajouter à ce fonds, à l'enrichir par un travail de réflexion et d'assimilation. Seulement, comme chez beaucoup ce travail est lent, pénible, presque infructueux, à peine saisissable dans ses résultats, nous sommes tentés de désespérer de nos efforts, et Dieu sait combien de nos pauvres enfants nous condamnons, dans notre for intérieur, comme incapables, comme étant absolument dépourvus de moyens! Heureux quand nous ne les maltraitons pas de paroles et quand nous ne traduisons pas en termes blessants ou décourageants la triste opinion que nous nous sommes faite de leurs aptitudes intellectuelles! Que de fois, dans ses mauvais moments, mon vieux maître ne nous a-t-il pas déclaré solennellement et dans un langage peu ou trop parlementaire, que Midas était un phénomène d'intelligence au prix de nous! Je ne sais si le bonhomme avait raison, mais, pour sûr, il n'avait point médité cette pensée

« qu'il est bien peu d'esprits qui n'aient leur accès et que, le plus souvent, ce n'est pas l'élève qui fait défaut au maître, mais le maître qui fait défaut à l'élève ».

Cette pensée était peut-être inédite de son temps, mais déjà elle était vraie et elle le sera à perpétuité, tant que la perpétuité sera accordée à l'humaine nature.

En effet, au point de vue moral, à proprement parler, quand il s'agit de la formation du caractère, il y a toujours chez l'enfant un côté vulnérable, un défaut de la cuirasse par lequel on peut lui faire d'heureuses blessures ; il a toujours une corde sensible qui résonne à l'oreille la plus dure, la réveille et la charme ; le tout est de la démêler entre mille et de la faire vibrer en temps opportun ; Fénelon y excella et, Dieu merci, bien des maîtres y excellent avec lui. Si les enfants incorrigibles abondent dans la famille, ils sont assez rares à l'école, et nous n'entendons pas trop de plaintes à cet égard. De même, dirons-nous, au point de vue intellectuel, celui auquel nous place particulièrement notre sujet, tout esprit a un accès, une porte qui s'ouvre devant quiconque sait peser sur le ressort voulu, trouver le mot magique : « Sésame, ouvre-toi ». Comme il y a la clé des cœurs, il y a la clé des intelligences ; il y en a même plusieurs ; voici, selon nous, celles que l'on peut essayer avec le plus de chances de succès ; ce sont la clarté, l'attrait, l'émulation, l'appropriation de l'enseignement aux besoins et aux milieux.

> Il est certains esprits dont les sombres pensées
> Sont d'un nuage épais toujours embarrassées....

Mon Dieu ! oui, comme il y a des poètes et des auteurs obscurs, il y a des maîtres qui ne savent pas se faire comprendre, et, par suite, se faire écouter, des maîtres dont la parole glisse sur les intelligences, comme la pluie sur le caoutchouc ou la toile cirée, sans rien pénétrer. Pourquoi ? Parce que leurs tours sont au moins insolites, leurs expressions trop longues, mal liées et sans suite ; avec cela un ton monotone, endormant ou quelquefois étourdissant. Dans ces conditions, l'oreille seule est frappée; l'esprit ne reçoit ni ne rend rien; il demeure sans accès. Et c'est ainsi qu'une foule d'enfants assistent sans profit aux leçons de leur maître et que, lorsque celui-ci les interroge, il trouve qu'il a parlé dans le désert, qu'il se dépite, qu'il accuse ses élèves de lui faire défaut, quand il leur a fait défaut lui-même.

Il y a des personnes dont la parole est d'elle-même claire et pénétrante. Mais elles sont peu nombreuses; *pauci quos æquus amavit Jupiter....* Si nous ne sommes point de ces privilégiés, rapprochons-nous d'eux, dans la mesure du possible, par l'étude et par la préparation. Si nous possédons bien notre sujet, si nous avons cherché, si nous avons prévu, si nous nous sommes mis en quête d'idées, de tours, d'expressions, au lieu de nous abandonner aux hasards d'une improvisation pour laquelle nous n'avons qu'une médiocre aptitude, nous finirons par être clairs, accessibles à tous, même aux intelligences les plus épaisses et les plus endormies.

Mais à la clarté joignons l'attrait. L'enfant veut être attiré et séduit, sans quoi il n'écoute ni ne suit. Or, s'il ne vous écoute, s'il ne vous suit pas, c'est en vain que vous lui parlerez, même clairement; son attention n'étant point là, tout effort et toute collaboration de sa part vous étant refusés, une fois de plus son esprit vous restera fermé : l'attrait est notre principal moyen d'accès auprès de nos chers enfants d'école primaire. Faire la lumière par la clarté de l'exposition, par la justesse de l'expression et encore plus par son appropriation à notre auditoire, ensuite « inventer des ressorts qui puissent attacher », voilà les deux grands secrets de notre rhétorique.

L'attrait ouvre les portes de l'intelligence, l'émulation les tient grandes ouvertes. Je n'insiste pas sur ce point. Je me contente de dire, sans crainte d'être démenti, que l'émulation fait des miracles à l'école comme dans le monde; elle rend l'ouïe aux sourds, la vue aux aveugles, la parole aux muets, la force aux faibles, l'agilité aux paralytiques. Heureuse l'école où elle existe! On y est discipliné, attentif; en dépit de tous les obstacles, le jour se fait dans les esprits, la vérité finit par dissiper les ombres et par briller d'un éclat au moins assez vif pour que le but cherché soit atteint, c'est-à-dire l'instruction suffisante de tous nos élèves. Quels sont les moyens de faire naître l'émulation et de l'entretenir? il n'importe pour le moment, et je passe sans plus tarder à ma troisième clé : l'appropriation de notre enseignement aux milieux et aux besoins.

Notre auditoire est d'un genre particulier; il est jeune, dépourvu le plus souvent de culture première, plus facile à éblouir qu'à éclairer véritablement. Les grands mots l'ébahissent, le stupéfient, le terrorisent presque. Il ne nous comprendra que si nous lui parlons dans un langage simple et fait pour lui ; que si, à une expression que nous sentions n'avoir pas été comprise, nous savons substituer une autre expression qui soit de son vocabulaire ou qui s'en rapproche, et c'est là une des conditions de cette clarté que nous préconisions tout à l'heure; à notre insu, notre langue n'est presque jamais celle de nos élèves et, si clairs que nous soyons pour nous, que nous le serions pour des personnes instruites, nous ne le sommes point dans notre chaire d'instituteur. Mais notre auditoire ne se contente pas d'entendre; il veut encore et surtout voir, toucher, sentir, jouer un rôle actif, collaborer à sa propre instruction, ne pas être condamné « à toujours recevoir sans être jamais appelé à rendre ». S'il en est autrement, malgré la clarté de notre enseignement, malgré l'attrait que nous saurons y donner, malgré l'émulation que nous aurons l'habileté de faire naître et d'entretenir, les intelligences ne s'ouvriront pas ou ne tarderont pas à se refermer. Donc recourons aux sens, à l'exposition interrompue, à une activité savamment entretenue, activité de bon aloi, qui favorise la discipline plutôt qu'elle ne la trouble et ne la compromet.

Mais comment se fait-il encore que nos élèves nous écoutent et nous comprennent si rarement? C'est que nous avons le malheur de les transporter la plupart du temps dans un monde qui n'est point le leur, où ils se retrouvent dépaysés, déroutés, égarés, auquel ils ne comprennent rien ou pas grand'chose, où ils se déplaisent et s'ennuient par conséquent. Pour s'en convaincre, il suffit de jeter les yeux sur les cahiers de devoirs d'une école quelconque; dictées, problèmes, exercices, tout est jeté dans le même moule et, du reste, vient en droite ligne de Paris, transmis par les journaux pédagogiques et emprunté aux mêmes auteurs. Que nous soyons dans une commune rurale ou dans une ville, dans un centre agricole ou dans un centre industriel, dans une pauvre école de village ou dans un de ces palais scolaires dont s'enorgueillissent les grandes cités, il n'importe; l'origine, la nature et jusqu'à la dose des devoirs sont les mêmes; point de couleur locale, rien qui indique l'intelligence des nuances à observer, le souci des besoins à satisfaire.

Les longues échéances échappent à l'enfant; inutile donc de lui parler avenir et de lui pronostiquer sans cesse, comme le font certains parents et certains maîtres, les inéluctables résultats de sa paresse ou de son application. Mais, d'instinct, il devine si ce qu'on lui enseigne est fait pour lui, pour ses besoins, pour la vie dont il doit vivre bientôt. Le jeune villageois aime qu'on lui parle de ses champs, de ses cultures, de ses moissons, de ses bêtes, etc. L'enfant des villes s'intéressera aux métiers, au commerce, à l'industrie. L'un et l'autre saisissent plus facilement qu'on ne croit le côté pratique et utilitaire des leçons qui leur sont faites, et, s'ils sont convaincus que ce qui leur est enseigné leur sera dès demain profitable, s'ils sont placés d'ailleurs dans un milieu qui soit le leur, au centre de leurs intérêts, en présence de choses qui leur soient familières, soyez sûr qu'ils écouteront et qu'ils comprendront. Vous n'aurez plus à vous plaindre que leur intelligence est sans accès. Ce n'est que quand vous aurez épuisé les ressources que je viens d'énumérer, que vous aurez le droit de déclarer qu'ils vous font défaut, que vous pourrez vous affirmer en bonne conscience que vous ne leur faites point défaut vous-même.

33. — LA SUGGESTION MORALE ET INTELLECTUELLE

Développer cette pensée : « La suggestion est la grande finesse pédagogique ». Appliquer à ce sujet le passage suivant de Channing : « Le meilleur maître est celui qui développe chez ses élèves la faculté de penser ».

Il va de soi que la suggestion dont il s'agit ici n'est point cette opération par laquelle certains empiriques prétendent imposer leurs sentiments et leurs volontés à un sujet préalablement endormi, *hypnotisé*, devenu plus ou moins inconscient. Cette suggestion supprime une personnalité humaine au profit d'une personnalité étrangère, enlève aux actes toute moralité en privant leur auteur de sa liberté et de sa responsabilité. Telle n'est pas la suggestion qu'on nous dit être « la grande finesse pédagogique ». Celle-ci laisse à l'homme, à l'enfant pour le moment, sa liberté de penser et d'agir ; elle suscite chez lui des pensées et des sentiments, mais sans l'asservir et sans exercer sur lui une influence fatale ; elle ne lui ôte rien de ce qui fait sa dignité de personne libre et responsable. Suggérer, dans le sens que nous donnons à ce mot, c'est inspirer un sentiment qui ne se manifestait point ou qui ne se manifestait que trop faiblement, ou bien provoquer l'éclosion d'une idée qui sommeillait au fond de l'âme, qui attendait un choc pour jaillir, une lumière d'emprunt pour briller de son propre éclat. Au moral, il y a les suggestions de la conscience, voire, au dire des mystiques, les suggestions du démon ; il y les suggestions des bons ou des méchants qui nous entourent, leurs paroles, leurs insinuations et jusqu'à leurs exemples. Au point de vue intellectuel, il existe aussi des suggestions : un mot placé à propos, un entretien habilement conduit, amenant l'interlocuteur à penser et à découvrir, à voir ce qu'il ne voyait pas, à bien voir ce qu'il voyait mal, à redresser un jugement erroné, etc. Nous pourrions montrer que toute notre vie est pleine de suggestions, soit dans l'ordre moral, soit dans l'ordre intellectuel. Mais, à cette heure, nous devons nous renfermer dans la vie écolière, ne nous occuper que de l'importance de la suggestion dans l'instruction et l'éducation des enfants qui nous sont confiés à l'école primaire.

Nous connaissons trois manières principales de procéder en instruction et en éducation :

1° On peut professer explicitement et directement, soit une matière d'enseignement, soit un point de morale, et cela n'est pas bien difficile : pour y réussir, il suffit d'avoir étudié son sujet, de le posséder, d'avoir naturellement ou de s'être fait un certain talent d'exposition; nos chaires abondent en maîtres instruits et au moins diserts. 2° On peut, au lieu de parler toujours, ou tout en parlant, varier sa méthode et ses moyens, passer de la déduction à l'induction, de l'analyse à la synthèse, recourir à l'intuition, à toutes les petites rubriques inventées ou conseillées par les pédagogues. Ceci n'est pas bien difficile encore : c'est tout simplement de l'habileté, du savoir professionnel. 3° Enfin on peut suggérer. Oh! cela, c'est le fin du métier; c'est, comme dit notre texte, « la grande finesse pédagogique ».

Remarquons tout d'abord que cette finesse n'est point la ruse, par exemple la ruse que la Bible prête au serpent dans le Paradis terrestre. Si elle y confine, si elle recourt à des moyens détournés qu'un esprit délié, quelque peu diplomate, sait seul trouver et manier avec dextérité, elle suppose, pour être *finesse pédagogique*, la bonne foi, l'honnêteté et la droiture.

Ceci posé, donnons quelques exemples de la suggestion telle que nous devons la comprendre.

Je veux suggérer un acte de charité. Vais-je faire un discours sur la charité, sur sa beauté, son mérite, les satisfactions intimes qu'elle procure, etc.? Je le pourrais assurément. Mais cela ne serait pas « une grande finesse pédagogique ». De plus, je n'aboutirais vraisemblablement qu'à une impression passagère et je veux un acte, un acte ayant un caractère de spontanéité qui en doublera la valeur. Laissant donc là les moyens directs qui sont à la portée de tout le monde, je prends un chemin détourné : je recours à une lecture, à un entretien, à quelques réflexions qui ne recommanderont pas d'être charitable, mais qui donneront envie de l'être, qui inspireront le désir de trouver l'occasion de faire quelque chose pour un camarade peu heureux, pour un vieillard abandonné, pour une famille dans le besoin. Cette occasion, je la sais là tout près. Grâce à des circonstances que je prévois, mais que je n'ai nullement arrangées à la façon de Rousseau, je vous assure, elle va se produire. Elle se produit en effet et, sans que j'intervienne davantage, l'acte s'accomplit : je n'ai point enseigné la charité à mes élèves; je la leur ai suggérée.

Du reste, à l'école primaire, la morale se suggère bien plus qu'elle ne s'enseigne. Sans être à dédaigner, parce qu'elles lui donnent du corps, de la consistance, les leçons directes, si elles étaient seules, produiraient de bien médiocres résultats : j'ai toujours gagné, pour ma part, à amener mes élèves à lire dans leur conscience et à y trouver les règles de conduite que je voulais leur inculquer.

Suggérer un sentiment est relativement facile; il y a toujours, au cœur de l'enfant, des cordes prêtes à vibrer; les émotions honnêtes et généreuses sont de son âge et de son tempérament. Mais suggérer une idée, une pensée, faire passer son idée, sa pensée dans l'esprit de ses élèves sans que, pour ainsi dire, ils s'en aperçoivent, l'est peut-être moins. Socrate y excellait. Mais sa méthode, outre qu'elle est d'un maniement délicat, entraîne des longueurs que nous ne pouvons guère nous permettre à l'école primaire. D'ailleurs, il s'adressait à des esprits faits, à des jeunes gens ou même à des hommes dans la maturité de l'âge. Nous, nous sommes en présence d'enfants peu en état de suivre un raisonnement, surtout une suite de raisonnements. Cependant, nous pouvons essayer en abrégeant un peu, même beaucoup, le chemin que Socrate faisait parcourir à ses auditeurs. Mes élèves ne prennent pas de longs détours pour me *suggérer* l'idée d'une promenade; les plus avisés d'entre eux se contentent de me faire remarquer que le temps est beau et que ceux-là sont bien heureux qui sont dehors par ce bon soleil. Cependant, je me mets à penser comme eux et, fort souvent, leurs *suggestions* obtiennent un succès que j'envie pour les miennes.

Hier, je les entendais s'escrimer sur une soustraction. Le maître leur faisait employer la méthode dite *par emprunts*. Soit : cette méthode n'est pas mauvaise, mais elle a vieilli et j'entreprends d'y substituer la méthode dite *de compensation*. « Voyons donc, leur dis-je, s'il n'y aurait pas une méthode plus rationnelle et, au fond, plus commode que ces emprunts qu'il faut reculer quelquefois si loin. » Et me voilà comparant deux nombres, faisant remarquer que, si l'on augmente l'un et l'autre d'une même quantité, par exemple d'une dizaine, d'une centaine, etc., leur rapport arithmétique, leur différence ne change pas...; je n'avais pas fini mes raisonnements que des mains se levèrent : ma *suggestion* avait réussi.

Mais, après la morale, celle des matières d'enseignement où je fais le plus usage de la suggestion est l'histoire.

Je ne suis pas de ceux qui pensent qu'il faut se contenter, en histoire, d'exposer les faits et de les fixer dans la mémoire, en laissant à de jeunes têtes de huit à treize ans le soin de les apprécier. Ce n'est pas à l'école primaire que l'on peut à ce point ménager la liberté de penser de ses auditeurs. Là, que nous n'imposions pas nos jugements d'autorité, que nous ne les dictions pas en quelque sorte comme les historiens passionnés qui écrivent *ad probandum*, je le conçois. Mais qu'un maître n'ose pas avoir une opinion et qu'il ne cherche pas à faire passer dans l'esprit de ses élèves ses convictions d'honnête homme, c'est ce que je ne saurais admettre : l'historien, a-t-on dit, doit avoir une conscience, et bien au-dessous de sa tâche serait celui qui écrirait seulement *ad narrandum*. Eh bien, entre ces deux extrêmes, il y a un moyen terme : la suggestion. Un maître qui y a recours n'impose pas ses jugements; il amène ses élèves à les partager, sauf des nuances qui témoignent de la liberté qu'il leur laisse. Mais, sur les points importants, ses élèves s'indignent ou approuvent avec lui, et c'est même ainsi que se fait peu à peu, et à leur insu, leur éducation morale et intellectuelle.

On voit par ces exemples que la *suggestion* ou, si l'on veut, la méthode suggestive, a beaucoup d'analogie avec ce que certains pédagogues appellent, d'un nom qu'il leur faut laisser, la méthode « euristique », c'est-à-dire de découverte. Elle est en outre le principal instrument de la méthode active qui est si fort recommandée aujourd'hui.

Mais en quoi et par quoi la *suggestion* est-elle une « finesse » et « la grande finesse pédagogique » ?.

Elle est une finesse en ce qu'elle exige un tact, un discernement, une pénétration qui ne se rencontrent pas chez les esprits vulgaires et superficiels. Elle est la « grande finesse pédagogique » parce que, parmi les moyens que les bons maîtres s'ingénient à trouver pour mener à bien l'instruction et l'éducation de leurs élèves, elle est le plus excellent et le plus efficace. En effet, c'est par elle que nous pouvons agir le plus sûrement sur les cœurs et les intelligences, leur faire acquérir, grâce à un exercice continu, une force propre qui ne leur fasse jamais défaut.

Channing a donc bien raison de dire que « le meilleur maître est celui qui éveille la pensée chez ses élèves », en définitive celui qui recourt le plus à la suggestion, car la suggestion n'est-elle pas un appel incessant à la réflexion, au jugement, à toutes les opérations de l'esprit, en un mot, à la pensée?

« Éveiller la pensée », la diriger, la porter vers ce qui est vrai, grand, honnête et beau, la détourner au contraire de tout ce qui est faux, mesquin, peu noble, peu digne de notre destinée d'homme, voilà bien notre mission et notre tâche. Malheureusement, nous perdons trop souvent de vue ce but élevé; nous nous cantonnons dans le terre à terre des intérêts matériels. Le siècle nous y entraîne; pour bien des pères de famille, l'instruction est devenue la fin des sacrifices que, malgré la gratuité, l'école leur impose encore. Mais, pour Channing, pour l'homme qui voit plus haut et plus loin que le vulgaire, l'école et l'instruction qu'elle donne ne sont que des moyens, que les instruments de perfectionnement moral et intellectuel de l'individu et en même temps des masses. Qu'importe à ses yeux un peu plus de savoir si l'enfant qui fréquente l'école n'en sort homme de cœur et d'intelligence, si ses senti-ments ne sont pas ennoblis, si son esprit ne s'est point agrandi et si son jugement ne s'est point formé! A quoi bon sa science d'emprunt si, chez lui, la personnalité n'a pas commencé à s'affirmer et s'il n'est point devenu capable de penser, de se déterminer, de se gouverner autrement que par la routine et par la servile imitation d'autrui? Donc, sans enlever à notre enseignement son caractère pratique et légitimement utilitaire, visons, surtout dans les commen-cements, au développement intellectuel et moral ; recourons largement aux procédés qui favorisent particulièrement ce développement. Ces procédés présentent des difficultés, mais des difficultés dont triomphent l'étude, la préparation, le dévouement. Ils entraînent bien quelques longueurs, mais c'est gagner du temps que d'en perdre à les employer. En effet, l'enfant dont l'esprit s'est assoupli et fortifié par des exercices bien conduits, tels que ceux qui sont l'essence même de la suggestion, se trouve plus prêt pour ce travail personnel qui, lui, n'est point une « finesse », mais une nécessité pédagogique, plus prêt pour la vie, même pour la vie écolière, où il faut bien que, tôt ou tard, l'on marche au moins quelque peu sans guide et sans appui, que l'on trouve dans son propre fonds la pensée, les jugements, les sentiments que le maître suggérait jadis quand il ne les dictait pas.

Toutes ces considérations me *suggèrent* pour ma part la résolution d'inscrire sur mes tablettes et en bon rang parmi les aphorismes qui, en quelques mots concis et sub-stantiels, me rappellent toute une doctrine, le texte que je viens de développer : « La suggestion est la grande finesse pédagogique », « Le meilleur maître est celui qui éveille chez ses élèves la faculté de penser ».

34. — DES MOYENS DE FAIRE PARLER LES ENFANTS

On se plaint que, dans les écoles primaires, les enfants, en
dehors de leurs jeux, ne parlent pas, qu'ils répondent à
peine et par monosyllabes. — Inconvénients de ce mutisme;
ses causes; moyens d'y remédier.

Vous voyez ces enfants, marchant par groupes sur les
chemins poudreux qui convergent vers le centre du village.
Ils babillent avec entrain. Leurs voix se mêlent aux mille
voix qui, dans l'herbe et sur les arbres, chantent l'été ou le
printemps. Leurs visages sont frais, leurs physionomies
ouvertes, leurs rires clairs, leurs allures franches : c'est l'enfance, c'est la première jeunesse qui passe, avec ses joies,
son insouciance, ses libres épanouissements. Vous que l'âge
a rendus graves, qu'ont courbés et attristés les durs labeurs
de la vie, dérangez-vous plutôt que de les troubler : ces
heureux moments doivent être si courts!

Et, tenez, voilà que les bruits cessent, que la marche
s'alourdit, que les attitudes se composent, que les rires
s'étouffent, que les gaies conversations se changent en chu-
chotements; bientôt, plus rien qu'un morne silence. Est-ce
que le soleil a cessé de briller? Est-ce que le ciel n'est plus
bleu ou que la nuit s'est faite? Non, c'est que là, derrière
la vieille église, s'est dressée la silhouette de l'école et que
cette vue a réveillé les soucis endormis de la veille : les
devoirs, les leçons, les admonestations, les pensums et
peut-être quelque chose de pis, tout cela ressuscite dans
l'esprit de ces pauvres enfants et y produit une sorte d'effroi
qui les paralyse. Au premier plan, dans le sombre tableau,
il y a le maître avec son front sourcilleux, ses yeux chargés
d'éclairs, ses lèvres qui ne prononcent que des oracles ou
des sentences, sa voix qui est au moins grave et solennelle
quand elle ne tonne pas, le maître, enfin, qui se réserve la
parole ou qui ne la donne que pour débiter des leçons, épeler des dictées, ressasser d'ennuyeuses lectures ou faire des
réponses suivant la formule.

Mais, sans m'en apercevoir, je devance mon texte; j'en

viens tout de suite aux causes du mutisme que l'on reproche aux enfants de nos écoles. Ces causes sont en effet, du moins en grande partie, dans l'école même, dans l'espèce de terreur qu'elle inspire. Mais elles sont aussi dans le régime qui y règne ou y domine : l'activité y est trop contenue, trop soumise à des règles et à des formules. A peine est-il entre nos mains, que l'enfant devient une machine et un récipient, une machine qui n'a plus qu'à se mouvoir dans l'ordre prescrit, un vase qui n'a plus qu'à recueillir et à retenir, s'il se peut, la science toute faite que les livres ou le maître y déversent.

Ce n'est pas à la discipline que nous en voulons. Si elle est un mal, à tout le moins est-elle un mal nécessaire, et il y a, paraît-il, dans les diverses phases de notre existence, dans notre enfance surtout, des maux nécessaires auxquels il faut savoir se soumettre. La discipline scolaire en est un; subissons-la sans trop nous plaindre. Seulement, ne pourrait-elle pas se faire plus humaine, visant moins à l'absorption de l'individu ou à son *dressage*, suivant l'expression chère à une femme d'intelligence et de cœur à laquelle tous les enfants élèveraient une statue dans leur cœur, s'ils la connaissaient [1]? C'est une question que nous laissons à d'autres le soin d'étudier et de résoudre. C'est à l'inactivité, nous pouvons dire à l'inertie intellectuelle, que nous allons nous attaquer au moins tout d'abord.

Quand le régime de l'école sera devenu plus doux, le livre moins *lourd*, le maître moins *noir*, nos enfants répondront-ils mieux et s'exprimeront-ils avec plus d'aisance sur les choses qui font l'objet de leurs petites études? Nous craignons que non. La cause la plus vraie de leur mutisme, de leur embarras, est ailleurs que dans la crainte; elle est même ailleurs que dans cette fausse honte, dans cette timidité nerveuse, dans cette pauvreté de vocabulaire, etc., que les maîtres ou maîtresses mettent volontiers en avant pour expliquer et excuser un silence ou des hésitations qu'ils sentent leur faire peu d'honneur. Elle est, selon nous, dans

1. Mme P. Kergomard.

la méthode et dans les procédés d'enseignement, dans l'indestructible abus du livre et du travail solitaire, ou bien, ce qui est équivalent, d'une exposition continue où nous nous montrons trop savants, où nous donnons trop carrière à notre éloquence. Dans ces trois cas, c'est la passivité qui règne, c'est l'esprit qui s'endort, ce sont les facultés qui s'engourdissent et s'étiolent; c'est la pensée qui reste vague, indécise, flottante, au lieu de se préciser, de s'incarner dans les mots qui en sont la vie et l'expression; c'est la langue qui ne prend point ou qui perd l'habitude de la formuler, de la transporter claire et nette du pur domaine de l'intelligence dans le monde extérieur. Oui, l'esprit s'endort : les mots du livre passent sous les yeux, les paroles du maître frappent et quelquefois étourdissent les oreilles, et l'esprit, qui n'a point à donner en quelque sorte la réplique, qui, comme dirait M. Vessiot, n'a qu'à recevoir sans avoir rien à rendre, s'accoutume à une funeste nonchalance; il devient incapable de l'effort nécessaire pour répondre à une question et même pour la bien saisir. Oui, les facultés s'alanguissent. Les facultés intellectuelles, comme les facultés physiques, se développent et se fortifient par l'exercice. Or, dans le système d'enseignement que nous accusons, les facultés intellectuelles demeurent inactives. L'attention, la seule faculté que sollicitent et le livre ou la parole continue du maître, se fatigue bientôt du travail monotone qu'on lui impose; elle ne tarde pas à se dérober pour se porter sur la mouche qui vole, sur le condisciple qui fait un bon tour, ou bien pour voguer dans ces espaces infinis où l'appellent les riantes imaginations du jeune âge. Et cependant le temps s'écoule, l'enfant grandit, se développe physiquement par la grâce de Dieu ou, si l'on veut, de la bonne nature. Mais son éducation intellectuelle ne se fait point, pas plus, du reste, que son éducation morale. Il acquiert quand même, il est vrai, quelques connaissances, mais quelles connaissances!... Des notions toutes en superficie, sans profondeur ni solidité : la science acceptée, conquise sans effort, n'est pas une science faite, une science qui demeure, qui pénètre dans l'âme pour s'y fixer ou y laisser au moins des traces durables. La véritable science est le fruit du travail, d'un travail de réflexion souvent fort pénible, mais nécessaire. Elle demande surtout à être clairement et nettement exprimée par la parole. Sans la parole, sans un échange incessant d'idées avec son maître, l'enfant ne fait pas de réels progrès. Cela est si vrai que, quand on a voulu amener les sourds-muets à la vie intellectuelle et morale, il a fallu inventer un langage pour se mettre en relations avec eux, pour pénétrer dans leur âme et voir ce qui s'y passait, y porter la lumière et l'en faire jaillir au dehors. Et c'est parce que le travail de réflexion et la parole qui en témoigne se trouvent manquer, que tant de savantes conférences faites par des professeurs éminents devant un public attentif, mais passif et silencieux, produisent de si maigres résultats. C'est pour cela, dans tous les cas, que nous trouvons les enfants de nos écoles si peu disposés à nous répondre et si peu aptes à le faire : par suite de la paresse d'esprit dans laquelle nos livres ou notre parole les laissent vivre, ils saisissent diffi- cilement une question ; ils ne trouvent, d'ailleurs, pour y répondre, que des éléments confus ; leur pensée reste embrouillée et, dès lors, ils sont hors d'état de satisfaire à cet adage :·

> Ce que l'on conçoit bien s'énonce clairement,
> Et les mots pour le dire arrivent aisément.

Ils se troublent, ils balbutient, ils se taisent. Si, pressés et comme poussés à bout, ils jettent au hasard une réponse saugrenue, c'est bien pis : ils sont gourmandés, ou les condisciples (cet âge est sans pitié) s'égayent à leurs dépens, et alors tout est fini, bien fini, ils ne parleront plus.

Peut-être ai-je devancé mon texte, peut-être n'ai-je point suivi tout à fait l'ordre qu'il indique, traitant à la fois des *causes* et des *inconvénients* de ce qu'on pourrait appeler « la maladie du mutisme scolaire ». C'est que, dans l'espèce, les deux points se liaient intimement, à ce qu'il me semble ; et qu'il était difficile de faire une place spéciale d'abord à celui-ci, ensuite à celui-là.

Arrivons maintenant aux remèdes. Ils découlent des causes mêmes que j'ai développées ou simplement énumérées.

Les enfants sont craintifs.... Le maître et la galerie les paralysent dans leurs petits moyens.... Les parents eux-mêmes font de nous des croquemitaines et de l'école une maison de correction dont ils menacent l'enfant paresseux, désobéissant ou espiègle.... Eh bien, faisons-nous une figure plus affable et une voix moins terrifiante; composons-nous un maintien, des manières qui, tout en restant toujours dignes, ne sentent ni le caporal, ni le gendarme. Si un pauvre enfant nous répond de travers et que les condisciples s'en ébaudissent, usons de charité envers l'esprit attardé ou distrait et gardons nos objurgations pour les rieurs : ceux-ci ne riront plus d'une naïveté ou d'une ignorance s'ils voient que nous nous contentons d'en sourire et de redresser simplement l'erreur. Il dépendra de nous de faire que l'enfant s'aperçoive bien vite que l'école n'est point une « geôle, » et que toutes les fables qu'on lui a débitées à ce sujet s'en aillent où sont allés les contes par lesquels sa nourrice ou sa grand'mère ont cherché jadis à contenir sa pétulance.

La pauvreté du vocabulaire.... Elle n'est que trop réelle, hélas! surtout dans les campagnes et dans les pays où le patois a survécu. Mais souffrons que l'enfant nous réponde comme il peut : l'important, c'est qu'il parle et qu'il rende, tant bien que mal, ses idées, ses impressions et ses souvenirs. Du reste, prétendre que les élèves ne répondent pas parce qu'ils n'ont point de mots à leur disposition, c'est s'accuser soi-même; c'est confesser que l'on n'a pas su leur créer un langage en usant des mille moyens que l'école fournit et dont nous ne parlons pas, parce que, pour le moment, ce n'est pas de cela qu'il s'agit.

Mais, si la principale cause du mutisme tant reproché à nos enfants est, comme nous croyons l'avoir établi, dans nos méthodes et dans nos procédés d'enseignement, changeons ces méthodes et ces procédés. Revenons à la méthode maternelle ou, ce qui est la même chose, à la méthode naturelle à laquelle nous rappelait, il y a quelque vingt ou trente ans, Mme Pape-Carpantier. Point de barrière entre le maître et l'élève. Pour celui-ci, point d'exercices solitaires en présence d'un livre ou de lui-même, si ce n'est pour appliquer, nous dirions volontiers pour ruminer les connaissances déjà acquises, pour se les mieux assimiler et les mettre en œuvre. Pour celui-là, point de leçons continués dans lesquelles il ne tarde pas à n'avoir que lui-même pour auditoire. Que le travail soit mis en commun et que chacun y intervienne suivant ses facultés et sa situation. Que la leçon soit comme un banquet où le maître est l'hôte, où les élèves sont les convives; qu'elle se transforme en un entretien que le maître dirigera naturellement à son gré en vertu de son titre, de son expérience, de son savoir incontestable et incontesté. Ainsi les intelligences s'ouvriront, et les cœurs aussi. L'âme de l'enfant se révélera, avec ses misères, ses faiblesses, ses défaillances, ses lacunes; le maître saura où porter la main, et l'éducation deviendra possible à tous les points de vue. Surtout, l'enfant se formera à parler. Pour payer son écot, pour fournir sa part d'observations, de découvertes, de souvenirs, de réponses, peut-être de questions, il faudra qu'il fasse des efforts, qu'il suive le récit ou le raisonnement, qu'il saisisse la question; qu'il trouve les éléments de la réponse, qu'il combine ces éléments et leur donne un corps par la parole. Le maître, de son côté, pour se mettre en mesure de suivre le précepte de Montaigne, « de ne pas parler seul, mais d'écouter parler son disciple à son tour », luttera avec lui-même de clarté et de précision dans les sujets s'adressant à l'intellect; de délicatesse de sentiment, quand il s'agira d'émouvoir, de provoquer la sensibilité et de l'amener au point voulu dans les choses qui ont trait à la morale ou à l'esthétique.

C'est ainsi que se formeront chez nos élèves d'heureuses accoutumances, notamment celle de rendre en bons termes leurs pensées et leurs sentiments, de parler avec une certaine aisance, de se mettre sans trop de peine en communication non seulement avec leur maître, mais aussi avec les personnes du dehors; car le résultat obtenu rejaillira jusque dans la vie de famille et dans la vie sociale. Là, l'enfant, élevé comme nous le désirons, ne sera peut-être pas un grand orateur. Mais il parlera sensément et clairement, et c'est tout ce que nous souhaitons. Pour le surplus, il sera ce que le feront les circonstances ou ses aptitudes spéciales. Mais, quoi qu'il arrive, nous aurons au moins la satisfaction de n'avoir point nui à son avenir en l'entretenant dans ce déplorable mutisme dont nous avons tâché de faire ressortir les causes et les inconvénients, en indiquant de notre mieux les remèdes qu'il est possible d'y apporter.

---

35. — L'ENSEIGNEMENT ATTRAYANT

Des moyens de rendre l'enseignement attrayant à l'école primaire (cours élémentaire, cours moyen et cours supérieur). — Donner des exemples.

> Un tout petit enfant s'en allait à l'école.
> On avait dit : Allez ! Il tâchait d'obéir ;
> Mais son livre était lourd ; il ne pouvait courir.
> Il pleure et suit des yeux une abeille qui vole....

Oh ! oui, le chemin de l'école a été longtemps, pour les pauvres enfants, la voie douloureuse. Plus d'une fois ils ont trouvé le livre bien lourd et arrosé le sentier de leurs pleurs. Plus d'une fois leurs regards se retournaient du côté du toit paternel ou se portaient avec regret vers les champs, les bois, la mare glacée qui les invitaient au plaisir et à la liberté. C'est que longtemps l'école a été « une geôle », que « le maître y était noir », et le travail sans attrait. Si l'écolier n'y mangeait pas son pain « à la sueur de son front », il le mangeait du moins assaisonné, si l'on peut dire, de soupirs et d'ennui.

Une vive réaction s'opère de nos jours contre cet ancien état de choses. L'école maternelle n'est pas encore « un jardin »; mais elle est au moins devenue gaie et plaisante;

elle est ornée d'images, quelquefois pourvue de jouets, de tables frœbéliennes où les petits corps ne sont pas trop gênés dans leurs mouvements ; on y sourit à l'enfant qui en franchit le seuil ; on l'y tient chaudement et souvent même on l'y habille et le nourrit. Tout en conservant un aspect plus austère, l'école a dépouillé ses airs de prison et son régime claustral ; l'on ose y rire et y parler, y remuer les bras et les jambes et regarder le maitre sans trembler : si elle est encore un lieu de recueillement, elle a cessé d'être un pénitencier dont on menace l'enfant rebelle ou turbulent. Peu à peu, l'espace y est ménagé avec moins de parcimonie ; il y a de verts tilleuls ou de gais marronniers dans la cour élargie, du jour et de la lumière dans les salles de classe et partout de la propreté. Surtout, plus de mauvais traitements, d'instruments de supplice scolaire ou d'humiliation ; surtout aussi, un travail mesuré et attrayant.

Oui, certes, un travail attrayant. Voyez ce qui se passe dans les différents cours. Dans le cours élémentaire, la lecture, « cette primeur de l'ennui », ne s'apprend plus dans des abécédaires frippés et gondolés, ne renfermant, après la Croix-de-par-Dieu, que le *Pater*, l'*Ave*, les prières de la messe, etc., mais par des tableaux à images et suivant des méthodes reconnues pour être à la fois rationnelles et rapides. Pour s'initier au calcul, on compte des boules, des bûchettes, des cailloux, des lignes ou des ronds. En géographie, on montre les accidents connus des terrains environnants ; au besoin, on en fabrique en terre, en plâtre, en sable, ou bien l'on en trouve la représentation sur des gravures enluminées ; puis viennent des globes azurés comme le ciel et des cartes bleues comme la Méditerranée, ou vertes comme l'Océan. L'histoire..., ah ! l'histoire, c'est là que les yeux s'ouvrent, que les oreilles se tendent, que les esprits se remplissent, que l'attention est captivée. On a donné à l'histoire le charme des contes de Perrault. Est-ce un bien ? est-ce un mal ? Ce n'est pas le moment de discuter la question ; nous constatons seulement le fait. Sur le tout broche la leçon de choses, avec ses sujets et ses formes variés, ses exhibitions d'objets ou d'images. Entre temps, on dessine, on écrit, on barbouille, on évolue au pas et en chantant. Bref, au moins pour les enfants les moins âgés, l'école a repris la physionomie qu'elle dût avoir à l'origine, puisque les Grecs l'appelaient *scholé* (loisir, repos), et les Latins *ludus* (jeu, amusement); tant nous suivons ce conseil de Fénelon : « Laissez jouer un enfant et mêlez l'instruction avec le jeu ; que la sagesse ne se montre que par intervalles et avec un visage gai. Gardez de le fatiguer par une exactitude indiscrète…. Il faut chercher tous les moyens de rendre agréables à l'enfant les choses que vous exigez de lui…. Il ne faut recourir à la correction et à l'autorité que quand elles sont absolument nécessaires. »

Quoique à un moindre degré, les choses se continuent ainsi dans le cours moyen et jusque dans le cours supérieur. Là encore, comme le veut l'abbé Fleury, nous présentons à l'enfant des objets sensibles, des peintures, et, s'il faut en venir aux abstractions, nous sommes là pour en tempérer l'aridité, nous tenant tantôt en avant pour montrer la route et écarter les broussailles, tantôt sur le flanc de la colonne pour soutenir les faibles, tantôt en arrière pour presser la marche ou relever les éclopés, dans tous cas, pour adoucir le labeur et en prendre pour nous la plus grosse part. Nous remplaçons le livre ou bien nous en faisons disparaître les obscurités. Nous poussons aux découvertes et ménageons à nos élèves le plaisir de les avoir faites ou de croire qu'ils les ont faites. Sans doute, nous nous faisons moralistes, mais point prêcheurs. Nous nous souvenons que, « dans une leçon morale, l'amour qu'inspire celui qui la donne est pour moitié au moins dans son efficacité : nous ne demandons à nos élèves d'autres actes de vertu que l'accomplissement des devoirs de chaque jour ». Nos lectures sont choisies, nos récits animés, nos démonstrations claires, nettes, limpides; nos enseignements sont appropriés aux intelligences, à l'âge; aux milieux, théoriques dans la mesure voulue, mais surtout pratiques, allant droit au but, à savoir : le vrai, l'honnête et l'utile. Nos élèves nous comprennent, ils nous suivent, non seulement sans peine, mais avec plaisir. Ainsi, après avoir rendu l'école attrayante, nous la maintenons telle ou du moins agréable jusqu'au bout; nous faisons qu'on y entre sans chagrin et qu'on la quitte peut-être avec regret.

Et ce sont là les avantages du travail attrayant : faire aimer l'école et le travail lui-même, et, de plus, rentrer dans la voie indiquée par la nature elle-même. La nature prépare à l'homme de rudes épreuves et de gros labeurs. Mais elle veut qu'avant les sueurs de l'été, les déceptions de l'automne et les froids de l'hiver, il ait son printemps. Elle défend de rendre l'enfant malheureux pendant cette si courte saison; elle fait d'un peu de bonheur, de liberté et de plaisir la condition de son développement dans tous les sens. Faire travailler l'enfant dans sa période de croissance, c'est presque violer les lois de la nature; en lui rendant le travail facile et aimable, nous atténuons au moins notre faute. Rabelais, Montaigne, Fénelon, tous les grands pédagogues qui ont aimé l'enfance et pris sa défense à travers les siècles, seraient contents de nous. Rousseau lui-même nous pardonnerait peut-être de chercher à épargner du temps plutôt que de nous proposer d'en perdre : nous faisons lire *Robinson Crusoé*, tourner du bois, marteler du fer.

Nous avons banni de nos classes l'ennui, il n'y rentrera plus; mais « prenons garde, nous dit M. Gréard, d'en avoir trop fait sortir l'effort ». Il y a là, en effet, un écueil, un véritable danger. Notre principal, on peut dire notre but exclusif, est de préparer nos élèves à la vie, à la vie intellectuelle et morale en même temps qu'à la vie matérielle. Or, quoi qu'on fasse et à quelque point de vue qu'on l'envisage, de nos jours comme à l'époque où vivait le saint homme Job, « la vie est un combat », un combat dans lequel les forts seuls triomphent. Eh bien, la nature a établi que celui-là seul serait sain et robuste qui, de bonne heure, se serait exercé à lutter contre lui-même et contre les choses. Un enfant qui serait toujours soutenu par la lisière ne marcherait peut-être jamais seul; au moins resterait-il longtemps faible et chancelant. Pourquoi la nature le porte-t-elle à se mouvoir, à s'agiter, à soulever des fardeaux, à franchir les fossés, à escalader les obstacles, à grimper sur les arbres, etc. ? Parce que les exercices du corps, les exercices spontanés surtout, poussés jusqu'à la fatigue, jusqu'aux sueurs et presque jusqu'à la courbature, sont une condition *sine qua non* du juste développement de ses forces physiques. La nature n'a pas d'autre loi pour le développement intellectuel et moral : l'effort, l'effort spontané ou librement consenti, soit, mais, dans tous les cas, répété et soutenu, allant quelquefois aussi jusqu'à une fatigue assez grande pour faire sentir le besoin et la douceur du repos.

Nous n'avons donc point à supprimer l'effort; Nous ne pouvons que le provoquer, le diriger et le modérer : — le provoquer par l'attrait, par l'émulation, par la récompense effective jusqu'à ce que cette récompense se trouve dans le résultat obtenu ou dans la satisfaction intime d'avoir fait une découverte ou vaincu une difficulté; — le diriger sans substituer notre personnalité à celle de l'élève : « Il faut, dit M. Gréard, dans le mémoire auquel nous avons déjà fait un emprunt plus haut, que l'enfant sente toujours près de lui un guide et un appui; mais il faut qu'il sente aussi que cette main secourable peut se retirer, qu'elle s'écarte toujours davantage, qu'il doit s'apprendre à faire usage de ses propres forces »; — le modérer, car, s'il est des natures indolentes qu'il faut sans cesse réveiller de leur torpeur, il en est aussi qui, de même qu'elles s'animent trop au jeu, se jettent inconsidérément dans des études exagérées, s'imposent une tension d'esprit capable de fatiguer leur cerveau et de les user avant l'âge.

Concluons. Il faut rendre attrayante l'école, ses exercices et jusqu'à ses instruments de travail. Souhaitons avec Fénelon que les livres y soient « bien propres, dorés sur tranche, avec de belles gravures; que tout, autour de l'enfant, soit souriant et gracieux », que même, si cela est possible, « le précepteur ait un beau visage ». Flattons, séduisons les sens pour captiver peu à peu les intelligences. Mais, pour Dieu! ne prétendons pas, comme Bernardin de Saint-Pierre, transformer l'éducation en idylle. Quand nous avons fait du travail un jeu à l'école maternelle, de l'étude un exerceexz agréable dans le cours élémentaire de l'école primaire, que peu à peu nous avons disposé nos élèves à l'effort dans le cours moyen, laissons-les s'y livrer suivant leurs forces et leur âge dans le cours supérieur. Que, de bonne heure et dès l'école, ils éprouvent la vérité de ce proverbe vulgaire, mais qui, hélas! se vérifie si souvent dans la vie : « On n'a rien sans peine ». Autrement, nous donnerions raison à Rousseau quand il dit : « Ce qu'on fait pour rendre l'instruction agréable aux enfants les empêche d'en profiter. » « Croyons-en Mme Necker de Saussure : « L'éducation faite en s'amusant disperse la pensée; la peine en tous genres est un des plus grands secrets de la nature, et l'esprit de l'enfant doit s'accoutumer aux efforts de l'étude comme notre âme à la souffrance ». Et, pour finir comme j'ai commencé, par la citation de quelques vers, rappelons-nous, rappelons sans cesse à nos élèves que

> Dans ce rude chemin où tous doivent marcher,
> Cœurs lâches et pieds mous sont sûrs de trébucher.

---

36. — DE L'ENSEIGNEMENT COLLECTIF

Avantages et inconvénients de l'enseignement collectif. — Quelles sont les matières du programme qui le comportent ou ne le comportent pas?

Enseignement collectif,... cela veut dire, dans notre langue, enseignement donné à la fois à une *collectivité*, à un groupe d'élèves plus ou moins nombreux, supposés d'ailleurs en état de le suivre et d'en tirer quelque profit. J'ai dans ma classe quarante ou cinquante enfants formant le cours élémentaire, le cours moyen et le cours supérieur, ou bien seulement une division, une nuance de l'un de ces cours; je m'adresse à tous, je leur fais la même leçon, je leur corrige les mêmes devoirs : *je fais de l'enseignement collectif*. Je suis seul pour toute une école; j'ai devant moi le cours supérieur, le cours moyen, le cours élémentaire avec ses diverses sections; je vais de l'un à l'autre, ou bien j'en réunis deux pour la circonstance, ou bien encore ma leçon est appropriée aux trois à la fois : je fais encore de l'*enseignement collectif*. J'étends cet enseignement au plus grand nombre, je le restreins à un seul groupe, il n'importe : du moment que je m'adresse à plusieurs enfants pour les faire participer à ma leçon, je fais de l'enseignement collectif, et, comme mon école est organisée pour cet objet, on dira que je suis le mode simultané, par opposition au *mode individuel* et même au *mode mutuel*, parce que je me charge moi-même de l'enseignement et que je n'en confie tout au plus que la partie routinière ou mécanique à des aides ou moniteurs.

Est-il rationnel d'agir ainsi? Si je le pouvais, ferais-je, comme ont fait ceux qui nous ont précédés, comme font peut-être encore quelques maîtres attardés, de l'enseignement individuel? En d'autres termes, l'enseignement collectif présente-t-il des avantages tels qu'on doive le préférer quand même et le considérer, notamment à l'école primaire, comme le seul qui soit fécond en résultats tant au point de vue de l'éducation qu'au point de vue de l'instruction.

Je n'hésite pas à répondre affirmativement. L'enseignement collectif, c'est comme l'enseignement public : il met en contact les caractères, les volontés, les intelligences. Il use les angles par le frottement; il expose les volontés à des heurts volontaires; il met en commun le trésor des facultés et des aptitudes, il choque les intelligences et en fait jaillir des étincelles. Voyez ce groupe d'enfants qui se pressent autour d'un maître pour l'entendre faire une leçon de morale, de grammaire, d'histoire, de géographie, de calcul, etc., ou pour suivre une correction qui va s'adresser à tous et à chacun. Les yeux brillent, les physionomies sont pleines d'animation. A moins — ce que nous ne devons pas supposer — que le maître ne se fasse froid ou pédant, qu'il ne sache pas mettre en œuvre ces éléments d'exubérante activité, tendre ou détendre ces ressorts à son gré, agir sur ces énergies qui se mettent à sa disposition, que de traits de lumière, que de saillies heureuses vont s'échapper de ce groupe habilement manié et sagement conduit! Comme ces cœurs vont sentir, ces esprits chercher, ces oreilles se remplir, ces bouches s'ouvrir, ces volontés s'élancer vers la vérité qui est attendue avec impatience et qui va se faire dans un échange de pensées et de sentiments! Et puis, il y aura des victoires et des défaites, des succès et des revers, des triomphes et des déconvenues, des gloires qui ne laissent point d'orgueil, des confusions qui ne laissent point de honte, des approbations qui ne gonflent pas, des contradictions qui n'engendrent ni colères ni haines, des comparaisons qui éclairent sans aigrir; il y aura émulation, entraînement du nombre; il y aura la vie en miniature et, par suite, éducation.

Mais, si l'*enseignement collectif* présente de tels avantages au point de vue de l'éducation et de l'intérêt de la leçon, il s'impose en outre à l'école primaire, parce que seul il peut s'adapter aux besoins auxquels elle a à satisfaire et aux ressources dont elle dispose. Nos programmes sont très chargés et nous n'avons souvent qu'un seul maître ou qu'une seule maîtresse pour quarante, cinquante, soixante élèves et quelquefois plus. Avec des journées scolaires de six heures, des semaines, des mois, des années tronquées par les congés et mille autres circonstances, on voit la pauvre part de soins et de temps qui pourrait être faite à chaque enfant, si nous employions le mode individuel. Qui multipliera ces quelques pains du désert pour la foule qui nous suit, immense et affamée? Ce sera l'enseignement collectif. Grâce à ce facteur qui croît en même temps que le nombre de nos auditeurs, ce qui est dit ou fait pour un, est dit ou fait pour tous, et l'on peut appliquer à la leçon ce que Victor Hugo dit de l'amour maternel :

> Chacun en a sa part et tous l'ont tout entier.

Tous.... C'est là que gît la difficulté et que se révèlent les inconvénients que peut présenter l'enseignement collectif. Si le groupe est mal assorti, si les éléments dont il se compose sont par trop disparates, si les intelligences n'y sont pas arrivées à un degré de développement à peu près égal, vos paroles seront souvent perdues : pour ceux-ci, vous volerez trop haut, pour ceux-là vous raserez trop la terre. Plus le groupe auquel vous vous adresserez sera nombreux, plus il y aura de chances pour que vous vous éleviez trop ou trop peu, pour que votre leçon ne soit pas suivie par les faibles ou pour qu'elle soit dédaignée par les forts, pour que vous ne vous teniez pas au niveau voulu.

Les effectifs trop chargés présentent un autre inconvénient.

La leçon faite d'après la méthode d'exposition interrompue, la seule admissible dans nos écoles primaires, vit d'interpellations, d'interrogations, d'appels faits à la mémoire, à l'intelligence, au jugement de chacun, de corrections profitables à tous, mais s'adressant à tel ou tel en particulier, au fond, d'emprunts faits au mode individuel : plus ces emprunts seront nombreux, plus la leçon sera profitable ; plus ils seront rares, plus l'individu se perdra dans la foule et échappera à la nécessité de payer de sa personne, plus aussi les attentions s'alanguiront, et votre enseignement perdra de son intensité en se dispersant à travers une collectivité irresponsable.

Voilà certes de graves inconvénients. Y est fatalement exposé le maître que l'on place à la tête d'une école trop nombreuse et dépassant ses forces. S'y expose de gaieté de cœur le maître qui néglige, au commencement ou au cours d'une année, de faire une sélection consciencieuse entre ses élèves, afin d'appareiller autant que possible les âges et les intelligences. S'y expose surtout celui qui veut faire rendre à la *leçon commune* plus de services qu'elle n'en peut rendre en effet. La leçon commune, qui embrasse toute une école, peut être, dans des circonstances données, une précieuse ressource. Mais, au fond, elle n'est qu'un expédient et ceux qui l'ont en quelque sorte inventée n'y ont pu voir autre chose. Que, quelquefois, elle s'adresse au cours moyen et supérieur, nous n'y répugnons pas. Mais qu'elle prétende envelopper les trois cours d'une école, mettre les bambins du cours élémentaire à l'unisson avec les savants du cours supérieur ou faire descendre ceux-ci au niveau de ceux-là, voilà ce que n'admet pas la raison et ce que condamne l'expérience; voilà où apparaissent avec la dernière évidence les inconvénients que nous reconnaissons être inhérents à l'enseignement collectif.

Mais ces inconvénients peuvent être atténués au point de ne plus contre-balancer les avantages qu'il présente. Dès lors, il ne nous reste plus qu'à rechercher quelles sont les matières qui le comportent ou ne le comportent pas.

Disons tout de suite qu'elles le comportent toutes, sous la seule réserve que l'emploi du mode individuel y interviendra à divers degrés. Ainsi, dans la leçon de lecture, le maître lira pour tous, ses observations seront faites pour tous aussi, soit; mais chacun devra lire pour son propre compte, le plus longuement et le plus fréquemment possible. Dans la leçon d'écriture ou de dessin, le maître démontrera pour tous au tableau noir, mais il serait bien fâcheux qu'il ne pût s'arrêter derrière chaque enfant au moins le temps de constater ses efforts ou ses défaillances et de lui donner les directions spéciales dont il a besoin. A la rigueur, la lecture et la critique de deux ou trois copies suffiraient à la correction d'un devoir, mais ce serait à la condition que toutes eussent été annotées dans le silence du cabinet, et que le maître fût en mesure de dire un mot de chacune et d'y puiser le sujet d'un blâme ou d'un éloge motivé. Les autres matières se prêtent mieux pour la plupart à des leçons tout à fait d'ensemble, tout à fait *collectives*. Mais n'oublions jamais que l'enseignement oral, tel que nous devons le comprendre à l'école primaire, suppose l'intervention fréquente des élèves, l'effort de tous et de chacun, un travail individuel soigneusement dirigé et sévèrement contrôlé. Plaignons donc les maîtres tellement accablés par le nombre qu'ils sont amenés à se contenter de faire leur leçon et de s'en remettre pour le surplus à la bonne volonté de leurs auditeurs.

37. — L'ENSEIGNEMENT PAR L'ASPECT

Qu'entendez-vous par l'enseignement par l'aspect? — Son importance. — Emploi de ce procédé dans les différentes matières du programme. — Auxiliaires de l'instituteur dans l'enseignement par l'aspect.

Dans le mot *aspect*, il y a le mot latin *aspicere*, tourner son regard vers un objet, le considérer, le *voir* en définitive, comme, dans le mot *intuition*, il y a le mot latin *intueri*, porter son regard dans ou sur, c'est-à-dire encore *voir*. De là je conclus que l'enseignement par l'aspect et la méthode intuitive sont de très proches parents. Sans m'occuper des nuances qui peuvent les distinguer, je dis que faire de l'enseignement par l'aspect, c'est montrer, c'est faire *voir* les objets dont on parle, c'est recourir au monde sensible pour expliquer ce monde lui-même et pour passer ensuite sans trop de difficulté au monde invisible, aux êtres de raison, aux idées abstraites que perçoit notre intelligence.

Procéder ainsi, c'est prendre la nature pour guide, c'est employer la *méthode naturelle*. Je n'ai point à discuter sur l'origine de nos idées, à attaquer ou à défendre cet adage de l'école sensualiste : *Nihil est in intellectu quod non fuerit prius in sensu* [1]. Mais ce que je sais, ce dont j'ai fait l'expérience avec bien d'autres, c'est que l'enfant commence par le concret, qu'il est très avide de voir, de toucher, d'expérimenter; que la vue des objets éveille son attention et la soutient, qu'il comprend beaucoup mieux en voyant et que souvent il ne comprend pas sans cela; que, si je parle devant lui sans rien lui montrer, il ne tarde pas à me laisser là ou à me regarder d'un œil qui me dit : « Je suis ailleurs ou tes paroles ne pénètrent pas dans mon intelligence; je ne perçois que du bruit, que des mots qui se fixeront peut-être dans ma mémoire, mais qui ne laisseront dans mon esprit aucune idée claire, aucune image nette, aucune connaissance qui mérite ce nom ». Il est si

____
1. Ce qui revient à dire que toute idée vient des sens.

vrai que des objets visibles et tangibles sont nécessaires pour faire naitre l'idée, pour conduire à la vérité pure, que les religions les plus élevées sont pleines d'images et de symboles et qu'elles ont dû, en quelque façon, matérialiser leurs dogmes, leur morale et jusqu'à la divinité. Pour rester dans notre domaine, dans l'éducation de l'enfance, la mère, instruite par la nature, montre à son bébé les objets, les nomme et en rend sensibles, autant qu'elle le peut, les qualités et les propriétés, et c'est ainsi qu'elle crée en quelque sorte l'intelligence de son enfant, qu'elle la fait sortir des limbes, qu'elle l'éveille, la stimule et y dépose chaque jour des connaissances nouvelles. L'aspect, l'enseignement par l'aspect a donc une grande importance, l'importance d'une institution qu'on peut dire divine, puisque Dieu en a fait la condition de notre développement intellectuel et moral. Aussi les grands pédagogues en ont-ils fait la base de leurs systèmes d'éducation, au moins d'éducation première. Pour n'en citer que quelques-uns, Coménius, ne pouvant mettre l'univers devant les yeux de ses élèves, prétendait au moins le leur présenter en peinture : *orbis pictus*. Fénelon recommande au moins les estampes, les tableaux, les images. La maxime de Pestalozzi était : « La chose avant les mots, l'éducation par les choses et non par les mots ». Mme Pape-Carpantier a introduit chez nous la leçon de choses, qui est l'application la plus saillante de l'enseignement par l'aspect; grâce à son initiative, on n'*enseigne* plus dans nos écoles maternelles, on *montre*; on dit aux enfants : regardez, touchez, expérimentez.

De l'école maternelle, les leçons de choses ont pénétré dans l'école primaire et avec elles les procédés d'aspect. Il est bien peu de matières qui ne comportent ces procédés. Les unes en vivent, pour ainsi dire, et on ne les conçoit plus guère sans cela, par exemple, la géographie et les sciences physiques et naturelles. Comprendrait-on encore de la géographie sans cartes? Non, assurément; on ne comprendrait même pas que l'instituteur fît ses premières leçons de géographie ailleurs que sur le terrain, au pied d'un coteau, au bord d'un lac ou d'un fleuve, au besoin au bord d'une mare, d'un étang, d'un ruisselet, au besoin encore dans sa cour après une averse, dans son jardin où des taupinées peuvent se transformer en montagnes et créer des vallées ; qu'il n'immolât pas une demi-douzaine d'oranges, pour donner l'idée de la terre, de l'équateur, des parallèles, des méridiens, des pôles, etc. ; que, pour faire comprendre la succession des jours et des nuits, les saisons, les climats et bien d'autres choses, il ne promenât pas une terre de sa façon autour d'une tringle courbée en ellipse, avec un soleil, de sa façon aussi, à l'un des foyers. Qu'est-ce que les sciences physiques et naturelles sinon des constatations de faits ou de phénomènes s'accomplissant en grand ou en petit sous nos yeux ? À quoi servirait de discourir sur ces sciences si l'on ne montrait point les choses mêmes qui en sont l'objet et qu'en fin de compte il s'agit d'observer ? Autant vaudrait sortir de sous son vêtement une lanterne qui ne serait point allumée.

Je ne dis rien de l'écriture et du dessin, qui sont essentiellement des sciences d'aspect et d'imitation. Mais quels services ne nous rendent pas les lignes et les solides pour l'enseignement des éléments de géométrie que comporte l'école primaire ? Il nous souvient qu'à l'exposition de 1867 — comme cela est vieux déjà ! — un honorable membre du jury (M. Sonnet) se montra fort scandalisé de voir les moyens d'aspect introduits partout, les projections, les pénétrations, les lois de la perspective, de la mécanique, etc., rendues sensibles, matérialisées en quelque sorte. Ces procédés, qu'il qualifiait de diaboliques, devaient, disait-il, sous prétexte de faciliter l'étude, désaccoutumer les esprits de l'effort, les rendre paresseux à concevoir et à imaginer et les détourner de la science pure. Il s'apaisait cependant quand on lui faisait remarquer que tout cela était destiné à l'école primaire, c'est-à-dire à un enseignement où l'on n'a que le temps de voir... et de comprendre, si l'on peut. Mais, quoi que lui dît l'honorable M. Grosselin, il ne pouvait pardonner à la grammaire de prétendre, elle aussi, parler aux yeux, de donner aux dix parties du discours les couleurs de l'arc-en-ciel, faire le substantif bleu, l'adjectif rouge, le pronom orange, etc. C'est qu'en effet il y avait abus. A chaque instant, dans une lecture, dans une dictée, dans une leçon de grammaire ou de style, on peut montrer un objet pour en donner l'idée, pour aider à le définir ou à le décrire. Mais c'est aller trop loin, c'est faire la part trop belle à l'intuition, que de prétendre faire de la lecture, de la grammaire, de l'orthographe, du style, des sciences d'aspect. Laissons les moyens d'aspect proprement dits aux matières qui les comportent, disons mieux, qui les exigent. De plus, sachons nous arrêter à temps ou plutôt nous modérer peu à peu. Le cours élémentaire fait suite à l'école maternelle, en est comme un prolongement. Là, parlons aux yeux, beaucoup aux yeux. Mais peu à peu, dans le cours moyen, dans le cours supérieur, quittons les chemins détournés et allons tout droit à l'intelligence. Ainsi, même dans un cours élémentaire un peu élevé, nous cesserons de recourir aux bûchettes et au boulier-compteur pour nos leçons de numération. En histoire, peu à peu nous nous passerons de l'image ; nous nous contenterons d'un entretien ou d'un exposé portant en eux-mêmes assez d'intérêt pour captiver nos élèves et assez de lumière pour les éclairer ; nous plaindrions un maître qui n'obtiendrait l'attention que la baguette à la main, devant un tableau plus ou moins riche en couleurs et en personnages. Du reste, c'est bien là la marche que nous trace l'instruction qui accompagne nos programmes : « En tout enseignement, le maître, pour commencer, se sert d'objets sensibles, met les enfants en présence de réalités concrètes ; puis, peu à peu, il les exerce à en dégager l'idée abstraite, à comparer, à généraliser, à raisonner, sans le secours d'exemples matériels ».

Moyennant ces sages tempéraments, usons de l'enseignement par l'aspect et usons-en largement. Si pauvres que nous soyons, les ressources ne nous manquent pas : tout ce qui nous entoure est de notre domaine. Si notre horizon est borné, comme dans les villes, ménageons-nous des auxiliaires à demeure et qui ne nous encombreront pas : une collection d'objets ou au moins d'échantillons, et une collection d'images, c'est-à-dire une armoire et un carton bien garnis. Il est question de combustible? en voici sous toutes les formes : bois, charbon, houille, anthracite, lignite, tourbe; de métaux? voici du fer, du cuivre, du plomb, de l'étain, du zinc, même de l'argent et de l'or; d'alliages? voici du laiton, du bronze, de la menue monnaie, du métal d'Alger, du métal pour les caractères d'imprimerie; d'étoffes de laine, de coton, de toile, etc.? en voici les échantillons et les éléments; de plaines, de montagnes, de l'Océan? ouvrons notre précieux carton. Vous, montagnards, regardez ces riches plaines de la Beauce, de la Brie, du pays de Caux, des Flandres.... Vous, habitants des plaines, contemplez ces cimes, ces pentes, ces torrents, ces précipices; vous, enfants des villes, qui n'avez jamais franchi vos faubourgs, montez dans ce convoi et, sur votre trajet, saluez ces hommes au teint hâlé qui moissonnent ou qui vendangent; vous, enfants des campagnes, qui êtes allés en pays étrangers tout au plus jusqu'au canton voisin, prenez le train à votre tour et regardez par la portière du wagon : voici de hauts fourneaux qui flambent, des usines qui fument, des mineurs qui enjambent la benne et s'en vont, loin du soleil, conquérir des trésors plus précieux que ceux du Pérou et de la Californie. Pour tous, voici la mer, un port, une tempête.... Oh! l'image! notre premier bonheur, notre premier maître, presque notre première initiatrice au monde et à la vie, qui la multipliera dans nos écoles en la mettant à la portée de toutes les bourses? Quelle est la maison de librairie qui, pour nos leçons d'histoire notamment, entreprendra et mènera à bonne fin une galerie de tableaux maintes fois commencée et toujours restée en route, qui mettra dans notre carton le musée de Versailles et du Louvre, les monuments de la capitale et de la province, dont nous avons à parler et que, hélas! nous ne pouvons montrer que dans les chétives miniatures de nos livres classiques?

Nos auxiliaires pour l'enseignement par l'aspect seront donc surtout notre musée scolaire et nos collections d'images. Il va sans dire qu'on nous pourvoira d'ailleurs de cartes, d'un compendium métrique, de tableaux d'histoire naturelle, de livres illustrés. Mais terminons en disant que, ici comme ailleurs, notre principale ressource est en nous, dans notre *génie pédagogique*. Si ce génie nous manque, si, comme en poésie, nous « ne sentons point du ciel l'influence secrète », si nous ne savons pas trouver, créer au besoin des moyens d'enseignement par l'aspect, profiter des mille occasions qui se présentent dans notre vie quotidienne, dans notre classe, dans notre cour, dans notre jardin, dans nos promenades, de montrer, de *faire voir*, ce sera en vain qu'on nous entourera de l'outillage le plus complet et le plus perfectionné : les collections d'images resteront enfouies ou appendues aux murailles et les araignées fileront paisiblement leur toile dans les angles de notre musée scolaire. « Tant vaut le maître, tant vaut l'école »; traduisons cet adage par : tant vaut le maître, tant valent les procédés d'enseignement par l'aspect.

---

38. — L'ENSEIGNEMENT PRATIQUE

De l'enseignement pratique. — Que faut-il entendre par l'enseignement pratique à l'école primaire? — Donner des exemples.

Que faut-il entendre par un enseignement pratique? — Sans doute un enseignement qui, faisant bon marché des théories ou des choses simplement curieuses, va droit au but à atteindre, et ce but, sans doute aussi, est l'application la plus prochaine possible des connaissances acquises au métier, à la profession, à la carrière que l'on a en vue, dont on entend vivre d'abord, ensuite se faire un chemin à l'aisance et même à la fortune.

C'est à un enseignement semblable que pense le père de famille lorsqu'il nous amène son enfant : Apprenez-lui à lire, semble-t-il nous dire, à lire, à écrire, à compter; cela est de toute nécessité aujourd'hui pour la gestion des affaires. — Et les autres enseignements prescrits par le programme? — Vous en mesurerez la dose à ses besoins probables : « Des faits, rien que des faits », l'utile, rien que l'utile, monsieur le maître. Mon fils sera menuisier, charron, mécanicien, ingénieur : beaucoup de dessin, s'il vous plaît.... Je le destine au commerce : beaucoup de géographie commerciale et autre.... A la culture : Je l'y formerai, mais qu'il sache calculer promptement sur un marché, prévoir sûrement un bénéfice ou une perte sur une vente ou une acquisition de denrées ou de bétail, le profit qu'il pourra tirer de telle culture, de l'emploi de tel engrais, etc. Je veux faire de mon fils un employé de bureau : une belle écriture, pas mal d'orthographe ou de comptabilité.

Il a raison, ce père de famille. Il est positif comme un Américain, il est bon qu'il le soit. Car enfin, avant tout, il faut vivre, et son fils, au sortir de l'école, devra gagner son pain et son vêtement, peut-être le pain et le vêtement de son père et de sa mère vieillis, de ses frères et sœurs en bas âge. Pour cela, il faudra travailler, faire vite et bien, donner des preuves d'habileté dans son métier ou dans son art. Que lui serviraient alors les théories et les curiosités dont on aurait chargé son enfance et sa jeunesse? Il se dirait peut-être amèrement comme Jérôme Paturot : « Un garçon de caisse trouverait de l'emploi dans les vingt-quatre heures, et moi bachelier, ex-lauréat en thème grec et autres facultés, je suis repoussé de partout comme n'étant bon à rien!... » Oui, il faut que notre enseignement soit pratique, qu'il vise les besoins de la vie réelle et qu'il y réponde, qu'il soit une préparation plus ou moins éloignée à la profession probable.

Mais l'homme ne vit pas seulement de pain. A côté de la vie du corps et parallèlement, il y a la vie de l'âme qui a ses droits et ses exigences, qui doit avoir sa juste part dans nos préoccupations. Un maître qui la négligerait pour ne prévoir que les intérêts matériels, méconnaîtrait sa mission et amoindrirait considérablement son rôle d'*instituteur*; son enseignement mériterait l'épithète d'*utilitaire*, non celle de pratique.

Développer l'intelligence, fortifier le jugement, donner une saine direction à la volonté, former le caractère, faire prendre de bonnes habitudes; élever les esprits et les cœurs au-dessus, non de l'humanité, mais des intérêts vulgaires ou tout à fait présents: inspirer de nobles sentiments, faire naître l'idée du devoir et du sacrifice, montrer où est le vrai bonheur et quelle est la véritable destinée de l'homme ici-bas; amener à discerner la vérité de l'erreur, le bien du mal, le beau du laid, etc., c'est aussi être pratique et c'est l'être véritablement, puisque c'est préparer l'enfant d'abord « à son métier d'homme », à la vie complète et non plus seulement à la vie envisagée sous un de ses aspects les plus étroits, nous pouvons dire les plus mesquins et les moins dignes de nous.

Pourtant nous avouons qu'en restant fidèles à cette haute conception de notre tâche, nous pouvons manquer d'y être pratiques aussi. Si l'utile ne doit pas être notre seul mobile, avouons qu'il doit souvent nous diriger, nous déterminer, et que, dans tous les cas, l'*inutile* ou le peu *utile* doivent être absolument bannis de nos leçons.

Pour ma part, je retrouve, dans mes cahiers d'école normale, une foule de choses qui n'ont jamais servi qu'à surcharger ma mémoire et à encombrer mon cerveau, que j'ai oubliées immédiatement après l'examen et même avant, dont je n'ai jamais, dans tous les cas, tiré un profit appréciable.

En histoire, de longues listes de rois d'Égypte et d'Assyrie que, par parenthèse, je serais obligé de réformer aujourd'hui : il y a, paraît-il, de ces rois qui n'ont jamais vécu, qui n'ont point porté les noms que leur donne Moïse ou Hérodote, qui n'ont point eu les vices ou les vertus qu'on leur a prêtés pendant tant de siècles. En outre, pouvait-on compter que je retiendrais la série complète des empereurs romains, des rois d'Angleterre, des empereurs d'Allemagne, etc. ? Et, quand je l'aurais pu, quel usage voulait-on que j'en fisse pour moi-même et pour les autres, surtout pour mes élèves d'école primaire?

En zoologie, des études détaillées sur des oiseaux qu'on

trouve à peine dans les musées, sur des poissons qu'on ne verra jamais dans nos fleuves et rivières, sur des coquillages que les collectionneurs ont seuls intérêt à connaître, sur des animaux nuisibles qui ne nous nuiront jamais, ou des animaux utiles qui ne nous rendront jamais aucun service !

En botanique, quel déluge de noms ! quelles nomenclatures ! pas une famille ou une sous-famille n'est oubliée : les traités de botanique les plus complets n'en énuméreraient pas davantage. De quoi ai-je besoin en botanique ? De principes, de généralités, de données suffisantes pour me reconnaître au milieu des plantes de nos champs, de nos bois, de nos prairies, pour causer un peu avec moi-même dans mes promenades, pour réclamer le secours des plantes salutaires, me garer des vénéneuses et mettre mes élèves à même d'en faire autant.

En géographie, même excès : je faisais bien plus que savoir me guider à travers le monde : je connus la Chine à pouvoir conduire par la main le général de Montauban à Pali-ka-o, à Pékin et bien au delà ; la Russie d'Asie n'eut pas un nom barbare de ville ou de bourgade qui ne fût logé dans ma mémoire. Et la France ? ah ! la France, je dois le dire, n'est point non plus oubliée sur mes cahiers de géographie : ses côtes y sont notamment avec leurs moindres baies, leurs moindres fleuves, si importants que depuis, en les enjambant, j'ai eu le regret de ne pouvoir me les faire nommer par les gens du pays.

Je passe sous silence mes cahiers de géologie, d'anatomie, etc. Ils feraient honneur à un élève du Muséum ou de l'École de médecine, etc.

Je n'ai pas besoin de dire que mon examen fut brillant. Les savants professeurs qui étaient dans la commission complimentèrent mes maîtres : un ingénieur avait surtout été heureux de me faire dire quelque chose sur les *interférences*, question sur laquelle il était, paraît-il, très fort.

Je n'ai pas besoin de dire non plus qu'arrivé dans ma classe, j'eus hâte de déverser ce fatras de noms, de dates, de connaissances, et d'en inonder mes élèves. Pauvres chers enfants ! ils ne firent pas comme la grenouille de La Fon-

taine, parce que, Dieu merci, tout cela les effleura à peine.
Mais que de temps je leur fis perdre, jusqu'à ce que l'expérience, se joignant aux conseils d'un bon vieil inspecteur
primaire, m'avertit que l'enseignement que l'on m'avait
donné n'avait point été pratique, et que celui que je donnais
l'était encore moins !

Non, mon enseignement n'était point pratique, car il sur-
chargeait la mémoire de choses inutiles ou simplement
curieuses, sans aucun profit, ni pour cette éducation générale dont j'ai parlé plus haut, ni pour l'éducation professionnelle que l'école n'a point assurément pour mission de
faire et de parfaire, mais qu'elle doit néanmoins préparer
dans une juste mesure.

Devenu aujourd'hui plus sage, du moins à ce que je crois,
je suis mon programme. Mais, au lieu de l'étendre comme à
plaisir, je le restreins, s'il est nécessaire, pour l'accommoder autant que je le puis aux besoins vrais de mes élèves
en me conformant de mon mieux à ces conseils que je
trouve en tête de mon exemplaire : « ... Assurer aux
élèves tout le savoir pratique dont ils auront besoin dans la
vie et, par conséquent, ne jamais perdre de vue qu'ils n'ont
point de temps à perdre en discussions oiseuses, en théories
savantes, en curiosités scolastiques, et que ce n'est pas trop
de cinq ou six années de séjour à l'école pour les munir
du petit trésor d'idées dont ils ont strictement besoin et
surtout pour les mettre en état de le conserver et de le
grossir ensuite... ».

---

39. — DE LA CONVENANCE DU LANGAGE

De la convenance du langage dans l'enseignement primaire.
— Son importance au point de vue de l'éducation et de
l'instruction. — Applications aux principales matières du
programme.

J'ai lu, il y a des années déjà, un excellent livre intitulé :
Du bon langage. Si je l'avais aujourd'hui sous la main, je

pourrais, je crois, y puiser plus d'une idée qui irait très bien à mon sujet. Mais je l'ai prêté à un ami et, entre amis.... D'ailleurs, s'il m'en souvient, il contenait surtout des formules de politesse. Or, pour le moment, il s'agit de quelque chose de plus. Cette expression : « convenance du langage » a une plus grande extension ; elle embrasse le langage dans toutes les circonstances de la vie, notamment de la vie du professeur et de l'instituteur. J'ajouterais bien : « du professeur et de l'instituteur dans l'exercice de leur profession » ; mais à quoi bon cette restriction ? Le professeur, l'instituteur surtout ne cessent jamais d'être en fonctions : toujours on a les yeux sur eux, toujours on les observe ; toujours leur langage doit être noble et digne comme leur conduite. Toutefois, je vais les considérer particulièrement dans leur chaire ou au milieu de leurs disciples ; c'est là qu'ils sont surtout chargés d'élever et d'instruire et que leur langage a une portée singulière, une influence considérable sur les âmes et sur les esprits.

Combien un maître déteint sur ses élèves, nous le savons tous, et, si jeune qu'on puisse être dans le métier, on en a vite fait l'expérience ; au besoin, les souvenirs de notre propre enfance seraient là pour suppléer à notre action personnelle. Il déteint par ses exemples, par ses manières et aussi par son langage. L'enfant, en vertu de son si puissant instinct d'imitation, est un copiste fidèle en tous genres. Il importe donc à un haut point que le langage d'un maître soit non seulement correct, mais, comme nous le disions tout à l'heure, toujours noble et digne, d'autant plus que le langage, quelques précautions qu'on prenne, finit infailliblement par trahir la pensée et les sentiments ; que l'on peut, sans trop craindre de se tromper, dire du langage ce qu'on a dit du style, « qu'il est l'homme même ». C'est lui qui, à moins d'être de commande comme au théâtre, révèle tout d'abord notre état moral, et il est bien vrai que « la bouche parle de l'abondance du cœur ». En général, un langage bas et trivial dénote le manque de culture et souvent quelque chose de pire ; le « bon langage » au contraire est comme le cachet d'une âme qui sent sa noblesse, qui se respecte et qui entend se faire respecter. Notre langage sera donc un des facteurs les plus efficaces de l'éducation que nous devons à nos élèves et, à ce titre, il méritera tous nos soins et toute notre attention ; sans jamais tomber dans le pédantisme, nous le tiendrons à une certaine hauteur. Ce sera, du reste, le meilleur moyen de nous faire écouter ; car, sachons-le bien, l'enfant a une fierté et un amour-propre innés : un maître dont le langage serait commun et vulgaire, perdrait bientôt auprès de lui toute autorité et tout prestige.

La noblesse et la dignité ne sont pas les seules qualités qui constituent la parfaite convenance du langage, surtout chez le professeur. Il y a en outre la correction, la clarté, la précision, l'appropriation à l'auditoire et aux matières enseignées.

Nous n'insistons pas sur la correction du langage. Les incorrections dans le style écrit sont pénibles et produisent une impression défavorable, même chez ceux qui se targuent de dédaigner la grammaire et qui se sont plu, dans ces derniers temps, à la maltraiter. Les incorrections dans le langage, ce style parlé, surprennent chez un maître qui est précisément chargé d'enseigner la langue française sous ses meilleures formes ; si elles se répètent, elles ont bientôt donné une triste idée de sa compétence pour la fonction qu'il exerce.

La clarté, la précision et même une certaine concision, nous sont d'autant plus nécessaires que nous nous adressons à des esprits lents, mal préparés, susceptibles de prendre le change sur le sens et la valeur de nos expressions, habiles seulement à trouver des prétextes pour nous échapper et nous retirer leur volage attention. Nos élèves ne nous comprendront et ne nous suivront qu'autant que nos paroles feront dans leur intelligence une vive lumière et n'y laisseront ni ombre ni obscurité ; que nous ne les fatiguerons pas par des longueurs et par une stérile abondance : on peut se répéter, revêtir sa pensée de plusieurs formes pour se mettre à la portée de ses auditeurs, sans pour cela manquer à la concision, encore moins à la précision et à la clarté. Ces qualités si précieuses pour un maître, sont souvent un don de la nature ; il est difficile d'y arriver quand on n'y est pas aidé par une heureuse prédisposition. Cependant, on peut, dans une certaine mesure, les acquérir. Le moyen le plus sûr pour cela, le seul sur lequel je m'arrêterai en ce moment, c'est la préparation de nos leçons.

Possédons bien notre sujet. Ce sera pour nous ce que demande tout d'abord Boileau : « ce que l'on comprend bien... », et « les mots » pour nous énoncer clairement et avec la facilité désirable, ne nous manqueront pas : nous serons assez clairs, assez précis, assez concis, pour instruire un auditoire sans le rebuter et sans le fatiguer. Du reste, nous avons en outre à notre disposition l'effort, l'exercice, l'habitude, qui ont si bien servi Démosthène et qui peuvent nous rendre aussi, nous qui ne sommes pas des Démosthènes, moins inhabiles à exprimer nos pensées dans des conditions satisfaisantes.

Mais notre langage ne sera véritablement convenable que quand nous saurons l'approprier à nos auditeurs et aux matières que nous avons à traiter. On ne parle pas devant un tribunal comme devant les foules, dans une réunion de famille comme dans une assemblée publique, à des rustres comme à des lettrés et à des savants ; on ne parle pas non plus devant des enfants comme devant des hommes faits et, avec les enfants, il y a encore à tenir compte de l'âge et du développement intellectuel. Les nuances varient suivant l'auditoire. Ces nuances, il faut les saisir et les observer, sous peine de manquer « aux convenances du langage ».

Avec les petits, sans nous relâcher des règles générales que nous posions tout à l'heure, descendons des hauteurs de notre rhétorique ; devant eux, que notre langage soit simple et familier : tirons de notre réserve les mots et les expressions qui sont à leur portée et qui s'harmonisent avec leur vocabulaire, qui l'enrichissent peu à peu et le réforment en tant que de besoin. Ici, défions-nous particulièrement de nous-mêmes : nous oublions que, la plupart du temps, nous parlons une langue étrangère en croyant parler la langue maternelle et tout en nous exprimant dans un excellent français; nous croyons être compris et nous ne le sommes pas, d'où d'amères déceptions que nous nous éviterions si nous avions soin de nous rappeler devant qui nous sommes, de songer que nos pauvres enfants comprennent à peine la moitié de nos mots et de nos expressions. Dans le cours moyen et le cours supérieur, nous pourrons être moins timides. Toutefois, nous nous tiendrons encore sur nos gardes; nous n'élèverons que graduellement notre langage jusqu'à ce que nous sentions que nos élèves sont enfin en possession non de la langue française dans son entier, mais au moins de cette langue commune qui, à cette heure, doit être le patrimoine de tous.

Parlons maintenant de l'appropriation du langage aux principales matières du programme.

Au théâtre, « chaque passion parle un différent langage ». Il en est un peu de même dans l'enseignement : chaque matière, par exemple la morale, l'histoire, la géographie, les mathématiques, peut-être même les sciences physiques et naturelles, demande à être traitée dans un langage qui lui est propre et qui ne va bien qu'à elle.

Disons d'abord qu'il est un style qui ne convient à aucune et que nous nous interdirons absolument, dont nous nous garderons à l'égal de la bassesse et de la trivialité dans n'importe quelle circonstance, c'est le style ampoulé : les mots « longs d'une toise » (*sesquipedalia verba*) emplissent la bouche et frappent les oreilles sans rien dire à l'esprit : ils étonnent particulièrement les échos de nos modestes écoles primaires; ils sentent le pédantisme et la prétention à plusieurs lieues; laissons-les donc aux cerveaux vides qui ont besoin de pallier leur ignorance, de s'étourdir eux-mêmes en étourdissant leurs auditeurs : « Les grandes choses n'ont besoin que d'être dites simplement; elles se gâtent par l'emphase. Il faut dire noblement les plus petites : elles ne se soutiennent que par l'expression, le ton et la manière. » (*La Bruyère.*)

Nous faisons ces réserves particulièrement pour les leçons de morale. Par la grandeur de son origine et de son objet, la morale se prête à une certaine élévation de langage; elle émeut, et le professeur est tenté de mettre son langage à la hauteur de ses sentiments. Il peut le faire sans recourir aux grands mots, en demeurant simple et naturel. « La force de l'éducation morale, disent les prolégomènes de nos programmes, dépend bien moins de la précision, de la liaison logique des vérités enseignées — et l'on peut dire aussi des mots et des phrases employés pour les exprimer, — que de l'intensité du sentiment, de la vivacité des impressions et de la chaleur communicative de la conviction. » Un ton convaincu, une parole grave, chaleureuse à son heure, une émotion vraie mais contenue, et que le sujet comportera, voilà ce qui, bien mieux que les éclats de voix et les grands mots, produira ces vives impressions dont parle le programme, « agira sur l'être sensible, fera vouloir », fera naître et entretiendra ces heureuses dispositions du cœur et de l'esprit qui « inclinent la volonté libre vers le bien et gouvernent la vie ».

Les mathématiques exigent surtout de la clarté et de la précision, d'autant plus que l'on compte particulièrement sur elles pour former les enfants à voir juste et à tirer de principes sûrs des conséquences rigoureuses. De l'obscurité dans le langage, de l'impropriété dans les termes et surtout le manque de précision, rendent une leçon de mathématiques aussi pénible qu'improductive. Souvenons-nous que les mathématiciens sont chatouilleux et irritables à l'égal des poètes (*genus irritabile vatum*); la moindre inexactitude, rien que dans une définition, leur paraît un outrage à leur science aimée. Ils ont raison; étudions-nous à les satisfaire par la clarté, la rigueur, la propriété des termes que nous emploierons. Au besoin, faisons-leur des emprunts; ils nous en sauront gré et, peu à peu, formés sur leurs modèles, nous acquerrons cette clarté et cette précision dont, du reste, les sciences exactes ne sauraient se passer et sans lesquelles elles cesseraient de mériter leur nom. Cependant, ne nous faisons pas esclaves au point de n'oser présenter les choses à notre façon, sous une forme qui nous soit propre, en termes moins rigoureux qu'il le faudrait peut-être, mais qui nous paraissent plus accessibles à des intelligences encore faibles et peu ouvertes. Pour le moment, le grand point, c'est d'être compris sans trop de peine ; la parfaite convenance des termes, la justesse irréprochable de l'expression viendront plus tard et peu à peu. C'est ainsi que les définitions des quatre opérations fondamentales de l'arithmétique peuvent n'être pas tout d'abord aussi générales ni aussi rigoureuses que les ont faites les mathématiciens.

L'histoire se prête à un langage plus libre, plus varié et plus coloré. On peut y rompre la monotonie du récit ou de l'exposé par des paroles d'admiration pour le génie ou pour la vertu, d'indignation et de mépris pour la lâcheté ou la trahison. Des accents douloureux, un langage empreint de tristesse s'imposeront quand nous raconterons la mort de Jeanne d'Arc ou celle de Turenne, la funeste retraite de Russie ou nos malheurs de 1870. Ici, il doit y avoir comme des harmonies secrètes qui mettent le ton et la parole en parfait accord avec les sentiments éprouvés, qui fassent écho à la conscience de l'honnête homme et du patriote. L'histoire est une peinture qui doit être vraie dans tous ses détails, refléter à la fois la scène et le milieu où elle se passe. Que dirait-on d'un tableau où la mélancolique Bretagne s'étalerait sous le ciel de la chaude Italie? Que dirait-on aussi d'un historien qui raconterait de grandes infortunes sur un ton léger, des événements à peu près indifférents en mots sonores et à effet?

Les sciences physiques et naturelles sont essentiellement descriptives ; on doit s'y montrer simple, clair, précis comme ailleurs. Mais on peut s'y laisser aller à une certaine abondance, sans toutefois que cette abondance dégénère en verbiage et en longueurs. Elles comportent l'expression pittoresque, le style un tant soit peu imagé, une douce chaleur, mais non de grands mouvements et des accès de sensibilité, à moins que, ce qui pourra arriver, dans les promenades scolaires par exemple, les auditeurs ne se trouvent en présence de quelque grande scène de la nature. La forme qui leur sied en général, à l'école primaire, est moins l'exposé continu que des entretiens familiers, souvent amenés par les circonstances. On voit dès lors que le ton et le langage qui leur conviennent sont le ton et le langage d'une conversation de bon goût entre le maître et ses élèves.

C'est ainsi que notre langage se trouvera approprié à notre situation et à nos enseignements. Nous aurions pu insister davantage sur les convenances de langage à observer dans nos rapports quotidiens, en quelque sorte extra-scolaires, avec nos élèves et avec leurs parents, exprimer des regrets sur le « sans façon » dont on use quelquefois envers les uns et envers les autres, et dont se plaignait en son temps Mme Pape-Carpantier. Mais ceci est une affaire d'éducation, et l'éducation ne manque plus aujourd'hui à aucun de nos maîtres. Nous avons préféré entrer plus avant dans la profession même.

Il nous resterait, sinon pour remplir tout notre programme, du moins pour compléter notre pensée, à signaler ici les maîtres dans l'art si délicat de parler avec convenance aux enfants, notamment aux enfants des écoles primaires. Nous venons d'en nommer un et nous pourrions en nommer bien d'autres. Nous en trouvons de vivants dans la plupart des professeurs distingués dont Fontenay et Saint-Cloud ont peuplé nos écoles normales. Nous en trouvons en outre dans d'excellents ouvrages que nous ont laissés nos devanciers. A nous d'écouter ceux-là et de lire ceux-ci, de les lire presque jusqu'à les savoir par cœur, de manière à nous mouler en quelque sorte à leur effigie, à les faire revivre jusque dans la langue qu'ils ont employée, qu'ils ont quelquefois créée, qu'ils nous ont léguée comme une partie d'eux-mêmes. Nous voudrions qu'on nous exerçât à les imiter dès l'école normale et que, dans l'appréciation des leçons probatoires que nous faisons soit devant nos condisciples, soit devant les élèves de l'école annexe, l'élégance et la convenance du langage fissent l'objet d'une critique et d'une note spéciale. Ainsi nous serions amenés à attacher à la forme presque autant d'importance qu'au fond lui-même, à nous préoccuper davantage de la « parfaite convenance du langage dans l'enseignement primaire ».

40. — LA PAROLE DU MAITRE

On a dit souvent qu'à l'école primaire, « le meilleur livre pour l'enfant, c'est la parole du maître ». Dites ce que vous pensez sur cette question.

Suivant J.-J. Rousseau, « l'éducation nous vient de la nature, ou des hommes, ou des choses ». On peut dire qu'à l'école primaire les vrais facteurs de l'instruction et de l'éducation sont, d'une part, le maître, de l'autre, le livre. Lequel est le plus puissant? Lequel contribue le plus efficacement au produit? Telle est, au fond, la question contenue dans le sujet que nous voulons traiter.

Cette question peut être envisagée au point de vue absolu et au point de vue relatif, et encore au point de vue théorique et au point de vue pratique.

Au point de vue absolu et théorique, elle mériterait à peine d'être posée.

Il nous revient à l'esprit cette pensée si juste de Locke, que « les premières lectures de l'enfant doivent être utiles et attrayantes ». — Il n'est pas de maître qui ne tombe d'accord avec le sage pédagogue anglais qu'aussi bien à l'école primaire que dans la famille, le livre, le premier livre surtout, doit être agréable par sa forme, agréable et utile par son contenu. Dieu merci, les livres qui réunissent ces deux qualités, même les livres didactiques, ne sont pas rares aujourd'hui. La science, les connaissances accessibles au jeune âge sont souvent présentées avec un charme merveilleux. Nous voudrions redevenir jeune pour boire à cette coupe enchantée, nous pour qui l'initiation à la vie morale et intellectuelle a été accompagnée de tant de labeurs. Et pourtant, si bien paré qu'il soit, de quelques séductions dont on l'entoure, le livre ne peut perdre toute aridité ni combler les lacunes inhérentes à sa nature même. S'il n'est plus comme ceux qu'on nous mettait jadis entre les mains, en quelque sorte scellé des sept sceaux à l'instar de celui dont il est question dans l'Apocalypse, il est toujours, par certains côtés, le *professeur muet* dont se plaint Montaigne, la statue qui ne peut que nous étaler la beauté de ses formes, quelquefois, quoi qu'il fasse, un sphinx plus ou moins fécond en énigmes ou laissant maintes questions sans réponse. S'il raconte, s'il décrit, s'il démontre, il n'admet ni réplique, ni objection; que vous le compreniez ou que vous ne le compreniez pas, que votre intelligence soit vive ou lente à saisir, il ne s'en inquiète pas : il est impassible, froid, même quand il prétend s'échauffer, insensible, même quand il pleure et veut faire pleurer.

Tel n'est pas le maître qui parle. Lui, il a une voix, un regard, une physionomie, des gestes et des attitudes. Cette voix frappe et émeut, ce regard pénètre jusqu'au fond de l'âme, cette physionomie s'anime pour rendre toutes les nuances de la pensée et du sentiment, ces attitudes et ces gestes doublent l'effet visé; entre le maître et le livre, il y a là une distance infinie, la distance de la nature vivante à la nature morte, si belle qu'on ait pu la faire. Aussi, quand le maître entre en scène et qu'il parle, comme nous sentons, comme nous comprenons, comme nous nous animons nous-mêmes! Comme nous sommes vite à l'unisson de ce cœur qui bat, de cette intelligence qui se révèle, de cet instrument qui éclate en notes harmonieuses! Comme nous sommes autrement émus et subjugués que par le livre! Et c'est pour cela que l'orateur à la tribune improvise ou débite son discours au lieu de le lire; que le professeur dans sa chaire parle, commente, explique au lieu de recourir au livre le mieux fait. Et voyez la différence entre la parole et la lecture. Vous venez d'entendre un discours, une conférence, une leçon. Nous y avons été tout yeux et tout oreilles. La sténographie a pris au vol les éloquentes paroles, les voici reproduites par la presse, dans un journal ou dans un beau livre; nous les relisons.... Quelle déception! Le charme a disparu. Pour le retrouver, il faut que, par un effort d'imagination, nous nous reportions au pied de la tribune ou de la chaire d'où elles sont descendues. Et c'est ainsi que des orateurs ou des professeurs très courus paraissent dans leurs ouvrages si fort au-dessous de leur réputation : les chefs-d'œuvre seuls survivent à leurs auteurs.

De ces grandes choses passons aux petites : de la tribune ou du haut professorat venons à la modeste école primaire. Le maître est là avec l'autorité morale qu'il tient de la gravité de sa vie et de son maintien, de sa fonction et du savoir spécial qu'elle suppose. Il est là aussi plein de sollicitude et d'affection, ayant le sentiment de la faiblesse de ses écoliers, et sachant y condescendre, cherchant le chemin des jeunes intelligences qu'il a à ouvrir, des jeunes cœurs qu'il a à former ; laissant volontiers intervenir ses petits auditeurs et les provoquant à le faire, suscitant l'effort et encourageant la spontanéité ; admettant les questions et ne répugnant point aux répétitions, etc. Combien ce livre complaisant, qui est toujours prêt à se rouvrir, à élever ou à abaisser son ton, à incliner sa science, et jusqu'à ses expressions suivant les besoins, l'emporte sur le livre qui se présente tel quel, qui ne peut changer un iota à son texte, qui n'est savant qu'à un seul degré, et dont la science est immuable !

Oui, le meilleur livre à l'école primaire, c'est la parole du maître. Il serait à désirer que cette parole pût toujours et partout se faire entendre. Mais est-il possible, est-il bon d'ailleurs qu'il en soit ainsi? C'est ici que se présente le second point de vue de la question que nous traitons, le point de vue relatif et pratique.

S'il s'agissait de l'enseignement oral continu et exclusif, nous nous prononcerions hardiment pour la négative, et nous rappellerions toutes les objections que l'on peut faire, et que l'on a faites contre l'enseignement oral ainsi compris, à savoir :

Qu'il prend beaucoup de temps ;

Qu'il fatigue et épuise bien vite un maître obligé d'en faire emploi pendant six heures presque consécutives ;

Qu'il supprime le travail personnel ;

Qu'il est fugitif et ne laisse pas de traces durables ;

Qu'il prive l'écolier, quand il a grandi, du secours de ses livres classiques, etc.

Mais nous nous rappelons que la question n'est pas : « De l'enseignement oral, de ses avantages et de ses inconvénients », mais qu'il porte tout entier sur la « parole du maître » et sur la question de savoir si cette parole est, par elle-même, meilleure que tous les livres ; à ces conditions, nous n'hésitons pas à affirmer que, toutes les fois que le maître peut se substituer au livre, en le faisant dans la mesure que comportent le temps et les forces dont il dispose, son enseignement, pour les raisons que nous avons développées plus haut, est bien autrement profitable à ses élèves que celui qu'ils trouveraient dans le meilleur livre. Nous disons même que celui-ci ne devient un auxiliaire efficace, que quand il est le résumé ou comme la formule de la leçon exposée dans sa chaire, devant la carte ou au tableau noir.

---

41. — LE LIVRE ET L'ENSEIGNEMENT ORAL

« Quelle part faites-vous au livre et à l'enseignement oral dans votre classe, particulièrement en ce qui concerne l'enseignement de l'histoire et de la grammaire ? »

On a pendant longtemps usé et abusé du livre. Le maître se contentait d'indiquer une leçon à la suite de la précédente, se fixant en général pour la donner sur le nombre de lignes qu'elle contenait. Le lendemain, il la faisait réciter mot à mot. Si elle n'était pas sue, il la donnait à rapprendre (le plus souvent comme punition pendant la récréation). Si elle était sue, il en indiquait une autre à la suite de la première, et cela sans essayer de relier cette leçon à la précédente, sans s'assurer, la plupart du temps, si l'enfant avait conservé le souvenir de celle-ci.

De cette façon d'enseigner par le livre il résulte pour le maître un rôle en quelque sorte passif ; le livre est le vrai professeur ; c'est par lui que l'enfant acquiert quelques connaissances. Heureux si ces connaissances vont droit à son esprit, s'il sait en retirer quelque ressource pratique.

Le plus souvent il n'en est pas ainsi : les leçons que

l'enfant a apprises par cœur dans son livre s'entassent dans sa mémoire sans apporter aucune lumière à son intelligence. Rabelais nous fournit des exemples d'une éducation ainsi donnée au jeune Gargantua, qui, placé sous la férule de ses précepteurs, Thubal Holopherne et Jobelin Bridé, savait si bien ses leçons mot à mot qu'il pouvait facilement les réciter au rebours, c'est-à-dire en les commençant par la fin. — Montaigne nous fait la même peinture : « Faites à l'écolier une question sur ce qu'un de ses livres lui a appris, dit-il, vous êtes étourdi par la volubilité de ses réponses ; il vous écrase de tout le poids de sa science. Mais faites-lui une question qui fasse appel à son bon sens, faites-lui une question relative à l'observation pratique de tel ou tel objet, il reste tout interdit et ne sait plus que répondre. » — « Arrière la science livresque », nous dit notre grand penseur périgourdin ; « formons l'esprit, le bon sens de nos enfants, apprenons-leur à penser, à trouver par eux-mêmes. Que le précepteur ne cherche pas à les éblouir en étalant devant eux une science au-dessus de leur portée ; qu'il s'assure qu'il est compris d'eux, qu'il pénètre leur intelligence, et qu'il mette son enseignement à leur niveau. Qu'il ne se contente pas du mot à mot de leur leçon, qu'il la leur fasse répéter de cent manières différentes. Qu'il ne laisse passer aucune expression qui n'ait été bien expliquée, bien comprise.... »

Je suis entièrement de l'avis de Montaigne et je m'inspire dans mon enseignement des conseils qu'il donne aux précepteurs dans son excellent chapitre xxv des *Essais*. Je fais appel aux facultés d'intuition de mes élèves ; je me contente de leur ouvrir le chemin ; je le leur laisse quelquefois ouvrir eux-mêmes. Je les fais trotter devant moi, selon l'expression de Montaigne, me contentant de leur servir de guide.

Ce n'est pas le livre qui peut être mon premier appui dans cette façon de comprendre l'enseignement. Le livre n'est pas l'ami de l'enfant ; il ne le devient que quand celui-ci le comprend bien, quand il lui sert d'auxiliaire pour retrouver des choses dont son maître lui a parlé. Il l'ouvre alors avec plaisir et se plait à chercher et à apprendre la leçon que son maître vient de lui expliquer.

Le livre occupe le deuxième plan dans mes leçons. Je ne le bannis pas, bien loin de là, car il me rend de grands et très utiles services; mais je commence toujours par donner ma leçon oralement et, autant que cela est possible, j'en fais trouver les éléments à mes élèves. — C'est ainsi que je procède, par exemple, dans l'enseignement de la grammaire; bien loin de donner à apprendre par cœur les règles, je prends un exemple ou plusieurs exemples différents, puis, posant à l'enfant une suite de questions, je l'amène à formuler lui-même la règle dont l'exemple n'est que l'application. Cette règle, alors, il peut l'écrire sur son cahier, il peut la chercher dans son livre, il peut l'apprendre par cœur, je suis sûr qu'il l'a comprise et qu'il saura l'appliquer.

Supposons qu'il s'agisse d'enseigner la grammaire aux tout petits enfants. Considérant les objets qui sont dans la classe tout autour de nous, j'attire leur attention sur tous ces objets, puis je leur pose des questions. « Qu'est-ce que cela? — Un banc. — Et cela? — Un tableau. — Et cela? — Une table, etc.... » Je les amène à trouver que le mot qui sert à nommer ces objets est le *nom*. Je continue ensuite mes questions : « Quelle est la couleur du tableau? — Il est noir. — La couleur du mur? — Le mur est blanc. — Comment est ce livre! — Gros. — Celui-là? — Petit, etc. » Je fais remarquer aux élèves la différence de forme, de grandeur, de couleur, etc., et j'ajoute alors que tous les mots qu'ils ont nommés et qui expriment les différentes manières d'être du nom sont des adjectifs. Je procède de même pour les variations en genre et en nombre du nom et de l'adjectif. L'enfant trouve toujours lui-même. Mon enseignement s'élève un peu plus, à mesure que mes élèves sont plus âgés et plus avancés, et toujours je les amène à formuler eux-mêmes les règles. Ils aiment leurs livres et y apprennent avec plaisir, parce que leur leçon ne leur paraît pas difficile : ce ne sont pas des mots qu'ils apprennent, mais des idées, et ces idées ne sont pas étrangères à leur esprit, puisqu'ils les ont trouvées eux-mêmes.

Pour l'enseignement de l'histoire, je n'ai pas d'autre méthode. Je raconte à mes élèves le règne de tel ou tel roi, mais, avant de commencer, je prépare mon petit auditoire. « A qui succède François Ier? — A Louis XII. — Qui était Louis XII? — Le duc d'Orléans; il avait succédé à son cousin Charles VIII; il avait fait plusieurs campagnes en Italie pour conquérir le royaume de Naples et le Milanais. — Très bien. Au moment de la mort de Louis XII, les campagnes d'Italie étaient-elles terminées? Louis XII avait-il été vainqueur? Un traité était-il venu régler les affaires du roi de France en Italie? — Non. Louis XII avait été vaincu à Novare et à Guinegate : les armées ennemies étaient toutes prêtes à profiter de la première occasion pour envahir la France, etc. — Bien; et alors que doit faire François Ier? — Il doit défendre son royaume; il doit continuer la guerre. — En effet, les guerres d'Italie continuent. » Une fois sur ce terrain, je commence à raconter le règne de François Ier, sûr que mes élèves me comprennent. Ils me suivent sur le champ de bataille de Marignan, sur celui de Pavie, avec plaisir, avec entrain, trouvant bien souvent eux-mêmes les faits que je propose à leurs recherches. Ils comprennent pourquoi François Ier est fait prisonnier à Pavie, ils admirent le valeureux Bayard, blessé à mort à Romagnano, se passionnent de colère contre le traître Bourbon, etc. Je termine ma leçon en indiquant la page du livre où ils retrouveront tout ce que nous venons de dire. Ils se retirent contents, très pressés d'ouvrir leur Histoire de France pour retrouver les héros dont ils viennent de s'entretenir.

Cette marche indique assez la part que je fais, dans mon école, à l'enseignement oral et au livre.

Mon principe est celui-ci : « Rien ne doit entrer dans la mémoire qui n'ait passé par l'intelligence ».

Or, pour faire pénétrer mes leçons dans l'intelligence, je les fais moi-même : voilà pour l'enseignement oral. Pour préciser ces mêmes leçons et pour les fixer définitivement dans la mémoire, j'en fais apprendre au moins le résumé par cœur : voilà pour le livre.

Je voudrais bien que mes élèves fissent eux-mêmes ce résumé, mais le procédé ne m'a pas réussi. C'était long, c'était laborieux; même, malgré tous nos soins et notre bonne volonté, c'était mal écrit à tous les points de vue; c'était médiocre, quand ce n'était pas mauvais. Je suis donc revenu aux livres : il y en a aujourd'hui tant et de si bons ! Seulement, je préfère ceux qui se dédoublent en livre du maître et en livre de l'élève : le livre du maître ne m'impose pas ma leçon, mais il la prépare pour moi; il m'épargne un travail et des recherches que je n'ai pas toujours le temps de faire. Conforme aux programmes, il m'indique ce que j'ai à dire et à peu près la manière dont je dois le dire. Je le lis attentivement, plusieurs fois s'il le faut ; je le ferme et je parais, armé de toutes pièces, devant mon petit auditoire, ce qui ne m'empêche pas le moins du monde d'être moi-même, de dire ce que je veux et de ne dire que ce que je veux; je suis plus ferme sur mes étriers, voilà tout. Ma leçon terminée, mes élèves la retrouvent dans leur livre à eux, la sachant presque à l'avance, dans tous les cas, la comprenant et bientôt en état de me la réciter avec intelligence et en bons termes. J'ai fait ainsi de l'enseignement oral et j'ai usé du livre; je crois avoir sagement combiné les deux moyens d'instruction et d'éducation que nous avons à notre disposition; j'ai confiance dans cette méthode, dont l'expérience m'a montré l'efficacité et les heureux résultats.

---

42. — LA LEÇON

La leçon. — Formes qu'elle peut prendre. — Comparer ces formes entre elles et conclure. — Applications soit au cours moyen, soit au cours supérieur.

Longtemps, à l'école primaire — et ailleurs, — on se contentait d'indiquer aux enfants le passage de grammaire, d'histoire, de géographie, etc., qu'ils devaient apprendre par cœur et ensuite de le leur faire réciter : c'était là un exercice de mémoire et non une leçon. Plus tard, on a expliqué ce passage, soit avant de le faire apprendre par cœur, soit après l'avoir fait réciter : c'était un progrès considérable, mais ce n'était pas encore là une *leçon* à proprement parler. Enfin les maîtres ont été amenés à *professer*, à prendre la parole devant leurs élèves, à être eux-mêmes l'historien, le grammairien, le géographe, etc., en un mot à donner eux-mêmes et directement les divers enseignements. A la bonne heure ! voilà la *leçon* véritable, celle qui mérite vraiment ce nom. C'est de cette leçon-là que nous avons à parler ici pour dire les formes variées qu'elle peut prendre et ensuite celle de ces formes à laquelle nous donnons la préférence.

Nos voisins de Belgique étalent volontiers une formidable nomenclature de méthodes d'enseignement. Ils ont : la méthode d'exposition continue, la méthode d'exposition interrompue, la méthode socratique, la méthode euristique, la méthode catéchétique, la méthode intuitive, etc. De toutes ces méthodes qui, pour la plupart, ne sont que des formes ou des procédés d'enseignement, je ne veux retenir, pour le moment, que la méthode d'exposition et la méthode interrogative.

Les professeurs du haut enseignement, quelquefois aussi les professeurs de l'enseignement secondaire, montent dans leur chaire et, de là, débitent magistralement la leçon qu'ils ont écrite ou qu'ils improvisent. Leurs auditeurs demeurent passifs et silencieux, prenant tout au plus des notes, qui leur serviront, s'il y a lieu, à une rédaction. Beaucoup de nos maîtres, quand vint la substitution de l'enseignement oral à l'enseignement exclusivement donné par le livre, crurent pouvoir les imiter. Nos jeunes normaliens et nos jeunes normaliennes n'y manquèrent pas. Ils parlèrent et parlèrent encore *ex cathedra*, heureux de pouvoir déverser leurs nombreuses connaissances sur un public ébahi et émerveillé. Hélas ! quelles déceptions les attendaient ! Leurs élèves écoutèrent d'abord, puis bientôt n'écoutèrent plus : la somnolence leur vint, quand la légèreté de l'âge, l'amour du bavardage ou l'esprit d'espièglerie ne reprenaient pas le dessus. Dans tous les cas, comme le dit le proverbe : *verba volant*, les paroles s'envolaient et il ne restait du magistral enseignement que des traces fugitives et à peine sensibles. C'est que la forme d'exposition continue ne convient point à l'école primaire, pas plus qu'à une première éducation quelconque. L'enfant veut bien apprendre; il ne demande pas mieux que d'apprendre. Mais il n'entend point qu'on l'instruise sans lui, il veut que l'on cause, que l'on s'entretienne avec lui, qu'on le fasse intervenir dans sa propre éducation et qu'on l'appelle à y coopérer. Exposons, parlons devant nos élèves. Mais convions-les à exposer et à parler à leur tour. Et voyez combien nous y gagnerons : l'attention sera provoquée et tenue en éveil; le besoin d'activité — besoin immense, impérieux dans l'enfance — sera satisfait; par un exercice continuel, les facultés se développeront : l'esprit de recherche et d'observation, le jugement, le raisonnement, la sensibilité même, si nous nous y prenons bien. Vienne la part à faire à la mémoire; que l'enfant fasse ou trouve ici ou là un bon résumé de ce dont on lui a donné d'intelligence par un entretien bien conduit, et nous verrons se produire tous les avantages de l'enseignement oral.

Mais procéder ainsi, c'est recourir à la méthode d'exposition interrompue. C'est donc cette forme que nous préférerons à l'école primaire. Toutefois, nous en userons à divers degrés, à diverses doses, pouvons-nous dire. Dans le cours élémentaire, nous prodiguerons les interrogations, nous provoquerons les réflexions; notre leçon sera une causerie et ne sera guère que cela. Peut-on, sauf quelques moments donnés à des essais, à des ébauches de travail personnel, demander à des enfants de six, sept ou huit ans, autre chose que d'écouter un peu et de causer beaucoup? Mais, dans le cours moyen, nos enfants écouteront davantage et parleront moins, parce qu'ils sont plus en état de saisir, de comprendre, de s'assimiler ce que nous leur disons. Dans le cours supérieur, les interruptions seront plus rares encore. Il y a là un auditoire déjà formé, apte à suivre un récit, un raisonnement, à classer des idées, peut-être à prendre des notes et à rédiger ensuite. Cependant, n'oublions pas que même dans un cours supérieur, même dans un cours d'école normale, il y a des esprits lents ou tardifs à sonder, à stimuler, à faire travailler et à guider; des attentions à réveiller et à soutenir, une collaboration à exiger, collaboration sans laquelle les intelligences ne s'ouvrent pas, et sans laquelle aussi l'éducation demeure imparfaite, quand elle se fait.

Ainsi donc, l'emploi mesuré, gradué de la forme d'exposition interrompue, c'est-à-dire mêlée d'interpellations, d'interrogations, de recherches et de découvertes faites en commun, unie, bien entendu, quand il y a lieu, aux procédés intuitifs, voilà ce que nous regardons comme devant dominer dans l'enseignement oral, dans la leçon orale si l'on veut, et comme en étant le seul élément de succès.

Mais, nous dira-t-on, et la méthode, la forme interrogative, la dédaignez-vous? — Oui, répondrons-nous; l'interrogation, comme on vient de le voir, entre dans nos procédés d'exposition; dans le cours d'une leçon, elle permet de s'assurer de l'attention qui y est donnée; à la fin d'une leçon, elle en contrôle et en affermit les résultats. Comme forme exclusivement employée, elle est une méthode de perroquet; elle ne met en jeu que la mémoire et ne travaille que pour elle; elle ne donne que des formules après lesquelles la leçon est à recommencer. Dans notre système, elle ne peut être employée qu'en dernier lieu, et sur ce point nous nous trouvons d'accord avec les auteurs de leçons écrites, qui placent un questionnaire à la fin de leurs chapitres.

J'ai parlé de la gradation qu'il fallait mettre dans l'emploi de la méthode d'exposition interrompue. Un exemple fera mieux comprendre ma pensée, je l'emprunte à l'enseignement géographique. Dans le cours moyen, j'ai parlé de nos possessions ou de nos établissements sur la côte occidentale de l'Afrique, et voici comment je m'y suis pris :

« Pierre, prenez la baguette et faites-nous un peu voyager en Afrique. Nous avons récemment fait le tour de cette vaste contrée. Sur quel point nous sommes-nous particulièrement arrêtés? — Sur l'Algérie. — Et je n'ai pas besoin de vous rappeler pourquoi. Rendons-nous maintenant sur la côte orientale et séjournons-y aussi quelque temps. Qu'est-ce que cela nous donne à penser, Paul? — Peut-être avons-nous par là aussi des colonies. — Oui, ou au moins des établissements qui y ressemblent beaucoup. Pierre, reconnaissez les grands cours d'eau, les grands fleuves qui viennent déboucher sur la côte orientale de l'Afrique, dans quel océan? — Dans l'océan Atlantique. Voici le Sénégal, la Gambie, le Niger, le Zaïre ou Congo. — Très bien. Revenez au Sénégal et suivez-le jusqu'à sa source. Quelle ville voyez-vous à son embouchure? — Saint-Louis. — Un nom français, comme vous voyez, et qui vous indique qu'il y a longtemps que nous sommes là : c'est sous l'ancienne royauté que l'on baptisait ainsi volontiers les villes. Descendez vers le sud, par un chemin de fer, ma foi. Vous rencontrez Dakar. Comme à Saint-Louis, vous y trouverez des Français. Apercevez de là Gorée et, dans le lointain, un cap que vous connaissez...!. — Le cap Vert. — Sautant à pieds joints par-dessus la Gambie, vous apercevez plusieurs petits fleuves appelés la Casamoule, le rio Nunez, le rio Pongo, la Mellacorée. Eh bien, il y a aussi à leur embouchure ou sur leur cours des établissements qui comptent parmi nos possessions du Sénégal. Mais vous pouvez remarquer que je me sers plutôt du mot *établissement* que du mot de colonie. Pourquoi donc, croyez-vous?... C'est parce que, si nous avons dans ces régions des villes, des forts, des comptoirs, les Français n'y sont pas assez nombreux pour former des colonies à proprement parler. Comment peut-il se faire, Émile, que les Français ne s'établissent pas en plus grand nombre au Sénégal et ne s'y fixent pas? — C'est peut-être qu'il ne fait pas bon y vivre. — C'est cela. L'équateur est bien près.... — Il y fait trop chaud. — Et puis, il y règne souvent une maladie qui ne pardonne guère, la fièvre jaune. Voilà ce qui oblige les Européens à ne faire qu'un court séjour au Sénégal et à revenir bientôt au pays. Mais continuons notre excursion.... »

On le voit, j'ai beaucoup interrogé, peut-être pas assez. Mais je l'ai fait moins encore dans le cours supérieur. Là j'ai exposé ma leçon, en faisant simplement appel aux souvenirs de mes élèves. Ils me suivaient sur leur atlas, et je les chargeais seulement de m'indiquer les villes qu'ils rencontraient sur notre passage, par exemple, sur les bords du Sénégal : Saint-Louis, Bakel, Médine, Bafoulabé ; plus loin, Kita, Bamakou, etc. Je leur disais quelques particularités sur ces villes, sur les peuples environnants et sur les échanges que nous faisons avec eux, etc. Ils prenaient une grande part à la leçon, ils y intervenaient encore, mais en m'écoutant, en me suivant, en me venant en aide. Je m'interrompais beaucoup moins et exposais d'autant. A la fin, l'un d'eux refit la leçon à ma place, puis je recourus pleinement à la méthode interrogative, à la méthode d'examen. Mais alors, je n'enseignais plus, je contrôlais.

Telle est, à mon idée, la méthode d'exposition plus ou moins interrompue qui convient à l'école primaire ; telle est la forme qu'y doit revêtir la leçon, forme qui, naturellement, se modifie et se diversifie suivant les milieux où l'on se trouve placé et aussi suivant les matières que l'on enseigne.

---

43. — LA LEÇON ORALE A L'ÉCOLE PRIMAIRE

La leçon orale à l'école primaire : son but et ses avantages ; forme qui lui convient ; abus auxquels elle peut donner lieu.

On ne saurait trop le dire et le répéter : un progrès immense a été accompli dans nos écoles primaires le jour où le livre a cessé d'être tout l'enseignement, où l'on ne s'est même plus contenté d'expliquer la lettre du livre, le jour où, dans toute la rigueur du terme, l'instituteur primaire est devenu un professeur.

Il n'y a plus guère aujourd'hui que la leçon de lecture qui s'appuie exclusivement sur le livre, parce qu'il n'en saurait être autrement.

Encore faut-il remarquer que cette leçon même ne consiste plus, comme autrefois, en une longue série de syllabes dépourvues de toute espèce de sens. On va aussi vite que possible au mot et même à la phrase. On a hâte, même dans cet indispensable apprentissage de procédés pour ainsi dire tout matériels, de mettre en éveil l'intelligence de l'enfant.

Mais, pour tout le reste du programme, on exige, et très justement, que chaque leçon soit préablement exposée par le maître ; que l'enseignement soit donné directement, que les leçons soient *orales*, et que le livre n'en soit plus que le libellé plus exact, que la formule plus nette et plus rigoureuse, que le résumé rendu aussi substantiel que possible.

A vrai dire, ce système nous impose un grand labeur : ce n'est pas peu de chose que de se tenir en mesure de parler d'abondance sur les matières si nombreuses de nos programmes, sans autre secours que celui de ses connaissances acquises ou de quelques notes écrites à la hâte; et de ce faire pendant à peu près six heures par jour, tout en remplissant les fonctions de préfet de discipline, souvent en dirigeant plusieurs groupes et en passant d'un auditoire à un autre, comme il arrive dans les écoles à un seul maître. Mais ce surcroît de travail a ses compensations : notre tâche s'ennoblit de toute la responsabilité nouvelle qui nous incombe; de gardiens de nos élèves, nous devenons véritablement leurs éducateurs; par des communications incessantes, nous faisons passer dans leurs intelligences ce qu'il y a de lumière dans notre intelligence, dans leurs âmes ce qu'il y a de bons sentiments dans notre âme, en leur mesurant d'ailleurs les divers enseignements suivant la force que nous leur connaissons, et aussi suivant des besoins que nous seuls pouvons prévoir.

Car tel est le but élevé de la leçon orale : on s'y propose de faire l'éducation de l'esprit et du cœur, et d'approprier l'enseignement aux milieux et aux besoins, deux choses qu'on ne peut demander au livre le mieux pensé et le mieux écrit. Quel qu'il soit, le livre didactique est et sera toujours « un professeur muet ». Il n'ajoute rien aux mots qui y ont été une fois déposés et, si ces mots sont des énigmes pour telle ou telle intelligence, ils restent des énigmes. Il est d'ailleurs froid et grave; il pèse à l'âme comme à la main de l'enfant; presque toujours il l'ennuie et souvent il le décourage.

Il suffirait tout au plus si, comme le thaleb musulman, nous n'avions qu'à loger dans la mémoire de nos élèves un certain nombre de sentences et de formules. Mais notre mission est tout autre. Toujours, mais surtout au début, nous devons considérer l'instruction non comme un but, mais comme un moyen : nous devons viser à la culture générale de l'homme, abstraction faite de toutes les conditions qu'il peut occuper plus tard dans la société; telle est la doctrine que nous a laissée Pestalozzi et que Channing a reprise après lui. Les intelligences nous sont livrées à l'état rudimentaire; nous avons à les développer; elles se présentent à nous inertes ou simplement à l'état de puissance; il faut que nous leur imprimions le mouvement ou que nous substituions à une activité vagabonde et sans but une activité rationnelle, toujours dirigée vers le vrai et vers l'utile. De même pour la volonté, la sensibilité, l'imagination, le jugement : c'est de nous que ces facultés attendent leur développement et leur direction.

Et, après avoir suscité l'idée, provoqué le sentiment, fait naître l'activité sous toutes ses formes, il faut leur donner le moyen de se traduire par des paroles, par un langage à la fois précis et correct, et c'est là, tous les maîtres en conviennent, l'une des plus grosses difficultés que rencontre l'école. Dans certaines conditions sociales et dans les grandes agglomérations, l'enfant acquiert vite des idées et se trouve, à son insu et sans efforts, pourvu d'un vocabulaire suffisant pour les exprimer. Mais dans les familles peu aisées et dans les campagnes, partout où les relations sont restreintes, où la pensée est enfermée dans un cercle plus ou moins étroit, l'éducation première est à peu près nulle; on ne peut guère compter que sur l'école pour la commencer et pour la pousser au degré voulu. Et quelle sera pour cela la principale, nous pourrions dire l'unique ressource des maîtres et maîtresses?... Les entretiens, la *leçon orale*.

C'est là que, mise en contact avec une intelligence exercée, la jeune intelligence se fait ; que, dans un commerce suivi avec une âme honnête, la jeune âme devient honnête elle-même ; que, guidé par un jugement sain, le jugement en voie de formation se fortifie et se fait sain à son tour ; que la volonté s'incline vers le bien, que la sensibilité et l'imagination se règlent, que le langage se crée et s'épure. Le proverbe : « Dis-moi qui tu hantes et je te dirai qui tu es », peut se changer en celui-ci : « Dis-moi avec qui tu t'es entretenu, avec qui tu as été en échange continuel d'idées et de sentiments dans ton enfance et dans ta jeunesse, et je te dirai ce que tu vaux par l'intelligence, par le cœur et par le langage ».

Mais, outre qu'elle exerce une influence éducative considérable, qu'elle est un puissant instrument de culture intellectuelle et morale, la leçon orale présente les plus sérieux avantages au point de vue purement pédagogique ou scolaire.

« Le supplice de nos écoles, disait Michelet, c'est l'inertie, la passivité, le silence auquel l'enfant est condamné. Recevoir et ne jamais rendre, mais c'est le contraire de la vie ! » Eh bien, la leçon orale est le remède à ce mal si profond et si répandu dont se plaint Michelet. Telle du moins que nous la comprenons, elle est une conversation de bon goût, sérieuse le plus souvent, mais susceptible d'être égayée quand l'occasion s'en présente. Le maître en tient le dé, l'alimente, la tempère, la dirige vers le but cherché ou prévu. Il parle ordinairement plus que les autres interlocuteurs ; mais il souffre que chacun paye son écot, et même il s'arrange pour qu'il en soit ainsi, et pour qu'aucune attention ne reste rêveuse ou inoccupée. Il pose des questions et provoque des réponses, appliquant, autant que les matières le comportent, les méthodes de *découverte*, d'*invention*, *socratique*, etc., dont on parle tant aujourd'hui, mais dont la pratique est si rare, précisément parce que la leçon orale ou directe n'est point encore entrée dans nos mœurs scolaires.

La leçon orale satisfait au besoin d'activité des esprits,

comme la gymnastique satisfait au besoin de mouvement dans les corps et les organes. Par suite, elle chasse l'ennui de l'école et y est un puissant élément de discipline. Quand le maître parle, se meut, agit, armé de la craie et de la baguette, pour écrire au tableau noir ou pour voyager sur la carte; quand il interpelle celui-ci ou celui-là, charge l'un de découvrir, l'autre de formuler; qu'il invite chacun à coopérer à l'œuvre commune, à payer son tribut de réflexions ou d'observations, qui donc a le temps de méditer une niche, de tourmenter son voisin, son livre ou son pupitre, ou seulement de bayer aux corneilles? L'auditoire est tout yeux et tout oreilles, avide de voir et d'entendre, comme suspendu aux lèvres du maître; les minutes passent non avec lenteur, mais avec une rapidité désespérante : « Déjà!... » avons-nous entendu plus d'une fois murmurer, quand l'horloge mettait fin à une leçon orale bien faite.

Mais on peut en abuser comme on abuse des meilleures choses.

Faite suivant la méthode dite d'exposition non interrompue, devant un auditoire purement passif, cet auditoire fût-il captivé, touché, vivement intéressé, la leçon orale n'est guère, à l'école primaire, qu'une perte de temps pour le maître et pour les élèves; nous n'avons pas besoin de dire pourquoi : une pareille leçon manque absolument le but que nous avons assigné plus haut au professorat direct, qui nous est cher.

Non préparée, par conséquent mal faite, la leçon orale dégénère en un verbiage décousu, où fourmillent, d'ailleurs, les inexactitudes et quelquefois les grossières erreurs et les divagations choquantes.

Mais, en supposant qu'elles soient faites dans les meilleures conditions et suivant des règles que nous n'avons point à établir ici, les leçons orales deviendraient plus nuisibles qu'utiles si, au lieu de provoquer le travail personnel, elles venaient à s'y substituer entièrement et à supprimer l'effort. La vie est un combat, a dit le sage, et cela est vrai de la vie envisagée sous toutes ses faces, de la vie intellectuelle et morale comme de la vie matérielle.

Un enfant toujours soutenu, toujours conduit par la main et dans des sentiers soigneusement aplanis devant lui, ne formerait qu'un être faible et pusillanime. Qu'on facilite ses premiers pas, qu'on lui montre la voie, qu'on le guide d'abord, qu'on revienne au besoin l'aider à gravir la côte rocailleuse, c'est bien. Mais qu'on l'abandonne aussi de temps en temps à lui-même et que, comme dit Montaigne, on le fasse trotter devant soi, ne fût-ce que pour juger de son allure et le mettre à même d'exercer ses forces. Donc en conseillant la leçon orale, nous n'entendons point qu'elle tiendra lieu de tous les exercices scolaires consacrés par l'usage et par l'expérience : de nos entretiens, nos élèves, dès qu'ils en seront capables, passeront à des applications, à des recherches, à des exercices solitaires de réflexion où ils auront à mettre en œuvre les matériaux fournis par la leçon orale. Et, du reste, cette leçon, si l'on nous a bien compris, ne les aura point amollis ni énervés, tant s'en faut : elle aura été pour eux comme une gymnastique préparatoire au travail tout à fait personnel que nous allons leur demander. Nous ne leur épargnons pas même l'effort de mémoire : après avoir fait passer la leçon dans leur intelligence par un entretien approprié, nous voulons qu'ils en apprennent par cœur au moins le résumé et qu'ils viennent nous le réciter tantôt littéralement, tantôt quant au sens seulement, et c'est ainsi que nous concilions les anciens errements avec les errements nouveaux, l'emploi du livre, jadis trop exclusif, avec l'enseignement donné de vive voix par le maître,... avec la *leçon orale*.

---

44. — DES MOYENS D'OCCUPER SIMULTANÉMENT TOUS LES ÉLÈVES

Moyens d'occuper constamment et avec profit, pendant les heures de classe, sans surmener le maître ni les élèves, chacun des trois cours d'une école primaire à un seul maître.

La nécessité d'occuper constamment et avec profit tous les élèves d'une école en général, d'une école à un seul maître en particulier, n'est point à établir : l'ordre et la discipline, l'accomplissement intégral de nos programmes, par-dessus tout les progrès nécessaires, sont à ce prix. Le grand ennemi de l'ordre et de la discipline, c'est l'inaction, ou plutôt c'est l'absence d'un travail prescrit, car l'inaction n'est point dans la nature de l'enfant ; s'il n'agit pas de par la règle, il agit par fantaisie et par désœuvrement, et nous savons tous ce que produisent ces facteurs de son activité : ils engendrent le tapage d'abord, ensuite les pires sottises. D'un autre côté, les programmes nous pressent, comme aussi les besoins auxquels ils correspondent et les progrès qu'ils ont pour but d'assurer; « il nous faut courir; telle est la rapidité des années », de ces quelques années dont se compose la carrière scolaire! Cherchons comment nous pourrons satisfaire à cette nécessité; nous tâcherons de montrer ensuite, chemin faisant, comment on peut y parvenir sans encourir le reproche de surmenage qui est si fort à la mode aujourd'hui.

Voyons d'abord quelles sont nos obligations. Nous sommes tenus d'occuper constamment, simultanément par conséquent, sinon quatre cours — je repousse pour ma part ce qu'on appelle, dans beaucoup d'écoles, le *cours préparatoire*, — du moins trois, entre lesquels il nous faut partager nos forces, notre temps, notre attention. Notre situation est sensiblement celle de César dictant à quatre secrétaires à la fois. Comment pouvait bien s'y prendre ce conquérant si pressé, si avare de son temps, paraît-il? Je suppose que, pendant que les secrétaires B, C, D, préparaient leur outillage, parachevaient ou scellaient des dépêches de la veille, César dictait une phrase assez longue au secrétaire A. Puis il allait successivement aux secrétaires B, C, D pour revenir au secrétaire A, juste au moment où celui-ci terminait la première phrase dictée; et les styles (les plumes de ce temps-là) couraient, couraient, soit sur la tablette enduite de cire, soit sur la fine feuille de papyrus, et cela sans interruption jusqu'à ce que le sablier eût laissé échapper tout son sable, la clepsydre toute son eau, ou simplement jusqu'à ce que la correspondance du jour fût épuisée.

C'est juste la marche que nous avons à suivre dans nos écoles à une seule classe pour que tous les élèves y soient constamment et simultanément occupés. Chacun est à sa place, même les retardataires. Les grands repassent leurs leçons ou les apprennent; les moyens achèvent un devoir. Nous en profitons pour aller auprès des petits, présider à un exercice de lecture ou à tout autre. Nous les laissons à quelque grave occupation; nous nous rendons auprès des moyens et nous procédons de même; nous abordons enfin les grands pour revenir bientôt aux petits, recommençant notre voyage circulaire jusqu'à ce que l'aiguille de la pendule marque l'heure de la délivrance pour les élèves et d'un repos relatif pour nous. S'occuper ainsi d'une division, lui donner un devoir à faire; libre de tout souci en ce qui la concerne, s'en aller ailleurs, puis ailleurs encore, professer, corriger, dicter, sermonner au besoin, rien de plus simple, n'est-ce pas? Moyennant un peu de tension d'esprit, nous pouvons, nous aussi, dicter à trois et même à quatre à la fois.... Malheureusement, la réalité ne répond pas aux apparences; un de nos secrétaires ne peut être abandonné à lui-même; nos enfants du cours élémentaire sont à peu près incapables de tout travail solitaire. Si nous voulons qu'ils soient occupés, constamment d'abord, ensuite avec quelque profit, il faut que nous soyons auprès d'eux et avec eux pour les suivre et pour les diriger; nous ne pouvons demander de voler à qui les ailes ne sont point encore poussées, d'étudier dans un livre à qui ne connaît peut-être pas encore ses lettres, d'écrire ou de dessiner à qui ne sait encore tenir ni une plume ni un crayon. Pour nos petits, l'heure de l'effort, de l'attention se soutenant quelque peu par elle-même, du travail personnel et réfléchi, n'a point encore sonné. Ah! s'il existait dans la localité une classe enfantine!... Mais non; nous devons nous placer dans la situation la plus défavorable, c'est-à-dire dans celle d'un si grand nombre de maîtres qui sont seuls encore dans leur école; heureux si nous ne sommes pas en outre à la tête d'une école mixte!... Donc, il faut que nous assistions sans cesse nos petiots, et, comme nous ne pouvons le faire que rarement par nous-mêmes, il faut que nous nous fassions suppléer auprès d'eux, sinon par des *moniteurs,* du moins par des *aides.*

Les aides sont un mal, et le désœuvrement des petits dans une école, encore plus que celui des moyens et des grands, en est un autre. Entre deux maux il faut choisir le moindre. Ici, le moindre est évidemment l'emploi des aides. Nous recourrons donc à cette ressource ; ce ne sera pas d'ailleurs sans profit si nos aides sont bien choisis et s'ils s'acquittent sans trop de répugnance de leur passagère fonction.

Je sais bien qu'il existe un autre moyen de sortir d'embarras ; la *leçon commune.* Mais celui qui a inventé en quelque sorte la leçon commune [1] ne l'a considérée que comme un expédient ; il n'a pas songé un instant à l'ériger en système. La leçon commune suppose dans ceux qui l'écoutent un certain niveau de connaissances et de développement intellectuel. Ce niveau peut se rencontrer, au moins sur quelques points et pour quelques matières, entre les cours moyen et supérieur, mais jamais entre ces cours et le cours élémentaire ; il n'y a pas de commune mesure entre des enfants qui débutent dans l'enseignement et des enfants qui ont déjà des notions sur toutes choses, dont l'oreille et l'intelligence sont ouvertes à la parole d'un maître, dont les yeux sont déjà exercés à voir et la main à agir, chez lesquels l'esprit est déjà assez éveillé pour suivre et même pour chercher quelque peu. Tout au plus peut-on associer toute une classe aussi mêlée que celle que nous supposons, à une leçon de morale, à une leçon de système métrique, consistant principalement dans l'exhibition et dans le maniement des mesures effectives, à une leçon de choses où la vue jouera un rôle prépondérant. Mais, partout ailleurs, la séparation s'impose ; il faut laisser les roses aux rosiers, les petits enfants aux enseignements qui conviennent à leur âge et à leur faiblesse. Nous pourrons donc

---

1. Voir, dans le recueil des Conférences de 1878, celle sur l'enseignement de l'histoire.

réunir plus ou moins souvent nos moyens et nos grands pour une leçon accommodée à la force des uns et des autres. Mais, pour notre cours élémentaire, ne comptons que sur les aides et sur les moments pendant lesquels, grâce aux heureuses combinaisons de notre emploi du temps, nous nous serons ménagé un peu de liberté.

L'emploi du temps, voilà où se révélera l'intelligence de notre situation. Du reste, là est la clé du problème à résoudre. Voulez-vous que vos élèves soient, comme le porte notre texte, occupés constamment? Combinez vos exercices de manière que la scène ne reste vide nulle part, que, sur aucun point, on n'ait à se croiser les bras et à attendre la besogne. La leçon de morale, disions-nous plus haut, peut être faite pour tout le monde; la leçon de lecture, nous pouvons le supposer, est commune aux cours moyen et supérieur; pendant ce temps-là, les aides nous remplacent auprès des enfants du cours élémentaire. Ou bien, vos petits sont aux mains des aides ; vos moyens achèvent un devoir, apprennent des leçons, etc.; vous donnez une leçon ou vous corrigez un devoir dans le cours supérieur et vous lui assignez une tâche : libre à son égard, vous passez au cours moyen et vous procédez de même; libre encore de ce côté, il vous est loisible de reprendre votre cours élémentaire, d'y licencier les aides et d'y présider à l'exercice prévu pour l'heure présente. Vous recommencez cette sorte de roulement, guidé par votre emploi du temps, par la pendule et par votre carnet de classe, et les heures s'écoulent sans que le travail soit suspendu, sans qu'il y ait, ici ou là, place pour la dissipation ou le désœuvrement.

Elles s'écouleront d'ailleurs utilement, parce que votre classe aura été préparée, que les exercices auront été prévus, discutés avec vous-même, mesurés sur le temps, sur les intelligences et sur les besoins.

Il importe qu'ils l'aient été en outre sur les forces, sur les vôtres et sur celles de vos élèves, que tous les moments soient employés, mais qu'ils le soient sans qu'il y ait surmenage pour personne; ainsi l'exigent la nature et la raison.

Cette dernière partie du problème est encore résolue par l'emploi du temps.

Quelles sont les qualités que doit réunir un bon règlement horaire? On en compte beaucoup; je n'en relève aujourd'hui qu'une seule, celle qui importe à mon sujet : un bon emploi du temps est rédigé de telle sorte que les exercices excluent la lassitude du corps et de l'esprit. Ils satisferont à cette condition si ces exercices sont courts et variés, si l'un repose les organes ou les membres que le précédent a pu fatiguer. Il va sans dire d'ailleurs que les leçons sont intéressantes et que les élèves y prennent une juste part, qu'elles ne dépassent point leur portée intellectuelle, grâce à une large interprétation des programmes, à leur parfaite appropriation aux forces, aux milieux et aux besoins. Il dépend de nous d'accommoder nos leçons et nos devoirs à toutes ces exigences et, par conséquent, de ne point surmener nos élèves. Du reste, ne concevons point de craintes exagérées à cet égard. En général, comme les défenseurs de nos programmes l'ont souvent répété, les enfants ne prennent de nos enseignements que ce qu'ils peuvent en porter. Quand nous voulons trop remplir le vase, il déborde tout simplement. En cas d'excès de notre part, nos élèves cessent de nous suivre; ils s'épanchent en distractions, en bavardages ou tout au moins en un alanguissement qui, au fond, est un repos commandé par la nature elle-même. Comme on l'a dit aussi avec raison, c'est pour nous seuls qu'existe le surmenage. Pendant les classes, l'esprit toujours tendu, les nerfs agacés par les résistances calculées ou inconscientes soit au travail, soit à la discipline; pendant les récréations, l'esprit tendu encore par une surveillance peut-être plus nécessaire qu'ailleurs; pendant nos heures soi-disant de liberté, astreints à corriger des devoirs et à préparer des leçons, nous pouvons bien nous appliquer ces paroles du poète :

Ainsi toujours poussés vers de nouveaux rivages,
. . . .
Ne pourrons-nous jamais jeter l'ancre un seul jour?

Il est vrai. Mais nous avons peut-être bien quelques moyens d'éviter que cette vie enfiévrée ne nous consume et ne nous use avant l'heure. Le commerçant, le chef d'une grande industrie, d'une grande administration, etc., doivent, eux aussi, penser à mille choses, suivre mille détails, tous important à l'ensemble des affaires, travailler, comme on dît, jour et nuit, récapituler les opérations faites et préparer les opérations à venir, etc. Cependant nous les voyons rarement ployer sous le faix. S'ils succombent prématurément, c'est plutôt aux accidents de la vie qu'à leurs labeurs quotidiens. Pourquoi? C'est parce qu'ils possèdent à fond la science de leur profession, qu'ils se sont familiarisés de longue main avec les difficultés qu'elle présente. Eh bien, nous aussi nous trouverons dans le savoir professionnel, dans la connaissance des enfants, dans celle de l'école, de son organisation, des méthodes et des procédés qui lui sont propres, un allégement considérable à notre tâche. Mais ce qui la facilitera peut-être le plus, ce sont les quelques moments que nous consacrerons chaque soir à notre classe du lendemain. Un maître qui a préparé sa classe dans le silence du cabinet, s'est imposé une demi-heure, une heure peut-être de réflexion, de méditation, de recherches. Mais, outre que cette demi-heure, cette heure n'est pas sans charmes, elle a l'avantage de nous rendre aisé le labeur d'une journée entière. La préparation des leçons, c'est, qu'on me passe cette comparaison, l'huile bienfaisante qui amortit le frottement des rouages et fait que la machine, une fois mise en mouvement, marche pour ainsi dire toute seule.

Enfin, possédons-nous; point de ces éclats de voix, je n'ose point dire de ces emportements, qui nous épuisent sans aucun profit pour nos élèves. Pas trop de zèle non plus; l'exagération est partout une mauvaise conseillère. Qui va *piano* va *sano*. La vie est courte, mais la carrière est longue; un zèle trop ardent, qui n'est point mesuré aux forces dont on dispose, ne tarde pas à s'attiédir quand il ne dégénère pas en langueur physique ou morale.

Un savoir professionnel que nous pouvons toujours acquérir, une préparation consciencieuse de nos leçons et de nos devoirs, la pleine possession de nous-mêmes, et la tranquillité d'esprit qui en résulteront même devant un auditoire disposé à nous troubler de son mieux, une modération en tout qui réglera l'emploi de nos forces, sans rien enlever à notre enseignement de sa vie et de son intérêt, voilà qui nous garantira du surmenage que l'on appréhende peut-être trop pour nous.

Ainsi, même dans une école à une seule classe, tous les enfants seront occupés « constamment et avec profit pendant les six heures de classe », sans qu'il y ait excès de travail, ni pour eux, ni pour leur maître.

---

45. — PRÉPARATION DE LA CLASSE

La circulaire du 14 octobre 1881 supprime le journal de classe, mais non la préparation de la classe. Comment doit se faire cette préparation pour être sérieuse et effective? — Quels sont les avantages qui en résultent?

La circulaire du 14 octobre 1881 supprime en effet le *journal de classe*, mais elle n'en affirme pas moins la nécessité de la préparation de la classe. Il n'est peut-être pas inutile de rappeler comment elle s'exprime à cet égard.

« La tenue de ce journal avait sa raison d'être alors que, pour beaucoup d'instituteurs, la nécessité de préparer consciencieusement leur classe n'était ni clairement démontrée ni impérieusement sentie. Mais nous n'en sommes plus là aujourd'hui : cette vérité pédagogique qu'il n'est pas de bonne classe sans une bonne préparation est reconnue par les maîtres eux-mêmes; l'habitude de cette préparation journalière des leçons est heureusement entrée dans nos mœurs scolaires.

« On semblerait donc manifester à l'égard du corps enseignant une méfiance qu'il ne mérite pas, et on lui imposerait sans profit un surcroît fastidieux d'écritures, en exigeant plus longtemps la constatation matérielle de ce travail préalable.

« Les bons instituteurs n'en continueront pas moins de faire chaque jour eux-mêmes, avec le même soin, avant d'entrer en classe, le choix des textes, des exemples, des exercices qu'ils comptent donner, de lire d'avance les morceaux qu'ils devront expliquer, de rassembler les objets dont ils auront besoin pour la leçon de choses, de régler enfin la marche de leur enseignement. Quant aux autres, ce ne serait pas en les obligeant à jeter à la hâte quelques lignes sur un registre pour simuler une préparation qu'ils n'auraient pas faite, qu'on parviendrait à améliorer leur enseignement. »

Loin d'être un hors-d'œuvre, cette citation sert merveilleusement notre sujet ; d'une part, elle affirme l'obligation, pour les maîtres, de préparer leur classe, ce sur quoi nous aurions pu nous croire tenus d'insister ; d'autre part, elle nous indique clairement ce qu'il faut entendre pour préparer sa classe : « C'est, dit-elle, faire chaque jour, soi-même et avec soin, le choix des textes, des exemples, des exercices, que l'on compte donner, lire d'avance les morceaux qu'on devra expliquer, rassembler les objets dont on aura besoin pour la leçon de choses, régler enfin la marche de son enseignement. » Notre cadre se trouve ainsi tout tracé et, en vérité, il ne nous reste d'autre souci que celui de développer un peu ces conseils en les appropriant à la question : « Comment doit se faire la préparation de la classe pour être sérieuse et effective ? »

« Pour être sérieuse et effective…. » Cela veut dire pour n'être pas une vaine formalité comme a pu l'être en effet plus d'une fois la rédaction du journal de classe ; pour n'être pas une perte de temps, pour éviter, au contraire, toute perte de temps, toute hésitation, tout embarras, toute recherche intempestive ; enfin pour affermir nos connaissances d'abord, ensuite notre marche, quand il s'agira de les transmettre.

Eh bien, pour qu'il en soit ainsi, le soir, — si nous sommes du soir, — le matin, — si nous sommes du matin, — asseyons-nous devant notre bureau et bien en présence de nous-mêmes. Recueillons-nous et faisons un petit examen de conscience : souvenons-nous de ce que nous avons fait dans la journée; demandons-nous quels ont été nos succès, afin de les soutenir; quels ont été nos échecs, afin de les réparer. De cette vue claire et nette ressortira la possibilité pour nous de continuer simplement notre marche en avant, ou la nécessité de revenir en arrière, de reprendre telle leçon, tel devoir, tel exercice, si nous ne voulons pas laisser des lacunes dans nos enseignements. Et c'est pour cela, sans doute, que la circulaire dit : faire chaque jour *soi-même* le choix des textes, etc., condamnant ainsi cette malheureuse habitude qu'ont beaucoup de maîtres et de maîtresses de suivre aveuglément un cours rédigé à l'avance ou de s'en remettre exclusivement à leur journal pédagogique du soin de leur choisir devoirs et exercices...; en d'autres termes, de préparer leur classe à vingt ans ou à cent lieues de distance. Un cours, la semaine dite scolaire d'un journal pédagogique fournissent des indications précieuses : nous y voyons où l'on en est ailleurs, où nous devrions en être aussi pour chaque matière du programme, à quel niveau il serait désirable que fussent portés nos divers enseignements; il y a d'ailleurs là des recherches toutes faites, et en général bien faites, dont nous pouvons profiter. Mais, avant tout, nous devons consulter « notre esprit et nos forces », les besoins du milieu spécial où nous vivons et y approprier, par des retouches, peut-être même par une refonte complète, ces devoirs et exercices venus de si loin. Autrement, c'est-à-dire si nous ne faisons pas de la préparation de nos classes une affaire personnelle, nous risquerons de transporter nos élèves en pays étranger, de leur donner des devoirs qui ne seront pas à leur portée, de faire des leçons qui passeront par-dessus leur tête; notre préparation toute factice ne sera ni *sérieuse* ni *effective*.

Elle ne le sera pas davantage si nous nous contentons de prévoir d'une manière vague et générale, sans préciser notre pensée, sans la fixer sur le papier au moins par quelques notes et par quelques points de repère. — Mais, nous objectera-t-on, c'est là du *journal de classe* tout pur; c'est au *journal de classe* que vous nous ramenez. — Peut-être. Mais, à mes yeux, le *journal de classe* était en lui-même une bonne et sage institution. On a pu le transformer en un cadre incommode, qui sait? peut-être en faire un objet de spéculation. Peut-être aussi l'heure était-elle venue de ne plus l'imposer dans sa forme et avec sa dénomination vieillies, d'avoir foi dans le bon sens et dans le zèle des maîtres, de ne plus « manifester à l'égard du corps enseignant une méfiance qu'il ne mérite pas »; de laisser chacun libre non de préparer ou de ne pas préparer sa classe — la circulaire du 14 octobre ne va pas jusque-là, tant s'en faut, — mais de le faire à sa guise, suivant son goût et son génie, ici sur une feuille volante, là sur un calepin *ad hoc*, ailleurs simplement au tableau noir, dans tel ordre et avec tels détails qu'il pourrait convenir. Mais nous prétendons que la préparation des classes n'est ni *sérieuse*, ni *effective*, si on ne la fait la plume, le crayon ou la craie à la main, si on ne lui donne une forme visible et saisissable. La pensée est fugitive, il faut la fixer; un directeur a besoin de savoir si ses collaborateurs préparent leur classe, s'ils la préparent le programme et l'emploi du temps sous les yeux; des affirmations sans preuves matérielles ne sauraient l'édifier suffisamment sur ce point délicat. Qu'on puisse au moins lui montrer une feuille ou un carnet, quelque chose d'écrit disant aussi brièvement qu'on voudra, mais clairement et nettement : « Je me suis recueilli, je me suis souvenu, j'ai prévu; à quelque moment que vous veniez dans ma classe, vous ne me trouverez point tâtonnant, cherchant, marchant au hasard et comptant sur des inspirations qui peuvent ne point venir ».

Et, en effet, c'est là le grand avantage de la préparation des classes telle que nous venons de la comprendre : on voit où l'on va, la marche est ferme et assurée. Les devoirs s'engendrent en quelque sorte les uns les autres; celui d'aujourd'hui est la suite naturelle de celui d'hier et appelle celui de demain. Une dictée est l'application des règles qui ont été étudiées et fait entrevoir celles qui le seront bientôt.

Les leçons se succèdent comme les anneaux d'une chaine où l'on chercherait en vain des solutions de continuité; on les a d'ailleurs méditées, on les conçoit bien et « les mots pour les dire arrivent aisément ». Un étranger vient s'asseoir à vos côtés et vous écouter : qu'importe? Pourquoi vous troubleriez-vous? Vos jalons, vos points de repère sont là qui vous guident; si vous vous sentez sur le point de vous égarer, un coup d'œil jeté sur vos notes suffira pour vous maintenir dans la voie ou pour vous y ramener au cas où vous vous en seriez tant soit peu écarté. Et qui profite de cet ordre, qui produit la clarté, de ces provisions d'où naissent la sûreté et l'aisance? Vos élèves et vous-même. Votre enseignement est bien équilibré, bien ordonné, le progrès est en quelque sorte inévitable; en préparant vos leçons, vous avez retrempé vos souvenirs; vous avez fortifié vos connaissances et même vous en avez acquis de nouvelles : que de choses l'on apprend à son insu en préparant la plus modeste leçon! vous vous trouverez ainsi vous être perfectionné, avoir marché en avant, continué cette éducation de soi-même que le sage dit être le devoir et l'œuvre de toute la vie. Au contraire, celui qui ne prépare point ses classes, qui se fie à ce qu'il a emporté de l'école normale, ne tarde pas à se rouiller, à tomber dans la routine, à devenir un maître médiocre. N'est-ce point là le secret des supériorités ou des déchéances inattendues qui se produisent dans un personnel dont cependant le point de départ avait été sensiblement le même?

Ces considérations me confirment dans la résolution que j'ai prise depuis longtemps de préparer ma classe, de la préparer par écrit sur mon *carnet* ou sur mon *journal* de classe, peu m'importe le nom, pourvu que l'on me permette la chose. Je me trouve bien de ce procédé : je crois lui devoir les quelques succès que j'obtiens; je lui dois, dans tous les cas, le plaisir d'entrer dans ma classe exempt de soucis et de préoccupations, et de me présenter avec une légitime confiance devant mon petit auditoire.

17

46. — LA FIXITÉ DE L'ENSEIGNEMENT

Quels moyens comptez-vous prendre pour donner à votre enseignement la consistance et la fixité que l'on prétend manquer généralement à notre instruction primaire?

On se plaint généralement que notre instruction primaire est fugitive, qu'elle ne persiste pas et que, quelques années après la sortie de l'école, il n'en reste que des souvenirs vagues et confus, dépourvus de toute utilité pratique. Ainsi des milliers d'enfants et de maîtres dépenseraient, sans grand profit, les uns les plus belles années de leur vie, les autres le plus clair et le meilleur de leurs forces; ainsi l'État, les départements, les communes et les familles s'imposeraient à peu près en pure perte des sacrifices qui pèsent pourtant si lourd à leur budget.

Il n'est que trop vrai : à cinq ou six années de distance, quelquefois plus tôt, nous ne reconnaissons plus nos élèves. Leur langage est criblé de barbarismes et de tournures vicieuses; leurs lettres sont hérissées de fautes grossières contre la lexicologie et la syntaxe. Je ne parle pas de l'histoire; il ne leur en reste que des bribes dans lesquelles les temps, les noms, les faits sont ridiculement confondus. La géographie, celle de la France au moins, l'arithmétique et le système métrique dans leurs applications fondamentales, sans doute à cause des occasions fréquentes que l'on a d'y revenir, sont un peu moins oubliés. Mais, même pour ces matières, il n'a pas tardé à se faire dans les esprits des vides et des lacunes. Il en est de même pour les sciences physiques et naturelles, l'hygiène, l'agriculture, l'industrie, etc., etc. A tant de braves gens qui ont passé par nos écoles, redemandez les notions qu'ils ont reçues sur ces parties du programme, ils vous regarderont avec des yeux ébahis; leur réponse, s'ils en font une, vous fera douter de l'école et de l'instruction qu'elle donne. Quelles sont les causes de cette sorte d'effacement, de cette oblitération si rapide d'un savoir qui nous a cependant tant coûté? C'est ce que je vais rechercher tout d'abord; ces causes connues, il me sera évidemment plus facile d'indiquer quels remèdes je compte apporter au mal.

Le *Manuel général de l'instruction primaire* avait mis à l'étude, il y a quelque temps, la question sur laquelle nous avons à revenir aujourd'hui. D'après certains mémoires dont les comptes rendus ont été publiés dans le journal, les causes du mal seraient : l'indifférence des parents, leur faiblesse croissante pour leurs enfants, le manque d'assiduité et d'exactitude qui en est la suite et qui raccourcit encore une période scolaire déjà insuffisante ; l'exagération des programmes qui éparpille outre mesure notre temps et nos forces ; l'imperfection de notre outillage scolaire, l'emploi de méthodes défectueuses et de procédés routiniers ; la pénurie des récompenses et des encouragements, aussi bien pour les maîtres que pour les élèves, etc. Les remèdes proposés étaient en conséquence. Celui-ci voulait qu'on appliquât rigoureusement la loi sur l'obligation, celui-là qu'on prolongeât l'âge scolaire ; un autre que l'on refondît les programmes, qu'on achevât promptement la restauration des locaux et la réfection des mobiliers. D'autres — c'était le petit nombre — voyaient le salut dans l'adoption de meilleures méthodes, de procédés à la fois plus rationnels et plus productifs ; ils proposaient en outre de mieux préparer les maîtres et les maîtresses au point de vue du savoir professionnel. Je me range volontiers parmi ces derniers ou je me rapproche beaucoup de leurs idées.

La fréquentation, nous l'assurons de notre mieux par notre zèle et notre dévouement, par l'intérêt que nous nous efforçons de donner à nos leçons et à tous les exercices scolaires ; le surplus regarde le législateur : à lui de voir s'il convient de raviver une loi qui n'est trop souvent qu'une lettre morte. Les locaux scolaires, les mobiliers, nos instruments de travail, les récompenses, les encouragements, voire nos traitements, sont ce qu'ils peuvent avec des budgets si courts et si chargés. Les programmes nous viennent de haut, et il ne dépend pas de nous de les mutiler ou de les restreindre. Que nous reste-t-il qui soit vraiment nôtre, vraiment entre nos mains pour rendre plus ferme et plus durable l'instruction que nous sommes chargés de donner, pour mieux fixer nos leçons dans la mémoire de nos élèves, après les avoir fait dûment pénétrer dans leurs esprits? Il nous reste l'application rationnelle et intelligente des programmes officiels, l'emploi de méthodes et de procédés plus capables de nous conduire au but que nous nous proposons, et aussi une préparation éloignée et prochaine plus sérieuse à nos délicates fonctions.

Quiconque prend nos programmes à la lettre et les conçoit avec toute l'extension dont ils sont susceptibles, a bien raison de dire qu'ils sont pléthoriques et qu'ils nous font réaliser ce proverbe : « Qui trop embrasse, mal étreint ». Et c'est là notre défaut au sortir de l'école normale : nous développons nos programmes suivant la mesure de notre savoir, et Dieu sait si ce savoir est grand! Ne sortons-nous pas des mains des savants professeurs de Saint-Cloud ou de Fontenay? Ne sommes-nous pas bourrés de ces connaissances qui sont exigées pour le brevet supérieur, dont la quintessence seule remplit les deux forts volumes d'un *Manuel* récemment édité par la librairie Hachette? Dans nôtre premier élan, dans notre première ferveur de néophytes, les programmes de l'école primaire nous paraissent maigres et étriqués; nous voulons leur donner plus de chair et plus de muscles, et nous faisons si bien que les cerveaux de nos pauvres enfants, vases fêlés ou trop étroits, laissent échapper la liqueur que nous y versons trop vite et trop libéralement.

Évitons ces excès et, pour cela, faisons d'abord une chose : relisons nos programmes, méditons-en la teneur et consultons-en l'esprit. Nous verrons qu'il y est question non de connaissances adéquates à leur objet, mais, le plus souvent, de connaissances réduites à leur plus simple expression, débarrassées de tout ce qui sent la science, de ce qui ne peut convenir qu'aux hommes de loisir, aux spécialistes ou aux professeurs. Pour bien exprimer son intention à cet égard, le législateur emploie plus d'une fois les mots de *notions* ou *d'éléments*. Du reste, en définissant ou plutôt en énumérant les enseignements qui sont particulièrement du domaine de l'instruction primaire, il laisse (loi du 30 octobre 1886, art. 3) aux assemblées compétentes le soin d'en mesurer la dose aux forces, aux besoins, aux milieux. C'est ce qu'ont fait le conseil supérieur et l'administration en nous donnant le programme détaillé annexé au décret du 18 janvier 1887, et en l'accompagnant de directions que, malheureusement, nous ne lisons pas assez. Ce programme constitue déjà un choix, établit déjà une mesure. A nous de renchérir, s'il le faut, sur ce choix et sur cette mesure, pour que nos enseignements soient proportionnés aux besoins, surtout aux aptitudes à recevoir et à conserver. Pour ma part, je prends la résolution de le faire de mon mieux en tâchant de mettre en pratique cette maxime d'un vieil inspecteur d'autrefois : « peu et bien », et encore cette pensée de M. Gréard : « L'objet de l'enseignement primaire n'est pas d'embrasser, sur les diverses matières du programme auxquelles il touche, tout ce qu'il est possible de savoir, mais de bien apprendre, dans chacune d'elles, ce qu'il n'est pas permis d'ignorer ».

Non seulement, la plupart du temps, notre enseignement dépasse les justes limites, mais encore, le plus souvent, il est trop direct, trop abstrait, trop théorique pour pouvoir se fixer.

Sans cesse nous parlons ou nous faisons apprendre; nous ne laissons rien ou presque rien à chercher et à découvrir. Pourtant, ce que l'on garde le mieux, c'est sa propre conquête, ce que l'on a trouvé ou acquis par son activité personnelle. Il en est ainsi pour tout le monde, mais surtout pour l'enfant. C'est en agissant qu'il apprend et surtout qu'il se fait des connaissances durables, non en écoutant et en remplissant un rôle purement passif. Il suit de là que l'exposition continue du maître ou du livre ne l'instruit que pour un moment; que, pour nous, la seule méthode efficace est l'exposition interrompue, celle qui autorise le maître à parler, mais qui, en même temps, oblige l'enfant à intervenir, à payer de sa personne, à agir et à faire des efforts pour trouver une idée, une vérité, ou bien une combinaison conduisant au résultat cherché. D'ailleurs, c'est, chez l'enfant, un besoin de voir, de toucher, d'expérimenter ; il y a là, pour lui, une condition d'intelligence et de souvenir et, pour nous, un avertissement à ne point lui imposer la science toute faite. Eh bien, dans notre empressement à le pourvoir de connaissances, nous ne lui laissons pas plus le temps de voir, de toucher, d'observer, d'expérimenter, que nous ne lui avons laissé celui de chercher et de découvrir. Pourtant, les ressources ne nous manquent pas pour lui faire une science qui soit fondée sur l'observation et sur l'expérience ; nous avons les jardins, les champs, les habitations, les usines ; les phénomènes de la nature nous entourent, nous enserrent de toutes parts. Au besoin le musée scolaire est là pour suppléer aux voyages de long cours, aux excursions lointaines que ne nous permettent ni le temps, ni nos ressources. Il n'importe : on nous écoute, on nous comprend, du moins à ce que nous croyons ; nous marchons, nous marchons vite et nous arrivons à l'heure, peut-être même sommes-nous en avance sur nos programmes, et cela suffit. Oui, cela suffit pour le moment, mais demain il ne restera plus rien de notre leçon ; à tout le moins n'en restera-t-il rien dans quelques années.

Prenons quelques exemples.

Dans mes rapports avec d'anciens élèves de nos écoles, je remarque notamment qu'ils sont brouillés avec les carrés et les cubes ; que, dans l'évaluation des surfaces et des volumes, ils lisent absolument comme s'il s'agissait de mesures de longueur, prenant les dixièmes, les centièmes, etc., pour des décimètres ou centimètres carrés, pour des décimètres ou des centimètres cubes. On leur a pourtant répété à l'école qu'il y a cent décimètres carrés dans un mètre carré, mille décimètres cubes dans un mètre cube et que, par conséquent.... Mais le leur a-t-on montré ? Le leur a-t-on mis sous les yeux et fait en quelque sorte toucher du doigt ? Les a-t-on exercés d'ailleurs à mesurer effectivement des surfaces et des volumes, ne fût-ce que la surface et le volume de la classe ? Eh bien ! non ; on s'est contenté de leur faire des leçons théoriques et de leur donner comme applications des problèmes pris dans les livres, et c'est ainsi qu'ils ont bientôt oublié que les mesures de surface et de volume s'écartent des mesures de longueur, quant à l'évaluation et à la lecture des sous-multiples.

En histoire, je constate qu'ils ont retenu des noms et des faits, des anecdotes même, mais qu'ils ne savent plus où placer tout cela, et qu'ils font à chaque instant de honteux anachronismes. Assurément, on ne peut rendre l'histoire visible et tangible comme les divisions d'un carré ou d'un cube. Certains auteurs l'ont essayé au moyen de galeries de portraits, d'arbres généalogiques, de tableau plus ou moins ingénieux, propres à aider la mémoire. Je rends hommage à leurs bonnes intentions. Mais je remarque que, la plupart du temps, eux aussi pèchent par excès : ils ne veulent rien omettre, rien oublier, et nos enfants d'école primaire ne sont pas aptes à tout savoir, encore moins à tout retenir. Ce qu'il leur faut à eux, ce sont seulement les grands noms, les grands faits, les points saillants, le tout disposé avec ordre à l'aide de quelques dates souvent rappelées ou d'un tableau très sobre de détails, qu'ils auront eux-mêmes tracé plusieurs fois s'il est nécessaire, et auquel ils se reporteront à toute occasion. Ainsi la suite des temps et l'enchaînement des faits, depuis les origines jusqu'à nos jours, resteront fixés à tout jamais dans leur mémoire. Dans une certaine mesure, on peut faire la même chose pour la grammaire en y ajoutant une pratique constante et quelque peu raisonnée de l'orthographe usuelle, en usant surtout des procédés d'observation et de découverte qui sont l'essence même de la méthode active.

Je ne dis rien de notre enseignement géographique. Ici du moins nous recourons aux yeux et à la main. Et cependant faisons-nous une part assez large à l'intuition, surtout dès le début? C'est sur un globe, sur des pommes, sur des oranges, sur des tringles courbées en cercle ou en ellipse que devraient se donner les premières leçons de cosmographie qui expliquent un peu le monde, font comprendre le jour, la nuit, les saisons, donnent la raison de ces lignes qui se croisent sur nos cartes; c'est sur des réalités, si réduites qu'elles fussent, que devrait s'apprendre cette nomenclature géographique dans laquelle se perdent nos élèves dès le commencement et encore davantage plus tard.

Mais où la méthode active, celle qui vit essentiellement, d'une part, d'intuition, d'autre part, d'observations et d'expériences personnelles, doit prédominer, c'est dans l'étude des sciences physiques et naturelles, auxquelles se rattachent les notions sur l'hygiène, l'industrie, l'agriculture, l'horticulture, etc. Or, comment enseignons-nous ces sciences? Par le livre ou par des leçons purement théoriques. Nous ne montrons pas, nous ne faisons pas voir, toucher, expérimenter, pratiquer, malgré toutes les occasions que nous fournissent pour cela l'école, les quelques instruments dont il est si facile de la pourvoir, le jardin qui lui est contigu, les champs, les fermes, les carrières, peut-être les mines qui sont dans son voisinage, les accidents, malheureusement trop fréquents, qui se produisent dans une réunion d'enfants. Mon vieux maître nous chargeait à tour de rôle des observations thermométriques et barométriques; sous nos yeux et avec notre collaboration, il analysait la terre de nos champs, les engrais qui pouvaient lui convenir, classait les minéraux ou les végétaux que nous lui apportions, en nous en faisant remarquer les caractères et les propriétés. La pluie, la rosée, les gelées et, le soir, les planètes, les étoiles, les constellations, étaient l'objet d'entretiens, de leçons de choses ou plutôt sur les choses en présence des choses elles-mêmes. Il allait jusqu'à entrer dans notre vie privée : discrètement il nous interrogeait sur les soins que nous prenions de notre personne, de nos vêtements, de notre chambrette, de notre nourriture et même de nos animaux. S'il survenait un accident parmi nous, il accourait armé de ses fioles et de ses bandelettes; il nous faisait assister au pansement et même y prendre part. Ainsi nous apprenions, des sciences physiques et naturelles et de leurs applications usuelles, ce que les auteurs de nos programmes veulent évidemment que nous en sachions. Et cela nous restait, parce que nous avions vu, parce que nous avions expérimenté, parce que nous avions agi. N'est-ce pas ainsi que l'on apprend le

métier ou l'industrie de son père, la culture, par exemple?
Le soldat qui s'en est allé passer plusieurs années sous les
drapeaux et qui revient à ses champs, n'a point oublié le
maniement de ses rustiques outils, les soins que réclament
sa terre, les semences et les engrais qui lui conviennent,
les travaux et les exigences de chaque saison. Tout cela lui
est présent comme au moment de son départ, parce que la
pratique de son art en a plus qu'accompagné la théorie,
parce que l'action était là pour fixer à tout jamais ses souvenirs.

Sans doute tous nos enseignements ne comportent pas
une intuition aussi marquée. La morale, par exemple et
même l'histoire et la grammaire, quoi que j'en aie dit plus
haut, ne sont guère des sciences d'aspect, ni des sciences
expérimentales. Mais que de fois des procédés ayant une
grande analogie avec ceux que je viens d'esquisser, peuvent
y intervenir! Ainsi, ce n'est pas sans raison que l'on a fait
des livres intitulés : *la Morale en action.* La morale peut
être enseignée dans nos écoles autrement que par des préceptes, que par des théories bien suivies et bien ordonnées.
Chez nous, — et les directions qui accompagnent nos programmes nous en avertissent, — elle est tout entière dans
le développement du sens moral. Elle s'enseigne par les
bonnes paroles sans doute, mais principalement par de bons
exemples et par de bonnes actions. Le sens littéraire et son
si proche parent, le sentiment du beau, s'exercent à leur
tour par des modèles placés sous les yeux, proposés à l'admiration et, dans la mesure du possible, à l'imitation de
nos élèves.

En résumé, on parle et on écoute trop, on ne voit pas,
on n'agit pas assez dans nos écoles. Le savoir n'y est pas
assez pratique, assez vécu : de là son manque de vitalité et
de persistance.

Et pourquoi en est-il ainsi? Ne serait-ce point parce que
nous ne serions pas préparés d'assez loin à nos fonctions?
Parce que l'on songe plus à nous instruire qu'à nous
apprendre à enseigner? Parce que le succès dans les examens préoccuperait plus nos maîtres et nous préoccuperait

plus nous-mêmes que le savoir professionnel, que la connaissance des enfants, la connaissance de l'école, de son organisation, de ses moyens d'action, des méthodes et des procédés qui lui sont propres ? Nous arrivons dans nos écoles livrés à nos inspirations, inexpérimentés, obligés de tâtonner, de chercher notre voie au lieu de la trouver toute tracée et largement ouverte. Ce sont nos élèves, c'est notre enseignement qui souffrent de nos essais et de nos inévitables erreurs.

Je ne prétends pas, du reste, que mes devanciers se trompent en cherchant ailleurs que moi les remèdes au mal qu'il s'agirait de guérir. Je me réjouirai avec eux le jour où nos lois et encore plus nos mœurs prolongeront la période scolaire, où nos programmes deviendront moins touffus et moins chargés, où notre outillage aura atteint toute la perfection dont il est susceptible, etc. Mais, en attendant que viennent ces heureux jours, je me réfugie dans les moyens que je viens d'énumérer ; c'est à eux que je me propose de recourir pour donner à mon enseignement la consistance et la fixité qu'on prétend, non sans raison, lui avoir manqué jusqu'ici.

---

47. — LA MÉMOIRE

Du rôle de la mémoire dans l'étude des mathématiques, de l'histoire et des textes littéraires.

La mémoire a, parmi nous, ses partisans et ses détracteurs ; les uns ont pour elle une préférence marquée, la cultivent avec amour et comptent particulièrement sur elle pour le succès de leur enseignement. Ceux-là sont les continuateurs de la vieille école : faire apprendre par cœur, faire réciter, était la grande préoccupation de nos anciens maîtres, et on le leur a assez reproché. Les autres dénigrent la mémoire, la négligent et la banniraient volontiers de l'éducation ; ils croient avoir pour eux Montaigne et citent à tout propos ces passages des *Essais* : « Vaut mieux une tête bien faite que bien pleine…. L'enfant n'est pas un vase qu'il faille remplir… », etc. Ils partent de là pour ne plus faire cas que du jugement et des facultés avoisinantes. C'est la nouvelle école, et Dieu sait si elle a ses apôtres ardents et convaincus, car tous nos traités et manuels de pédagogie sont pleins de prédications en faveur de l'exercice du jugement en même temps que d'invectives contre la mémoire. Heureusement que la pratique venge amplement la pauvrette : la force des choses lui ramène bien vite ceux-là mêmes qui font profession de la dédaigner et de se passer d'elle. C'est que, ici comme ailleurs, comme pour le livre par exemple, la vérité n'est point dans les extrêmes : elle est dans un juste milieu. Pour le moment, elle est dans le bon usage que nous ferons de la mémoire, dans le soin que nous mettrons à ne point en abuser, à ne point la faire intervenir outre mesure là où elle n'a que fort peu de chose à voir, à la réserver particulièrement pour les matières qui sont particulièrement de son domaine ; car de l'exclure absolument d'aucune, il ne saurait être question, puisqu'elle est nécessaire en toute circonstance, ne fût-ce que pour relier entre elles nos opérations intellectuelles et, en fin de compte, pour conserver nos connaissances acquises.

Eh bien ! quelle est cette part à faire à la mémoire pour qu'il y ait usage et non abus de cette faculté dans l'étude des mathématiques, de l'histoire et des textes littéraires ? Voilà ce que je me demande aujourd'hui et ce à quoi je vais tâcher de répondre de mon mieux.

Les sciences exactes, les mathématiques, sont essentiellement du ressort de l'intelligence : c'est l'intelligence qui les conçoit, qui en a l'intuition ou qui en prend possession par le raisonnement, par des déductions la conduisant des premiers principes jusqu'aux conséquences les plus reculées. Les vérités mathématiques, une fois perçues, se trouvent être comme des faits de conscience qui se présentent spontanément quand nous avons besoin d'eux. La mémoire, ce que nous appelons la mémoire à l'école et qui se traduit généralement par des récitations, y reste étrangère. Elles ne s'apprennent point par cœur comme une fable ou une page d'auteur. Il suit de là que, pour ce qui constitue notre part de sciences exactes, de mathématiques à l'école primaire (éléments d'arithmétique, de géométrie, peut-être d'algèbre), nous devons compter bien moins sur la mémoire que sur l'intelligence et le raisonnement. Les mathématiques sont si bien des sciences d'intelligence et de raisonnement que c'est sur elles surtout que l'on doit faire fond pour développer ces facultés et les affermir. Rien ne donne de la force à l'intelligence, de la rectitude au jugement, de la vigueur au raisonnement comme l'étude et la pratique des sciences exactes. C'est par elles que nous faisons contrepoids à l'imagination, que nous rendons sage « cette folle du logis » en lui imposant le joug de la raison. On dit qu'elles tuent cette faculté, qu'elles rendent froids et peu sociables ceux qui les cultivent. Peut-être, mais nous avons peu à redouter ce résultat excessif dans nos modestes écoles primaires. Ce que nous avons à craindre, nous, c'est de voir nos enfants nous quitter sans avoir acquis une fermeté de jugement suffisante, qui les empêche de se laisser prendre aux sophismes et aux faux raisonnements. Nous attacherons donc une grande importance aux mathématiques. Mais nous y verrons plutôt un moyen de développer l'intelligence et le jugement qu'un exercice de mémoire. Nous réserverons celle-ci pour « l'histoire » et pour « les textes littéraires ».

Pour ces deux matières, la mémoire à proprement parler recouvre tous ses droits et rentre dans toute la plénitude de son rôle. Ici, en effet, le grand point est de retenir. Seulement, ou bien l'on se contente de retenir les faits ou les idées, ou bien l'on s'astreint à retenir, en outre, le texte lui-même. De là deux genres de récitation bien connus de nous : la récitation quant au sens, et la récitation littérale, comme il existe deux genres de traduction, la traduction dans laquelle on se préoccupe surtout du sens et des idées, et la traduction dans laquelle on s'attache à faire revivre en quelque sorte l'auteur en remplaçant fidèlement, par un équivalent, chacun de ses mots et chacune de ses expressions.

Longtemps la fidélité au texte a été de rigueur à l'école primaire comme ailleurs, pour l'histoire comme pour les autres matières. Le maître donnait tant de pages ou telles pages à apprendre, et ces pages devaient être récitées dans les termes mêmes du livre ; autrement, la leçon n'était point sue ; on était condamné à la rapprendre et hélas ! à la copier un certain nombre de fois pendant la récréation : quel est celui d'entre nous à qui ce malheur ne soit arrivé ?... On est revenu à des errements meilleurs ou qui, du moins, nous semblent tels : quand on a lu la leçon ou qu'on l'a entendue de la bouche du maître, on redit simplement les faits en les rendant de son mieux, en puisant dans son propre fonds, en créant, en quelque sorte, les expressions qui ont échappé à la mémoire, et le rôle de celle-ci en est allégé d'autant. Et cette marche est rationnelle, puisque, en histoire, ce qui importe, ce sont les faits, les choses, non les mots. D'ailleurs, si c'est en forgeant qu'on devient forgeron, c'est en parlant qu'on se forme à parler. C'est donc en racontant à leur façon et avec leurs propres ressources que nos élèves s'accoutumeront à vaincre leur timidité, à triompher de leur embarras de parole ; qu'ils forceront à se présenter le mot qui fuit, l'idée qui se dérobe, à s'ordonner la phrase qui ne s'offre que par fragments incohérents et incorrects. Le récit historique est excellent pour des exercices de ce genre et les facilite, puisqu'il y a un modèle et un canevas tout prêt, sur lequel il n'y a plus qu'à broder. Aussi, les récits en général, les récits historiques en particulier sont-ils l'expédient le plus à notre main pour amener nos élèves à parler et à écrire. La mémoire joue donc dans l'étude de l'histoire un rôle important, quoique restreint. Cela ne veut pas dire que l'étude de l'histoire soit une pure affaire de mémoire. Nous avions seulement à montrer comment la mémoire y intervient et nous nous bornons à le faire, ne voulant point sortir de notre sujet.

Pour les textes littéraires, la mémoire joue un rôle prépondérant, presque exclusif ; semblable à un miroir fidèle qui réfléchit l'image dans son entier, dans son ensemble et dans ses moindres détails, elle doit reproduire et le fond et

la forme, et les idées de l'auteur et les expressions dont il
les a revêtues.

L'étude des textes littéraires a, en effet, pour but de nous
faire vivre avec les grands écrivains, c'est-à-dire avec les
grands esprits et avec les grands cœurs ; de nous faire puiser
dans leur commerce, comme dans un société d'élite, cette
élévation de pensées et de sentiments qui est la marque
d'une éducation vraiment digne de ce nom. Elle a pour but
encore de nous donner l'intelligence, le goût et l'habitude
du bon langage, du bon langage parlé qui est la base et la
garantie du bon langage écrit, de ce que nous appelons le
style. Dès lors, dans l'étude des textes littéraires, rien n'est
à omettre, rien n'est à laisser tomber ni à perdre ; tout doit
être retenu et conservé, la forme aussi bien que le fond, le
mot, l'expression, la phrase aussi bien que la pensée elle-
même. Le moindre changement au texte serait fatal. D'une
part, il suffirait quelquefois pour fausser la pensée, ou tout
au moins pour l'affaiblir. On s'en aperçoit bien vite dans ces
traductions de vers en prose qui sont encore en usage dans
certaines écoles. Que deviennent, par exemple, dans ces
sortes de travestissements, la délicatesse, la finesse, la bon-
homie charmante de La Fontaine? Que seraient, rendues
en termes quelconques, les pensées de Pascal? Que deviendraient, sous d'autres habits, les sublimes beautés qui nous
enlèvent, qui nous empoignent, dirais-je volontiers, dans
ces passages de Corneille, de Racine, de Bossuet, de Fénelon
et, pour ne remonter ni si haut ni si loin, de Lamartine,
de Victor Hugo, etc., qui figurent dans nos recueils à titre
de lectures littéraires ou de morceaux de mémoire? Ce
seraient peut-être encore des diamants, mais des diamants
démontés et ternis ; ce serait peut-être encore de l'or, mais
de l'or allié au plus vil métal. D'autre part, toute altération
des textes littéraires est une trahison envers l'auteur et, de
plus, une faute et une inconséquence. Une phrase, un
ensemble de phrases, un morceau écrit par une main habile,
dicté par le génie, ou du moins par un goût sûr et éprouvé,
constitue comme une mélodie dont chaque mot est une note.
Tout y est combiné, disposé, arrangé pour concourir à l'effet

voulu, qui est d'instruire et de toucher en charmant l'oreille, même celle du lecteur dans le silence du cabinet. Y rompre l'ordre et l'enchaînement établis, y remplacer un mot par un autre mot, un tour par un autre tour, une phrase par une autre phrase, c'est dénaturer l'œuvre. Mais c'est aussi détruire l'harmonie, l'harmonie du style, par conséquent aller contre un des buts que nous nous proposons. L'éducation de l'oreille ne se fait pas qu'en musique; elle se fait encore en littérature, en même temps que celle du goût, à laquelle elle est étroitement liée. Eh bien ! nous ne ferons cette éducation qu'en respectant nos modèles, en conservant scrupuleusement l'intégrité des textes appris et récités. •

Et puis, si vous voulez que vos élèves parlent et écrivent avec une certaine aisance, il faut que non seulement vous leur appreniez à trouver des idées, mais encore que vous mettiez à leur disposition une provision de mots, de tours, de phrases pour les rendre. Sans cela, ils resteront embarrassés, hésitants, comme des muets ou des bègues chez lesquels la pensée ne se fait jour qu'avec une extrême difficulté. Or c'est l'étude et la reproduction fidèle de morceaux appris par cœur qui formeront cet approvisionnement, qui l'alimenteront et l'enrichiront sans cesse; c'est par conséquent la mémoire, s'appliquant cette fois aux mots autant qu'aux idées. Tel est le rôle de la mémoire dans l'étude des textes littéraires.

Par une réaction regrettable, ce rôle a été trop amoindri dans nos écoles. La récitation littérale y est devenue rare. Elle est strictement limitée à ce qu'on appelle les morceaux de mémoire. Pour les autres matières, on la dédaigne et j'ai vu des inspecteurs la bannir avec une certaine vivacité. Dans ma pensée, ils partageaient l'erreur de certains pédagogues de cabinet qui ne savent pas quelle est la pauvreté du vocabulaire de nos élèves, surtout dans les campagnes. A la maison, ces enfants n'entendent qu'un langage tout à fait usuel, borné aux besoins quotidiens. A l'école, nous causons peu avec eux, soit faute de temps, soit par suite de l'emploi obstiné des vieilles méthodes. Dans ces conditions, comment voulons-nous que leur vocabulaire s'étende, que leur mémoire se meuble d'une quantité suffisante de mots et d'expressions? Le remède à cette pénurie native est dans les récitations littérales. Et, puisqu'il s'agissait tout à l'heure d'histoire, j'avoue que, même pour cette matière, j'admets la récitation plus qu'approchée d'un auteur, à tout le moins d'un résumé qui permette à mes élèves de redire, sommairement si l'on veut, mais avec précision et en bons termes, ce que, sans secours, ils n'exprimeraient que dans un langage haché, confus et incorrect. Je fais la même chose pour la grammaire et à peu près pour toutes les autres matières. Je n'affranchis mes élèves du texte que peu à peu et à mesure qu'ils acquièrent le fond nécessaire pour s'en passer. Je ne trouve pas mauvais que, comme les oiseaux du ciel, ils vivent d'emprunt tant qu'ils ne sont pas à même de pourvoir eux-mêmes à leur nourriture. Si je fais mal, que ceux qui sont sans péché sous ce rapport me jettent la première pierre.

---

48. — L'HYGIÈNE SCOLAIRE

L'hygiène scolaire. — Son importance. — Quelles sont les prescriptions qui doivent le plus préoccuper l'instituteur; comment il peut et doit en assurer l'accomplissement.

Comme son nom l'indique, l'hygiène scolaire est simplement l'hygiène appliquée aux écoles; si l'on veut, c'est l'ensemble des mesures hygiéniques à prendre, des règles hygiéniques à observer : 1° pour que l'école ne nuise point au développement physique des enfants qui la fréquentent; 2° pour qu'elle favorise au contraire ce développement, si cela lui est possible.

Nous disons : *si cela lui est possible*, car, par elle-même, l'école n'est point hygiénique. En effet, si nous observons l'enfant, nous le voyons poussé invinciblement vers le grand air, l'espace, le tapage, les cris, les jeux bruyants, le tout accompagné à peine de quelques intermittences de repos ou d'accalmie. L'école, par son régime de silence, de recueillement, d'immobilité, violente donc la nature de l'enfant au lieu de la prendre pour guide. Elle impose d'ailleurs le joug à son esprit en même temps qu'à son corps : étourdi, volage, ami du changement et d'une liberté sans frein, ne connaissant, en fait de travail du cerveau, que les heureuses chimères, que les brillants mirages de l'imagination, il lui faut, à l'école, tourner son esprit vers de sèches et arides réalités et l'y fixer sous peine de désapprobation, de réprimande, de punition, peut-être de châtiments afflictifs. Dès l'entrée à l'école, c'est-à-dire dès l'âge de six ou sept ans, et quelquefois plus tôt, adieu le libre épanouissement dans tous les sens; à sa place, la contrainte pour le corps, l'effort et la contention pour l'âme; en d'autres termes, le renversement de l'ordre établi par la nature, l'oubli de cette menace de Pascal : « Ne dédaignez point la bête, car elle se venge tôt ou tard ». Elle se venge, en effet, bientôt, tout en devenant la première victime de sa vengeance; les organes se fatiguent et s'usent prématurément, l'esprit devient un hôte mal servi, et nous ne voyons plus se réaliser cet adage des anciens : « Mens sana in corpore sano ». Nous n'allons pas jusqu'à dire que « l'homme qui pense est un animal dépravé », mais nous n'hésitons pas à proclamer que l'enfant qui est enlevé prématurément aux libres et joyeux ébats pour être livré à cette sorte de séquestration qu'on appelle la vie écolière est voué à un étiolement plus ou moins lent, plus ou moins sensible, mais qui rejaillira sur toute son existence.

L'école est donc, au point de vue du développement physique, une véritable calamité. Il importe par conséquent, à un haut point, qu'elle fasse tout ce qui dépend d'elle pour atténuer au moins les maux qu'elle cause. Elle le fera en suivant les prescriptions indiquées par le bon sens s'appuyant sur les données de la science. Ces prescriptions, rassemblées dans nos règlements scolaires, forment aujourd'hui une espèce de code qu'il n'est plus permis à un maître ou à une maîtresse d'ignorer. Nous ne les rappellerons pas toutes. Nous choisirons seulement entre elles celles qui doivent « particulièrement nous préoccuper », celles aussi qui sont de notre ressort et qu'il faut que nous soyons en mesure d'appliquer en toutes circonstances.

Si nous avions la puissance des fées, ou seulement celle du million, nous nous bâtirions une maison d'école de tous points conforme aux instructions ministérielles, « sur un terrain central, bien aéré, d'un accès facile et sûr, éloigné de tout établissement bruyant, malsain ou dangereux... assaini par le drainage ». Nos salles de classe seraient de forme rectangulaire avec surface calculée à raison de $1^m,25$ par élève. Les dimensions des fenêtres seraient calculées « de façon que la lumière éclairât toutes les tables... ». Nous aurions « quatre types de tables-bancs ». Nous aurions des poêles « pourvus d'un réservoir d'eau avec surface d'évaporation... jamais en fonte à feu direct... »; une cour bien « sablée et plantée d'arbres »; un jardin, voire un champ d'expérimentation; des fosses d'aisance « fixes ou mobiles, bien étanches, munies d'un tuyau d'évent, de réservoir d'eau », etc., etc. Mais tout cela est encore, pour la plupart d'entre nous, un idéal; heureux ceux pour qui c'est d'ores et déjà une réalité! Mais tout cela ne dépend point de notre volonté. Ce qui en dépend, le voici.

L'air, l'air pur, celui qui circule au-dessus de nos têtes avec la quantité voulue d'oxygène et d'azote, où l'acide carbonique, l'oxyde de carbone, les miasmes délétères n'occupent qu'une place insignifiante, est nécessaire à notre existence, au bon fonctionnement de nos organes et, par suite, à leur développement régulier. Cet air n'est pas cher : on se le procure en ouvrant seulement une fenêtre ou un vasistas. Ne le ménageons pas à nos élèves; ne nous le ménageons pas à nous-mêmes. On se fait à tout, même à une atmosphère viciée ou surchauffée. En général, nous nous passionnons dans notre enseignement : il n'est pas jusqu'au participe qui ne nous séduise et ne nous surexcite. Absorbés par nos chères leçons, et souvent, Dieu merci, religieusement écoutés, nous oublions que le temps s'écoule, que cinquante ou soixante poumons respirent en même temps que le nôtre dans une salle dont les dimensions sont le plus souvent insuffisantes, où, en hiver, un mauvais poêle prend sur notre provision d'oxygène pour nous rendre autre chose, en faisant d'ailleurs monter le thermomètre outre mesure. Et nous nous trouvons tous vivre, parler, agir dans une atmosphère empestée. Si nous en doutons, sortons un instant et rentrons dans la fournaise. A demi asphyxiés, nous courrons vite aux fenêtres ou aux vasistas; nous hâterons, s'il le faut, la petite sortie réglementaire, afin de pouvoir ouvrir partout et de réparer la faute que nous commettions tout à l'heure en sacrifiant le corps à l'esprit.

Mais, pour que cette faute ne soit pas en quelque sorte inévitable, pour que notre air ne soit pas vicié à l'avance ou presque immédiatement, une condition est nécessaire : c'est la propreté, la propreté des murs, des tables, des fenêtres, du plancher et du plafond; c'est la propreté du corps et des vêtements, c'est la propreté partout. Négligent et coupable est le maître qui, aussitôt la classe du soir terminée, ne fait pas procéder au balayage de sa classe et de son préau, qui attend que les miasmes répandus dans l'air se soient fixés sur les surfaces qu'ils rencontrent, qui remet au lendemain à faire balayer et à faire épousseter, de sorte que les poussières soulevées sont respirées à pleins poumons par ses élèves dès leur entrée à l'école. Coupable et négligent celui qui ne veille pas à un nettoyage incessant des privés, qui laisse amonceler les ordures et immondices dans quelque coin de sa cour, presque à sa porte. Nous rappelons ces tristes choses, parce qu'il n'est pas rare encore de s'y heurter en visitant une école à l'improviste ; c'est au moins ce que nous assurait encore dernièrement un honorable inspecteur primaire.

Les règlements prévoient des mouvements, des récréations, des jeux, des exercices manuels ou de gymnastique et ce n'est pas sans de graves motifs. La *sédentarité* (oh! ce n'est pas nous qui créons cet affreux mot; il a été sans doute inventé pour rimer un jour avec celui de *scolarité* dans quelque poëme pédagogique) la sédentarité qu'entraîne l'école, est, au dire des *sociétés d'hygiène*, une des plaies de notre époque. Nous ne le contestons pas. Nous nous contentons de ranger les prescriptions relatives aux mouvements, jeux et exercices gymnastiques, parmi celles « qui doivent le plus préoccuper l'instituteur », parce qu'une évolution accompagnée de mouvements et de chants, si courte qu'elle soit, est une trêve à l'immobilité contre nature que nous sommes obligés d'exiger ; qu'une partie de barres ou de balle, émaillée de cris, de discussions, de débats, voire de querelles et de bouderies, est un puissant correctif à une tension d'esprit forcément prolongée ; que la gymnastique, tout en rendant les mêmes services, régularise les mouvements et équilibre les forces, qu'elle remet en quelque sorte des attitudes vicieuses sur lesquelles on n'aurait pas suffisamment veillé pendant la lecture et l'écriture.

Une prescription qui devrait être plus accentuée dans nos règlements — et qui ne s'y trouve peut-être pas, — c'est la modération dans le travail intellectuel. Celle-là, qui y songe ? Assurément, ce ne sont pas ceux qui font les programmes ; sans cela, nos programmes ne seraient pas si chargés. Ce ne sont pas ceux qui créent les concours, qui en sortent émerveillés de la quantité de connaissances qu'on peut faire entrer dans le cerveau d'un enfant. Qui y songe ? Eh bien ! le maître ou la maîtresse de bon sens qui, au lieu de prendre les programmes à la lettre et même de chercher à les dépasser, les interprète, les adoucit au besoin pou les approprier à l'âge et aux forces de ses élèves, qui se dit : « Employons consciencieusement nos six heures de classe, varions nos exercices, rendons nos leçons intéressantes, faisons que nos élèves se plaisent et soient heureux avec nous (le bonheur est essentiellement hygiénique) ; visons au développement régulier des facultés, non à leur écrasement.... Pas trop de devoirs à l'école ; peu ou point de devoirs à la maison. *Qui va piano va sano*, peut-être qu'avec cette marche fidèlement suivie pendant cinq, six, sept ans, nous amènerons nos élèves à avoir des clartés de tout, à répondre sinon savamment, du moins sensément dans les examens et concours ; peut-être ne serons-nous pas plus malheureux que les autres dans les luttes scolaires définitives. » « Les élèves surmenés, disait un jour devant moi un homme qui, sans s'en douter, était un grand pédagogue [1], sont les premiers à la rentrée; à Pâques, ils sont au milieu; il est bien rare qu'à la fin de l'année ou de la période d'études, ils ne soient pas les derniers; j'en ai vu pas mal sortir *fruits secs.* »

Voilà, à mon avis, non pas toutes les prescriptions sages que l'on peut faire sur l'hygiène scolaire, mais celles dont, pour ma part, je me « préoccupe le plus ». Je ne m'étendrai pas sur les moyens de les appliquer : j'ai à peu près indiqué ces moyens chemin faisant et, d'ailleurs, ils vont d'eux-mêmes.

Dans nos classes, de l'air, du jour, de la lumière, tant que nous pourrons en donner sans imprudence, car l'excès en tout est un défaut. Que la propreté soit pour nous, pour nos élèves non une « demi-vertu », mais bien une vertu tout entière et de premier ordre : la santé du corps y gagnera... et celle de l'âme aussi : la pureté du corps et des vêtements est cousine germaine de la pureté du cœur, on dirait même qu'elle la reflète.

« On ne joue plus dans nos établissements », disait avec douleur Dupanloup. Eh bien ! prouvons qu'on n'en est pas encore là dans nos modestes écoles primaires. Je me souviens que mon père, à un moment où il songeait à mettre une de mes sœurs en pension, était fort hésitant. Un jour qu'il longeait des massifs, il entendit non un bourdonnement de jeunes filles prenant leur récréation presque avec recueillement, comme cela est recommandé dans certaines maisons pieuses, mais des cris, des rires qui marquaient une joie exempte de toute compression, des piétinements fortement cadencés et accompagnés de chants, qui trahissaient des rondes échevelées. Mon père sonna; c'était un couvent !... n'importe, il y mit ma sœur. Attachons une grande importance aux jeux. Si l'espace ou le temps y manquent, eh bien ! nous y suppléerons par la gymnastique qui ne nous en sera que plus chère et plus précieuse.

1. M. Marguerin, ancien directeur de l'école Turgot.

Et puis, veillons sur les attitudes, sur les maladies épidémiques.... Et puis enfin, tout en respectant nos programmes, tout en admettant la nécessité de leur extension, prenons-en l'esprit qui vivifie, plus que la lettre qui tue. On parle de les réduire ; moi, je ne les réduirais pas : que voulez-vous y retrancher qui ne soit sinon absolument nécessaire, du moins fort utile ? Je me contenterais de les interpréter comme l'évêque que je citais tout à l'heure interpréta jadis l'*impossible syllabus*. Je recommanderais de les appliquer avec la mesure que comportent nos forces et celles de nos élèves. Surtout je tâcherais d'améliorer les méthodes et les procédés qui sont nos outils. C'est ce que je tâche de faire, pour ma part, au grand avantage de ma santé et de celle des petits paysans dont je suis chargé.

IV

LE PROGRAMME SCOLAIRE

ET LES PRINCIPALES MATIÈRES DE CE PROGRAMME,

---

49. — LE PROGRAMME DE L'INSTRUCTION PRIMAIRE

Discuter le programme de l'instruction primaire fixé par l'article 27 du décret du 18 janvier 1887; indiquer dans quel esprit il doit être appliqué et quelle place il convient de faire à chacune des matières qu'il comprend.

« Discuter le programme de l'instruction primaire », voilà une tâche bien ardue et surtout bien délicate pour des maîtres et maîtresses qui débutent dans la carrière de l'enseignement, et c'est à ceux-là surtout que nous nous adressons ici. Mais, en réalité, la *discussion* à laquelle nous les convions n'est pas une discussion comme celles qui ont pu avoir lieu devant les Chambres ou au sein du Conseil supérieur. Non; il s'agit plutôt d'une étude quelque peu approfondie et d'une interprétation aussi pratique que possible de nos programmes. Dans un moment où l'on crie volontiers au surmenage des élèves et des maîtres, il n'est pas sans utilité de méditer sur nos obligations, ne fût-ce que pour nous en faire prendre une idée juste, exempte d'exagération soit dans un sens, soit dans un autre. C'est à ce point de vue que je vais me placer pour traiter le sujet indiqué par mon titre.

Je remarque tout d'abord que l'article 27 du décret du 18 janvier restreint le grand programme de 1882 et qu'il y fait des coupures qui, en définitive, ramènent la tâche de l'école primaire à peu près à ce que l'avaient faite depuis longtemps les besoins et les mœurs.

Eh bien! à mon humble avis, même dans la nomenclature qui reste, s'il n'y a plus de retranchements à opérer, il y a à distinguer : à mettre d'un côté les matières qui sont le fond même de l'instruction primaire, qui la constituent essentiellement, sans lesquelles elle n'existerait pas en quelque sorte; de l'autre les matières qui importent moins et que, dans une certaine mesure, on peut considérer comme accessoires et, sinon sacrifier, du moins réduire, si le temps et les circonstances l'exigent.

Au fond, l'exécution de notre programme est une question de choix, de tact et de mesure : ici il faut donner beaucoup, là il faut donner moins ou peu, ailleurs il suffit de faire naître des occasions ou de profiter de celles qui se présentent. La mesure à garder se trouve dans le degré d'utilité même des matières à enseigner.

Pour certaines de ces matières, l'utilité se change en une nécessité absolue. Ainsi en est-il pour la morale et l'enseignement civique, pour la lecture, pour l'écriture, pour le français, pour le calcul et le système métrique. A l'heure qu'il est, celui qui ne possède pas des connaissances suffisantes sur ces divers points est comme frappé de déchéance; il se trouve, on l'a dit bien des fois, placé pour ainsi dire en dehors de l'humanité; on se sent pris à son égard d'un sentiment de pitié qui, dans des circonstances données, se rapprocherait du dédain et du mépris.

Tout homme a des devoirs à remplir et des droits à exercer : il faut lui faire connaître les uns et les autres. Je laisse de côté, pour le moment, la question de savoir s'il faut faire un cours spécial de morale et d'enseignement civique, ou bien si, pour la morale, il ne convient pas de laisser simplement s'exercer l'action de l'école, en comptant sur les bonnes paroles que l'on y entend, sur les bons conseils que l'on y reçoit, sur les bons exemples qu'on y a sous les yeux pour faire l'éducation de l'enfant; si, pour l'enseignement civique, on ne peut pas se contenter d'un cours d'histoire et de géographie dûment approprié. A mon avis, les deux systèmes sont bons; ils se prêtent un mutuel appui et tous deux peuvent être employés simultanément. Qu'il me suffise de placer en première ligne l'enseignement des devoirs et des droits, d'où qu'il vienne : l'enseignement religieux a perdu de nos jours au moins de son intensité; nous ne le donnons plus à l'école; il doit être, sinon remplacé, du moins suppléé par un enseignement moral et civique effectif, suffisamment approfondi pour agir sur les mœurs et l'esprit de la nation. Dans ma classe ou dans mon école, la morale sera partout : elle sera dans l'ordre et dans la discipline, dans les récompenses et dans les punitions, qui deviendront les conséquences naturelles de l'accomplissement du devoir ou de la violation de la règle ; elle sera dans un éloge mérité ou dans un blâme infligé à propos; elle sera dans les lectures, dans les modèles d'écriture et jusque dans le calcul, comme le demande le P. Girard. Les leçons spéciales n'auront pour objet que d'en condenser et d'en bien asseoir les principes; l'enseignement civique, comme je le disais tout à l'heure, sera le compagnon inséparable de mon enseignement historique et géographique. Voilà donc deux matières que je reconnais importantes au premier chef, auxquelles je donnerai tous mes soins, mais qui n'encombreront point mon emploi du temps.

La lecture, l'écriture, le calcul, le système métrique, la langue française y reparaîtront plus souvent. Faut-il insister sur l'utilité de ces matières, ou plutôt sur l'absolue nécessité de les enseigner? Non, n'est-ce pas. La vue d'un pauvre homme qui vous prie de lui lire la suscription d'une lettre ou le nom d'une rue; la rencontre de quelque fille ignorante de l'Auvergne ou de la Bretagne, obligée de recevoir son compte tout fait de la marchande à laquelle elle s'est adressée, ou d'un paysan hors d'état de mesurer un coin de terre, de cuber la pierre ou le bois qu'on lui livre; ou tout simplement la lecture d'une lettre, d'une demande, d'une supplique mal tournée, mal orthographiée, dénotant une culture intellectuelle moins qu'ordinaire, tout cela nous peine et nous fait bénir l'école où nous avons appris à déchiffrer un texte imprimé ou manuscrit, à manier une plume avec une certaine aisance, à ne pas trop offenser la grammaire et à ne pas trop estropier notre langue, à résoudre au moins pour notre usage les problèmes usuels de l'arithmétique et de la géométrie. En même temps, nous ne considérerions pas comme une école primaire sérieuse celle où ces matières ne seraient pas enseignées avec persistance, nous dirons volontiers avec ténacité, tous les jours et en quelque sorte à toutes les heures.

On se sentirait plus d'indulgence pour l'école où l'histoire, la géographie, même le dessin, si utile pourtant, ne seraient qu'effleurés; on s'en sentirait encore davantage pour celle où l'on chanterait faux, où la main ne serait pas exercée à manier le fer et le bois, où l'on commettrait de grosses hérésies en histoire naturelle, en physique, en chimie, etc. Pourquoi? Parce que, parmi les matières que nous venons de passer en revue, les unes sont *nécessaires* et que les autres sont seulement *utiles*; que, sans les premières, l'instruction primaire n'existe pas, et que, sans les autres, elle est simplement boiteuse et incomplète.

Donc, toujours de la morale, de la lecture, de l'écriture, du calcul, du système métrique, du français; à notre temps et suivant nos ressources, suivant aussi les besoins présumés de nos élèves, de l'histoire et de la géographie avec accompagnement de l'enseignement civique, du dessin, des données sur les sciences physiques et naturelles et sur leurs applications les plus usuelles, du chant, de la gymnastique, des travaux manuels, des exercices militaires. Le plus souvent ces enseignements nous reposeront plus qu'ils ne seront pour nous une fatigue. L'histoire, la géographie, l'enseignement civique, bien que nécessitant quelques efforts, nous récréeront grâce aux récits, aux descriptions, aux exposés, aux entretiens, aux lectures qui en forment le principal élément; le dessin est toujours pour l'enfant une diversion agréable, comme un moment d'accalmie, de travail personnel qu'il aime, parce qu'il y trouve l'occasion d'exercer son activité propre; les entretiens sur les sciences physiques et naturelles le charment par les exhibitions et les expériences qu'il peut faire ou qu'il voit se faire d'elles-mêmes autour de lui ; le chant, si on sait le varier, l'adapter à son milieu, y faire beaucoup plus de pratique que de théorie, sera pour lui un *loisir occupé*, une détente et non un labeur ; le maniement du rabot, de la scie, de la lime, le reposera du grincement de la plume, qui le lasse si vite, parce que, quel que soit l'objet auquel il s'applique quand il écrit, il a l'esprit tendu, noyé dans des abstractions qui répugnent quand même à son âge. En définitive, les matières que nous qualifions d'accessoires ou de secondaires ne sont que des satisfactions et des directions données à des instincts ou a des goûts naturels : le vrai travail, celui qui exige l'effort, qui implique la fatigue, contre l'abus duquel on pourrait s'élever, n'existe que pour quatre ou cinq matières, celles que nous avons classées parmi les enseignements nécessaires et dont l'école ne peut dispenser l'enfant à aucun prix.

Et c'est faute de faire ces réflexions que tant de personnes nous accusent de surmener nos élèves. Elles voient ce programme, tracé par l'article 27 : « L'instruction primaire élémentaire comprend.... » Elles comptent par leurs doigts 15 ou 16 matières encore pour l'école ordinaire, pour la *petite école*; elles les placent toutes sur la même ligne; elles les voient enseignées toutes au même degré dans la plus modeste école.... Elles lèvent les bras au ciel et proclament que tout est perdu, que l'humanité s'en va, que la vie, concentrée exclusivement dans le cerveau, se retirera des autres organes et que les générations qui nous suivront ne seront plus que des ruines, que des ombres de leurs aïeux.

Qu'elles se rassurent! L'école, bien comprise et bien conduite, n'est point homicide. Sans doute, son programme est fort étendu; il nous oblige à enseigner beaucoup de choses; mais il ne nous oblige pas à les enseigner toutes avec un égal développement. La mesure, tout est là. Seulement, est-ce bien nous, instituteurs, qui nous écartons de cette mesure? Ne seraient-ce pas plutôt les commissions d'examen et l'inspection elle-même qui commettraient cette imprudence ou qui nous entraîneraient à franchir les limites?

Je présente aux examinateurs ou à mon inspecteur des enfants à la figure ouverte, franche, épanouie, ne révélant certes ni lassitude, ni énervement. Sur leurs cahiers, des devoirs peu longs, mais variés et soignés. Ils lisent en se faisant comprendre; ils rendent leurs pensées correctement; on peut dire seulement qu'ils sont un peu sommaires, un peu courts d'imagination et de développements. Ils connaissent et appliquent les grandes règles de la grammaire, et l'orthographe usuelle leur est assez familière. En histoire, ils savent les grandes choses et les mettent à leur place; en géographie, ils ne sont pas ignorants, tant s'en faut, car ils tracent des cartes et y voyagent sans s'égarer. On peut causer avec eux et, dans un entretien sur ceci ou sur cela, ils font preuve de jugement, de bon sens, quelquefois même de sagacité. En morale, ils sont fondés sur les principes et il ne serait pas facile de leur faire accepter ce qui est laid, faux ou injuste. Ma foi, je me sens fier d'eux; ils me paraissent débrouillés, quelque peu instruits, élevés, en voie de continuer eux-mêmes leur éducation et d'ajouter à leur petit savoir. J'attends à tout le moins une marque d'approbation pour moi et, pour eux, quelques mots d'éloge. Pas du tout. Voilà que les cahiers renfermaient des *lapsus* qui n'étaient point soulignés à l'encre rouge, et, par conséquent, étaient censés m'avoir échappé : donc j'étais coupable au moins de négligence; que certaines finesses sur le *participe*, sur *tout*, sur *quelque*, etc., n'étaient point suffisamment senties : donc la grammaire n'avait point été l'objet de mes justes préoccupations; que l'on n'était point très ferme sur la suite et le nombre des guerres de Louis XII et de François Ier, que l'on avait oublié la Liane dans l'énumération des fleuves côtiers, que l'on ne connaissait pas tous les affluents de l'Adour et de la Baïse : donc mes pauvrets ne savaient ni l'histoire, ni la géographie; que, en agriculture, l'on n'était point très ferré sur l'origine et la préparation des sulfates; qu'en botanique, l'on ignorait que les potirons de mon jardin fussent de la famille des cucurbitacées, etc., etc. Donc.... Bref M. l'inspecteur fronça plus d'une fois le sourcil, les examinateurs eurent des airs soucieux et scandalisés, et moi je pris la résolution de faire travailler, travailler, apprendre, apprendre, de m'attacher à former des têtes bien pleines plutôt que des têtes bien faites. « Pourtant, la terre tourne »... pourtant, il s'agit d'élever au moins autant et encore plus que d'instruire, de pourvoir mes chers enfants du nécessaire bien plus que du superflu, si utile que ce superflu puisse être; de s'inspirer de l'esprit du programme, de l'esprit qui vivifie et non de la lettre qui tue. Voilà ce que ne tarda pas à me rappeler mon bon sens. D'autres me le rappelèrent avec l'autorité qui s'attache à leur nom et à leur parole, car je relus mes notes et j'y trouvai : « L'objet de l'enseignement n'est pas d'embrasser sur les diverses matières du programme tout ce qu'il est possible de savoir, mais de bien apprendre dans chacune d'elles ce qu'il n'est pas permis d'ignorer », et bien d'autres choses propres à me réconforter, par exemple ces paroles descendues récemment de haut : « L'éducation qui convient à notre temps, nous y arriverons en écartant désormais tout débat sur le programme même, et en portant l'attention, les efforts, sur les moyens de l'appliquer. Le meilleur programme n'a de valeur que par l'usage qu'on en fait. Ne devons-nous pas nous efforcer d'approfondir, d'élucider, pour la plus grande utilité de nos divers enseignements, les questions de méthode? » Je me permets d'ajouter : « Les questions de mesure et d'interprétation, les meilleurs moyens d'élever et d'enseigner, sans tomber dans le *surmenage* ou dans le *malmenage*, suivant que l'on préfère l'un de ces barbarismes pédagogiques à l'autre.

---

50. — LES EXERCICES DE MÉMOIRE

Des exercices de mémoire à l'école primaire. —
Usage et abus.

La question, telle qu'elle est posée ici, peut être interprétée de deux manières. Par *exercices de mémoire*, faut-il entendre toutes les leçons qui, apprises par cœur, doivent donner lieu à une récitation, comme les leçons de grammaire, d'histoire, de géographie, etc.; ou bien cette expression ne s'applique-t-elle qu'à ces exercices de mémoire proprement dits que les nouveaux programmes officiels prescrivent sous ces rubriques : « *Cours élémentaire*... : récitation de poésies d'un genre simple; — *Cours moyen*... : récitation de fables, de petites poésies, de quelques morceaux de prose; — *Cours supérieur*... : récitation expressive de morceaux choisis, en prose et en vers, de dialogues, de scènes empruntées aux classiques? » Si vous le voulez bien, nous adopterons le premier sens, parce qu'il est le plus étendu, qu'il comprend le second comme le genre comprend l'espèce, et que c'est surtout l'ensemble des leçons ordinairement apprises par cœur qui prête à des abus : les exercices de mémoire indiqués par les programmes donneront rarement lieu à des exagérations dangereuses; en ce qui les concerne, les maîtres et maîtresses seront plus portés à rester en deçà de la mesure qu'à la dépasser.

Ceci étant convenu, disons tout de suite que les exercices de mémoire sont bons en eux-mêmes et qu'à l'école ils sont une nécessité. En les imposant à l'enfant, on ne va pas contre la nature, on la seconde et on lui obéit : c'est la nature elle-même qui nous invite à y recourir. Car pourquoi, je vous prie, a-t-elle donné à l'enfant une si merveilleuse aptitude à apprendre et à retenir, si ce n'est pour qu'il s'en serve et qu'il la développe comme toutes ses autres facultés? D'ailleurs, elle le jette dans le monde aussi pauvre que possible, *infans*, c'est-à-dire sans parole, n'ayant à sa disposition que des cris ou des sons inarticulés, tout au plus des signes, pour manifester ses douleurs, ses joies, ses besoins. Il est vrai qu'il se forme peu à peu au langage dans le commerce de ceux qui l'environnent. Mais combien son vocabulaire resterait insuffisant, si le livre, si la leçon apprise par cœur ne lui fournissaient bientôt des mots et des phrases pour rendre toutes les pensées qui germent dans son cerveau en travail, pour nuancer tous les sentiments qui s'éveillent dans sa jeune âme, pour se faire bien comprendre de ses semblables et pour les bien comprendre eux-mêmes! Vous lui demanderez bientôt des narrations, des descriptions, des exposés faits soit de vive voix, soit par écrit. Où puisera-t-il des mots et des expressions pour vous satisfaire, s'il n'en a pas fait une provision? Et cette provision, cette *copia verborum*, à laquelle Quintilien consacre tout un chapitre, vos entretiens, les entretiens avec ses parents et avec ses condisciples ne suffiront pas à la lui fournir; c'est dans les leçons apprises par cœur qu'il en trouvera la source la plus saine et la plus abondante. Que voulez-vous? la nature l'a établi ainsi : elle a voulu qu'avant de vivre sur son propre fonds, l'enfant vécût d'emprunts jusqu'à ce que, grâce à sa facilité d'assimilation, il eût fait sien le bien d'autrui. Pour notre part, nous sommes portés à croire que, en dehors de certaines aptitudes exceptionnelles, les personnes qui ont le plus d'idées et le plus de facilité à les rendre sont celles qui ont le plus appris par cœur dans leur enfance et dans leur jeunesse. N'hésitons donc pas à exercer la mémoire de nos élèves, à exiger d'eux des leçons apprises par cœur et même des leçons récitées littéralement.

Seulement, ici, il faut tenir compte : 1° de l'âge des élèves; 2° de la nature des matières d'enseignement.

C'est surtout aux plus jeunes enfants qu'il faut demander des récitations littérales. Ces enfants ne sont pas encore en état de substituer une expression à une autre, et l'exercice de mémoire a précisément pour objet de leur faire cette provision de mots et de phrases dont nous parlions tout à l'heure. Mais, peu à peu, à mesure que leur vocabulaire se sera enrichi, nous pourrons leur laisser une plus grande liberté de rendre à leur façon les pensées de l'auteur étudié; nous devrons même les exciter doucement à rompre leurs lisières, à s'affranchir de la lettre du livre, à mettre en œuvre les matériaux depuis longtemps amassés. Quant aux matières d'enseignement, il en est qui ne comportent que peu ou point la récitation littérale, et pour lesquelles il serait même ridicule de l'exiger; par exemple, l'arithmétique et tout ce qui est de pur raisonnement ou le résultat d'observations faites autour de soi. D'autres, au contraire, s'y prêtent admirablement, s'y prêtent même malheureusement jusqu'à favoriser la paresse des maîtres, comme la grammaire, l'histoire, la géographie, etc. Ce n'est qu'à celles-ci que s'appliquent les principes que nous venons de poser et la marche que nous venons de conseiller.

Mais il est une circonstance où la récitation littérale, scrupuleusement littérale, est toujours de mise, toujours nécessaire : c'est lorsqu'il s'agit de morceaux de mémoire proprement dits. Ceux-ci sont appris dans leur entier pour eux-mêmes, à la fois pour la pensée et pour l'expression. Car ils ont pour objet d'orner et d'enrichir la mémoire, de former au choix des mots, à la coupe des phrases, à l'harmonie, à la clarté, à l'élégance du style. Ils sont la base et la matière du seul enseignement littéraire qui nous soit possible à l'école primaire, en même temps que notre ressource la plus sûre pour exercer nos élèves à sentir et à penser juste, pour développer chez eux le sentiment et le goût du beau, toujours si voisin du sentiment et du goût du bien. Dans de telles conditions, y changer un mot, une expression, serait comme un sacrilège : les modèles qu'ils nous fournissent y perdraient leur originalité, leur beauté, tout ce qui fait leur attrait et leur prix.

Ainsi, il est bon, il est nécessaire d'exercer la mémoire de nos élèves à l'école primaire, et cela par des récitations littérales, par la reproduction, fidèle à divers degrés, du texte du livre.

Mais pourquoi s'est-on tant élevé, dans ces derniers temps, contre les leçons apprises par cœur, au point de vouloir les retrancher entièrement pour ne plus recourir qu'à l'enseignement oral et à des récitations quant au sens seulement? Parce qu'il y avait abus. Et en quoi y avait-il abus? Le voici.

Comme au temps de Pestalozzi, « si l'on cherchait à constater l'instruction que les enfants avaient reçue, on remarquait avec peine qu'on chargeait leur mémoire de mots dont ils ne pouvaient pas comprendre le sens, ou qui n'avaient pour eux aucune valeur déterminée, parce qu'on avait négligé de les instruire des choses, et de leur donner la connaissance des objets ou des faits que ces mots exprimaient; et cela frappait surtout lorsqu'on entendait sortir de la bouche de ces jeunes enfants des expressions destinées à rendre des idées abstraites et métaphysiques, ou à rappeler des objets qui ne pouvaient tomber sous leur sens. » Le livre était le professeur. La mémoire, cultivée exclusivement, faisait tous les frais de l'instruction et de l'éducation. Les connaissances n'étaient qu'un entassement de notions sans la capacité d'en faire usage. Il y avait manque d'équilibre dans le développement des diverses facultés; plusieurs étaient absolument négligées.

En est-il ainsi encore aujourd'hui? Malheureusement oui. Nous n'en voulons pour témoignagne que cet énorme paquet de livres sous lequel nous voyons ployer les enfants à leur entrée dans nos écoles; que ce temps considérable consacré exclusivement à la récitation des leçons; que ces bribes d'auteurs que servent les écoliers lorsqu'on les interroge, et qui ne sont que des mots rangés dans un certain ordre, mots auxquels aucun sens certain n'est attaché dans leur esprit.

Des leçons non expliquées, peu ou point comprises, voilà l'abus. Cet abus est-il difficile à faire disparaître, et faut-il pour cela bannir les leçons apprises par cœur et écarter toute récitation littérale? Nous ne le pensons pas.

Posons en principe que « rien ne doit entrer dans la mémoire qui n'ait passé par l'intelligence »; que la mémoire peut et doit être cultivée avec énergie dans l'enfance et dans la jeunesse, mais que l'attention, la réflexion, le jugement et, dans une certaine mesure, le raisonnement, lui serviront de point d'appui, et nous n'aurons rien à craindre des exercices de mémoire : ils ne nous seront que des auxiliaires précieux et d'ailleurs nécessaires.

S'agit-il de grammaire? Que l'enfant soit amené, par une suite de questions habilement ménagées, à découvrir la règle, à la formuler tellement quellement et comme à son insu; la leçon, qui devra être ensuite apprise par cœur, sera comprise et, au lieu d'être un alignement de mots vides de sens, elle fournira un libellé net et plus précis qui restera d'autant mieux dans la mémoire que, comme nous le disions tout à l'heure, elle aura passé par l'intelligence, qu'elle sera pour ainsi dire un produit de la mise en jeu de toutes les facultés.

En géographie, nous aurons eu soin que l'idée soit venue avant le mot ou en même temps que lui. Nous aurons mis sous les yeux les choses ou leurs signes représentatifs ; nous aurons fait lire la leçon dans la nature ou sur la carte. Nous pourrons dès lors la faire lire dans le livre et la faire réciter avec fruit, fût-elle une de ces arides nomenclatures par lesquelles il faut souvent passer, quoi qu'on dise et quoi qu'on fasse.

En calcul, le concret a précédé l'abstrait. Des objets ont été comptés devant nos élèves ; ils ont été ajoutés les uns aux autres ; ils ont donné lieu à des retranchements, à des répétitions, à des partages... Pourquoi ne donnerions-nous pas à apprendre par cœur les définitions de l'addition, de la soustraction, de la multiplication et de la division, définitions qui sont déjà dans l'esprit et qu'il ne s'agit plus que de formuler pour les confier à la gardienne de toutes nos connaissances, à la mémoire ? Nos élèves ont vu des yeux du corps qu'une fraction exprime à la fois une division à faire et le quotient même de cette division, que le carré ou le cube d'une fraction ne sont autre chose que le carré ou le cube de ses deux termes, etc., etc. ; ils l'ont vu en même temps des yeux de l'intelligence. Qu'ils confient maintenant tout cela à leur mémoire et nous le redisent dans le langage mathématique que leur livre leur a fourni.

Nous sommes à la leçon d'histoire. Sans explications préalables, vous donnez une page d'auteur à apprendre par cœur. Vous n'obtiendrez qu'une récitation de perroquet : il y aura abus. Mais ayez préalablement un entretien sur les faits et les personnages mentionnés dans cette page. Développez les faits ; livrez-les à l'appréciation de votre auditoire, faites-en découvrir et, s'il le faut, montrez-en vous-même l'enchaînement, les causes, les conséquences. Rendez la vie aux personnages; faites-les agir et parler suivant leur caractère ou suivant les mœurs du temps; au besoin réveillez leurs passions ou leurs nobles sentiments; excitez contre eux un juste mépris ou des sympathies méritées.... La leçon est dans les intelligences ou dans les cœurs. Les mots nécessaires pour la rendre pourront être puisés dans le livre, en attendant qu'ils se présentent d'eux-mêmes.

Faut-il revenir sur les morceaux de mémoire proprement dits? Oui, pour dire que c'est là que les explications doivent abonder; que c'est se rendre coupable que de forcer de pauvres enfants à se loger dans la tête des mots qui ne disent absolument rien à leur intelligence; que c'est pitié d'entendre un baby réciter *la Cigale et la Fourmi* sans qu'on lui ait montré une cigale et une fourmi en réalité ou en peinture; parler de la *bise*, de la *famine*, de l'*août* sans qu'on lui ait dit que la bise lui a souvent fouetté le visage sur le chemin de l'école, que la famine ne tarderait pas à vider son panier si ses chers parents cessaient de semer et de moissonner, que l'août lui ramènera les vacances; balbutier le « Eh bien! dansez maintenant! », sans qu'on lui ait fait toucher du doigt que c'est par son imprévoyance que la cigale s'est exposée à être traitée si durement, etc.

Ainsi donc, bien loin de condamner les exercices de mémoire à l'école primaire, nous les y conseillerons volontiers, sous la réserve qu'on en fera l'usage que nous avons indiqué et qu'on se gardera des abus que nous avons cherché à faire ressortir, abus dont le principal est de sacrifier la partie à l'ensemble, d'exercer la mémoire aux dépens des autres facultés, c'est-à-dire de manquer le but de l'éducation, qui est le développement harmonieux et simultané de l'être humain dans tous les sens et non par un seul côté.

51. — LES PREMIÈRES LECTURES

Développer cette pensée de Locke : « Les premières lectures doivent être utiles et attrayantes ». — Applications à l'école primaire.

« Les premières lectures doivent être utiles et attrayantes ». C'est « attrayantes et utiles » que Locke aurait dû dire, il nous semble, afin de suivre l'ordre chronologique et même logique.

L'enfant — c'est la nature qui le veut ainsi — est essentiellement avide de plaisir. Le plaisir, les amusements sont comme son élément propre. Hors de là, il est un exilé sur la terre étrangère : il est triste, maussade, taciturne : tel l'oiseau captif ne chante ni ne babille ; tels l'abeille et le papillon, surpris par un gros temps, cessent l'une de butiner, l'autre de voltiger ; telle la fleur qui n'est plus arrosée cesse de s'épanouir. Le plaisir pour l'enfant est comme le soleil pour la nature ; voilez ce soleil, il est malheureux et bientôt atteint dans son développement physique, intellectuel et moral. Le plaisir est aussi le seul appât par lequel nous puissions d'abord impressionner sa volonté et la conduire au but que nous nous proposons d'atteindre. Voulons-nous qu'il mange ? nous lui servons des mets agréables. Voulons-nous qu'il joue plus qu'il n'est enclin naturellement à le faire ? nous lui procurons des jouets appropriés à son âge et à ses goûts. Voulons-nous qu'il lise ? offrons-lui des lectures attrayantes ; que le livre que nous ouvrons sous ses yeux lui parle de choses qui le touchent ou l'égayent ; qu'au moins il charme ses yeux, sourie à sa fraîche et vive imagination et ne pèse pas trop à ses petites mains. Ainsi le livre deviendra pour lui un camarade aimé, un conseiller écouté, un mentor accepté sans peine et même recherché, et le souvenir des premières lectures se trouvera à tout jamais mêlé à ces heureux souvenirs d'enfance qui, plus tard, sont évoqués avec mélancolie sans doute, mais aussi avec bonheur ; qui, en fin de compte, nous réveillent au bien et à la vertu ; qui font que la vue d'un livre nous réjouit et que notre première pensée est de l'ouvrir. Qui sait? Si Louis XI eût remis entre les mains de son fils encore enfant des livres attrayants, non le *Rosier des guerres*; si Bossuet avait écrit pour son élève, non l'*Histoire universelle*, mais des fables, comme Fénelon le fit pour le sien, probablement que Charles VIII se fût jeté sur autre chose que sur des livres de chevalerie, et que le grand dauphin n'eût pas juré de ne jamais remettre le nez dans un livre une fois son éducation terminée.

Mais il faut aussi que, dans les premières lectures, l'utile se joigne à l'agréable. Car enfin, il y a des approvisionnements à faire pour la vie qui s'annonce et qui ne tardera pas à arriver avec ses devoirs et ses exigences. Il faut que l'enfant se fasse

> .... un trésor de vertu, de sagesse,
> Qui ne s'amasse bien qu'au temps de la jeunesse;

un trésor de connaissances, de vérités, d'impressions heureuses, de sentiments honnêtes, de saines habitudes d'esprit qu'on ne saurait trop tôt acquérir, que les bonnes lectures contribuent tant à donner et que souvent elles peuvent seules donner. A quelle pénurie de vie intellectuelle et morale l'enfant ne serait-il pas réduit, s'il ne devait puiser qu'aux leçons officielles qu'il reçoit de ses maîtres; si les premières lectures n'entraient comme coefficients dans son instruction et dans son éducation! si elles ne devaient préparer, corroborer et compléter les enseignements donnés *ex cathedra*!

Nous avons besoin que les premières lectures nous viennent en aide dans l'œuvre si complexe de l'éducation de l'enfant. Pour cela, il faut qu'elles contiennent autre chose que des futilités, que de vains amusements pour l'esprit et pour l'imagination, qu'elles aient un côté sérieux et productif. Pourquoi d'un livre ou simplement de quelques pages de lecture ne se dégagerait-il pas une connaissance, un progrès dans un sens ou dans un autre? Si peu que ce soit, c'est, comme on dit, autant de pris sur l'ennemi et, dans l'espèce, l'ennemi est cette négation qu'on appelle l'ignorance. Et qu'on ne prétende pas que l'enfant a bien le temps d'apprendre. Non, il ne l'a pas. La carrière est longue, mais la vie est courte, la vie écolière surtout, et, dans cette période d'approvisionnement, il n'y a point de quantité négligeable. C'était l'avis de Quintilien qui voulait que l'on mît à profit les premières années de l'enfant, jusqu'à ses jeux et ses plaisirs, pour le pousser en avant et lui faire acquérir quelque chose.

Ce sera le nôtre aussi, surtout à l'école primaire. Nos pauvres enfants n'ont, quoi qu'on fasse, que bien peu de temps pour s'instruire. D'ailleurs, quand ils nous arrivent, ils sont dans un âge où l'on peut bien plutôt se préparer aux études sérieuses que s'y livrer réellement et avec succès. Et pourtant, pendant cette période si courte par elle-même, rendue plus courte encore par les mille incidents de la croissance, où le corps, les organes, ont tant besoin d'être ménagés, où la volonté est faible et les forces toujours défaillantes, combien de choses nous avons à leur enseigner, étant donné un programme qui ne comprend pas moins de vingt ou vingt-cinq matières toutes obligatoires ! Si nous voulons qu'ils emportent de l'école cette instruction *intégrale* que l'on rêve aujourd'hui pour eux et que l'on met à notre charge à nous autres instituteurs, il faut qu'ils payent de leur personne et qu'ils collaborent largement à notre œuvre. C'est par les lectures qu'ils le pourront faire. Mais, pour cela, il faut que ces lectures, qui, au fond, sont pour eux les premières, soient *utiles*, c'est-à-dire instructives et moralisatrices. Ce n'est qu'à cette condition qu'elles nous feront gagner du temps et viendront combler d'inévitables lacunes. Le calcul et quelques autres matières exceptés, il n'est peut-être pas une branche du programme pour laquelle les premières lectures ne nous prêtent un concours des plus efficaces.

Ainsi, en général, ce sont les enfants qui lisent le plus qui manient avec le plus d'aisance la langue maternelle. Il leur reste de leurs lectures des idées, des mots, des expressions, des tournures de phrases, un style plus coulant et plus correct. Des lectures faites dans un livre bien pensé et bien écrit apprendront la langue même, tandis que nous, dans nos exercices scolaires à proprement parler, nous n'enseignons guère que la grammaire.

Des historiettes ou des fictions, ce que nos enfants appellent des *histoires*, pourvu qu'on les choisisse en dehors des banalités ou des mièvreries de certains systèmes étroits, où le dessein et la pieuse ruse apparaissent trop, pourvu encore qu'on les prenne dans la réalité ou dans le possible, ou même dans ce qu'on peut appeler le merveilleux raisonnable, nous faciliterons de bonne heure l'enseignement de la morale. Nos enfants y puiseront, à leur insu, cette habitude de penser et de sentir juste qui est à la fois l'éducation de l'esprit et celle du cœur.

Les livres de voyages, si goûtés des enfants, ne sont en somme que de la géographie en action. L'intérêt qu'y prennent nos élèves, tout en étant déjà un des fruits de nos leçons, étendent et fortifient ces dernières.

Il en sera pour l'histoire et pour les sciences comme pour la géographie : les lectures développeront les leçons faites en classe et raviveront des souvenirs hélas ! bien fugitifs. En classe, nous déblayons le terrain, nous donnons les premières clartés de tout ; les lectures achèvent ou du moins perfectionnent ce que nous commençons.

Voilà pourquoi nous devons désirer que les premières lectures soient *utiles*.

Nous devons désirer, en outre, qu'elles soient *attrayantes*. La nature de l'enfant l'exige, avons-nous dit plus haut. Mais, pour nous, il y a absolue nécessité à ce qu'il en soit ainsi. L'école est responsable non seulement du présent, mais encore de l'avenir : les familles, la société, en attendent autre chose que des résultats passagers ; elles comptent que son action sera durable, qu'elle s'étendra bien au delà de l'enfance et même de la jeunesse ; qu'elle créera d'heureuses habitudes pour toute la vie, par exemple, celle des saines lectures. Or, si les premières lectures que nous faisons faire manquent d'attrait, comment pouvons-nous espérer que l'amour de la lecture en naîtra et qu'il survivra à la fréquentation de l'école ou même qu'il se soutiendra au cours de la période scolaire pour produire cette culture générale dont nous parlions il y a quelques instants, à laquelle nos enseignements ne suffisent pas, sans laquelle ils demeurent comme boiteux ou tronqués, à tout le moins superficiels et sans consistance? Si le livre a ennuyé à l'école, on l'y délaissera vite; ensuite on l'abandonnera pour toujours; on ne se sera pas fait un besoin de lire, et l'œuvre d'instruction et d'éducation que nous aurons ébauchée — c'est tout ce que l'on peut faire entre six et treize ans — s'arrêtera court; elle sera manquée ou demeurera à peu près sans résultat : les oiseaux du ciel, c'est-à-dire les passions, les entraînements de la jeunesse, les préoccupations de la vie matérielle, emporteront le bon grain que nous aurons semé avec tant de labeur; les épines et les ronces étoufferont les quelques germes qui seront demeurés.

La conclusion de ces prémisses est facile à tirer. Veillons sur les premières lectures de nos chers enfants. Choisissons-les de manière qu'en charmant leurs petits loisirs, elles les instruisent et les moralisent; qu'en un mot, elles soient utiles et attrayantes, attrayantes et utiles si l'on veut. Du reste, notre tâche est singulièrement facilitée sous ce rapport; les livres réunissant les deux conditions sur lesquelles nous venons d'insister abondent aujourd'hui; nous en avons pour les lectures en classe, nous en avons pour les lectures solitaires ou faites dans la famille. Il en est peu qui ne soient attrayants ou utiles dans une certaine mesure; nous n'avons qu'à rechercher ceux qui nous paraissent l'être au plus haut degré, qui nous semblent les mieux appropriés à notre milieu, à nos besoins, au but général ou particulier que nous nous proposons d'atteindre. C'est à cela que Locke nous invite. Notons qu'il nous invite en même temps à faire une sélection judicieuse parmi les si nombreux ouvrages que l'on nous propose pour nos distributions de prix ou de récompenses. De ce chef, nous pouvons trouver dans sa pensée un critérium et une règle.

52. — UNE LEÇON DE LECTURE DANS LE COURS MOYEN

Vous avez à faire une leçon de lecture dans un cours moyen. Le texte de la leçon se trouve être la fable intitulée : *Le Laboureur et ses enfants.* Vous lisez ce texte; vous l'expliquez dans la mesure que vous jugez convenable, puis vous le faites lire à vos élèves. Après l'exercice, la commission vous fait observer : 1° que vous n'avez pas expliqué tous les mots qui offraient quelque difficulté; 2° que vous n'avez pas tiré du morceau tous les enseignements possibles au point de vue moral, grammatical, étymologique, littéraire, etc. Vous donnez les raisons de votre réserve, et vous exposez sommairement les principes dont il vous semble qu'un instituteur doit s'inspirer dans ses leçons de lecture. (*Sujet d'examen.*)

Mes enfants, nous lisons aujourd'hui dans notre *Recueil de morceaux choisis.* Nous en sommes à une fable ayant pour titre : *Le Laboureur et ses enfants.* Qui a composé cette fable? Quel en est l'auteur? — La Fontaine. — Vous savez ce que c'était que la Fontaine? — Un fabuliste, un auteur qui a écrit des fables. — Pourquoi s'est-il donné la peine d'écrire des fables? Est-ce pour vous amuser seulement?... Non, n'est-ce pas? mais pour vous faire mieux saisir et accepter un bon conseil, une *morale* qu'il place tantôt au commencement et tantôt à la fin, ou qu'il vous laisse simplement à deviner. Comme d'habitude, je vais lire d'abord le morceau tout entier; suivez-moi sur vos livres :

Le Laboureur et ses enfants.

Travaillez, prenez de la peine;
   C'est le fonds qui manque le moins.
Un riche laboureur, sentant sa mort prochaine,
Fit venir ses enfants, leur parla sans témoins.
 « Gardez-vous, leur dit-il,...

Quelques explications, maintenant. Vous voyez de quoi il s'agit? Un riche laboureur, avant de mourir, veut apprendre à ses enfants que « le travail est un trésor », qu'il faut « travailler, prendre de la peine » et que c'est là « le fonds qui manque le moins ». Pour cela, que fait-il? Il les rassemble auprès de son lit, comme vous le voyez sur la gravure de votre livre; il feint de leur confier un grand secret : c'est qu'un trésor est caché dans le champ qu'il va bientôt leur laisser pour héritage. A quel endroit? Il ne le sait pas; mais, s'ils creusent, fouillent, bêchent, c'est-à-dire en fin de compte...? — S'ils cultivent bien le champ. — Ils finiront par trouver le trésor. L'ont-ils trouvé? — Non, mais bien cultivé, bien débarrassé des mauvaises herbes et dûment ensemencé, le champ, au bout de l'année, rapporta davantage et cela leur fit plus d'argent, beaucoup d'argent. — Mon Dieu, oui; en prenant de la peine, en travaillant, soit de ses bras, soit de son intelligence, on se procure, sinon la richesse, au moins le nécessaire, même l'aisance, et c'est comme si on trouvait un trésor. Redites-nous cela, Paul. De quoi s'agit-il dans la fable que nous allons lire?...

Je relis pour expliquer quelques mots ou expressions dont le sens pourrait échapper à plusieurs d'entre vous : « Travaillez, prenez de la peine, c'est le *fonds* qui manque le moins... ». Que veut dire le mot *fonds* que je vois là écrit avec un *s*? Il signifie probablement autre chose que le fond d'un puits, d'une cave, d'un coffre, etc.? On dit, en parlant d'une terre, d'une maison : des biens *fonds*; on dit aussi : placer ses fonds, son argent, ses capitaux chez un banquier, sur l'État, etc.... — C'est sans doute que le mot *fonds*, écrit avec un *s*, même au singulier, signifie *bien, propriété, somme d'argent.* — C'est en effet le sens qu'a ici ce mot. Vos parents ont tous un petit *fonds*, par exemple, des champs qu'ils cultivent; ou un petit capital, quelque somme d'argent qu'ils placent ou font valoir de leur mieux. « Un *trésor* est caché dedans. » Un *trésor*... on entend par là une somme d'or ou d'argent que l'on cache soigneusement pour la soustraire aux voleurs. Dans les temps de troubles ou de guerre, il est arrivé plus d'une fois à nos pères de cacher leur petit trésor, soit dans la terre, soit dans le trou de quelque mur. Il arrive encore aujourd'hui de retrouver un *trésor* ainsi enfoui, et je pourrais vous raconter plus d'une histoire à ce sujet. « Dès qu'on aura fait l'*août*?... » — Cela veut dire la *moisson.* Nous avons déjà rencontré cette expression dans la fable de *la Cigale et la Fourmi*. — « Où la *main* ne passe et repasse... ». Est-ce qu'on cultive avec la main?... Sans doute, mais avec la main armée d'un instrument tel qu'une houe, une bêche... une charrue. Cela veut dire par conséquent?... — Où la bêche, la houe, la charrue ne passent plusieurs fois. — « Le père mort », voilà une singulière proposition. Où en est donc le verbe?... — Cela veut dire : quand le père fut mort. — Très bien; nous nous étendrons davantage plus tard sur ces sortes de propositions. Traduisez aussi cette autre proposition qui n'est pas moins incom-, plète, *elliptique* que la précédente : « D'argent, point de caché ». — Pour de l'argent, il n'y en avait point de caché, et ils n'en trouvèrent point. — Henri, expliquez-nous le sens de ce petit vers : « le travail est un trésor ». — Quand on travaille, on n'a pas besoin de trésor, ou plutôt c'est comme si on en avait un : avec le produit de son travail, on se procure tout ce qu'on veut, comme si on avait un trésor où l'on pourrait puiser à tous moments. — Oui, c'est ainsi que « le travail est un trésor »; c'est même quelque chose de mieux : « C'est le *fonds* qui manque le moins ». On peut vous voler votre trésor; votre champ peut être ravagé ou ne rien vous rapporter. Le travail est une ressource toujours prête, toujours à la disposition de celui qui a du cœur et de l'énergie. Et c'est là, mes enfants, la morale de cette fable; retenez-la et préparez-vous à la mettre en pratique, car, tous tant que nous sommes, nous trouverons dans le travail notre meilleur *fonds* et peut-être notre unique *trésor*. Ces explications données, lisons sans nous interrompre. Commencez, Maurice,...

Il nous reste quelques minutes. Je vais relire encore en tâchant de vous faire sentir ce que votre ton a eu de défectueux : « Travaillez, prenez de la peine; c'est le fonds qui manque le moins ». Un conseil, une recommandation, presque un ordre, puis un avertissement, comme une sentence : ma voix est grave comme celle d'un vieillard parlant à des enfants ou à des jeunes gens avec l'autorité que donne l'expérience de la vie. Je vais maintenant prendre le ton du récit, parler comme quand je vous raconte une histoire : « Un riche laboureur... ». J'abaisse ma voix pour dire : « Un trésor est caché dedans ». Songez qu'il s'agit d'une confidence, d'un secret ; dans de pareilles circonstances, vous savez bien qu'on parle bas, bien bas, de manière à n'être point entendu des voisins.... En un mot, mes enfants, je tâche de conformer mon ton à la pensée que j'ai à rendre, aux sentiments que j'ai à exprimer. Je tâche aussi, par des moments d'arrêt et par des inflexions, de marquer la ponctuation, par exemple les virgules qui suspendent la phrase et les points qui la terminent, ce que, tout à l'heure, plusieurs d'entre vous oubliaient complètement de faire, rendant ainsi leur lecture bredouillante et presque inintelligible. Tout cela, vous le faites dans vos conversations. Faites-le aussi et plus encore dans vos lectures, si vous voulez qu'on vous écoute et si vous voulez vous écouter vous-mêmes avec plaisir.

Ainsi j'ai fait, ainsi j'ai dit.

Or, voici qu'on m'adresse des observations, presque des reproches au sujet de cette leçon de lecture.

« Vous n'avez pas expliqué tous les mots qui pouvaient présenter quelque difficulté. Le morceau prêtait à de nombreuses remarques au point de vue de l'orthographe, de la grammaire, de l'étymologie et vous n'en avez fourni que quelques-unes. La morale, vous l'avez à peine effleurée et elle méritait pourtant bien d'être développée ! Quant au côté littéraire de ce charmant petit poème, rien, pas le moindre aperçu ! En un mot, vous avez oublié que la lecture est votre grand moyen d'éducation, la principale ressource de l'école primaire pour inculquer des connaissances de toute sorte ou pour les affermir. »

Autrement dit, j'ai été incomplet et sommaire à l'excès dans ma leçon de lecture. Eh bien ! c'est à dessein et de propos délibéré que je me suis montré tel. A mon avis, dans tout enseignement, il convient de se conformer au but et de se renfermer dans les limites qu'imposent le temps donné, le milieu où l'on se trouve et surtout la capacité intellectuelle de l'auditoire que l'on a devant soi. Or, le but de la lecture, c'est la lecture elle-même, non l'orthographe, la grammaire, la science étymologique ou autre, la morale, la littérature, etc. Que toutes ces choses soient abordées incidemment et légèrement touchées, je l'admets volontiers. Mais que, dans la lecture, comme ailleurs du reste, l'accessoire emporte le principal, que les divers enseignements de l'école viennent s'y joindre et s'y confondre; qu'en d'autres termes, on veuille, comme Jacotot, mettre tout dans tout, voilà, je crois, ce que réprouve une saine pédagogie : par ces accumulations d'enseignements, on accable l'esprit des enfants et l'on y produit la confusion. « Diviser pour régner » était la maxime de gouvernement de Louis XI; diviser les enseignements, les isoler les uns des autres pour les dominer d'abord nous-mêmes et ensuite pour que nos élèves s'en rendent bien maîtres à leur tour, doit être la nôtre. Et n'est-ce pas parce que le bon sens commande d'en agir ainsi que, dans nos lycées, dans nos collèges, dans nos écoles normales, et jusque dans nos écoles primaires supérieures, il y a des professeurs de lettres et des professeurs de sciences, en même temps que des cours spéciaux pour chacune des matières du programme?

Ne devant pas perdre de vue que ma leçon avait pour but *la lecture*, je ne devais pas non plus oublier que, d'après mon emploi du temps, je ne disposais que de trente à trente-cinq minutes pour ma leçon; que j'avais devant moi quarante élèves dont beaucoup ont encore à se former à une bonne lecture courante et qu'il fallait, par conséquent faire lire le plus possible. Si j'avais expliqué tous les mots susceptibles de l'être avec accompagnement de remarques sur l'orthographe, les règles de la grammaire, la dérivation, l'étymologie, outre que le temps m'eût manqué, quelle fatigue c'eût été pour mes élèves et pour moi! Que serait-ce si j'avais ajouté à tout cela l'analyse littéraire, c'est-à-dire des considérations sur le sujet, le plan, le style, sur *l'invention*, la *disposition* et *l'élocution*? Non-seulement j'aurais fatigué, surchargé, ennuyé mon trop jeune auditoire, mais je n'en aurais pas été compris et bientôt les attentions m'eussent échappé : les bruits de la rue, les mouches du plafond, les hannetons enfermés dans le pupitre, etc., n'eussent pas tardé à me faire concurrence. Dans un cours supérieur, dans un cours complémentaire surtout, il aurait pu en être autrement : là, la lecture devient sans trop d'inconvénients l'accessoire ; les explications, le principal ; et encore faut-il que ce soit dans une juste mesure car, même dans ces cours élevés, le but de la lecture doit rester, au fond, la lecture, quoique considérée à un point de vue moins technique et moin restreint. En suivant la marche que j'ai adoptée, je ne crois donc pas avoir été, pour le moment, incomplet. Mais je crois avoir mis en pratique un précepte que l'on ne saurait trop méditer : *Enseigner, c'est choisir.*

53. — LE ROLE DE LA GRAMMAIRE DANS L'ENSEIGNEMENT DE LA LANGUE

Développer cette doctrine de plusieurs pédagogues : « Dans l'enseignement de la langue maternelle, la grammaire ne doit pas être un point de départ, mais un instrument de perfectionnement. »

De temps immémorial, la grammaire règne en souveraine à l'école primaire. Elle saisit l'enfant à son entrée dans la vie écolière et ne le quitte plus jusqu'au moment où, pourvu du certificat d'études, il dit en général un éternel adieu à ses livres classiques. Dès qu'un enfant sait lire et quelque peu écrire, on introduit une grammaire dans son sac ou dans son pupitre, et le voilà condamné à apprendre par cœur des définitions et des règles, à couvrir des cahiers entiers d'exercices, de dictées, de conjugaisons et bientôt d'analyses. Bien qu'on se défende aujourd'hui de ces errements, on les trouve encore à peu près partout, dans l'école publique aussi bien que dans l'école privée, aussi bien dans les grandes villes que dans les plus obscurs villages. Bien plus, un jour — le croira-t-on? — la grammaire et ses accessoires obligés ont envahi jusqu'à l'école maternelle!

Nos programmes, pour la plupart, n'invitent-ils pas en quelque sorte à maintenir ces traditions? Au lieu de ces mots : *français* ou *langue maternelle*, n'y lit-on pas *grammaire*? Tel est le résultat de la confusion qui s'est faite dès l'origine dans les esprits : on a pris la forme pour le fond, la ceinture et l'assemblage pour l'étoffe, l'instrument pour la mélodie, la mise en œuvre pour la matière, les règles de la langue pour la langue elle-même. On n'a point songé qu'avant de construire, il faut amasser des matériaux; qu'avant d'assujettir des mots et des phrases à certaines règles, il faut avoir ces mots et ces phrases à sa disposition, soit pour le langage parlé, soit pour le langage écrit; en un mot, que la mise en possession de la langue doit précéder la connaissance de la grammaire.

Spencer dit quelque part qu'il faut suivre, pour l'éducation de l'enfant, l'ordre et la marche qu'a suivis la nature pour l'éducation de l'humanité. Eh bien! l'humanité a eu partout une langue parfaite avant d'avoir des grammairiens et des grammaires. Ce n'est que plus tard, bien plus tard, que des esprits curieux et observateurs ont remarqué que les langues avaient leurs règles consacrées par l'usage; ils ont pensé que ces règles devaient être conservées et appliquées, si l'on voulait fixer quelque peu les langues elles-mêmes, surtout les parler et les écrire comme l'avaient fait certains hommes supérieurs, ou comme le faisait la bonne compagnie; ils les recueillirent, ils les formulèrent, et ainsi naquit la grammaire, fille et non mère et créatrice des langues. Mais la nature n'en a pas moins conservé son droit : la mère, sa plus fidèle et sa plus sûre interprète, apprend à son enfant à parler par l'usage, non par les règles. L'école n'a tout d'abord qu'à continuer son œuvre. « L'enfant, dit M. Bréal, n'a pas été sourd et muet jusqu'à son entrée à l'école ». Il nous arrive avec un vocabulaire; il ne s'agit que de développer et d'enrichir ce vocabulaire par une pratique intelligente du langage en suivant ce conseil de Fénelon : « Le grand point est de mettre une personne le plus tôt qu'on peut dans l'application des règles par un fréquent usage; ensuite, cette personne prend plaisir à remarquer le détail des règles qu'elle a suivies d'abord sans y prendre garde. »

Pourtant, n'allons point donner ici dans une de ces réactions auxquelles, nous autres Français, nous nous laissons aller si facilement. Nous reproche-t-on d'abuser du livre? nous ne pensons à rien moins qu'à bannir le livre de nos écoles. Nous accuse-t-on de négliger la pédagogie, les sciences physiques et naturelles, la géographie? Nous nous lançons à outrance dans ces matières; nous ne ferions volontiers plus que de cela. Nos prédécesseurs ont fait de véritables orgies de grammaire. Ils ont commis la grave erreur de faire de la grammaire leur principal instrument pour l'apprentissage de la langue? Plus d'un d'entre nous va se croire obligé de brûler les nombreuses grammaires qui figurent dans sa bibliothèque, ou du moins de retrancher celles que, de fondation, il place entre les mains de ses élèves. Évitons ces excès (ce dernier est, d'ailleurs peu à redouter, la grammaire tient une trop grande place dans nos habitudes scolaires pour qu'on doive craindre de l'en voir jamais disparaître; c'est une simple hypothèse que nous faisons, ou plutôt une objection que nous cherchons à prévenir). Ici, comme en toute chose, usons seulement; n'abusons pas. Ne dédaignons ni les définitions, ni les règles, ni le livre qui en est l'utile formulaire et le non moins utile mémento. Voici la marche que nous pourrons suivre, il me semble, pour tenir le juste milieu entre deux extrêmes qui sont également à éviter.

La grammaire ne sera pas notre point de départ. Non seulement nous ne la mettrons pas entre les mains de nos petits élèves, mais nous irons jusqu'à ne pas même la nommer, et à ne point dire qu'elle est « l'art de parler et d'écrire correctement ». Nous recourrons tout d'abord et tout simplement à des exercices de langage. Nous causerons et nous ferons causer nos nouveaux venus sur eux-mêmes, sur leurs parents, sur leurs animaux, leurs champs s'ils en ont, à tout le moins sur leur maison, sur l'école et ce qui s'y trouve, et cela, à peu près sans ordre, suivant les circonstances ou les inspirations du moment. Peu à peu nous deviendrons plus méthodique et nous suivrons un plan. Nous nous escrimerons sur « le nom, le nombre et la forme ». Nous composerons, sur le tableau noir, des listes de noms d'objets familiers. Nous ferons trouver des qualités ou des propriétés qui leur conviennent; nous ferons reconnaître, puis affirmer ces qualités ou propriétés, et de là naîtront des propositions, simples d'abord, puis plus ou moins complexes. Alors, nous exprimerons des pensées, de vraies pensées sur les personnes ou les choses; nous en mettrons un certain nombre à la suite les unes des autres, et nous aurons une description ou un récit. Mais est-ce que, au cours de ces exercices, nous ne ferons point de grammaire? Si vraiment : tout ce qui servira à nommer sera reconnu pour un *nom*; ce qui servira à qualifier, pour un *adjectif*; ce qui devra venir si souvent à notre aide pour remplacer le nom, recevra la dénomination de *pronom*. Le verbe *être* et le verbe *avoir* joueront, dans nos premiers essais, un rôle important. Ici, nous voudrions placer un mot en faveur de la routine, mais chut !... Contentons-nous d'évoquer un souvenir. Il y a longtemps, bien longtemps, à l'âge où l'on part « sans songer seulement à demander sa route », nous entreprîmes d'apprendre l'anglais, seul, c'est-à-dire à coups de grammaire. Vains efforts : nous ne nous mettions dans la tête que ces quantités de règles dont fourmillent les grammaires anglaises aussi bien que les nôtres. Heureusement, un *Robertson* nous tomba entre les mains : on sait que cet auteur vous jette tout de suite au milieu d'un morceau, vous le traduit ou vous le fait traduire, en tire une foule d'exercices qui font entrer dans les cerveaux les plus rebelles mots et tournures. Quant aux règles, elles viennent peu à peu, les plus générales d'abord, les exceptions ensuite, tout à fait suivant le conseil de Fénelon. Changement à vue ; progrès rapides. Très bien; mais nous reconnûmes que la méthode ne nous profitait si fort que parce que, à l'avance, nous possédions, acquis par routine, les verbes *to have*, *to be*, et le paradigme *to love*, avec ses modes, ses temps et ses auxiliaires.

D'exercice en exercice, la science grammaticale se fait, et il n'est pas mauvais du tout que l'enfant, parvenu à un certain degré d'habileté à parler et à écrire sa langue, en trouve quelque part les règles nettement formulées et confirmées par des applications appropriées. Ainsi la grammaire ne précède pas; elle n'est pas le point de départ; mais elle vient éclairer la pratique, perfectionner les ébauches et les essais; elle est le couronnement, non la base du petit édifice. Et son rôle grandit au fur et à mesure que l'enfant passe du cours élémentaire au cours moyen et du cours moyen au cours supérieur. Là, l'enfant parle et écrit de lui-même; il met en œuvre les matériaux qu'a fournis la famille d'abord, l'école ensuite. Accoutumé à trouver des idées, à les mettre en ordre, à les rendre par le mot propre, il possède en entier sa grammaire, ayant appris les règles par la langue, non la langue par les règles, et tel était le but à atteindre.

Faut-il montrer cela par des exemples empruntés à la pratique l'école primaire? Tout ce que je viens de dire n'est proprement qu'un exemple continu; cependant je vais tâcher de préciser davantage.

Dans le cours élémentaire, où je n'ai pas même prononcé le nom de grammaire, cela est convenu, je me propose de faire ressortir de mes exercices de langage la règle de la formation du pluriel dans les noms et dans les adjectifs. Car enfin, si je veux que mes élèves écrivent correctement les exemples que je leur donne ou qu'ils me fournissent eux-mêmes, il faut bien que je leur dise ou qu'ils découvrent qu'il y a un *singulier* et un *pluriel*, que certains mots ne s'écrivent pas au singulier comme au pluriel; si c'est là faire de la grammaire, ma foi, tant pis : nécessité fait loi. Nous avons causé; j'ai demandé qu'on observât les objets environnants, qu'on les nommât, qu'on me dît quelque chose de chacun d'eux; j'ai écrit, ou l'un des « forts » a écrit les phrases trouvées... des propositions réduites, si l'on veut, à la plus simple expression : *la table est longue, le globe est rond, la cour est vaste,* etc. J'écris en regard les mêmes propositions au pluriel en soulignant les *s.* Il se rencontrera bien quelqu'un qui constatera une différence, qui peut-être en soupçonnera la cause. En tous cas, nous constaterons que, dans la première colonne, les noms ne désignent qu'un objet, et nous dirons qu'il sont *au singulier*; que, dans la seconde, ils en désignent plusieurs, et nous dirons qu'ils sont *au pluriel*. Si nous savons ce que c'est que l'adjectif, nous remarquerons que le pauvre esclave est obligé de se soumettre au nom et d'en subir tous les caprices.... Puis viendront, comme applications, de nouvelles opérations au tableau noir, des recherches, des constatations dans le livre ou dans les tableaux de lecture, et, s'il y a lieu, un petit travail personnel approprié à l'âge et au degré de développement intellectuel. Nous irons plus loin : nos élèves retrouveront dans quelque livre bien court, bien élémentaire, brièvement et correctement formulée, la règle qu'ils ont découverte et bégayée tout à l'heure; ils l'apprendront même par cœur : pourquoi n'apprendrait-on pas par cœur ce qui a été ainsi expliqué?

Dans le cours moyen, même marche et même procédés. Mais le ton, les sujets, les idées à trouver, les propositions à construire, tout est haussé d'un cran. J'exige des récits de longue haleine, des descriptions détaillées. Il faut me raconter, soit de vive voix, soit par écrit, sur le cahier ou au tableau noir, les graves événements de la journée précédente, me dépeindre les objets environnants : mon bureau, les tables, le poêle et son tuyau, mon jardin, etc. Dans tout cela, il y aura des incorrections de langage que les plus habiles réformeront; des fautes d'orthographe au-devant desquelles il vaudra mieux aller que de les laisser commettre, ou qui devront du moins être corrigées à l'aide des règles déjà connues. Ces règles, il conviendra de les rappeler, ou mieux, de les découvrir de nouveau en y joignant, cette fois, les exceptions. Il faudra en outre conjuguer beaucoup, tantôt d'une manière rationnelle, c'est-à-dire avec sujet, attribut ou complément, tantôt par routine; car, que l'on me pardonne de le répéter, la routine est bonne à quelque chose en grammaire, comme en arithmétique et ailleurs. A ce moment, on peut, on doit suivre une grammaire, la même s'il est possible que l'année précédente, mais plus développée, débarrassée des formes enfantines, contenant beaucoup d'exercices, afin de faciliter le travail personnel et solitaire : le maître ne peut pas toujours être là ; il commence, il donne la marche à suivre ; mais les élèves doivent être laissés fréquemment à eux-mêmes, en la main de leur propre conseil ; il faut bien qu'ils entrent dans la vie, que leur attention se fixe, que leur personnalité s'affirme par l'effort.

Dans le cours supérieur, l'enseignement de la langue prend des formes plus tranchées et l'enseignement de la grammaire devient plus ferme et plus accentué. Le premier est de tous les exercices et de tous les instants ; l'histoire, la géographie, l'arithmétique, etc., lui payent leur tribut ; mais il a ses exercices propres et bien à lui : la lecture, les morceaux de mémoire, les exercices de style ou de composition. Le second se donne surtout par la leçon de grammaire elle-même et par la dictée. La correction de la dictée, voilà le vrai lieu, la vraie place de l'enseignement grammatical. Là, toutes les règles sont rappelées au fur et à mesure que l'occasion s'en présente, indépendamment de la règle spéciale que l'on a entendu faire particulièrement appliquer ou dont on a voulu préparer l'application. Nous insistons sur ce point pour combattre la tendance du jour à mettre tout dans tout, par exemple à transformer la lecture en leçon de grammaire. Les explications de la lecture doivent surtout porter sur le sens des mots et des phrases ; les morceaux de mémoire, faire naître et développer le sentiment du beau ; les exercices de composition, former à l'art de penser et d'écrire. La grammaire ne doit intervenir dans tout cela que pour assurer la correction du langage et du style. Faisons-lui une juste part, mais laissons-la à sa véritable place. Ailleurs, appelons-la seulement comme moyen de perfectionnement, car, si elle donne les règles du beau langage, elle ne saurait ni le créer, ni le remplacer. On peut bien savoir sa grammaire et être un pauvre penseur et un fort méchant écrivain.

54. — UNE LEÇON DE GRAMMAIRE

Faire une leçon sur l'adverbe (Cours moyen). — Indiquez à la suite quelles sont les questions que vous feriez à vos élèves sur cette leçon et la nature des exercices que vous leur donneriez comme application.

Paul, écrivez au tableau noir les petites phrases suivantes :

Richard écrit ;
Il écrit mal ;
Il écrira mieux l'année prochaine ;
Il écrira bien en sortant de l'école.

Quelle est l'action marquée par le verbe dans la première phrase? — Celle d'écrire. — Et dans les trois autres? — Toujours celle d'écrire. — Mais dites-moi, cette action est-elle absolument la même partout? — Non, monsieur, elle est changée... — Dites *modifiée*. — Elle est modifiée par les mots *mal*, *mieux* et *bien*. — Ainsi, ces mots *mal*, *mieux* et *bien* exercent une influence, et une influence considérable, sur le verbe *écrire*; ils en changent, ou plutôt ils en modifient singulièrement la signification; autre chose est d'écrire n'importe comment et d'écrire mal, d'écrire mieux que précédemment, ou d'écrire tout à fait bien. Où sont placés ces mots? — Près du verbe..., après le verbe. — Eh bien! donnons-leur tout de suite un nom qui convienne à leur position; appelons-les des *adverbes*, ce qui veut dire *joints au verbe*, *ajoutés au verbe*, *rapprochés du verbe*, comme vous voudrez. Définissez-moi maintenant l'adverbe? — L'adverbe est un mot qui se joint au verbe... — Pourquoi faire, croyez-vous? Que font les adverbes *mal*, *mieux*, *bien*, dans nos petites phrases de tout à l'heure? — Ils modifient la signification du verbe. — Eh bien! poussez plus loin votre définition. — L'adverbe est un mot qui se joint au verbe pour en modifier la signification. — Très bien; l'adverbe se joint au verbe pour en modifier la signification : cela est acquis. Voyons si son rôle se borne là.

Ambroise, à vous la craie. Écrivez :

Robert est studieux dans sa famille;
Il est encore plus studieux à la promenade;
Il est surtout studieux en classe.

Qu'est-ce que le mot *studieux*? — Un adjectif. — A-t-il tout à fait la même signification dans les trois phrases que vous venez d'écrire? — Non, monsieur : dans la première, il marque que Robert est simplement studieux; dans la seconde, il marque que Robert est *plus* studieux; dans la troisième, qu'il est *surtout* studieux.... — Et qu'est-ce qui modifie ainsi la première signification de l'adjectif *studieux*? — Les mots *plus* et *surtout*. — Bien qu'ici l'influence de ces mots s'exerce beaucoup plus sur l'adjectif que sur le verbe, les grammairiens les appellent encore des *adverbes*. Faisons comme eux et disons...? — Que l'adverbe est un mot qui se joint au verbe ou à l'adjectif pour en modifier la signification. — Encore un point d'acquis et dont il faudra vous souvenir tout à l'heure.

A votre tour, Étienne, écrivez :

Charles a été mordu par le chien du voisin;
Il l'a été bien cruellement;
Il l'eût été plus cruellement encore, si je ne fusse intervenu.

Voici nos mots *bien* et *plus* revenus. Cette fois, sur quoi portent-ils? — Sur le mot *cruellement*. — Et *cruellement* qui modifie *mordu*, qui, par conséquent, est un adverbe, se trouve modifié lui-même par...? — Par d'autres adverbes. — Eh bien! qu'en concluez-vous? — Que l'adverbe peut modifier un autre adverbe. — Alors, complétez la définition que nous avons commencée plus haut. — L'adverbe est un mot qui modifie un verbe, un adjectif ou un autre adverbe. — A toutes les fois que vous rencontrerez un mot modifiant un verbe, un adjectif ou

un adverbe, vous penserez...? — Que c'est un adverbe.
— Nous jouons *volontiers*.... — *Volontiers*, adverbe, modifie le verbe *jouer*. — Nous *ne* sommes *pas toujours très* heureux dans nos compositions.... — *Ne, toujours, pas*, adverbes..., modifient le verbe *nous sommes*...; *très*, adverbe, modifie *heureux*. — Chantez *juste, plus juste* que vous le faites d'habitude. — *Juste*, modifie le verbe *chanter*; *plus*, adverbe..., modifie l'adverbe *juste*. — Oh! mais, très bien : vous avez compris qu'ici *juste* n'est pas un adjectif... — Il ne qualifie pas. — Qu'il est adverbe... — Il modifie un verbe; il remplit le rôle de l'adverbe; il est adverbe, c'est tout simple. — Pas si simple que cela, et nous aurons besoin de revenir sur ces choses. Mais, pour le moment, évitons les difficultés plutôt que de les chercher. Ne disons même pas comment l'adverbe, si proche parent de l'adjectif, comme vous venez de le voir, s'en forme le plus souvent. Voyons simplement les dénominations fort diverses qu'on peut lui donner à raison de la manière dont il exerce sa fonction, qui est, cela est entendu...? — De modifier, soit un verbe, soit un adjectif, soit un autre adverbe.

Si je dis : Paul, venez *ici*... allez *là*... sortez *dehors*, où sont les adverbes? que marquent-ils dans ces phrases? quelle idée ajoutent-ils au verbe? Une idée de lieu, n'est-ce pas? — Oui, monsieur. — Eh bien! trouvez-leur un nom qui aille bien à la circonstance.... — Ce sont des adverbes de *lieu*. — Très bien. Nous nous occupons *aujourd'hui* de l'adverbe. *Hier*, à pareille heure, nous faisions de l'histoire. *Demain*, ce sera le tour de la géographie. Quels sont les adverbes? — *Aujourd'hui, hier, demain*. — Que marquent-ils? — Le temps, ce sont des adverbes de *temps*. — Ambroise aime les plumes et les crayons, il en a *beaucoup*. Michel en a *trop*. Pascal, en avez-vous *assez*? — Que marquent les adverbes *beaucoup, trop, assez*? — La quantité, ce sont des adverbes de *quantité*. — Dans nos premières phrases : Richard écrit *mal*, il écrira *mieux*, il écrira *bien*, Richard écrit ou écrira d'une certaine manière... — Les adverbes *mal, mieux, bien*,

marquent la manière.... Ce sont des adverbes de *manière*.
— Robert, grandirez-vous? — *Oui, certes*, monsieur. —
Voilà que Robert *affirme*, et même avec une certaine
vivacité. Les adverbes qu'il a employés...? — Sont des
adverbes d'*affirmation*. — Au contraire, niez-moi quelque
chose, et avec entrain aussi.... — Nous n'aimons pas les pensums... ni les retenues non plus... *pas*, *ni*, *non plus* sont
des adverbes de *négation*. — Très bien! en vérité, vous
devancez presque ma pensée et les grammairiens seront
contents de vous, eux qui distinguent avec tant de com-
plaisance des adverbes de lieu, de temps, de quantité,
de manière, d'affirmation, de négation, etc. Je ne vous
demande pas de retenir cette nomenclature, elle vous reviendra d'elle-même dans nos analyses. Passons à autre chose.

Le nom a un suppléant, il me semble? — Oui monsieur :
le pronom. — Eh bien! les grammairiens font de l'adverbe
un suppléant, un suppléant du nom accompagné de ce que
nous appellerons bientôt une *préposition*. Ils disent que
courageusement est pour *avec courage*, *attentivement*
pour... — *Avec attention*. — Je n'insiste pas : ce changement de l'adverbe en un membre de phrase équivalent
vous fait mieux comprendre le rôle de l'adverbe et, au
besoin, ce sera une petite rubrique fort propre à vous le
faire reconnaitre plus facilement. Une autre circonstance
sur laquelle je n'insiste pas non plus, c'est que l'adverbe
s'écrit toujours tel que le fournit le dictionnaire; ce qui
veut dire...? — Qu'il est invariable. — Ajoutez alors à la
définition que vous m'en avez donnée... — L'adverbe est
un mot invariable qui modifie soit un verbe, soit un
adjectif, soit un autre adverbe.

Mais l'adverbe ne se présente pas toujours sous une
forme aussi simple que dans les exemples dont nous nous
sommes servis jusqu'ici. *Un jour*, vous avez entendu un
de vos petits camarades pousser *tout à coup* un cri de
détresse; *sur-le-champ, tout de suite*, vous êtes courus à
son secours... *un jour*, *sur-le-champ, tout de suite*, voilà
des expressions qui sentent terriblement l'adverbe; elles
modifient *vous avez entendu, pousser, vous êtes courus à*

son secours... — Ce sont des adverbes. — En vérité ; mais, comme elles contiennent plusieurs mots, on les appellera des *expressions...* faites un adjectif avec le mot adverbe? — Adverbial... — On les appellera des *expressions adverbiales.*

Terminons par quelques questions.

Quel est le rôle de l'adverbe?... A quoi le reconnaissez-vous par conséquent?... Toutes les fois que vous rencontrerez, dans vos lectures ou dans vos dictées, un mot modifiant soit un verbe, soit un adjectif, soit un autre adverbe, vous l'analyserez?... Et si l'adverbe se compose de plusieurs mots, forme une expression?... Et si l'adverbe marque le lieu?... le temps?... la quantité?... la manière?... Par quoi l'adverbe peut-il se remplacer?... Avec quelle espèce de mots vous ai-je dit que l'adverbe avait une étroite parenté? — Avec l'adjectif. — Très bien, nous verrons cela dans notre prochaine leçon et nous nous donnerons le plaisir de faire des adverbes. Comme application de celle-ci, vous soulignerez et vous vous tiendrez prêts à m'expli-quer les adverbes ou les expressions adverbiales contenus dans la fable de *la Cigale et la Fourmi.* Vous composerez ensuite trois phrases où un adverbe modifiera le verbe, trois phrases où un adverbe modifiera un adjectif, trois phrases où un adverbe modifiera un autre adverbe. A cela vous ajouterez des phrases contenant des adverbes de lieu, de temps, de manière, etc., des locutions adverbiales. — A qui en fournira le plus!...

---

55. — L'ANALYSE GRAMMATICALE ET LOGIQUE

De l'analyse grammaticale et logique : usage et abus. — Ce qu'on doit se proposer dans cet exercice et ce qu'on peut en attendre.

Nous n'avons pas besoin de définir l'analyse grammaticale et l'analyse logique. Tout le monde sait qu'au fond, la première n'est que la décomposition de la phrase en certains éléments qui sont les *mots*, et la seconde la décomposition de la phrase en d'autres éléments plus complexes qui sont les *propositions*.

L'une et l'autre ont, dans ces derniers temps, rencontré de zélés adversaires. On se rappelle encore une circulaire foudroyante de M. Duruy (octobre 1868) à laquelle les pauvrettes ne devaient point survivre.

Pourtant, elles ont survécu : on a continué et on continuera longtemps encore d'analyser dans les écoles. C'est qu'il y a là plus qu'une routine et une tradition tenaces : l'analyse grammaticale et l'analyse logique s'imposent et s'imposeront toujours. Comment voulez-vous qu'un enfant comprenne quelque chose aux règles multiples de notre langage et les applique sans trop d'hésitation, s'il n'est mis préalablement en état de reconnaître à première vue la nature de nos mots, leur nombre, leur genre, leurs flexions quelquefois si nombreuses, leur rôle dans la pensée et dans la phrase, etc.? Tant qu'il y aura une téchnologie grammaticale et des règles de grammaire, il nous faudra faire de l'analyse grammaticale.

D'un autre côté, la pensée humaine se présente rarement sous la forme rudimentaire d'une proposition isolée et réduite à ses parties constitutives. Le plus souvent, elle multiplie les sujets ou les attributs et les charge de compléments. Elle groupe plusieurs idées autour d'une autre idée, plusieurs jugements autour d'un autre jugement, afin de se compléter, de se nuancer, de se transformer de mille manières, et la phrase dans laquelle elle s'incarne se trouve compliquée d'autant, comme celle-ci par exemple :

> Un jour que l'Océan, gonflé par la tempête,
> Réunissant les eaux de ses fleuves divers,
> Fier de tout envahir, marchait à la conquête
>   De ce vaste univers;
> Une voix s'éleva du milieu des orages
> Et Dieu, de tant d'audace invisible témoin,
> Dit aux flots irrités : mourez sur ces rivages,
>   Vous n'irez pas plus loin.

Il faut que l'esprit sache démêler cet écheveau, cet assemblage de mots et d'idées, y distinguer ce qu'il y a de principal de ce qui n'est que secondaire, ce qui commande de ce qui obéit, ce qui est la pensée même de ce qui seulement la sert ou lui fait cortège. C'est l'analyse logique qui nous guidera dans ce dédale, qui nous donnera amplement l'intelligence de la phrase et, bien plus, qui nous apprendra à la lire de manière à nous comprendre nous-même et à être compris de nos auditeurs. L'analyse logique a donc, elle aussi, sa raison d'être, disons plus, sa nécessité.

Mais, s'il en est ainsi, pourquoi les exercices d'analyse ont-ils donc soulevé de si hautes antipathies et de si grosses colères? Mon Dieu! la raison en est bien simple : les grammairiens ont abusé de l'analyse. Au lieu de décomposer la phrase, ils l'ont disséquée, ils l'ont anatomisée en substituant au strict nécessaire les curiosités, les subtilités et jusqu'aux fantaisies. Pour satisfaire à leur besoin de creuser et de détailler, ils ont monté toute une machine, inventé une technologie, créé des nomenclatures et des systèmes : le sujet et l'attribut sont devenus simples ou composés, complexes ou incomplexes; les propositions se sont faites indépendantes, principales absolues ou principales relatives : incidentes, incidentes déterminatives, incidentes explicatives; subordonnées, subordonnées complétives, subordonnées circonstancielles; puis complètes ou incomplètes, explicites ou implicites, pleines ou elliptiques; propositions infinitives, propositions participes; propositions affirmatives, négatives, interrogatives.... Avec l'aide des dieux, comme disaient les anciens, *Diis bene juvantibus*, le nombre des catégories de propositions monta comme les flots sur le rivage quand le vent souffle du large. On en servit, paraît-il, jusqu'à 32 à un ministre en tournée, et des inspecteurs généraux en auraient rapporté jusqu'à 43 de certaines écoles normales.

De plus, les grammairiens, qui aiment à se chamailler (*grammatici certant*), ne s'accordant pas entre eux, il arriva aux professeurs ce qui arriva aux hommes au pied de la tour de Babel, ils ne s'entendirent plus d'une région à une autre région, d'une école à une autre école. Leurs élèves s'entendirent encore moins, et les examinateurs durent s'initier à maintes doctrines pour être prêts à tout événement. Des écoles normales, cette confusion et cette logomachie passèrent dans la plus petite école de village. L'analyse, l'analyse logique surtout, cessa d'être un moyen, elle devint un but, une science et malheureusement une science hérissée de mots étranges, grecs ou latins et longs « de Paris à Pontoise ». De leur côté, les maîtres, et plus encore les maîtresses, à en juger par les cahiers qui s'étalèrent dans les expositions de 1867 et de 1878, glissèrent sur une pente fatale : les analyses écrites leur fournissaient un prétexte pour livrer leurs élèves plus longtemps à un travail soi-disant personnel; ils en profitèrent plus d'une fois pour se reposer ou vaquer à d'autres soins, et la moitié de la vie écolière se consumait à noircir des pages entières d'un pathos que la scolastique aurait pu nous envier. Indignés de ces abus, pris de pitié pour les pauvres enfants qui en étaient victimes, des hommes de cœur et de sens se sont élevés contre l'analyse, et, dans un accès de mauvaise humeur facile à comprendre, ont été jusqu'à vouloir la supprimer.

Mais c'était là une exagération regrettable, dont nous nous garderons pour notre part. Nous dirons seulement ce qu'il faut chercher dans les exercices d'analyse, ce qu'on peut en attendre et, au moins d'une manière sommaire, comment il convient d'y procéder.

Ce qu'il faut chercher dans les exercices d'analyse, c'est tout d'abord un moyen de plus d'accoutumer les enfants à réfléchir et à se rendre compte, de développer chez eux le jugement et la rectitude d'esprit. Ce qu'il faut en attendre, en dehors de ce résultat général, c'est, d'une part, l'intelligence des règles de la grammaire, de l'autre une connaissance quelque peu approfondie de la langue elle-même, de son mécanisme, de ses tours et, dans une juste mesure, de ses idiotismes.

Or, pour arriver à ces résultats, pas n'est besoin d'écrire

jusqu'à satiété d'arides formules, toujours les mêmes à un ou deux mots près, de répéter des centaines de fois : nom commun, masculin, singulier, sujet de...; proposition principale... incidente... subordonnée...; sujet simple, parce que..., composé, parce que..., attribut incomplexe, parce que...; complexe, parce que, etc., etc., etc. Pas n'est besoin non plus de faire des distinctions subtiles et à perte de vue sur la catégorie des propositions, d'expliquer quand même des tours ou des idiotismes dont l'origine nous échappe et qui n'ont plus pour nous d'autre raison d'être que l'usage, ce tyran des langues. Il suffit que, de vive voix, dans un échange rapide de communications entre lui et son maître, l'élève fasse des remarques utiles, des observations judicieuses, rectifiées en tant que de besoin, sur les mots ou sur les phrases qui ont été pris pour thème de la leçon. Un thème spécial n'est même pas toujours nécessaire : dans les grandes classes notamment, la dictée ou la lecture fourniront assez d'occasions d'appeler l'attention sur la nature des mots, sur les circonstances particulières dans lesquelles ils se présentent et qui donnent lieu à l'application de telle règle ou motivent telle exception, etc.; de décomposer une phrase en ses propositions pour y reconnaître l'importance, le rôle ou la place logique de chacune d'elles, etc.

Ainsi comprise, l'analyse grammaticale ou logique devient une véritable gymnastique de l'esprit, appliquée à ce qui nous est le plus présent et le plus nécessaire, à l'étude de la langue, à cette étude que le P. Girard considère comme la base de toute éducation rationnelle, que, dans tous les cas, nous pouvons au moins considérer comme notre principal instrument de culture intellectuelle et morale.

Nous la supposons d'ailleurs graduée, mesurée toujours à l'âge des élèves et à leur degré d'instruction. L'analyse grammaticale constate d'abord la nature des mots. Peu à peu elle s'étend à leurs propriétés, à leur rôle, aux rapports qu'ils ont entre eux et aux règles d'accord qui en résultent. Quant aux petits moyens à employer, pour le moment nous n'y insistons pas : il nous est assez indifférent que l'on suive la vieille méthode ou que, comme le conseillent quelques grammairiens, on procède par voie d'élimination, afin que de la disparition d'un mot l'enfant conclue son rôle, son importance, le nom qu'il doit porter. L'important est que l'intelligence travaille et s'exerce.

De même, en analyse logique, les propositions étudiées, suivant la marche indiquée par le P. Girard, seront extrêmement simples au début. Peu à peu aussi elles se compliqueront par l'addition de compléments et de propositions secondaires jusqu'à présenter la complexité de celle que nous avons citée plus haut. Mais cette complexité ne s'augmentera pas de termes barbares ou scientifiques, de distinctions subtiles qui ne peuvent intéresser que le philologue; aussi sobres que possible, nous repousserons tout détail oiseux ou de pure curiosité : ce qui donne une parfaite intelligence de la phrase, et que ce soit tout.

Ajoutons que nous n'écrirons rien ou fort peu de chose : ce n'est pas sur le cahier et dans le travail solitaire que l'esprit de l'enfant s'éveille, s'aiguise, prend de vives allures, qu'il fournit des indices certains de progrès et de développement; c'est surtout dans des exercices que dirige et amène la parole du maître, que soutient l'émulation, le plaisir de trouver ou de répondre le premier : à notre avis, l'analyse grammaticale et logique est particulièrement du domaine de l'enseignement oral.

---

56. — L'ENSEIGNEMENT DE L'ORTHOGRAPHE

Quelle est la meilleure méthode à suivre pour l'enseignement de l'orthographe? — Donner des exemples.

L'orthographe... une ennemie sans doute et une ennemie redoutable, car elle a été attaquée avec persévérance et avec toutes sortes d'armes. Un jour, la cour de Napoléon III crut y trouver un sujet d'amusement : on fit une dictée au palais de Fontainebleau ; l'empereur commit huit fautes et demie; l'impératrice vingt-cinq trois quarts ; les ducs, comtes, maréchaux, je ne sais combien, et l'on plaisanta M. Rouland ou M. Duruy de n'en permettre que trois aux aspirants au brevet de capacité. Plus tard, l'orthographe fut prise à partie par la presse et paraît-il, au sein du conseil supérieur (*horresco referens*), de hautes personnalités l'insultèrent. Les ingrats! ils oubliaient que l'étude de l'orthographe avait jadis développé chez eux l'esprit d'observation, avait contribué puissamment à leur donner l'intelligence de cette langue dont ils se servent si bien. Ils oubliaient aussi que, quand ils reçoivent une supplique émaillée de fautes d'orthographe, ils la jettent dédaigneusement au panier. C'est que, voyez-vous, une faute d'orthographe ne se pardonne pas. A-t-on jamais reproduit l'abdication de Louis-Philippe sans souligner la faute de participe que le pauvre roi éperdu y a laissé échapper? Telle est l'importance de l'orthographe. Pourquoi? Mon Dieu! parce qu'elle donne tout de suite la mesure sinon de la valeur d'un homme, du moins de sa culture d'esprit et de son éducation. C'est pour cela, et non, comme on le donne à entendre, par étroitesse de vues ou par une affectation de pédanterie, qu'on lui fait une part si large dans les examens et concours.

Il faut sans doute savoir parler sa langue maternelle, mais il faut aussi savoir l'écrire : la langue française est une coquette qui n'entend pas être habillée de loques ou coiffée de travers: elle sent que la moindre faute d'orthographe la dépare, la déshonore en quelque sorte, et l'auteur en est cruellement puni par l'opinion. Seulement, c'est une bien rude tâche que de former les enfants de nos écoles primaires à satisfaire toutes ses exigences, nous pouvons dire toutes ses fantaisies sous ce rapport, et, ici plus qu'ailleurs, nous avons besoin d'appeler à notre aide toutes les ressources que peuvent nous fournir notre propre expérience et celle d'autrui. Nos devanciers avaient une grande foi dans la copie, dans les exercices cacographiques, dans des dictées composées *ad hoc*, c'est-à-dire dans des dictées où les difficultés étaient accumulées à plaisir, le plus souvent sans respect pour le bon sens et le bon goût. Ces procédés sont considérés aujourd'hui comme barbares et le temps en a fait justice : les cacographies n'ont plus cours; on n'ose plus guère prôner la copie, et l'on se défend de recourir aux dictées laborieusement accommodées pour les besoins de la règle ou de la technologie. Quelle méthode ou, si l'on veut, quel ensemble de procédés convient-il de substituer à tout cela pour faire mieux et plus vite s'il est possible? Telle est la question que je vais chercher à résoudre de mon mieux, en faisant appel à mes lectures et à mes années de pratique.

Tout une qu'elle soit par elle-même, l'orthographe se dédouble en orthographe d'usage ou orthographe des mots, et en orthographe des règles ou orthographe grammaticale.

D'une manière générale, il y a pour l'une les yeux et la pratique : l'orthographe des mots est une science d'aspect, une routine, une habitude. Pour l'autre, il y a un code de lois sinon toujours rationnelles, du moins assez nettement formulées et sur lesquelles l'entente a fini par se faire à peu près. Ce code, on le devine, c'est la grammaire, qu'il faut, à tout prix, savoir et savoir appliquer.

Ces deux orthographes, nous ne les séparons que par la pensée et pour être plus à notre aise quand nous spécifierons les procédés qui conviennent particulièrement à chacune. En fait, nous les conduisons de front et nous les amenons à s'entr'aider. Cependant, logiquement, le mot précède et les règles auxquelles il est soumis ne viennent qu'après. Pratiquement, il vient aussi le premier et c'est par lui que nous commençons. Ici, nous avons à constater un progrès sur le passé.

Nos élèves apprennent simultanément la lecture et l'écriture... l'orthographe, par conséquent. Oui vraiment, l'orthographe : en écrivant la syllabe, le mot, la petite phrase qu'il vient de lire, l'enfant apprend à représenter par l'écriture cette syllabe, ce mot, cette petite phrase; c'est autant d'acquis; c'est, dirions-nous volontiers, autant de pris sur l'ennemi qui, pour le moment, est notre ignorance native. Et, quand la méthode de lecture aura été ainsi parcourue, que de mots usuels il saura déjà composer ou reproduire d'une manière correcte! En outre, rien n'aura empêché que, chemin faisant, il n'ait été mis en possession des premières règles de la grammaire : règle générale de la formation du pluriel, de la formation du féminin dans les adjectifs, d'accord de l'adjectif avec le nom et même du verbe avec son sujet. Oui, du verbe, car, à nos leçons de lecture, nous aurons mêlé des exercices de conjugaison : nous aurons fait conjuguer, de vive voix d'abord, puis par écrit, le verbe *être*, le verbe *avoir*, et au moins quelques temps des grands verbes donnés comme paradigmes, comme modèles, par toutes les grammaires. Ceci obtenu, nos élèves sont en état de faire des petites dictées appropriées, de copier quelques passages bien expliqués et bien compris de leur livre de lecture, de mots *usuels* dûment choisis et offrant quelque chose à leur intelligence. Nous soulignons le mot *usuels*, parce que nous posons dès maintenant comme principe que, dans leurs premières années d'école surtout, nos élèves doivent se familiariser particulièrement avec la langue qu'ils auront à parler et à écrire dans le milieu où s'agiteront leurs petits intérêts et où, selon toute probabilité, s'écoulera leur modeste existence. C'est pour cela, disons-le tout de suite, que nous apprécions médiocrement les dictées — comme les autres devoirs du reste — envoyées de loin par la poste et empruntées à n'importe quel auteur. Ces devoirs exotiques ont du bon : ils donnent la note; ils contribuent à maintenir, peut-être à élever le niveau des études; ils fournissent d'utiles points de comparaison, ils sont des sources où l'on peut puiser. Mais, employés tels quels, ils favorisent la paresse, privent nos maîtres de toute initiative et deviennent une véritable plaie pour notre enseignement.

« L'instituteur, dit quelque part M. Gréard, sans se priver des ressources que lui offrent les recueils spéciaux, doit s'habituer de plus en plus à chercher lui-même ses textes de dictée dans les œuvres classiques, à créer ses exemples ou à les faire créer par ses élèves avec les matériaux que fournit l'enseignement de sa classe. »

Nos enfants ainsi débrouillés, nous les introduisons du vestibule dans le sanctuaire, du cours élémentaire dans le cours moyen, puis dans le cours supérieur. Alors nous recourons aux grands moyens, aux moyens mis de tout temps en usage pour l'apprentissage de l'orthographe. Ces moyens traditionnels, ce sont les dictées et l'étude de la grammaire. Nous laisserons un peu de côté cette dernière : la manière dont il convient d'enseigner la grammaire est une question qui mérite d'être traitée à part, et que nous avons traitée déjà. N'insistons pour le moment que sur la dictée.

La dictée est la mise en œuvre des connaissances acquises, des matériaux amassés de longue main; elle constate les progrès accomplis, révèle les lacunes ou les côtés faibles, indique ce qu'il faut rappeler, ce sur quoi il convient de revenir et d'insister; elle est, pour l'orthographe des mots et des règles, cette répétition que les pédagogues disent avec raison être « l'âme de l'enseignement ». La dictée s'impose donc et s'imposera toujours pour l'apprentissage de l'orthographe.

Ne nous privons donc point de faire faire des dictées à nos élèves. Seulement, sachons les choisir en nous inspirant du principe que nous avons posé plus haut. Approprions-les au milieu, aux besoins, aux règles, qu'il s'agit d'appliquer, de confirmer, de reviser, ou même à celles que nous désirons faire découvrir, avec lesquelles il peut être utile que nos élèves se familiarisent à l'avance. Qu'elles ne soient ni trop longues, ni absolument arides; surtout faisons en sorte que la correction en soit quelque peu attrayante.

Comment convient-il de faire et de corriger une dictée? Encore une question qui demanderait à être traitée à part, mais que nous devons au moins esquisser ici.

Nous ne faisons pas une dictée sans avoir la craie à la main; nous n'hésitons pas à épeler et à écrire au tableau noir les mots nouveaux ou peu connus : nous croyons qu'il vaut mieux prévenir des fautes à peu près certaines que de les laisser faire. Nous expliquons, cela va sans dire, les mots ou expressions que nous supposons peu compris. Nous marquons de notre mieux la ponctuation dans une lecture préalable. En d'autres termes, nous ne visons pas, tant s'en faut, aux traquenards et aux surprises. Pour la correction, nous faisons épeler, en évitant peu à peu les répétitions inutiles. Nous ne faisons pas déchiqueter les mots, c'est-à-dire appeler successivement et sans repos toutes les lettres dont ils se composent; nous les faisons décomposer en syllabes qui sont leurs véritables parties constitutives. Chemin faisant, nous évoquons le souvenir des règles, non de toutes, mais de celles qui sont le plus souvent violées ou que nous avons particulièrement en vue. Ainsi marchent de front l'orthographe des mots et l'orthographe des règles, la lexicologie et la grammaire. « Mais, dit M. Vessiot, ce n'est pas tout de redresser les mots estropiés et de rétablir les règles violées; il faut encore fixer dans la mémoire la véritable forme des uns et le sens des autres.... Pour réussir à graver les mots, on peut avoir recours à divers procédés.... Quand la dictée est finie et corrigée, on peut exiger que chaque élève écrive, en les corrigeant, à la marge de son cahier, les fautes qu'il a commises.... On peut prendre un surcroît de précaution et faire recopier à la suite de chaque dictée les fautes ainsi émargées. Autre moyen. Il y a, dans tout morceau, un nombre plus ou moins grand de mots dont l'orthographe est difficile, soit à cause de la nature et de l'origine du mot, soit à cause de sa nouveauté; aussi donnent-ils lieu à des fautes communes.... J'engagerais le maître à prendre note de ces mots, puis, quand il en a recueilli un certain nombre, à composer lui-même une dictée spéciale où il fait entrer ces mots recueillis. Pour provoquer un effort d'attention, il peut faire de cette dictée le sujet d'une composition... ». Ce dernier conseil peut être bon; mais, pour ne point revenir aux errements de la vieille école (aux dictées hérissées de difficultés, souvent faites de phrases forcées et bizarrement rassemblées), nous préférons, pour notre part, le procédé que nous avons indiqué plus haut : l'écriture préalable au tableau noir des mots visés par l'honorable inspecteur général.

A ces moyens topiques et fondamentaux d'apprendre l'orthographe s'en ajoutent d'autres qui ont leur valeur et leur efficacité : l'analyse, sobre, plus souvent orale qu'écrite, la formation de familles de mots, la dérivation, l'étymologie, l'étude des synonymes et des paronymes, etc., servent l'orthographe en l'expliquant, en la faisant comprendre et en contribuant ainsi à la fixer. Mais, à nos yeux, ce qui conduit le plus directement au but, ce sont des exercices multiples, variés et intéressants, tels que ceux dont nous venons de parler. Ce sera aussi l'habitude de s'observer, de ne se point pardonner la moindre faute, de recourir, en tant que de besoin, à la grammaire et au dictionnaire. Et, pour faire prendre cette habitude, nous veillerons sur tous les devoirs; nous ne souffrirons pas une page, un énoncé, un titre où s'étalerait honteusement une faute de mot ou une faute de règle.

Enfin, comme moyen plus éloigné, plus indirect, mais qui n'est pas non plus sans influence sur l'art d'écrire correctement, signalons la lecture : il est rare que l'enfant qui lit beaucoup n'écrive pas un peu mieux que les autres, aussi bien au point de vue de l'orthographe qu'au point de vue du style : en instruction, comme en éducation, tout se tient, tout se lie, et, sans prétendre mettre tout dans tout, suivant la tendance actuelle, on peut faire tourner au profit de l'orthographe la plupart des exercices de l'école primaire.

---

57. — LA COPIE

De la copie. — Avantages et inconvénients que peut présenter cet exercice dans nos écoles.

Si l'on visitait mon école, on y trouverait ordinairement un groupe d'élèves occupé à reproduire sur l'ardoise ou sur le cahier, soit un texte écrit au tableau noir, soit une page du livre de lecture ou d'un livre quelconque. A qui nous demanderait ce que font ces enfants, nous répondrions qu'ils se livrent à un exercice de *copie*, et si l'on s'enquérait de l'objet de ces exercices, je dirais que je me propose de les former ainsi à l'orthographe usuelle.

C'est de la copie ainsi entendue que je vais parler.

Oui, la copie a pour but d'apprendre l'orthographe d'usage. Ce but est-il atteint? Je le pense, si les exercices sont bien conduits : c'est là un fait fondé à la fois sur la raison et sur l'expérience.

L'orthographe des règles s'apprend par l'étude et par l'application des règles, par la grammaire. Mais l'orthographe d'usage s'apprend par les yeux, et l'on peut dire que, elle aussi, est une science d'aspect. L'enfant, en lisant un mot, remarque, ne fût-ce que d'une manière inconsciente, comment il est écrit et s'en fait une première image. Quelquefois, avec d'heureuses mémoires, avec des natures impressionnables, cette première image suffit à en fixer le souvenir dans l'esprit. C'est ainsi que l'on voit des bambins retenir pour toujours l'orthographe des mots qu'ils ont lus sur une enseigne, sur une affiche ou sur une boîte de bonbons. Mais, pour le plus grand nombre, ce résultat exige une attention plus soutenue, des retours réitérés, la décomposition des mots en leurs éléments au moyen de l'ancienne épellation. Or, qu'est-ce que copier un mot, sinon le bien voir, l'épeler attentivement, l'épeler deux fois, la première pour le lire, la seconde pour le reproduire lettre par lettre? Si l'attention est la condition du souvenir, l'on peut dire que la copie la sert merveilleusement, qu'elle la provoque, qu'elle la soutient et qu'après avoir copié un mot, plusieurs fois au besoin, l'enfant en retiendra ou jamais l'ensemble et les éléments. D'instinct, nous sommes si bien convaincus de l'importance de la copie, du résultat que nous pouvons attendre, qu'en présence d'une mémoire rebelle, d'une faute d'orthographe usuelle renouvelée comme de parti pris, nous disons au coupable : « Allez m'écrire ce mot au tableau noir! » et, si nous sommes en colère : « Vous me copierez ce mot dix fois, vingt fois, cent fois! »

D'ailleurs, dit le proverbe, « *verba volant, scripta ma-nent* ». Ici, les paroles, c'est la simple épellation du mot ; les écrits, c'est la reproduction du mot par la copie. Et, du reste, en copiant, on n'apprend pas que l'orthographe des mots, on apprend les mots eux-mêmes, puis des expressions, des tours, des phrases. Je ne sais quel ancien, pour se faire du style et, notamment, ce que Quintilien appela depuis *copia verborum*, un approvisionnement de mots et sans doute aussi d'idées, s'enferma chez lui des années et transcrivit plusieurs fois les ouvrages de Xénophon. Il ne regardait donc pas la copie comme une chose inutile ; pourquoi nos écoliers seraient-ils les seuls à n'en point tirer profit ?

Mais, dira quelque pédagogue de cabinet, la copie est un exercice routinier, machinal, ennuyeux au premier chef. La routine... je voudrais bien savoir où il n'y en a pas, où l'on n'est pas obligé d'en mettre un peu et même beaucoup. Le langage... une routine ; la lecture courante... une routine ; la table de multiplication, l'exécution rapide des quatre règles... une routine ; la vertu... une heureuse routine ; l'orthographe usuelle, disent avec dédain, pour s'excuser, ceux qui ne la savent pas... une routine. Eh ! oui, l'orthographe usuelle est une routine, et une routine qui ne s'acquiert que par la lecture, par l'épellation, surtout par l'écriture des mots, surtout *par la copie*. Comment suppléerez-vous à cette dernière ? Par la dictée sans doute : vous ferez de nombreuses dictées, vous en ferez épeler chaque mot d'abord, puis, plus tard, seulement les mots que vous soupçonnerez avoir été mal écrits. Fort bien ; mais ces exercices seront-ils beaucoup plus attrayants que la copie ? D'ailleurs, au début, si vous ne voulez avoir plus de fautes que de mots, vous serez obligé d'épeler tous les mots par avance. Faites-les donc copier, cela vous coûtera moins de temps et moins de peine, tout en étant plus fructueux. Gardez la dictée pour le moment où vos élèves auront été assez exercés sur la conjugaison, auront lu et *copié* assez de mots pour ne pas laisser tomber de leur plume inexpérimentée des monstruosités telles que celle-ci :

« Pierre nail pas sage; il necoute jamez en clace; il ne se
jamé ces lesson; osi, on le punirat, il nora pouent de rec-
querasion et menjerat du pin seque…. » (Extrait textuelle-
ment du cahier de l'un des meilleurs élèves de la classe
qui m'a été confiée à ma sortie de l'École normale, cahier
déjà tout couvert de dictées, mais où ne se trouvait pas un
seul exercice de copie.)

La copie est un exercice ennuyeux; l'enfant copie le
plus souvent des mots qu'il ne comprend pas. — Et dans
vos dictées, dans vos lectures épelées, l'enfant comprend-il
tous les mots que vous faites passer sous ses yeux? — Je
les lui explique. — Oh! pas tous. D'ailleurs, qui' vous
empêche d'expliquer le texte que vous donnez à copier?
Pourquoi ce texte ne serait-il pas l'exercice que vous venez
de faire au tableau noir? la page qui vient d'être …e? le
morceau de mémoire qui vient d'être appris par cœur? un
choix de mots usuels tels que ceux qu'ont choisis et réunis
Pautex, Larousse et bien d'autres? L'ennui, l'asservissement
à un travail fastidieux…. Hélas! vous aurez beau faire,
vous ne les éviterez pas aux petits-enfants d'Adam; toujours
ils se montreront, et de bonne heure, par quelque côté;
il est, paraît-il, nécessaire qu'il en soit ainsi. Du reste, pour
la copie comme pour les autres exercices de l'école, il y
a des moyens d'encouragement; l'émulation, l'éloge, la
récompense, la satisfaction du devoir accompli peuvent,
là comme ailleurs, adoucir le labeur et même lui donner
de l'attrait.

Nous pensons donc qu'à l'école primaire la copie est
un exercice utile et même nécessaire. Il est utile et nécessaire par lui-même et pour les motifs que nous venons
d'exposer. Il l'est encore à un autre point de vue. Dans
les écoles à classes nombreuses, là où les élèves peuvent
être partagés en groupes de forces à peu près égales,
le maître peut constamment être à tous. Mais, quand il
est seul pour trois divisions et souvent davantage, il faut
bien qu'il en délaisse au moins une pour être tout entier
aux autres. Or, à quoi l'occupera-t-il pendant cette sorte
d'absence morale? Un exercice de copie dûment préparé,

choisi avec intelligence, lui viendra utilement en aide pour le cours élémentaire, de même que la mise au net des devoirs corrigés pour le cours moyen et le cours supérieur.

Car, si la copie ne convient pas exclusivement au cours élémentaire, c'est surtout là que nous la conseillons, parce que c'est surtout là qu'elle a sa raison d'être et qu'elle nous paraît d'une absolue nécessité ; c'est là que l'enfant a besoin de se fonder sur les mots et sur leurs éléments. Une fois en possession d'un vocabulaire suffisant pour exprimer les idées courantes, il pourra être appliqué à des exercices moins terre à terre. Les petites dictées, les petites rédactions qu'on lui fera faire seront au moins supportables et se prêteront à la correction, ce qui n'a pas lieu pour ces essais informes dont nous avons donné un spécimen, qu'il faut éviter à tout prix, et que l'on évitera en commençant par des exercices de copie prolongés aussi loin qu'il le faudra.

En préconisant la copie, nous ne nous faisons cependant point illusion sur les inconvénients qu'elle peut présenter. On peut en abuser : de quoi n'abuse-t-on pas en ce monde? En abuse, un maître qui s'en sert comme d'un moyen facile pour se créer des loisirs; qui laisse ses élèves, petits ou grands, s'y morfondre pendant des heures; qui ne la surveille ni ne la dirige, qui ne la prépare ni ne la corrige. C'est alors que la copie mérite tous les reproches que nous avons cherché à réfuter plus haut, qu'elle devient un exercice routinier, machinal et rebutant, de nature à étioler les intelligences, ou, du moins, à les engourdir. Mais, contenue dans de sages limites, répondant à l'idéal que nous aimons à nous en faire, elle offre de précieux avantages et peut se continuer, sous des formes variées, jusque dans les plus hauts cours : il n'est pas indifférent, pour un élève du cours supérieur, de bien copier son morceau de mémoire, le programme d'une leçon, un tableau synoptique, même une page de son arithmétique, pour se former à faire proprement et à bien disposer toutes choses. D'ailleurs, à mesure que de nouveaux mots, des mots scientifiques surtout, viennent s'ajouter au vocabulaire des premiers jours, il faut savoir les écrire et il est bon, par conséquent, de les copier quelque part une et plusieurs fois. C'est à ce prix que l'on se formera à cette orthographe française, moins difficile par la multiplicité des règles auxquelles elle est soumise que par le bizarre assemblage de sons simples ou composés, de consonnes simples, doubles ou triples qui forment ses mots et avec lesquels on ne parvient à se familiariser que par des exercices répétés, notamment par des exercices d'épellation et de copie.

———————

58. — LA COMPOSITION FRANÇAISE

On se plaint de la faiblesse des enfants des écoles primaires dans la composition française. Ces plaintes sont-elles fondées? Quelles sont les causes du mal? Quels moyens peut-on proposer d'employer dans chacun des cours de l'école pour arriver à de meilleurs résultats?

On se plaint généralement de la faiblesse de la composition française, du *style*, comme on dit, dans nos écoles primaires. Certes, ce n'est pas sans raison. Nos enfants lisent mieux qu'autrefois; beaucoup même lisent bien, surtout dans les villes qui ont le moyen de mettre à leur portée des cours et des prix de *diction*, de lecture à haute voix. Ils écrivent au moins lisiblement; les bonnes, sinon les belles écritures, ne sont pas encore très rares parmi eux. Leur orthographe, du moins au sortir de l'école, est à peu près irréprochable. S'ils ne sont pas très versés dans le calcul mental, si le *pourcentage* ne leur est point familier comme aux États-Unis, ils ne chiffrent pas trop mal la plume ou le crayon à la main. Ils récitent proprement l'histoire de France, voire l'histoire générale. Ils sont très forts sur la géographie; il en est qui vous tracent une carte d'une exactitude remarquable le bonnet de coton abaissé sur les yeux (historique) et, de ce chef, ils rendraient des points aux Allemands en attendant qu'ils nous fassent rendre l'Alsace-Lorraine perdue, dit-on, par suite de notre ignorance de la géographie. Mais la composition française! Voilà le point noir dans notre enseignement primaire, le *desideratum* qui ferait échouer à peu près tous nos candidats au certificat d'études, aux concours pour l'entrée dans les écoles normales ou dans les écoles supérieures, même aux brevets de capacité, si les commissions rompaient brusquement avec leurs bonnes habitudes d'indulgence. A la maison, la moindre lettre de famille ou d'affaires met nos écoliers au supplice et s'en va révéler *urbi et orbi* que les meilleurs d'entre eux sont inhabiles à trouver les éléments d'une phrase et à la mettre sur ses pieds. Nous n'avons pas besoin de produire des preuves de ce que nous avançons : il y en a partout, à la ville aussi bien qu'au village, et les dossiers d'examen en fourmillent.

Quelles sont les causes de ce mal? Recherchons-les après les avoir reconnues, en avoir fait en quelque sorte l'inventaire, peut-être trouverons-nous le remède correspondant à chacune d'elles.

Parmi ces causes, il y en a une qui remonte bien loin, qui est comme un fait d'atavisme, comme un fatal héritage du passé.

La vieille école se préoccupait surtout de la lecture, de l'écriture et du calcul. A ces matières se sont ajoutées assez rapidement l'orthographe et la grammaire, particulièrement dans leurs applications à l'éternelle dictée. Puis est venue, en boitant un peu, la géographie, et en boitant beaucoup, l'histoire de notre pays et des nations voisines. Mais l'étude et la pratique de la langue se sont fait terriblement attendre. Que voulez-vous? la lecture, l'écriture, le calcul, l'orthographe, la grammaire, la géographie, l'histoire, tout cela est positif et nettement déterminé, se traduit quand même en résultats visibles, tangibles, immédiatement appréciables ou utilisables; tout cela, d'ailleurs, peut être enseigné, nous dirions presque par le premier venu possédant quelques connaissances préalables, un tant soit peu rompu aux méthodes et aux procédés depuis longtemps en usage, sachant obtenir de ses élèves une certaine somme de travail, d'attention et surtout d'efforts de mémoire.

Mais l'apprentissage de la langue et de son maniement, c'est la culture du goût, c'est l'éducation même ou du moins l'une des parties les plus délicates de l'éducation. Cela ne se voit pas, ne tombe pas sous les sens comme une dictée, un calcul, une page d'écriture. Cela n'est d'ailleurs pas pressé : les pères ont bien fait leurs affaires sans savoir rédiger correctement et avec élégance, sans goûter la beauté d'un morceau de prose ou de poésie; les fils les feront bien aussi. Que le sens littéraire soit développé chez les enfants; qu'ils aient plus tard dans la vie le sentiment du beau, si voisin du sentiment du juste et de l'honnête, ce sera bien. Mais les parents s'en inquiètent peu et les maîtres sont entraînés, sinon à penser comme eux, du moins à s'accorder avec eux pour négliger l'éducation esthétique dans sa partie principale, dans les exercices de langage et de composition.

Il faut absolument réagir contre ces vues étroites et par trop utilitaires. Pourquoi? On ne le comprend que trop et nous n'insistons pas. Mais par quels moyens? Voilà le sujet que nous nous proposons maintenant de traiter.

Fabricando fit faber : c'est en forgeant qu'on devient forgeron; c'est en écrivant qu'on se forme à écrire. Écrivons donc beaucoup dans nos écoles, écrivons dès le commencement, dès le cours élémentaire. Comment pourra-t-on le faire, les enfants de ce cours étant encore incapables de trouver des idées, de les formuler, de les ordonner et encore plus de les rendre, par écrit, sous une forme acceptable?

Eh bien! cela a été convenu cent fois, nous causerons avec nos petits et nous les ferons causer; nous leur enseignerons simultanément la lecture, l'écriture, l'orthographe usuelle et l'orthographe des règles ou la grammaire. Oui, la grammaire : rien n'est aisé comme de prendre la grammaire pour sujet de nos causeries, de l'associer à nos exercices de langage parlé et de langage écrit, sans avoir pour cela besoin de la nommer ni d'en faire apprendre les définitions abstraites et les sèches nomenclatures. Nos petits bonshommes seront amenés facilement à reconnaître un nom, un adjectif, un pronom, à distinguer un singulier d'un pluriel, un masculin d'un féminin, à conjuguer le verbe *être* et le verbe *avoir*, même les principaux temps des paradigmes des quatre conjugaisons. Pourvus de ce petit bagage grammatical, ils seront en mesure d'écrire proprement les propositions ou la suite de propositions que nous leur ferons trouver. Où puiseront-ils les éléments de ces propositions, de ces petites compositions rudimentaires? Ils les prendront partout : l'esprit d'observation stimulé par les leçons de choses, par les mille moyens d'aspect qui sont à notre disposition, les conduira à des recherches et à des découvertes. Le premier animal ou le premier objet venu, leurs vêtements, leur propre corps fourniront le sujet d'une description; les événements, de gros événements (tout est gros événement à cet âge) seront matière à des récits faits de vive voix d'abord, ensuite par écrit; il y aura bien une lettre à écrire à son père, à sa mère, à son parrain, à sa marraine, etc.; voilà la description, la narration, le genre épistolaire introduits à l'école, il n'y aura plus qu'à les continuer dans les cours suivants et, vraiment, si on leur y fait une juste place, nous ne voyons pas comment nos enfants pourraient nous quitter à treize ou quatorze ans aussi faibles qu'on le dit et qu'ils le sont en effet sur la composition française.

Commencer de bonne heure la composition, les exercices de style, y attacher une sérieuse importance et y consacrer un temps suffisant, voilà, dans l'espèce, tout le secret du succès.

On montre qu'on y attache de l'importance en ne tolérant nulle part ni le mauvais langage, ni la rédaction incorrecte ou négligée. On trouve du temps à consacrer à la rédaction par ce fait même. On en trouve aussi en transformant nos vieux exercices de grammaire en exercices de français, l'étude de la grammaire en l'étude de la langue. Vous faites une leçon, un exercice de grammaire, songez que cette leçon ou cet exercice doit viser un double but dont le principal n'est peut-être pas la grammaire elle-même.

Voilà des moyens généraux ; il y en a d'autres : les comptes rendus des lectures faites en classe ou dans la famille, la copie et la récitation des morceaux de mémoire, les compositions d'histoire, de géographie, d'arithmétique même, tout cela, c'est de la rédaction, de la composition française, du style ; tout cela peut, à des degrés divers, être commencé dans le cours élémentaire, se continuer dans le cours moyen et dans le cours supérieur ; tout cela exerce à trouver, ne fût-ce que dans sa mémoire, des idées, des mots, des expressions, des phrases. Ce sont toujours des provisions de faites. Où ? Il n'importe : il faut que l'enfant emprunte, qu'il vive d'abord sur autrui, puisqu'il n'a rien par lui-même que la faculté d'acquérir et de s'approprier.

Mais, outre ces moyens généraux, il y en a de tout spéciaux, ayant pour objet direct et exclusif de former à la composition française. Ce sont ceux que nous indiquions plus haut, agrandis et étendus au fur et à mesure que les facultés de l'enfant grandissent et s'étendent elles-mêmes. Au fond, il s'agit toujours de décrire, de raconter, d'exprimer des idées ou des sentiments. A l'école primaire comme ailleurs, toute la rhétorique se résume dans l'invention, la disposition et l'élocution. Seulement, chez nous, les sujets doivent être pris le plus près possible et dans le champ ordinaire des observations et des sensations de l'enfant, dans le présent et peu ou point dans le passé ou dans l'avenir, sur la terre et non dans les cieux, dans la plaine toujours visible et non sur les sommets inaccessibles, dans la vie réelle et non pas dans un monde idéal. D'un autre côté, toutes les qualités du style se résument pour nous en celles-ci : simplicité, naturel, correction. Cependant, nous pouvons solliciter un peu l'imagination et chercher à la développer dans de justes limites : sans être tenus de faire grand, de viser à l'effet, de multiplier et les tours et les figures, nous devons tâcher d'échapper à la sécheresse et à l'aridité. C'est en nous inspirant de ces principes que nous aborderons la composition française dans le cours moyen et que nous la continuerons dans le cours supérieur.

Nous sommes souvent embarrassés pour trouver des sujets. Nous disions tout à l'heure qu'il fallait les prendre aussi près que possible. En effet, ce ne sont pas des traits d'héroïsme ou de haute vertu, des faits lointains et surprenants que nos enfants auront à raconter, des maximes de sagesse quintessenciée qu'ils auront à développer, des aventures merveilleuses et grandioses dont ils auront à parler ou à écrire. Les sujets de leurs entretiens avec leurs lecteurs seront les événements vulgaires de la vie, des conseils dictés par le bon sens et affectueusement donnés, des phénomènes qui se passent quotidiennement sous leurs yeux, les accidents, joies ou douleurs, dont la vie est pleine, des services à demander ou à rendre, des témoignages de reconnaissance, de regrets ou de sympathie comme en imposent la bonté du cœur ou les relations sociales. Mettons nos élèves en présence de sujets semblables et, puisque le style n'est que l'ordre que l'on met dans ses pensées, apprenons-leur à se faire un cadre, à se tracer un plan où les idées principales viendront se ranger, faire saillie et former la charpente du petit édifice à construire. Dans le cours moyen, à plus forte raison dans le cours élémentaire, nous les aiderons à ce premier travail, nous nous en chargerons même presque seuls. Mais, dans le cours supérieur, nous nous contenterons de leur donner l'idée principale, l'énoncé du sujet, le sujet lui-même. Pendant que, dans le cours moyen, nous aurons dicté ce canevas : « Pierre s'imagine qu'il est le seul à travailler ici-bas.... Pour le détromper, montrez par des exemples que tout travaille autour de lui : ses parents... ses bêtes s'il en a... le chat du foyer... le chien de la basse-cour ou du troupeau... l'abeille qui butine sur les fleurs de son jardin...l'hirondelle qui le croise sur le chemin de l'école.... Conclusions à l'adresse de Pierre ». Dans le cours supérieur, nous donnerons simplement ce texte : « Tout travaille dans la nature... exemples.... Conclusions à l'adresse d'un petit garçon qui s'accommoderait volontiers de jouer toute la journée. » La composition corrigée, nous lirons à tous le gentil morceau qui commence ainsi : « Un tout petit enfant s'en allait à l'école... »; nous le commenterons, nous pourrons même le dicter et le faire apprendre par cœur. Voilà un exercice qui n'est pris ni bien haut ni bien loin, et qui pourtant portera des fruits de plus d'une sorte.

Mais, dans le cours supérieur, il faudra aller plus loin, essayer de faire naître et de développer quelque peu le sens et le goût littéraire. Pour cela, sujets, corrections, lectures, préceptes, commentaires, tout devra s'élever d'un ou de plusieurs degrés. Mais « craignons sur ce point un ridicule excès »; n'abordons point la haute littérature à l'école primaire. Dans un tableau, dans une statue, il y a des beautés qui apparaissent d'elles-mêmes et sans qu'il soit besoin de les faire ressortir par une analyse minutieuse. De même dans un morceau ou dans un ouvrage; ce sont ces beautés d'ensemble que tout le monde goûte, admire, sent, qui sont accessibles à nos élèves; ce sont les seules vers lesquelles nous devons porter leur attention, nous rappelant que leur vue est naturellement courte et leur horizon nécessairement borné.

Conclusions : nos élèves d'écoles primaires sont, sur la composition française, d'une faiblesse malheureusement avérée : 1° parce que nous ne les y exerçons pas dès leur entrée à l'école; 2° parce que la composition française n'est pas de notre part l'objet d'une préoccupation suffisante; 3° parce que nous séparons trop la composition de la grammaire, que nous enseignons celle-ci à part au lieu de faire de l'une et de l'autre deux compagnes inséparables; 4° enfin, parce que nous nous y prenons peut-être mal, même dans les cours supérieurs, pour apprendre à nos élèves à trouver des idées, à les assembler et à les rendre, et que nous allons d'ailleurs chercher au loin nos sujets quand il nous est si facile de les emprunter à notre milieu et à nos vrais besoins. Ces causes connues, les remèdes sont faciles à trouver : ce sont, croyons-nous, les pratiques mêmes que nous venons d'indiquer chemin faisant. Essayons ces pratiques et ces procédés, et nous en verrons bientôt les résultats ; nos élèves sauront penser et écrire convenablement sur tout ce qui les entoure, sur tout ce qui touche à leurs intérêts présents et à venir ; ils acquerront assez de goût et de sens littéraire pour reconnaître ce qui est bien pensé et bien écrit, et pour l'imiter dans la mesure qui convient à leur situation.

---

59. — DU GOUT

Du goût. — Nécessité de le développer chez les enfants des écoles primaires. — Moyens à employer pour y parvenir.

On veut que nous développions *le goût* chez les enfants de nos écoles primaires. Mais qu'est-ce que le goût pris dans un sens aussi général ? C'est, il me semble, la manière dont on est impressionné par les choses, celle dont on les voit, dont on les sent et, par suite dont on les exécute. Si l'on voit et si l'on sent juste, si on juge conformément aux éternels principes du vrai et du beau, si on exécute en conséquence, on prouve que l'on a du goût ; dans le cas contraire, on en manque, ou bien on l'a mauvais ou faux. On voit tout d'abord par là combien il importe d'avoir du goût, d'avoir le goût sûr, car toute notre conduite s'en suivra, nos façons d'agir dépendant presque toujours de nos façons de voir, de sentir et de juger.

Le goût ne se manifeste pas que dans les sphères élevées, que dans les grandes choses, que dans l'art à proprement parler. On le trouve dans la construction d'une cabane comme dans celle d'un palais, chez le manouvrier comme chez l'architecte ; il se révèle dans la coupe d'un vêtement, dans un assortiment de couleurs, dans la composition d'un groupe de fleurs ou d'un simple bouquet, dans la distribution d'un jardin, dans le rangement d'un ménage, et de simples ouvriers lui ont souvent dû leur succès, leur aisance, peut-être leur fortune; c'est en effet par le goût que l'ouvrier et l'ouvrière se distinguent; c'est le goût qui dirige utilement leurs forces et qui donne du prix à leur travail. Sans lui ils sont bientôt dédaignés ou tout au plus assimilés à la machine; encore celle-ci reflète-t-elle le goût de son inventeur et lui doit-elle plus d'une fois la faveur dont elle est l'objet. A chaque instant vous entendez dire dans le monde : « Cette jeune personne n'a pas de riches vêtements, mais elle est mise avec goût. — Il n'y a pas de luxe chez ces braves gens, mais leur ménage est bien tenu, tout y respire le goût et la propreté. — Cet ouvrier n'est ni plus fort ni plus actif que son voisin, mais ce qu'il fait est bien fait : il a du goût ». Et l'on s'en va réglant ses choix et ses préférences sur la mesure du goût que l'on rencontre plutôt chez celui-ci que chez celui-là.

Ces considérations établissent suffisamment, il nous semble, la nécessité de développer le goût chez nos enfants d'écoles primaires : ils seront, pour la plupart, des artisans ayant à vivre du travail de leurs mains et il ne sera pas indifférent pour eux de donner à ce travail, quel qu'il soit, la perfection dont il est susceptible, perfection qui naît d'un sentiment suffisant des proportions et des convenances en tout. Nous avons, pour atteindre ce but, plusieurs moyens.

Le premier est, sans contredit, de placer nos élèves dans un milieu aussi favorable que possible au développement du goût. Pourquoi le Parisien et la Parisienne se distinguent-ils si fort par la grâce et le fini des mille objets qui sortent de leurs mains? C'est, croyons-nous, notamment parce que, dès l'enfance, ils ont sous les yeux les merveilles de la capitale. Les chefs-d'œuvre les environnent; le beau leur apparaît sous toutes les formes, ils le rencontrent et s'y heurtent à chaque pas; il devient chez eux une habitude et comme un instinct. Cette influence du milieu est si réelle que des ouvriers parisiens qui s'en vont mettre leur talent aux gages de l'étranger ne tardent pas à sentir le bon goût s'affaiblir chez eux, à tomber dans le vulgaire et le médiocre. Ils éprouvent, au bout de quelques années, le besoin de venir se retremper à leur point de départ et y puiser de nouvelles inspirations.

Nous n'avons point assurément, nous autres maîtres et maîtresses de la province, les ressources qu'ont nos collègues de la capitale pour faire naître comme de lui-même, chez nos élèves, le sentiment du beau et le bon goût qui en découle, qui en est, pour ainsi dire, l'expression. Mais peut-être ne sommes-nous pas aussi dépourvus que nous pourrions le croire. Dans les villes, il est bien rare qu'il n'y ait pas quelques monuments ayant une valeur artistique, un musée réunissant des toiles, des statues, des objets d'art de nature à éveiller le sentiment dont nous nous occupons. A tout le moins y a-t-il autour de nous des rues bien alignées, des jardins publics bien dessinés, des maisons propres et bien bâties. Nos enfants vaguent au milieu de tout cela avec l'insouciance de leur âge. Toutefois, ce n'est pas sans que leur œil s'accoutume à l'ordre, à la régularité, à l'élégance. Rien ne nous empêche de seconder cette action extérieure par des entretiens, par des analyses, par des appréciations qui feront remarquer et juger au profit du goût ce qui passait inaperçu.

Mais dans les campagnes? Ah! ici, nous sommes pauvres, pauvres presque jusqu'au dénuement. Où trouverons-nous, en effet, des objets capables d'inspirer à nos enfants le sentiment du beau? sera-ce dans ce fouillis de maisons mal construites, de chaumières boiteuses et qui ne semblent se soutenir que par habitude; dans cet écheveau emmêlé de rues, de sentiers, de haies, qu'une fée malfaisante semble avoir jetés pêle-mêle dans un moment de mauvaise humeur? Dans un pareil milieu, où prendre quelque chose qui s'harmonise, qui révèle un plan, un dessein, un idéal? Nos braves paysans, si dignes qu'ils soient de notre respect, ne sont pas encore précisément des types d'élégance et de bon goût : leur accoutrement est parfois bizarre; leurs manières sont rudes, leurs mœurs rustiques; ils peuvent donner à leurs enfants l'idée de l'honnêteté, de l'économie, du travail, mais c'est tout. Et notre modeste école, et notre plus modeste mobilier! ils sont bien peu faits pour parer à ce qui nous manque d'ailleurs. Il n'est donc que trop vrai que, le plus souvent, le milieu est peu propice à notre désir d'élever un peu l'esprit de nos enfants au-dessus du terre à terre et du grossier réalisme. Ne désespérons point cependant et essayons quand même.

Et d'abord, un maître et une maîtresse peuvent fournir par eux-mêmes et sans beaucoup de frais les modèles qu'ils ne trouvent point autour d'eux. Je fais allusion à leur tenue, à celle de leur famille, de leur ménage, de leur jardin, surtout de la maison d'école et de la classe dont ils sont l'âme et qui les reflètent toujours par quelque côté.

À l'heure qu'il est, bien des écoles sont vastes, spacieuses, éclairées, brillantes de leur propre beauté. Mais, n'eussent-ils encore à leur disposition qu'une ruine et qu'un mobilier primitif, comme la chose s'est vue si longtemps et se voit peut-être encore, un maître ou une maîtresse peuvent toujours s'entourer du luxe de la propreté et créer autour d'eux une modeste élégance. Leur bon goût se révélera par je ne sais quels riens qui frapperont leurs élèves, qui leur donneront à penser qu'il y a quelque chose de mieux que ce qu'ils voient d'ordinaire, et leur feront concevoir un commencement d'idéal : une classe d'une propreté extrême, des murs bien blancs, ornés de quelques gravures, voire de quelques plâtres de choix; des cartes, des livres, des cahiers, une bibliothèque, objets de soins méticuleux et quotidiens; un rangement, une disposition des tables et du mobilier offrant un aspect agréable; au jardin, des allées bien droites ou se développant en gracieux contours, des carreaux de légumes sarclés à l'heure voulue, des arbres bien conduits et, pourquoi pas? la tonnelle ou le berceau traditionnels invitant au repos et encore plus au recueillement et à l'étude. Nous pouvons opposer tout cela au désordre et au délabrement des anciens jours.

A cette éducation esthétique générale qui résultera du milieu où nous aurons eu à cœur de placer nos élèves, s'ajoutera l'éducation spéciale des sens.

Nous avons déjà commencé celle de l'œil. Nous avons, pour la continuer, le dessin, que des règlements récents ont si sagement introduit dans toutes les écoles. De ce chef, encore, nous sommes loin d'avoir, dans nos communes rurales et même dans beaucoup d'agglomérations urbaines, les ressources de la capitale et des grandes villes. Là, des maîtres de premier ordre, des cours spéciaux, des modèles en abondance et triés sur le volet. C'est encore à ces heureuses circonstances que les ouvriers dont nous parlions plus haut doivent leur supériorité de goût reconnue.

Mais, en fin de compte, que faut-il pour dessiner avec quelque profit? Du papier, un crayon, une règle, un compas et un tire-ligne, puis quelques modèles bien choisis. Voilà un bagage peu lourd et peu coûteux. A nous de nous le procurer et de le mettre en œuvre. Il va de soi que nous ne laisserons point nos élèves copier machinalement un plâtre ou une estampe, que nous parlerons, que nous expliquerons, que nous *professerons* le dessin comme les autres matières. Nous le professerons dans un but pratique, mais nous le professerons aussi avec une arrière-pensée, celle de faire tourner notre enseignement au profit de la formation du goût.

En faisant l'éducation de l'oreille, on peut aussi inspirer le goût du beau et le dégoût du laid. Le beau, pour le moment, ce sont des mélodies de choix, allant à l'âme pour y produire d'heureuses impressions; ce sont des chants exprimant en bons termes de nobles sentiments. Le laid, ce sont ces refrains ou stupides ou fangeux qu'on dirait nés ailleurs qu'en France et que les masses n'accepteraient pas si facilement si, de bonne heure, nous avions cultivé le goût chez elles, si, dès l'école et surtout à l'école, nous les avions accoutumées à exiger, même en chansons, « du bon sens et de l'art ». Les bons répertoires ne manquent pas, quoi qu'on en dise; nous pouvons y puiser, en dehors de nos chants nationaux qu'il faut se garder de prodiguer, des couplets tantôt gais, tantôt graves, toujours honnêtes, qui accompagneront utilement nos évolutions et récréeront sainement un jour nos élèves aux champs ou à l'atelier.

L'éducation de la main se fait un peu partout, mais le

développement du goût qui en résulte peut être singulièrement aidé par les exercices du travail manuel recommandés
par nos programmes. On me dit que ces exercices ont de
la peine à s'acclimater dans nos écoles. Je le regrette, car
je sais que si, pour ma part, je juge quelque peu pertinemment d'un travail, si ceci me plaît et si cela me choque
à juste titre, je le dois à ce que, *pauperum sanguis
parentum*, j'ai, dans mon enfance, manié des outils, et
observé, sous la direction d'un tuteur éclairé, le travail des
bons ouvriers.

Mais là où l'éducation esthétique est le plus difficile pour
nous, c'est en morale et en littérature, dans les choses du
cœur et de l'esprit. En effet, pour ces deux points, si
importants cependant, puisque la vie morale et intellectuelle en dépend, les sens ne viennent plus à notre secours.
C'est ici que se réalise pleinement cette pensée de Jules
Simon : « L'éducation est une œuvre par laquelle un esprit
forme un esprit et un cœur forme un cœur », qu'un homme
de goût forme un homme de goût, pourrait-on ajouter. Nous
ne pouvons guère en effet compter que sur nous-mêmes dans
la circonstance : c'est en quelque sorte notre âme que nous
avons à faire passer dans l'âme de nos élèves, notre esprit
que nous avons à faire passer dans leur esprit avec le goût
moral et le goût littéraire dont nous ont pourvus la nature,
nos maîtres, nos études; heureux si, à ce double point de
vue, nous avons été suffisamment préparés par notre
propre éducation! Émus à la vue ou au récit d'une bonne
action, il nous sera facile d'émouvoir nos élèves et d'éveiller
en eux le sens moral qui n'est autre chose que le goût du
bien, ou du moins qui l'engendre et le soutient. Inutile de
redire ici toutes les occasions et tous les moyens que fournit
l'école pour faire naître et pour développer le sens ou le
goût moral ; ce serait traiter de l'enseignement de la
morale à l'école primaire, et tel n'est point notre sujet.
Insistons seulement un peu sur le goût littéraire.

Si ce goût existe chez nous, si nous sentons ce qu'il y
a de grand, de noble, de beau dans les chefs-d'œuvre qui
certainement garnissent notre bibliothèque, nous ne reste-

rons point à court quand il s'agira de faire jaillir d'un passage choisi pour être lu ou appris par cœur, ces impressions qui saisissent l'âme, lui découvrent l'idéal et le lui font aimer. Le bon goût naîtra de ces impressions; nos élèves seront attirés vers les saines lectures et détournés d'autant de la littérature déchue qui, au sortir de l'école, se présentera à eux de tous les points de l'horizon pour les alanguir et les abaisser jusqu'à elle. Si nous ne réussissons pas à les en préserver, à tout le moins pouvons-nous espérer qu'ils reviendront tôt ou tard au vrai et au beau dont nous leur aurons fortement inspiré le sentiment dans leur enfance : le vase reste toujours imprégné de la première liqueur qu'on y a versée. On remarquera que je parle ici d'*impressions* : c'est que j'ai constaté que le goût, en littérature, se forme plus par les impressions que par les règles et la critique. Il m'a été donné de suivre les cours d'une école primaire supérieure. Nous y avions un professeur de littérature de grande valeur; ses grades le prouvaient de reste. Eh bien! le dirai-je? Ses savantes leçons nous instruisaient, nous mettaient dans la mémoire des définitions, des règles, des appréciations toutes prêtes qui nous armaient pour les examens. Mais celui qui formait réellement notre goût, c'était notre professeur de diction : il sentait et il nous faisait sentir, et c'est bien réellement lui qui nous faisait distinguer ce qui était beau de ce qui ne l'était pas.

Tels sont, à mon avis, les moyens que nous avons de former, chez les enfants de nos écoles primaires, ce goût que nous avons reconnu leur être nécessaire pour leur vie d'hommes quelque peu instruits, et pour leur carrière d'ouvriers destinés à faire honneur à la France, cette patrie par excellence du beau et du bon goût en toutes choses.

60. — L'ENSEIGNEMENT DE LA LITTÉRATURE A L'ÉCOLE PRIMAIRE

Comment l'enseignement littéraire prescrit par la loi du 28 mars 1882 doit-il être compris à l'école primaire?

On lit dans l'article 1er de la loi du 28 mars 1882 : « L'enseignement primaire comprend la langue et *les éléments de la littérature française.* »

Que la loi range la langue maternelle au nombre des matières d'instruction primaire, cela n'a rien de surprenant et, de ce chef, une prescription était presque superflue; mais, ce qui étonne, ce qui scandalise peut-être plus d'un d'entre nous, c'est de voir figurer, dans le programme de la pauvre petite école primaire, l'*enseignement de la littérature.* Même réduit aux *éléments,* cet enseignement paraît peu compatible avec le milieu où nous nous trouvons placés, avec le temps dont nous disposons. Pourtant, l'ordre est donné ; il est écrit non dans un décret, non dans une circulaire ou dans un règlement, mais dans une loi, dans la plus solennelle de nos lois d'instruction depuis celle de 1850; il ne nous reste plus qu'à l'exécuter. Fidèles à la consigne, nous enseignerons donc au moins les éléments de la littérature française comme nous enseignons la lecture, l'écriture, l'arithmétique, l'histoire, etc.

Seulement, sachons nous rendre bien compte de ce que le législateur exige de nous, afin de ne pas aller au delà de sa pensée et de ne point nous consumer dans un labeur inutile.

Avant tout, rappelons les principes. Nous devons, à l'école primaire, apprendre à lire, à écrire et à compter. Mais notre mission ne s'arrête pas là, elle est plus noble et plus élevée : nous avons à faire l'*éducation* des enfants qui nous sont confiés. Or, qui dit éducation dit développement de l'être humain dans tous les sens, éducation physique, éducation intellectuelle, éducation morale, éducation esthétique. Longtemps on n'a point parlé de cette dernière : on la confondait avec l'éducation morale et l'on avait raison. Est-ce qu'il ne manque pas quelque chose à la personnalité humaine quand le sentiment du beau n'y accompagne pas le sentiment du bien? Est-ce qu'un enfant est élevé lorsqu'il passe devant un monument grandiose, devant un chef-d'œuvre de la sculpture ou de la peinture, sans rien éprouver; que la colonnade du Louvre, le chevet de Notre-Dame ou simplement l'église romane ou gothique de son village ne sont pour lui que des pierres laborieusement entassées les unes sur les autres; qu'il n'éprouve, en traversant nos musées, que de l'éblouissement et de la fatigue; lorsque enfin un passage de nos grands écrivains ne le touche pas plus qu'une page de son livre de lecture courante? Non, assurément; il peut être instruit, mais son éducation n'est point faite, à peine est-elle ébauchée.

Pour développer dans les jeunes âmes le sentiment du bien, du beau moral, nous avons, en dehors des leçons de morale de chaque jour, les exemples d'héroïsme, de dévouement, de sacrifice au devoir dont fourmillent notre histoire ou nos livres de lecture. Pour développer le sentiment du beau dans les arts, nous avons le dessin, la vue, l'explication, la reproduction des modèles de choix que l'on met depuis quelques années à notre disposition. Pour faire naître et développer quelque peu chez nos élèves le sentiment du beau en littérature, le sens et le goût littéraire, n'aurions-nous donc aucune ressource et devrions-nous renoncer pour eux à ce complément d'éducation? Le législateur ne l'a pas pensé et nous ne le pensons pas non plus; à notre avis, l'école primaire comporte l'enseignement littéraire.

Cependant entendons-nous : premièrement, cet enseignement aura pour base une connaissance suffisante de la langue maternelle; secondement, il sera renfermé dans des limites qu'il ne saurait dépasser qu'en empiétant sur un domaine qui n'est pas le nôtre.

Sans une connaissance quelque peu approfondie de la langue, notre enseignement littéraire ne pourrait être que vague, confus, sans consistance : il manquerait de base.

Commençons donc par l'étude de la langue. Formons à nos élèves un vocabulaire et apprenons-leur à le mettre en œuvre. Faisons-leur un petit cours de rhétorique auquel il manquera cette dénomination, les grands mots, les préceptes savants, les règles multiples, mais qui ne les conduira pas moins de la proposition simple à la proposition complexe, à la phrase, à la définition, à la description, à la narration, à la lettre, même au discours; qui leur fera distinguer la prose et les vers, le langage simple et la poésie, le style courant, simple, naturel, correct surtout, qui doit être le leur, et le haut style qu'ils pourront admirer, mais qui n'est point à leur usage. Chemin faisant, à l'aide des dictées, des lectures, des morceaux de mémoire, nous leur donnerons beaucoup de modèles, nous leur ferons faire beaucoup d'exercices appropriés dans le détail desquels nous ne pouvons entrer ici, parce que nous avons à traiter d'autre chose que de la langue elle-même.

Et, en même temps que cela se fera, nous déposerons les germes de notre petit enseignement littéraire proprement dit. Pour celui-ci, voici des programmes et des directions que nous n'avons pas à aller chercher bien loin : *Cours élémentaire* : « lecture à haute voix par le maître, deux fois par semaine, d'un morceau propre à intéresser les enfants ». — *Cours moyen* : « lecture à haute voix par le maître, deux fois par semaine, de morceaux empruntés aux auteurs classiques ». — *Cours supérieur* : « lecture par le maître, avec le concours des élèves, de sujets littéraires, dramatiques, historiques ». (Progr. annexés à l'arrêté du 27 juillet 1882.) « Il faut, à mesure que l'intelligence des enfants se développe, les mettre en présence des beaux morceaux de notre littérature. » (Duruy, circ. du 7 octobre 1866.)

La lecture que l'on appelait autrefois *expressive*, que l'on appelle aujourd'hui *la lecture à haute voix*, l'explication des meilleurs passages de nos grands écrivains, voilà notre vrai moyen d'éducation littéraire à l'école primaire. Ces passages, nous ne nous contenterons pas de les lire et de les donner à lire, de les commenter, d'en expliquer les beautés à tous les points de vue, nous les ferons en outre apprendre par cœur. Lire et faire lire de la bonne littérature, c'est mettre nos enfants en bonne société ; c'est les faire sortir du milieu vulgaire où ils sont le plus souvent astreints à vivre pour les transporter au moins pendant quelques instants dans des sphères plus élevées où ils respirent un air plus pur et plus vraiment vivifiant, dans un meilleur monde où leur goût devient plus délicat et plus sûr, où leurs sentiments s'ennoblissent, où leurs manières de voir et de sentir finissent par ne plus différer de celles des esprits cultivés. Apprendre par cœur de la bonne littérature, c'est faire provision de mots et d'expressions de choix, de phrases et de tournures correctes et élégantes qui, dans l'occasion, viendront se placer sur les lèvres ou sous la plume ; c'est s'approprier le bien d'autrui honnêtement et sans remords, c'est faire de sa masure un palais royalement meublé, substituer à sa pauvreté un luxe de bon aloi, à sa pénurie une heureuse abondance. Ainsi le vocabulaire s'enrichit, le goût s'épure, le style se forme, l'éducation littéraire se fait autant que le comporte l'école primaire, et qu'a pu le vouloir le législateur.

Et, si l'on désire aller plus loin, faire un peu d'histoire littéraire, cela ne sera ni déplacé, ni impossible.

L'histoire de notre langue et de notre littérature font partie intégrante de notre histoire nationale. Qui nous empêche d'appuyer un peu sur cette corde au fur et à mesure que nous traversons les siècles en compagnie de nos élèves ? Pour ma part — qu'on veuille bien me pardonner de me mettre en scène — pour ma part, je n'y manque pas. Outre que, dans mon cours supérieur, et encore plus dans mon cours complémentaire, je fais pas mal de grammaire historique, sans donner dans le *latin* ni dans le *grec* cependant, je m'arrête volontiers à la fin de chaque période de l'histoire pour jeter un coup d'œil sur l'état des arts, des sciences et surtout des lettres. Je cite des noms et je fais mieux, je crois : je fixe le souvenir de ces noms par un extrait que je lis, que je dicte, que je fais apprendre par cœur s'il me paraît s'y prêter. Mes élèves connaissent Joinville, Villehardouin, Froissart, etc., et savent quelque chose de leur manière d'écrire. On trouverait sur nos cahiers de morceaux de mémoire, à la suite de courtes notices, quelques gentils vers de Charles d'Orléans, les *Neiges d'antan* de Villon, une fable de Clément Marot, un sonnet de Ronsard, une ode de Malherbe, qu'on devine.... Tout cela nous conduit rapidement au grand siècle de Louis XIV. Ici, nous faisons une longue halte : presque rien de Descartes, peu de chose de Pascal et de Bossuet (c'est trop fort pour nous); un peu plus de Corneille, beaucoup plus de Racine, de Fénelon, de Boileau, de Molière, de Mme de Sévigné, qui nous sont plus accessibles; La Fontaine est notre ami familier et, en vérité, je crois que nous le savons par cœur. Nous sommes moins forts sur le dix-huitième et le dix-neuvième siècle. Pourtant Voltaire, Montesquieu, Buffon, Bernardin de Saint-Pierre, puis Chateaubriand, Lamartine, Victor Hugo, plus d'un historien, plus d'un poète de nos jours occupent une certaine place dans nos cahiers et dans notre mémoire. Je dis dans nos cahiers, parce que nous profitons de toutes les occasions, des dictées notamment, pour vivre le plus que nous pouvons avec nos grands écrivains, pour qu'ils déteignent sur nous, qu'ils nous dégrossissent et nous fassent quelque peu *lettrés*, même à l'école primaire.

Voilà comment nous comprenons l'enseignement *de la langue et des éléments de la littérature française* dans nos modestes écoles. Nous croyons satisfaire ainsi à nos programmes. Dans tous les cas, nous nous conformons à cette pensée, qui nous a toujours paru si sage, de Mme Garnier-Gentilhomme : « En résumé, notre but ne doit pas être de former des écrivains, mais de rendre nos élèves capables d'apprécier les œuvres de nos écrivains. Nous aurons fait beaucoup si nous atteignons ce grand résultat. »

61. — LE CALCUL MENTAL A L'ÉCOLE PRIMAIRE

Du calcul mental à l'école primaire. — Son importance pour l'école et pour la vie pratique. — Moyen de l'enseigner dans les trois cours.

Dans les villes aussi bien que dans les campagnes, nos pères ont été plus habiles que nous à calculer mentalement. D'où pouvait leur venir cette supériorité? De la nécessité et de l'habitude. Les chiffres ne leur étaient point familiers; notre admirable système décimal, qui permet à un enfant d'exécuter si facilement les opérations les plus compliquées, notre non moins admirable système de poids et mesures, qui en est l'expression concrète, ou n'étaient point inventés ou n'étaient point vulgarisés. Il fallait alors se replier sur soi-même, faire travailler son cerveau, chercher dans sa tête des combinaisons, des solutions souvent très complexes qu'on finissait par trouver, d'abord péniblement, ensuite avec une certaine aisance. C'est encore là le fait de nos paysans illettrés ou de quiconque a appris de bonne heure à se passer du crayon et du papier. Voyez, sur les champs de foire, sur les marchés, ce paysan qui achète ou qui vend, l'esprit encore plein de ses anciennes mesures, de ses anciennes monnaies. Il n'a jamais su aligner des chiffres ou il dédaigne de le faire, et pourtant, dans ses transactions, dans ses échanges, il ne se trompe jamais, surtout à son désavantage, et son calcul est rapide comme la pensée. Et, dans l'étude du notaire, quand il s'agit de partager entre ses enfants ou avec ses cohéritiers, il joue la simplicité et l'ignorance; mais soyez sûr qu'il a calculé, et calculé juste. Si vous ne tombez pas pleinement d'accord avec lui, il s'étonnera, il témoignera de l'inquiétude, il présentera des objections, il mettra quelquefois à jour ses propres opérations fort embrouillées pour vous, mais très claires pour lui et qui, dans tous les cas, l'ont servi plus sûrement que vos calculs suivant la formule. Et c'est là, du reste, l'avantage du calcul mental : il nous affranchit de lenteurs et de tâtonnements vraiment peu honorables pour des gens instruits, dont l'esprit a dû recevoir une certaine culture. Que penserait-on d'un homme qui, dans le commerce ordinaire de la vie, toutes les fois qu'il s'agirait de calculer et de supputer, se trouverait obligé de tirer de sa poche un carnet et de demander du temps pour établir ses comptes d'après les règles de l'arithmétique?

Le calcul mental est donc d'une utilité incontestable pour la vie pratique. Mais on peut dire qu'à l'école, il devient d'une absolue nécessité et comme moyen d'éducation et comme élément de progrès.

En effet, d'une part, il est pour l'esprit une gymnastique toujours prête et l'on peut dire toujours sûre, la plus sûre de toutes, puisque les opérations de calcul reposent sur la vision claire et nette des nombres et de leurs rapports. Elles affermissent le jugement en accoutumant à raisonner avec justesse, à tirer de prémisses bien établies des conséquences rigoureuses, à ne point se laisser égarer par de fausses lueurs et par des apparences de vérité; elles provoquent la réflexion; elles tempèrent l'imagination et soumettent au joug cette « folle de la maison »; elles font contrepoids à l'étourderie, à la légèreté, mettent obstacle aux affirmations hâtées et, par suite, souvent erronées auxquelles se laissent aller si volontiers les jeunes écoliers avides de répondre et portés à compter sur d'heureux hasards. Ces avantages, s'ils sont inhérents au calcul en général, doivent résulter surtout du calcul mental, c'est-à-dire de ces opérations intimes où la pensée, aux prises avec elle-même, réduite à ses seules forces, est obligée de chercher la vérité, de la saisir et de l'étreindre dès qu'elle apparaît, de s'accoutumer à sa pure et vive clarté au point de ne plus pouvoir se passer d'elle ni accepter à sa place des demi-jours et des à peu près. Le calcul écrit, au fond, est le produit de ces opérations mentales et les suppose. Mais il est moins abstrait, nous dirions volontiers moins spirituel; il se matérialise dans des signes, dans des chiffres; il allège le labeur et le supprime en quelque sorte en permettant à l'esprit de se ménager des repos, d'établir sans cesse de nouveaux points de départ : tel l'oiseau qui trouve sur son passage des arbres ou des points culminants où il replie un instant ses ailes avant de reprendre son vol à travers l'espace. Aussi le calcul écrit donne-t-il moins de vigueur, moins d'ampleur aux intelligences; il peut devenir même tout à fait machinal, comme chez ces spécialistes que les astronomes et les banquiers chargent d'additionner, de soustraire, de multiplier et de diviser en leur lieu et place pendant des journées entières. D'ailleurs, il exige tout un attirail : l'ardoise ou le papier, le crayon ou la plume; il exige surtout du temps et, si nous voulons que nos élèves comptent avec aisance et rapidité, qu'ils ne s'absorbent pas pour des heures dans la solution d'un petit problème ou seulement dans une opération un peu chargée de chiffres, insistons sur le calcul de tête. Insistons-y notamment dans le cours élémentaire.

Le programme officiel nous invite à le commencer de bonne heure. Pour la classe enfantine, pour le cours préparatoire, puisqu'il existe encore, paraît-il, malgré les règlements, un cours préparatoire dans beaucoup d'écoles, il s'exprime ainsi : « Petits exercices de calcul mental », et, plus tard, pour le cours élémentaire, il porte : « Calcul mental ; les quatre règles appliquées intuitivement d'abord à des nombres de 1 à 10, puis de 1 à 20, puis de 1 à 100; étude de la table d'addition et de la table de multiplication. » Plus tard encore, pour le cours moyen, après l'énumération des matières d'arithmétique à étudier dans le cours, il ajoute : « Suite et développement des exercices de calcul mental appliqués à toutes ces opérations. » Le règlement s'accorde donc avec la raison pour porter notre attention et nos efforts vers le calcul mental. Aussi, dès que nous avons donné à nos élèves l'idée du nombre, des nombres, par les moyens d'aspect que nous connaissons tous, qu'ils ont été amenés à ajouter, à retrancher, à partager sans trop de peine des objets quelconques, adressons-nous à leur pensée, à leur imagination, qui leur représentera des unités concrètes, puis à leur esprit qui combinera ces unités suivant nos indications et qui, plus tôt qu'on ne le croit généralement, concevra le nombre pur, le nombre abstrait. Nous leur ferons comme tourner et retourner dans tous les sens, suivant les prescriptions des programmes, les nombres de 1 à 10, de 10 à 20, de 20 à 100, résoudre de hauts problèmes dans lesquels entreront les quatre opérations fondamentales et même les fractions. Pestalozzi ne se privait pas du plaisir de faire jongler en quelque sorte ses élèves avec les demies, les quarts, les cinquièmes, etc., et cela dès le début et à titre de gymnastique intellectuelle. Il ne sera pas nécessaire de définir les règles ni même de les nommer : laissons ce procédé pédantesque aux maîtres inexpérimentés ou trop pressés. Nous en susciterons surtout l'idée; nos élèves feront des additions, des soustractions, des multiplications, des divisions, comme M. Jourdain faisait de la prose « sans le savoir ». Si nous leur donnons à partager mentalement 20 pommes, 20 dragées, 20 plumes, 20 crayons entre quatre camarades, il ne leur sera nullement nécessaire de savoir qu'ils ont à faire une division; il suffira qu'ils perçoivent clairement la part revenant à chacun. Les définitions viendront ou plutôt se feront dans leur temps, d'abord plus ou moins larges, plus ou moins vagues, puis aussi serrées, aussi rigoureuses que le veulent les mathématiciens les plus ombrageux.

Le programme du cours moyen entre fort avant dans l'arithmétique : il en effleure au moins toutes les difficultés et toutes les complications. Il se termine par la prescription que nous avons reproduite plus haut et de laquelle il résulte que toutes les opérations doivent être précédées d'un exercice de calcul mental et le prendre pour base. Mon vieux maître, quand il nous donnait un problème à résoudre par écrit, ne manquait pas de nous y préparer par un calcul de tête plus simple sans doute, mais analogue; il exerçait notre esprit, le guidait, l'empêchait de s'égarer et prévenait ces opérations machinales qui n'aboutissent qu'à noircir du papier. D'où vient que les enfants dont les cahiers sont couverts de chiffres, foisonnent en opérations compliquées, en problèmes complexes et de longue haleine, revenus à la maison, se montrent incapables de répondre aux questions les plus élémentaires, tombent dans le piège le plus innocent que leur tend un père un peu malin et justement défiant à l'endroit de leur vaste savoir? Ce changement à vue n'a pas d'autre cause que l'absence ou l'insuffisance des exercices de calcul mental : nos enfants savent opérer, mais ils n'ont point été formés à penser, à réfléchir, à saisir les rapports des nombres, à combiner ceux-ci dans leur tête avant de prendre la plume ou le crayon.

Dans le cours supérieur, le programme ne parle plus du calcul mental. Il en suppose l'habitude prise de longue main. Il en suppose aussi la continuation, car c'est dans le cours supérieur que le calcul mental importe surtout et comme gymnastique de l'esprit et comme moyen de gagner du temps. C'est dans ce cours aussi que les heureux résultats doivent s'en faire sentir. A quoi servirait à l'enfant d'avoir déjà écrit tant de chiffres, résolu tant de problèmes, tant additionné, soustrait, multiplié, divisé, s'il n'en était devenu plus vif et plus alerte à calculer de tête? Hélas! c'est souvent le contraire qui arrive. Nos enfants ont tellement pris l'habitude de recourir au calcul écrit, que bientôt, dans la vie pratique, nous les voyons, à la moindre question qui se présente, rester silencieux, puis se retirer honteusement à l'écart pour griffonner des chiffres et apporter une solution que leurs camarades des États-Unis auraient fournie d'intuition.

Faisons donc toujours précéder l'arithmétique écrite de l'arithmétique pensée et parlée. En d'autres termes, ne craignons pas de consacrer du temps, « de perdre du temps » — temps perdu en apparence, temps gagné en réalité — au calcul mental ou, si l'on veut, aux exercices oraux de calcul.

Mais ce temps, où le prendre? Comment le dérober aux nombreuses matières qui nous pressent, qui nous sollicitent, dont chacune voudrait nous accaparer tout entiers? Je ne sais trop, en vérité! Mais « nécessité l'ingénieuse » nous le fera trouver, soit au commencement de nos leçons d'arithmétique, soit au moment où nous allons dicter les données d'un problème, soit encore à des instants qui sont si souvent perdus dans les écoles. Que de fois nos fins de classe se trainent, surtout quand se produit la demi-obscurité qui résulte de la saison, la mauvaise disposition de nos locaux, au point de vue de l'éclairage, aidant! La continuation des devoirs devient presque impossible; un récit achèverait d'assoupir notre auditoire déjà alourdi par la fatigue et par une atmosphère quand même viciée. Eh bien! réveillons-le par un exercice de calcul oral, par des interrogations courant d'un bout de la classe à l'autre, interrogations dans lesquelles interviendront des procédés abréviatifs aussi utiles qu'intéressants à connaître. « On trouve dans le calcul mental à tous les degrés, dit Bovier-Lapierre, un stimulant que rien ne supplée, un moyen précieux de vivifier, de varier, d'égayer même l'ensemble de l'enseignement : il pique la curiosité, il aiguise l'ému-lation, secoue les intelligences; il aiguillonne les uns, il retient les autres; par les fautes même qu'il amène, il prémunit les esprits trop prompts contre leur propre légèreté, les esprits lourds contre leur lenteur, les imagi-nations vives contre leur mobilité. » Pour le moment, il nous mettra à même d'employer utilement des instants qui sont ordinairement perdus; il nous aidera à préparer nos enfants au devoir du lendemain et aussi à les mieux former pour cette vie positive où ils vont entrer, et dans laquelle, quoi qu'on fasse, tout est calcul et prévision.

---

62. — L'ENSEIGNEMENT SIMULTANÉ DE L'HISTOIRE ET DE LA GÉOGRAPHIE

Montrer comment, dans une classe, les deux enseignements de l'histoire et de la géographie peuvent marcher simultané-ment et se prêter un mutuel appui.

On dit que l'histoire et la géographie sont sœurs. A tout le moins sont-elles deux compagnes qui ont besoin de se rencontrer souvent, de se donner la main et de marcher ensemble. Il est mainte circonstance où, si l'une se montre seule, elle est comme un beau visage auquel il manquerait un œil, comme un beau corps qui serait privé d'un de ses membres essentiels, ou encore comme un beau jour dont le soleil serait absent. Sans la géographie, l'histoire ne sait où s'appuyer et tourne à l'abstraction. « La géographie, dit Rollin, est l'œil de l'histoire. Sans elle, l'histoire est à demi aveugle ; elle est exposée à trébucher à chaque pas et, dans tous les cas, perd la plus grande partie de son intérêt. » De son côté, si l'histoire ne vient à son secours, la géographie manque d'un de ses principaux attraits, demeurant confinée dans l'espace et sans rapports avec le temps. Mais remarquons pourtant que cette union n'est pas si intime que l'histoire et la géographie n'aient point leur existence à part, leur vie propre et leur enseignement spécial. La géographie est la géographie, c'est-à-dire la connaissance de notre terre et des mille accidents qui en modifient la surface. Il faut l'étudier chez elle, dans ses réalités, s'il est possible, au moins sur un globe et sur des cartes ; il faut se familiariser avec ses signes conventionnels, sa technologie, sa nomenclature, ses divisions naturelles ou artificielles, éternelles ou momentanées ; il faut aussi l'envisager sous ses divers aspects : géographie physique, politique, administrative, industrielle, commerciale, etc. Ce n'est que quand cette étude a été, sinon achevée, du moins largement ébauchée, que la géographie peut s'associer à l'histoire pour être, comme Rollin le dit, l'un de ses yeux, la chronologie étant l'autre. Bien imprudent serait le maître qui, dans un récit historique, mettrait ses élèves en présence d'une carte avant que ceux-ci n'eussent une idée exacte de ce qu'elle représente, ne fussent en état de l'encadrer dans la carte plus générale dont elle n'est qu'un fragment, de rapporter sans trop de peine cette pièce détachée à l'ensemble, par exemple telle province à la France, la France à l'Europe, l'Europe à la mappemonde. Irez-vous montrer les Francs établis sur les bords du Rhin, le franchissant pour envahir la Gaule, avant que vos élèves n'aient appris ce que c'est qu'un cours d'eau, ce que c'est qu'un fleuve, ce que c'est que le Rhin et quelles grandes régions de l'Europe il sépare? avant qu'ils n'aient fait au moins sommairement connaissance avec une France et une Allemagne dont vous puissiez faire la Gaule et la Germanie? Aussi voudrions-nous que notre programme du cours élémentaire, si sagement conçu cependant, ajournât quelque peu l'enseignement historique, par exemple, jusqu'au moment où nos plus petits se seraient familiarisés avec les plans et les cartes, avec « la terre, les terres et les eaux, les cinq parties du monde, les grands océans, les plus grandes chaînes de montagnes et les plus grands fleuves de la terre..., la France, le département ». Ce n'est qu'après ces préliminaires que nous pourrions utilement, non faire marcher de front l'histoire et la géographie, mais les associer autant que l'exigeraient les circonstances.

De son côté, l'histoire est l'histoire. Elle aussi demande à être étudiée chez elle, pour elle et dans son élément, qui est la suite des temps et la succession des faits. De bonne heure, on peut dire immédiatement, elle appelle la géographie à son aide. Mais ce n'est que quand elle aura été parcourue, qu'elle aura été au moins esquissée dans ses grandes lignes, qu'à son tour elle pourra se mêler à l'étude de la géographie envisagée sous un aspect spécial, à l'étude de la géographie historique : il serait bien inutile de dire à quelle époque et dans quelles circonstances telle province a été réunie au domaine royal si les enfants ne connaissaient déjà la suite des rois et des règnes; de parler de Charles le Téméraire à propos de la Bourgogne, de Bayard à propos du Dauphiné, etc., s'ils ignoraient encore qu'il y eût un Louis XI, un Charles VIII, un Louis XII et un François Ier. Aussi ne faut-il pas prendre trop à la lettre cette expression « marcher simultanément », sans y ajouter ces mots qui la redressent et lui servent heureusement de correctif : « se prêtent un mutuel appui ».

« Se prêter un mutuel appui », voilà bien le rôle de l'histoire et de la géographie, et c'est celui que je leur assigne dans mon enseignement. Je fais, cela est entendu, à part et à l'heure voulue, ma leçon sur chacune de ces matières. Mais, dès que mes élèves sont suffisamment fondés sur l'une et sur l'autre, je ne fais plus d'histoire sans que la géographie n'intervienne. Sans cela, comment expliquerais-je les nationalités, les guerres et les invasions, les relations commerciales qui se sont établies entre les différents peuples, les agglomérations qui se sont produites ici ou là, le développement ou la chute des industries, la diversité des mœurs qui, le plus souvent, sont filles du climat et de la position géographique? Comment ferais-je comprendre, dans les temps anciens, l'expansion de Tyr ou de Carthage? dans les temps modernes, celle de l'Angleterre et de la Hollande, la disparition de la Pologne et son absorption fatale par ses puissants voisins? Comment donnerais-je quelque intelligence des batailles, de nos victoires et de nos défaites, si je ne conduisais mes élèves à travers l'Europe, si je ne leur faisais suivre nos armées, par exemple, pendant les grandes guerres de la Révolution et de l'Empire?

Et c'est de bonne heure que la géographie doit être la compagne assidue de l'histoire, si nous voulons que nos leçons soient réellement profitables. J'en suis, je suppose, aux Croisades. Je pourrais simplement les raconter telles que je les ai lues jadis dans mes livres de prix. Mes élèves m'écouteraient sans doute, car les Croisades, c'est presque du merveilleux : c'est grand, c'est beau, c'est français; cela intéresse quand même. Mais me comprendraient-ils? me suivraient-ils ? resterait-il dans leur esprit quelque chose de clair, de net, de facile à retrouver dans ces événements qui se pressent, qui se superposent, qui se passent dans des lieux si différents, qui se chargent de noms nouveaux depuis le départ jusqu'à l'arrivée, jusqu'au retour, si retour il y a? De tout cela ils courraient grand risque de ne garder que des impressions vagues, que le souvenir confus et fugitif de faits qui, dans leur imagination, se placeraient n'importe où, dans le pays des chimères, absolument comme les contes de fées dont on a bercé leur enfance. Mais voici que j'appelle la géographie à mon aide, que je déroule ma carte, sur laquelle j'ai pris la précaution de leur apprendre à lire, à se reconnaître, à voyager. La baguette à la main, nous suivons les foules que conduisent Pierre l'Ermite et Gauthier-sans-Avoir, et qui s'en vont se fondre dans la Hongrie; puis nous accompagnons Godefroy de Bouillon et ses guerriers à Constantinople, à Nicée, à Dorylée, à Antioche, à Jérusalem; nous voilà familiarisés avec les pays d'Orient en même temps que les grands faits de la première Croisade demeureront fixés pour toujours dans notre esprit. Plus tard, nous nous embarquons avec saint Louis à Aigues-Mortes. Nous traversons la Méditerranée en l'écoutant deviser avec Joinville; nous abordons en Égypte, nous prenons Damiette, nous triomphons à la Massoure, puis nous quittons tristement ces plages où nous reviendrons dans quelques mois avec d'autres Français non moins vaillants et bientôt non moins malheureux. Ainsi mon récit est vivant, intéressant et laisse après lui un long souvenir.

Un peu plus tard, j'en suis à Jeanne d'Arc. Ici aussi je pourrais me contenter de parler; je serais écouté quand même, car ces pages de notre histoire, bien que je les aie lues et redites cent fois, me charment encore; à plus forte raison charmeraient-elles mon jeune auditoire. Mais nous allons faire plus et mieux. Notre carte de France est sous nos yeux. Nous nous transportons brusquement sur les confins de la Lorraine et de la Champagne. Voici Domremy. J'ai d'ailleurs dessiné le village de mon mieux et d'après mes souvenirs au tableau noir, sans oublier le ruisseau qui fait de Jeanne d'Arc une vraie Lorraine et non une Champenoise, la Meuse coule paresseusement à nos pieds, venant de Neufchâteau et s'en allant vers Vaucouleurs; ici la fontaine des Groseilliers; là-haut, sur cette sorte de promontoire, s'élevait l'arbre des Fées : la topographie s'allie bien à la géographie; elle n'est point de trop quand il s'agit de préciser, d'animer, de poétiser même un récit. Mes auditeurs ainsi gagnés, captivés, je les entraîne à la suite de Jeanne d'Arc à Vaucouleurs, à Chinon, à Orléans, à Patay, à Troyes, à Reims, à Paris, à Compiègne, enfin à Rouen, où mon poème se dénoue dans de douloureuses émotions. On voit de quel secours m'ont été mes cartes dans ces deux leçons d'histoire : elles m'ont guidé, elles ont affermi ma marche, surtout elles ont occupé les yeux de mes auditeurs, soutenu leur attention sans la fatiguer; elles ont rendu ma leçon aussi claire et aussi attrayante que possible et, croyez-le bien, elles l'ont fixée pour toujours dans leur mémoire. Et, dans ces excursions, que de localités avec lesquelles nous avons fait connaissance! Que de souvenirs géographiques demeureront désormais inséparables des faits qui les ont ravivés!

L'histoire sert moins la géographie que la géographie ne la sert elle-même. Toutefois, même en dehors de l'étude de la géographie historique à proprement parler, je recours à l'histoire pour vivifier mes leçons de géographie et en écarter la sécheresse. Pour ne point sortir de mes leçons de tout à l'heure, quand nous étudierons l'Égypte, il ne sera pas sans intérêt de rappeler que nos pères ont bu plus d'une fois au fleuve du Nil et qu'ils ont gravé leur nom sur les pyramides; d'évoquer le souvenir de Jeanne d'Arc quand nos études géographiques nous conduiront dans «les champs de Vaucouleurs », à Chinon, à Orléans, à Compiègne ou à Rouen. En général, à chaque nom de ville viendra se joindre un souvenir historique. De même que la géographie a rendu l'histoire plus saisissante, en quelque sorte concrète, de même l'histoire donnera à l'étude de la géographie plus de vie et de mouvement; l'association des idées rendra inséparables, dans l'esprit des enfants, les noms d'Alise et de Vercingétorix, de Soissons et de Clovis, de Poitiers et de Charles Martel, de Metz et du duc de Guise et hélas! de Bazaine. Si on s'éloigne de la France, on trouvera encore l'occasion de placer des noms français : Rome rappellera Brennus; l'Italie, Bayard, François Iᵉʳ, Bonaparte et tant d'autres; l'Allemagne, Turenne, Condé, Hoche, Kléber; l'Hindoustan rappellera Dupleix; le Canada, Montcalm, etc., etc. Et, sans aller si loin et pour rester chez nous, il y a bien peu de provinces, de départements, de villes, de localités qui n'aient eu leurs gloires, leurs illustrations, leurs célébrités dont l'histoire, ne fût-ce que l'histoire locale, n'ait quelque chose d'intéressant à dire. Ce quelque chose

sera utilement rappelé dans la leçon de géographie, pourvu
qu'on le fasse avec sobriété, car la leçon de géographie ne
doit pas être, elle non plus, dénaturée et comme frelatée
par un mélange trop marqué d'enseignements accessoires ou
étrangers. C'est une alliance entre les deux sciences que nous
préconisons, non une fusion : l'histoire s'appuie sur la géographie pour se guider, s'affermir, se développer dans un
monde réel, pour expliquer le passé, pour donner la raison
du présent, et même pour faire entrevoir l'avenir, mais elle
reste l'histoire ; de son côté, la géographie fait des emprunts
à l'histoire, elle s'en couvre comme d'un vêtement pour ne
point sortir en quelque sorte de son puits nue ou hérissée de
sèches nomenclatures ; mais elle reste la géographie. A des
moments donnés, les deux sœurs marchent de conserve, la
main dans la main, se soutenant mutuellement et se con-
fondant presque. Mais chacune s'isole à son heure pour
vivre de sa vie propre, pour faire l'objet d'une étude unique
et spéciale. Je ne prends donc point, pour ma part, mon
texte dans un sens absolu ; je ne l'accepte sans restriction
que dans sa dernière partie et pour les circonstances particulières où je me plaçais plus haut.

---

63. — L'ENSEIGNEMENT DE L'HISTOIRE GÉNÉRALE
A L'ÉCOLE PRIMAIRE

**Comment comprenez-vous l'enseignement de l'histoire générale
à l'école primaire ? — Donner un ou deux exemples.**

Des notions d'histoire générale ont été ajoutées récemment au programme de l'école primaire, et ce n'est pas
sans raison.

L'enseignement de l'histoire nationale a été reconnu
indispensable à l'école primaire : les enfants qui fréquentent l'école primaire seront plus tard des citoyens appelés
à prendre part au gouvernement de leur pays ; il leur
faudra donc connaître non seulement la France actuelle,

mais celle d'autrefois; pour aimer la patrie, il leur faudra savoir ce qu'il lui en a coûté pour arriver au degré de civilisation dont ils jouiront et aussi quels sont les grands hommes qui l'ont honorée et rendue célèbre au dehors pendant la paix et pendant la guerre.

Mais la France n'a pas toujours existé; d'autres nations ont vécu avant elle. En ce moment même, elle n'est pas seule au monde; elle a des voisines avec lesquelles elle est en rapport, et son histoire se relie intimement à celle des peuples qui l'ont précédée comme à celle des nations avec lesquelles elle est en relations.

Le récit des événements qui se sont passés en France n'est donc qu'une partie de cette histoire du monde qui nous fait voir la grande famille humaine passant par tous les degrés de l'enfance, de la jeunesse et de l'adolescence, et il ne nous paraît pas possible de bien connaître l'histoire d'un peuple sans avoir des notions sommaires d'histoire générale.

De même qu'un enfant ne se développe que grâce à l'expérience acquise à ses dépens, de même les peuples ne progressent qu'à la condition de connaître l'histoire des générations qui les ont précédés sur la scène du monde.

Notre langue usuelle, une grande partie de nos lois, quantité de nos monuments rappellent le peuple romain, dont, à une certaine époque, l'histoire se confond avec celle de l'ancienne Gaule. Comment donc ne pas parler des Romains à nos élèves? et, si l'on parle du peuple soldat, comment ne pas faire un retour en arrière vers les Grecs, qui furent en grande partie les promoteurs de la civilisation romaine?

Du reste, nous tenons des Grecs notre langue scientifique, notre goût pour les arts et les lettres et, pendant de longs siècles, les seuls philosophes qu'on étudiait en France étaient les philosophes grecs.

A un autre point de vue, le champ des études historiques doit encore s'étendre : le christianisme a révolutionné le monde, et son histoire est intimement liée à celle des Hébreux. Il n'est permis à personne d'ignorer les grands traits de l'histoire de ce peuple, qui reviennent encore maintenant bien souvent dans la conversation.

Enfin, n'est-il pas indispensable de connaître ces différentes histoires à tout homme qui désire comprendre une lecture ou profiter d'une visite faite dans un musée? Les chefs-d'œuvre de la littérature, de la peinture et de la statuaire fourmillent d'allusions historiques incompréhensibles pour les personnes dont l'étude se serait bornée à l'histoire nationale.

Ces différents points de vue nous indiquent dans quelle mesure on doit enseigner l'histoire générale à l'école primaire. Il ne s'agit pas d'apprendre aux enfants tous les événements sans exception qui composent la vie des peuples anciens; il faut surtout leur indiquer à grands traits la marche de la civilisation à travers les âges, en leur faisant sentir les progrès du genre humain et le bénéfice que nous retirons des souffrances et des luttes de ceux qui nous ont précédés.

Pour procéder avec méthode, il faudrait commencer l'enseignement historique par les peuples les plus anciens et ne parler de la France aux enfants que lorsqu'ils auraient appris à connaître les Égyptiens, les Hébreux, les Grecs et les Romains; malheureusement, beaucoup d'élèves quittent l'école sans avoir suivi le cours supérieur, et il ne faut pas qu'ils en sortent sans connaître l'histoire nationale; on a donc dû reporter l'histoire générale dans le cours supérieur et consacrer les cours élémentaire et moyen à l'étude de l'histoire de France.

Nous croyons cependant qu'il ne saurait être nuisible de raconter aux enfants du cours élémentaire, par exemple, les principaux traits de l'histoire juive, grecque et romaine sous forme de récits et de biographies. Ces récits, appuyés d'images, seront bien venus et bien compris des enfants, car ils se rapportent presque toujours à une individualité distincte, et l'enfant saisit bien mieux ce qui se passe dans une famille, par exemple, que ce qui a trait à une nation.

Ces courtes biographies d'hommes illustres, que l'enfant

n'aura plus qu'à mettre à leur place lorsqu'il suivra un cours régulier d'histoire générale, seront une avance considérable pour le temps où il lui faudra apprendre l'histoire véritable et non plus des « histoires ».

Le temps manque dans les grandes classes pour revoir tous ces détails et l'on regrette parfois de voir de grands élèves ignorer les faits les plus saillants, tels que l'histoire d'Abraham, de Joseph, de Ruth, d'Esther, etc.; il nous semble que l'histoire juive ne doit pas être proscrite complètement des petites classes, et parce que c'est de l'histoire et parce qu'elle contient des beautés de premier ordre qui peuvent aider les maîtres à développer le sentiment moral ou littéraire des enfants.

Ces premiers jalons posés dans l'esprit des élèves (et il est bien entendu que, dans le cours élémentaire, les récits nationaux prendront la meilleure part), nous aborderions sérieusement, dans le cours moyen, l'étude de l'histoire de France.

Dans le cours supérieur, le programme porte : *notions très sommaires d'histoire générale*; il faut alors reprendre d'aussi loin que possible l'histoire de l'humanité en ayant toujours devant les yeux le but à atteindre : faciliter à l'élève l'étude de l'histoire nationale en lui montrant la marche de la civilisation depuis ses origines jusqu'à nos jours.

Nous commencerons donc par l'Égypte et nous n'y consacrerons que très peu de leçons en appuyant surtout sur ce que l'on sait des mœurs, des coutumes, de la religion des Égyptiens, sans charger la mémoire d'un fatras inutile de noms de rois plus ou moins authentiques.

Passant aux Hébreux, nous appuierons sur les grandes divisions de l'histoire juive. Nous expliquerons les causes de la prospérité, puis de la décadence et de la dispersion de ce peuple; ses différents gouvernements, etc., mais en glissant rapidement sur cette longue suite de rois de Juda et d'Israël aussi inutiles à connaître aujourd'hui qu'ils ont pour la plupart été nuisibles à leurs peuples.

Il nous faudra alors dire quelques mots des Assyriens

et des Perses pour arriver à montrer ces derniers, forts de leur constitution guerrière et nationale, englober tous leurs voisins dans un empire immense qui doit à son tour tomber devant la puissance des Grecs.

Jusqu'à cette période, le cours d'histoire devra être très succinct, car il faut penser que, si le champ d'étude est vaste, le temps est limité; mais quelques détails sur les Grecs sont indispensables et il faudra y consacrer plusieurs leçons et un assez bon nombre de lectures.

L'imagination enthousiaste des enfants se prête du reste à cet enseignement; on en trouve peu qui ne s'intéressent vivement aux temps fabuleux ou héroïques de la Grèce. On devra donc développer suffisamment les grandes époques de l'histoire grecque, telles que les guerres médiques, la guerre du Péloponèse, les conquêtes d'Alexandre. Mais l'on passera rapidement sur les différents royaumes issus de l'empire de ce dernier pour arriver à la conversion successive de tous ces États en autant de provinces romaines.

Parvenus à ce point, il faudra reprendre du commencement l'histoire romaine, appuyer sur la royauté et la république, glisser sur l'histoire personnelle des empereurs. Mais, dans tout le cours des leçons, on devra faire ressortir les causes de la puissance et de la grandeur de cet empire romain qui engloutit successivement tous les autres peuples, montrer l'éducation vraiment nationale et militaire des citoyens, le système adopté par la république pour assurer à Rome la reconnaissance ou l'obéissance forcée de ses nouveaux alliés ou sujets, montrer aussi dans les lois et dans l'administration romaines l'origine de la plupart de nos lois et de nos services administratifs; enfin faire ressortir les causes nombreuses de discordes et de décadence qui conduiront Rome à sa perte en la laissant sans force contre l'invasion des barbares.

Arrivés à cette partie du cours, nous retrouvons l'histoire nationale, et désormais il n'est plus utile de la quitter pour donner aux élèves les notions d'histoire générale dont ils auront besoin plus tard. En effet, l'histoire des nations voisines ne peut nous intéresser qu'autant qu'elle est liée à la nôtre; on en parlera donc en même temps que l'on racontera les événements qui la rattachent à celle de la patrie.

On retirera d'un cours d'histoire ainsi compris un enseignement civique et moral tout à la fois : *civique*, parce qu'il initiera les enfants aux différents modes de gouvernement; *moral*, parce qu'il leur montrera, par la vie des hommes illustres et par celle des nations, qu'un peuple, n'est vraiment grand qu'autant que les citoyens y possèdent les qualités morales de l'individu, telles que l'énergie, l'activité, la bravoure; de plus, il leur proposera des modèles à suivre et leur montrera des écueils à éviter.

---

64. — L'ENSEIGNEMENT DE LA GÉOGRAPHIE DANS LES PETITES CLASSES

Comment comprenez-vous l'enseignement de la géographie dans les petites classes? — Donner un exemple d'une leçon de géographie faite dans un cours élémentaire.

La seule méthode qui convienne à l'enseignement primaire est celle qui fait intervenir tour à tour le maître et les élèves, qui entretient pour ainsi dire entre eux et lui un continuel échange d'idées sous des formes variées, souples et ingénieusement graduées. Le maître part toujours de ce que les enfants savent, et procédant du connu à l'inconnu, du facile au difficile, il les conduit, par l'enchaînement des questions orales ou des devoirs écrits, à découvrir les conséquences d'un principe, les applications d'une règle, ou, inversement, les principes et les règles qu'ils ont déjà inconsciemment appliqués.

« En toute occasion, le maître, *pour commencer, se sert d'objets sensibles, fait voir et toucher les choses, met les enfants en présence des réalités concrètes, puis peu à peu, il les exerce à en dégager l'idée abstraite, à comparer, à généraliser, à raisonner sans le secours d'exemples matériels. »*

Ces principes, que nous extrayons des programmes mêmes du conseil supérieur, s'appliquent particulièrement à l'enseignement des petites classes, et particulièrement aussi à l'enseignement initial de la géographie.

C'est pour cet enseignement, en effet, surtout quand il est donné aux petits enfants, qu'il faut procéder par voie d'entretiens, en passant du connu à l'inconnu, du simple au composé, du facile au difficile; par voie d'intuition, en passant du concret à l'abstrait, en faisant prévaloir l'idée sur le mot, qu'il faut montrer la chose avant de la définir, ne faire venir le livre qu'après la leçon orale accompagnée de toutes les exhibitions possibles.

Les atlas, les atlas avec textes, abondent de nos jours. Il y en a pour tous les cours, même pour le cours élémentaire, et, à peine les enfants savent-ils lire, qu'on se hâte de leur en mettre un entre les mains. Je ne me demande point si ces atlas n'offrent pas des dangers de plus d'une sorte; si, par exemple, ils n'amènent pas les enfants à se pencher outre mesure sur la table ou sur le pupitre, à faire des recherches pénibles aux dépens de leur santé; si leur emploi prématuré n'est pas une des causes de cette myopie qui nous envahit et des attitudes vicieuses que les hygiénistes reprochent à l'école de favoriser. Je les suppose pleins de jour et de lumière, pourvus de textes parfaitement lisibles. Je veux qu'ils ne renferment que des cartes claires, nettes, sans bavures, sans surcharge de noms, de lignes d'ombres, de hachures qui les rendent embrouillées et confuses. En un mot, je leur fais la part aussi belle que possible. Eh bien! même dans ces conditions, je n'admets point l'usage de l'atlas dans les petites classes; à peine si je le tolère dans les grandes : l'atlas, c'est toujours le livre se substituant à la parole du maître; c'est toujours le maître s'accusant lui-même d'impuissance à remplir sa tâche de professeur. En général, du moins à mon humble avis, ce n'est pas sur l'atlas que doit se faire la leçon de géographie à l'école primaire;

c'est en présence des choses elles-mêmes et, à leur défaut, devant une belle carte murale sur laquelle tout le monde puisse voir, suivre, se promener avec la baguette. Ainsi et ainsi seulement, la leçon a de la vie, de l'entrain, de l'intérêt, est *professée*, devient l'œuvre personnelle et commune du maître et des élèves.

Mais, pour que cette manière de procéder produise elle-même tous les résultats désirables, il faut que la carte soit comprise ; qu'il y ait, comme dans le livre de lecture, correspondance parfaite entre les idées et les signes. Cette correspondance, il faut avant tout l'établir ; et c'est là la tâche propre, spéciale des maîtres et maîtresses des petites classes : de former les enfants à la lecture des cartes comme à la lecture des livres.

Avant le signe, l'idée, disons-nous. Il s'agit donc tout d'abord de donner à nos jeunes élèves des *idées géographiques* et des mots pour les exprimer. Mots et idées, ou plutôt idées et mots viendront en même temps, si nous savons nous y prendre. Expliquons notre pensée par quelques exemples :

. Nous en sommes à cette partie de notre programme : « Montrer sur la carte du département et de la France les signes conventionnels à l'aide desquels on représente les villes, les cours d'eau, les montagnes, etc. »

Nous nous garderons bien de suivre cette vieille méthode proprement interrogative qui consiste à apprendre ou à faire apprendre aux enfants des définitions, fût-ce même sur un atlas, et à leur demander ensuite : qu'est-ce qu'un cours d'eau?... Qu'est-ce qu'une montagne?... Une chaîne de montagnes?... Un plateau?... Une vallée?... Un lac?... Un fleuve?... Une rivière?... Un cap?... Une île?... Une presqu'île?... Une mer?... Un golfe?... etc., etc. En procédant ainsi, nous aurions le plus souvent, pour ne pas dire toujours, les mots sans les idées. Nous nous garderons même de prendre notre programme à la lettre, et de montrer « les signes conventionnels » dont se composent les cartes : de cette manière, il est vrai que nous aurions, outre les mots, des signes, les signes par lesquels on est convenu de représenter les accidents géographiques. Mais qui nous prouverait que, dans l'esprit de nos élèves, ces signes répondent à des idées justes et vraies? Ces idées ne peuvent naître que de la vue ou de la conception des réalités elles-mêmes. Mais, ces réalités, les avons-nous à notre disposition? Pour l'affirmative, c'est le cas de mettre en pratique les directions que l'on a placées en tête de notre programme : « le maître s'attache à faire comprendre aux enfants, par l'observation attentive des accidents géographiques qu'ils ont sous les yeux la signification exacte des différents termes de la nomenclature géographique ». Et c'est ainsi, du reste, que nous pouvons appliquer dans une certaine mesure, la méthode d'après laquelle l'enseignement géographique doit avoir son point de départ dans l'école, dans la commune, dans le canton, dans le département, afin, dit M. Gréard, que, « lorsque l'élève a été mis en possession de l'espace où il vit, il reporte plus aisément au dehors, au fur et à mesure que son horizon s'agrandit, les idées de position, de distance, etc. ». Mais, bien des fois, les accidents géographiques manqueront autour de nous : où trouver des cours d'eau, des montagnes, des vallées, etc., dans les plaines de la Beauce ou de la Champagne? Alors, nous les créerons par l'imagination, par la description, par les images, et même par des miniatures établies dans notre jardin ou dans notre cour. Qu'on me permette à ce sujet d'évoquer des souvenirs :

C'était dans une salle d'asile. Une magnifique carte de France descendait du plafond comme un *Deus ex machinâ*. Au moment de l'opération, les enfants regardèrent de tous leurs yeux et je commençai à concevoir des espérances. Mais, ô déception! la directrice se mit à montrer et à faire nommer les départements bien que la carte ne fût encore pour ses élèves qu'une image barbouillée de couleurs plus ou moins voyantes.

C'était dans une salle d'asile encore, assez maigrement outillée, ma foi : au lieu de la magnifique carte descendant du plafond, à peine une pauvre France vieillie par l'âge et par l'usage et collée à la muraille. On faisait pourtant là aussi de la géographie. J'avise un garçonnet de cinq ou six ans et, sans préambule : « On t'apprend la géographie, mon cher enfant..., eh bien! dis-moi ce que c'est qu'un cours d'eau. — Monsieur, c'est de l'eau qui coule, me répondit-il en faisant un mouvement de bras et de main significatif. — As-tu vu quelque part un cours d'eau? — Monsieur, à toutes les fois qu'il pleut un peu fort, il y en a un dans la cour. — Oh! mais, il doit être bien petit ce cours d'eau-là?... — Aussi, monsieur, ce n'est qu'un *ruisseau*. — Il y a donc des cours d'eau plus grands? — Ah! oui, monsieur; le Rhône qui coule là, tout près de nous, est bien plus, bien plus grand; il se rend dans la mer... c'est un fleuve. — Puisque tu es si savant, peux-tu me montrer un cours d'eau sur cette carte?... » Et, sans hésiter, le cher enfant me montra son cher Rhône, et, à l'aide de la baguette, il en suivit tout le parcours. Il put même le tracer tellement quellement à la craie sur le tableau noir. — « Comme tu l'as fait petit là-haut, ton Rhône!... — Monsieur, c'est parce que c'est là qu'il commence. — Ah!.. et comment cela s'appelle-t-il l'endroit ou un cours d'eau commence? — Cela s'appelle sa *source*. — As-tu vu une source? — Madame nous a dit que le robinet qui est dans la cour ressemble à une source : seulement, les sources sortent de terre. — Et pourquoi as-tu fait ton Rhône si gros, tout à fait en bas? — Parce qu'il arrive à son *embouchure*... il a reçu beaucoup d'autres cours d'eau, des *rivières*, des *affluents*, depuis sa source jusqu'à son embouchure. — Très bien, madame, ne pus-je m'empêcher de dire à la directrice en me retournant vers elle. Il me semble que c'est comme cela qu'il faut faire et c'est comme cela que je veux faire dans mon école. Vos élèves n'en sont pas aux provinces et aux départements. Mais, ce que je trouve de beaucoup préférable, ils ont des idées géographiques, des idées auxquelles répondent parfaitement les mots et les signes. Vous ne les faites arriver à ces derniers qu'après leur avoir mis des réalités sous les yeux. Comment faites-vous, je vous prie, quand le pays ne vous fournit point les réalités? — Monsieur, voyez-en des réductions dans notre jardin. A ces miniatures, je joins ces plâtres, ces images, des dessins au tableau noir.... L'imagination de mes enfants aidant, nous nous faisons des idées à peu près justes sur toutes choses, et nous pouvons passer sans trop de crainte à la lecture des cartes..— Merci de votre excellente leçon, chère madame; puisse l'école vous continuer ! »

Une autre fois encore, une directrice de petite classe en était à ce point du programme géographique élémentaire : « La terre. — Démonstration familière de la forme de la terre.... » Elle faisait donc de la *cosmographie*. Elle tira de sa poche une aiguille à tricoter, et — à défaut d'une orange sans doute : on était loin du Midi — une superbe pomme de reinette grise. Cette pomme fut la *terre*, même une *sphère*. L'aiguille dont elle la transperça fut l'*axe terrestre*; les points d'entrée et de sortie furent les deux pôles, un peu déprimés (un peu trop), pendant qu'à d'autres points, la terre était renflée (un peu trop aussi). Un plan (un couteau) passa d'un pôle à l'autre et traça un *méridien*. En pénétrant plus avant, il coupa la terre en deux *demi-sphères*, en deux *hémisphères* restant unis quelque peu par la pelure de la pomme. Ces deux hémisphères ayant été mis à plat et côte à côte sur la table, on put voir toute la surface de la terre, *sans regarder par-dessous*, eut l'esprit de dire un bambin. On comprit dès lors ce que représentaient les deux grands ronds bariolés appendus sur l'un des murs de la classe et au haut desquels les plus savants lisaient : *Mappemonde*. Un plan (toujours le couteau) passa à égale distance des deux pôles, perpendiculairement au méridien; il forma un grand cercle qu'on appela l'*équateur*. D'autres sections devinrent les *tropiques*, les *cercles polaires*, les *degrés de latitude*, etc., etc... et deux des plus attentifs ou des plus heureux mangèrent la terre, l'un l'*hémisphère oriental*, l'autre l'*hémisphère occidental*.

Dans mon enseignement, je suis ces exemples et je m'en suis toujours bien trouvé, m'efforçant de réaliser la doctrine bien connue de J.-J. Rousseau et du P. Girard. « C'est sur le sol natal, dit ce dernier, que doit se prendre la première leçon de géographie. L'enfant doit d'abord saisir avec réflexion tout ce qui l'environne, afin de recueillir autour de soi les points de comparaison, dont il aura besoin désormais pour se représenter la terre et le genre humain qui l'habite. Avec ces connaissances préliminaires, il passera aisément du connu à l'inconnu et du petit au grand. »

Il me semble qu'il est impossible de dire plus juste.

---

65. — LES LEÇONS DE CHOSES
ET LES PREMIÈRES NOTIONS SCIENTIFIQUES

Le décret du 18 janvier 1887, restreignant, en ce qui concerne l'école primaire élémentaire, le vaste programme tracé par l'article 1er de la loi du 28 mars 1882, porte à son article 27 :

« L'enseignement primaire comprend :

. . . .

« Les leçons de choses et les premières notions scientifiques. »

Comment doit-on comprendre et appliquer cette partie du nouveau programme officiel?

Usant de la latitude que lui laissait l'article 3 de la loi du 30 octobre 1886, le conseil supérieur a fait, entre les écoles de diverses catégories, la répartition des matières énumérées en l'article 1er de la loi du 28 mars 1882. La part de revient de l'école primaire élémentaire se trouve dans l'article 27 du décret organique du 18 janvier 1887. Dans ce nouveau programme, nous ne voyons plus figurer notamment : « les éléments des sciences naturelles et physiques, leurs applications à l'agriculture, à l'hygiène, aux arts industriels ». Ce texte se trouve remplacé par celui-ci : « les leçons de choses et les premières notions scientifiques ». Comment comprendrons-nous cette partie du nouveau programme et comment en ferons-nous l'application dans nos écoles? Telle est la question que je me propose de traiter aujourd'hui.

Constatons d'abord que le programme de 1882 ne se trouve guère réduit que dans les termes. En effet, sur quoi porteront nos leçons de choses, sinon sur les éléments des *sciences naturelles et physiques*, sur *leurs applications* ici à l'*agriculture*, là à l'*industrie*, partout à l'*hygiène?* En quoi consisteront pour nous les premières notions scientifiques, si ce n'est encore dans les *éléments des sciences naturelles et physiques, dans leurs applications à...?* Les mots sont changés, mais au fond, les choses demeurent. Seulement, le décret de 1887 est moins explicite : il s'exprime en termes moins étendus, on peut dire moins effrayants, moins susceptibles d'engendrer les abus ; il condense, il atténue ; il invite à *la mesure* et la donne autant qu'il est possible. Car, depuis la promulgation de la loi de 1882, c'est la mesure qui était dépassée. Par qui? Par nous maîtres et maîtresses? Peut-être, mais surtout par les livres. Les maîtres d'enseignement secondaire qui se sont donné mission de nous en fournir (et ils n'y manquent pas!) croient nous faire des ouvrages *élémentaires* et, le plus souvent, ils ne nous font que des *abrégés* où abondent les noms grecs et latins, les nomenclatures, les classifications, les divisions et subdivisions, qui, en fin de compte, ne sont guère que les sommaires développés des gros volumes qu'ils ont écrits pour un enseignement d'un autre ordre. Voilà ce qui nous a égarés et ce qui peut nous égarer encore. Comme digue à cette invasion, le décret de janvier oppose ces simples mots : « les leçons de choses et les premières notions scientifiques ». Les leçons de choses, voilà la forme ; les premières notions scientifiques, voilà le fond. Ce qu'il faut donc entendre par ce paragraphe du programme, c'est un enseignement scientifique réduit à sa plus simple expression, réellement mesuré sur le temps, les besoins et les circonstances.

Le temps assigné à notre modeste enseignement scientifique demeure, sous le nouveau programme, ce qu'il était sous l'ancien,

Par une sorte de contradiction que plusieurs ont remarquée, pendant que le décret supprime ou restreint si fort le programme de 1882, l'arrêté en maintient le développement ; il intercale purement et simplement, entre ses articles 8 et 24, l'arrêté du 27 juillet 1882, « réglant l'organisation pédagogique et le plan d'études des écoles primaires », rédigé pour l'application de ce programme même, et c'est ce qui m'a fait dire au début que rien n'était changé à notre programme général quant au fond. Or, avant comme après 1887, je lis dans un 3° : « L'enseignement scientifique occupera, en moyenne et suivant le cours, d'une heure à une heure et demie par jour, savoir : trois quarts d'heure ou une heure pour l'arithmétique et les exercices qui s'y rattachent, le reste pour les sciences physiques et naturelles (avec leurs applications) présentées d'abord sous la forme de leçons de choses, et plus tard étudiées méthodiquement » (texte ancien), « pour les leçons de choses et les premières notions scientifiques » (texte nouveau). Le reste, cela veut dire environ une demi-heure par jour. C'est là-dessus qu'il nous faut tabler pour l'enseignement des sciences. Nous sommes dûment avertis. Si nous dépassons cette limite, c'est que nous ne comprenons pas ou que nous interprétons mal la pensée du législateur.

Les besoins et les circonstances, voilà qui est plus vague et plus difficile à déterminer. Qu'ont besoin de connaître nos élèves en fait de sciences physiques et naturelles ? Quelle part les circonstances nous permettent-elles de faire à ces branches d'enseignement ? Questions délicates et qui ne peuvent être résolues d'une manière absolue. Sans doute, ici encore, le règlement nous vient en aide. Le programme détaillé auquel il renvoie (toujours l'ancien programme détaillé de 1882 devenu l'annexe F de l'arrêté sous la rubrique de « programmes d'enseignement des écoles primaires élémentaires ») nous donne le plan, les grandes lignes, la marche. Nous n'avons qu'à nous reporter à ses prolégomènes et aux colonnes dont ils sont suivis pour bien voir ce qu'on nous demande, ce qu'on attend de nous. Mais, si précises que soient ces directions, elles ne dispensent point le maître de faire preuve de tact, de discernement, d'intelligente initiative. Les principes seront partout les mêmes, mais quelles différences dans les développements et dans les applications ! Donnons quelques exemples. L'enfant des villes doit connaître un peu les plantes, les animaux, les minéraux, etc., et n'être pas exposé à faire de trop grosses hérésies sur ces points, dans ses lectures, dans ses conversations, dans ses voyages. Pour lui, l'industrie et tout ce qui s'y rapporte ont surtout de l'intérêt et de l'importance. Il en est tout autrement pour l'enfant de la campagne. Lui, les plantes l'entourent, le pressent, le sollicitent ; les céréales, les fourrages, les arbres, les légumes, les fleurs seront la grande préoccupation de sa vie. Les animaux sont ses compagnons de travail, ses *domestiques*, ses auxiliaires, quelquefois ses ennemis. La terre est sa mère nourrice ; selon qu'elle contiendra tels éléments, qu'elle recevra tels soins, qu'elle sera cultivée à telle heure ou de telle façon, elle lui produira de riches moissons ou le chardon maudit. C'est donc principalement pour lui que le programme officiel s'étend sur les végétaux, les animaux, les minéraux et contient ce passage : « Notions, à propos de lectures, des leçons de choses et des promenades, sur les principales espèces de sols, les engrais, les travaux et les instruments usuels de culture.... » (Cours moyen.) « Notions plus méthodiques sur les travaux agricoles, les outils aratoires, le drainage, les engrais naturels et artificiels, les semailles et les récoltes ; — sur les animaux domestiques ; — sur la comptabilité agricole. Notions d'horticulture ; principaux procédés de multiplication des végétaux les plus utiles de la contrée. Notions d'arboriculture, greffes les plus importantes. » (Cours supérieur.)

Voilà, je crois, comment il faut comprendre cette partie du nouveau programme : « les leçons de choses et les premières notions scientifiques ».

Maintenant, comment l'appliquerons-nous ? Autre question bien importante, car les meilleures théories ne valent que par la pratique, les meilleurs programmes que par l'application.

Comme la mesure, la méthode à suivre nous est en grande partie indiquée par le texte lui-même, ce n'est pas sans intention que le législateur rapproche ces deux expressions : « leçons de choses et premières notions scientifiques » ; il veut nous montrer par là que notre enseignement scientifique doit emprunter à la leçon de choses sa forme attrayante et son heureuse simplicité. Au fond, nos leçons d'enseignement scientifique ne seront donc que des leçons de choses appropriées. On s'accorde généralement sur ce point. Seulement, certains maîtres voudraient que ces leçons se fissent quand l'occasion s'en présente : il pleut? parlons de l'eau et de la pluie; il neige? parlons des phénomènes de condensation; il tonne ? causons sur l'électricité; une épidémie règne ou menace? vite des entretiens sur l'hygiène; nous rencontrons un charron ou un tonnelier allumant des copeaux autour de leur roue ou sous leurs douves assemblées; profitons-en pour discourir sur la dilatation, etc., etc. Ce système a du bon, beaucoup de bon. Mais nous ne l'emploierons pas exclusivement : l'occasion ne se présente pas toujours; et puis, elle est fille du hasard et le hasard est ennemi de l'ordre et de la méthode; or, tout enseignement doit, au moins à quelque degré, être suivi, ordonné, méthodique. Pour tout concilier, nous donnerons beaucoup à l'occasion dans le cours élémentaire. Mais nous lui donnerons moins dans le cours moyen et moins encore dans le cours supérieur.

Dans ces deux cours, dans le dernier surtout, nous nous conformerons, quant à l'ordre des matières, au programme officiel : nous traiterons successivement de l'*homme*, des *animaux*, des *végétaux*, des *minéraux*, de la *physique*, de la *chimie*, de l'*agriculture*, de l'*horticulture*. Ce sera le moyen d'abord de ne rien oublier, ensuite de ne pas tout mêler dans le cerveau encore faible de nos élèves. Est-ce à dire que nous ne tâcherons pas de faire concorder la botanique avec le printemps, l'agriculture avec la moisson ou l'époque des semailles, la minéralogie avec les promenades; l'industrie avec la visite des usines?... Tant s'en faut. Nous voulons dire que nous ne nous astreindrons pas rigoureusement à attendre que tout cela vienne pour donner à nos petits cours un commencement, un milieu et une fin. La morale, elle aussi, est un enseignement qu'on pourrait appeler d'occasion, qui n'est jamais mieux placé que quand une occasion favorable se présente de l'appuyer sur un fait ou sur un exemple. Mais cela empêche-t-il qu'on en fasse utilement un cours régulier?

Voilà comment nous nous proposons d'appliquer notre nouveau programme d'enseignement scientifique, nous souvenant de cette observation si judicieuse du P. Girard : que les discussions savantes ne sont pas faites pour nos enfants, et que nous devons nous en tenir à ce qui peut être mis à leur faible portée.

---

66. — DE L'ENSEIGNEMENT DES SCIENCES NATURELLES ET PHYSIQUES A L'ÉCOLE PRIMAIRE

Comment comprenez-vous l'enseignement des sciences naturelles et physiques à l'école primaire? — Donner quelques exemples.

« Comment comprenez-vous l'enseignement des sciences naturelles et physiques à l'école primaire? » Cela veut dire, n'est-il pas vrai? quel but vous proposerez-vous dans l'enseignement dont il s'agit? Dans quel esprit et dans quelle mesure, d'après quelle méthode et quels procédés le donnerez-vous? S'il en est ainsi, notre plan est tout tracé : pour traiter le sujet, nous n'avons qu'à répondre aux trois questions dans lesquelles il se décompose ainsi naturellement, en accompagnant ou en faisant suivre le tout de quelques moyens d'application.

But. — Notre but dans la circonstance, ne peut être que celui que s'est proposé le législateur lui-même. Or, qu'a voulu le législateur? A-t-il entendu que nous ferions de nos élèves d'école primaire, à un degré quelconque, des naturalistes, des physiciens, des chimistes, etc.? Assurément non. Il sait trop bien que ce serait fausser l'école primaire, lui demander des choses qui ne sont point de son domaine, la faire empiéter sur des établissements d'un autre ordre et la jeter hors de sa voie : le programme de l'école primaire se réduira toujours à cette somme de connaissances que la Convention considérait à juste titre comme nécessaire à tous les hommes. Or, ce qui est nécessaire à nos enfants lorsqu'ils deviennent des hommes, c'est d'avoir sur toutes choses des notions suffisantes pour s'expliquer quelque peu le monde dont ils font partie, ces phénomènes qui se passent quotidiennement sous leurs yeux, dont ils sont souvent eux-mêmes le sujet et plus d'une fois, hélas! les victimes. Par quelques données sur la psychologie et la morale, nous leur apprenons à lire dans leur âme et dans leur conscience. Par quelques notions des sciences naturelles et physiques, apprenons-leur à feuilleter le grand livre de la nature et à y lire tant de choses qui les intéressent de près ou de loin.

D'ailleurs, l'éducation, une éducation rationnelle, vise au développement harmonique de toutes les facultés. Elle ne saurait négliger l'observation et la réflexion, qui lui sont des auxiliaires indispensables. Or, rien n'est plus propre à faire naître et à fortifier l'esprit d'observation, l'habitude de la réflexion que l'étude des sciences naturelles et physiques. Il y a longtemps que Rollin s'en était aperçu. Aussi recommandait-il cette étude, ne fût-ce que quand il en parlait ainsi : « J'appelle physique des enfants une étude de la nature qui ne demande que des yeux. Elle consiste à se rendre attentif aux objets que la nature nous présente, à les considérer avec soin, à en admirer les différentes beautés sans en approfondir les causes secrètes, ce qui est du ressort des savants. Il est inconcevable combien les enfants pourraient apprendre de choses si l'on savait profiter de toutes les occasions qu'eux-mêmes nous fournissent. »

Esprit et mesure. — Ce passage et les considérations que nous avons présentées plus haut vont nous aider à montrer dans quel esprit et dans quelle mesure il convient d'enseigner les sciences naturelles et physiques à l'école primaire, et même à quelle méthode et à quels procédés nous devons recourir pour accomplir cette partie de notre tâche.

« Les éléments des sciences naturelles et physiques » a dit le législateur; « des notions... des notions très élémentaires », répète à chaque instant le programme annexé à l'arrêté du 27 juillet 1882. Ces expressions sont pour nous des avertissements ou plutôt des ordres : elles nous marquent dans quelles limites nous devons renfermer nos enseignements. Et, d'ailleurs, dans une vie bien ordonnée, on mesure ses dépenses à ses ressources. Or, à l'école primaire, quand nous avons donné le temps voulu aux matières fondamentales de l'instruction primaire, à celles sans lesquelles elle n'existe pas : à la lecture, à l'écriture, au calcul, à la langue maternelle; quand nous avons fait une juste part à l'histoire, à la géographie, au dessin, etc., que nous reste-t-il de nos six heures quotidiennes et de nos trente heures hebdomadaires de classe?... Bien peu de chose; tout notre temps est dépensé, et, si nous prétendions enseigner les sciences naturelles et physiques avec quelque développement, en faire des cours réguliers et complets, où en viendrions-nous? A des exposés rapides et sans résultat possible ou, si nous voulions être compris et suivis, à des surcharges dangereuses pour la santé physique et morale de nos enfants. On m'assure que la chose est déjà arrivée plus d'une fois. Des jeunes normaliens ou normaliennes, tout frais émoulus, pleins de science et d'ardeur, ont essayé de déverser dans le cerveau de leurs élèves les connaissances et les formules dont le leur était bourré. Les malheureux! ils ne voyaient point que c'était vouloir mettre la mer dans une coquille de noix. La coquille de noix débordait, rejetait tout au fur et à mesure; il n'y restait rien. Si, il restait dans l'esprit de leurs élèves des mots sans signification et que les pauvrets plaçaient au hasard quand on les interrogeait. « Pour en finir avec ce gaspillage de temps et de forces, me disait dernièrement le directeur d'une grande école, j'en ai appelé au rapporteur même de la loi, et j'ai remis entre les mains de mes collaborateurs et de leurs élèves sa *Première Année scientifique*. Encore, leur ai-je dit, c'est un maximum; gardez-vous de le dépasser. » Et, en effet, c'est bien ordonné, c'est clair, net, précis, plein de faits intéressants et d'applications pratiques. Mais que de science! que de divisions et de subdivisions! Les trois règnes : *règne animal, règne végétal, règne minéral,* ou *zoologie, botanique, minéralogie,* soit, cela va tout seul. Des *vertébrés,* des *annelés,* des *mollusques,* des *zoophytes,* soit encore; des *mammifères,* des *oiseaux,* des *reptiles,* des *amphibiens* même, je le veux bien. Mais après? Est-ce que nous allons astreindre nos enfants à retenir, en zoologie, des subdivisions qui n'en finissent pas? en botanique, toutes les familles : *légumineuses, primulacées, renonculacées, asparaginées, amentacées,* etc., etc.? en géologie, toutes les catégories de roches ou de terrains? Non certes, mais seulement ce qu'on voit tout d'abord et ce que l'on retient sans peine. Nous lirons, nous ferons lire, nous rendrons intelligible le surplus, mais en laissant aux aspirants bacheliers le souci de le retenir quarante-huit heures et le stérile plaisir de l'oublier au sortir de l'examen.

Nous agirons de même en ce qui est des notions de physiologie animale ou végétale, de physique et de chimie : le nécessaire, le strict nécessaire, juste ce qu'il faut pour se rendre compte des phénomènes les plus vulgaires (au fond les plus intéressants pour tous), pour comprendre un langage scientifique devenu usuel, pour connaître ce que tout le monde connaît, est tenu de connaître aujourd'hui. A l'heure qu'il est, on passe pour ignorant quand on ne s'explique pas le levier, la balance, le thermomètre, le baromètre, l'éclair, le tonnerre, l'électricité qui met la ville ou le village en communication avec le monde entier,... quand on ne sait pas ce que c'est qu'un corps simple ou composé, un acide, un sel,... quand on ne sait pas aussi comment la plante ou l'animal se nourrit, comment circule ici la sève, là le sang. Mais que de choses à laisser « aux savants et qui sont de leur ressort », par exemple les nomenclatures, les classifications, les formules, les expressions par trop grecques et insolites pour nos oreilles primaires, « les mots féroces », a dit quelque part Paul Bert!

Et puis, nous nous épargnerons volontiers ce qui n'est

que curieux; nous viserons avant tout à ce qui est utile, applicable à l'industrie, au commerce, dans les villes; surtout à l'agriculture et à l'horticulture dans les campagnes. C'est là, du reste, l'esprit du programme officiel, puisque ceux qui sont chargés de l'interpréter rangent parmi les épreuves du brevet de capacité « des questions sur *les notions les plus élémentaires des sciences physiques et naturelles dans leurs rapports avec l'agriculture et l'horticulture* ». (Arrêté du 30 décembre 1884.)

Méthode. — La méthode à suivre nous est clairement indiquée dans le passage de Rollin que nous avons cité. D'ailleurs elle se révèle d'elle-même : les sciences naturelles et physiques sont filles de l'observation et de l'expérience. C'est par l'observation et par l'expérience que nous avons à les créer à l'école primaire. Sans prétendre, comme semble le proposer Herbert Spencer, faire repasser nos élèves par les sentiers qu'a parcourus l'humanité pour y arriver, nous recourons aux faits, aux expériences propres à nous conduire à la loi et à en fixer le souvenir dans nos esprits. Les faits abondent : ils nous pressent et nous enserrent de toute part; nos yeux n'ont qu'à voir, nos oreilles à entendre, nos mains à toucher; quand l'objet n'est pas là, l'image, la description, la comparaison, les analogies peuvent le remplacer. Quant aux expériences, il s'en produit sans cesse autour de nous et qui sont quelquefois plus à notre portée que celles qui se font à grands frais dans les cabinets de physique ou dans les laboratoires de chimie. Le printemps, l'été, l'automne, l'hiver, les tempêtes, les orages, la pluie, la rosée, etc., sont nos maîtres et nos manipulateurs. Pour la zoologie, nous avons, avec les animaux de la basse-cour, le monde vivant qui grouille autour de nous. Pour la botanique, le jardin, la haie, le buisson, la forêt, la prairie, sont nos pourvoyeurs. Pour la géologie, il y a bien, dans le voisinage, quelques carrières, quelques tranchées qui nous montrent comment s'est construit notre globe et qui nous fournissent, en outre, des échantillons de minéraux ou de terrains formés à diverses époques. D'ailleurs, les vulgarisateurs de la science nous apprennent tous les jours à faire des expériences faciles, à nous créer des collections peu coûteuses. Tout cela nous aidera dans l'emploi de la méthode d'intuition, qui, dans l'espèce, est la seule admissible.

Mais nous semblons, par ce qui précède, conseiller pour l'enseignement des sciences naturelles et physiques une marche subordonnée aux occasions, celle que Rollin préconisait de son temps. Est-ce que cet enseignement ne comporterait pas, à l'école primaire, un cours régulier et méthodique? Ici, il y a lieu de distinguer : ou il s'agit du cours élémentaire, ou il s'agit des cours moyen et supérieur. Avec les plus jeunes élèves, dans les plus petites classes, ce que nous avons de mieux à faire, c'est de nous laisser aller, comme dans les leçons de choses, au hasard des circonstances. Mais un certain ordre n'est point à dédaigner dans le cours moyen et surtout dans le cours supérieur. Nous n'insisterons pas sur ce point : le programme officiel nous en dispense. Toutefois, même avec nos grands élèves, nous profiterons des occasions qui se présenteront; au besoin, nous les ferons naître, nous les dirigerons comme on se permet quelquefois de diriger le sort, afin de les approprier à nos vues et de les faire rentrer dans le cadre que nous nous sommes tracé ou plutôt que nous a tracé le programme. D'ailleurs, ce n'est pas à l'école primaire que les retours et les redites sont à craindre. Ainsi, nous avons traité, il y a déjà quelque temps, de la dilatation des corps par la chaleur. Dans notre promenade, nous rencontrons un forgeron ou un charron occupé à fretter une roue. Nous le suivons dans son travail et nous remarquons qu'il applique simplement le principe que nous avons établi quand, voulant faire passer l'un dans l'autre des anneaux de diamètre égal, nous chauffions l'un en maintenant l'autre à la température ordinaire. Nous avons étudié le son il y a plusieurs mois. Mais voici que nous nous trouvons dans un lieu que la nymphe Écho semble avoir choisi pour sa demeure : nous nous remettons à parler du son et des vibrations de l'air qui, renvoyées par la colline ou le bois voisin, ramènent à nos oreilles nos chants ou nos éclats de voix.

Mais que nous suivions notre programme pas à pas ou que les occasions soient nos seuls guides, nous n'en serons pas moins fidèles à nos principes : sobriété, utilité, observations et expériences.

---

67. — LES CAHIERS A L'ÉCOLE PRIMAIRE

Du nombre et de la nature des cahiers à l'école primaire. — Exposer, en les motivant, vos vues à cet égard.

Le cahier est nécessaire à l'école primaire, parce qu'il est le principal instrument du travail personnel et de l'application des leçons. Le tableau noir et l'ardoise nous sont d'un grand secours ; mais le cahier seul garde des traces durables de ce qui s'est passé dans l'esprit si mobile, mais si actif, de l'enfant ; des efforts qu'il a faits ; de la marche qu'il a suivie quand il a été abandonné à lui-même et livré à sa propre initiative. Mais est-il nécessaire que ce travail de recherches et de réflexion solitaire soit dispersé sur des cahiers différents, qu'il y ait autant de natures de cahiers qu'il y a de matières d'enseignement? On l'a pensé long-temps ; peut-être le pense-t-on encore en plus d'un lieu ; il y a eu, il y a peut-être encore, tant dans des pensionnats de haut bord que dans des écoles très modestes, le cahier d'écriture, le cahier de calcul ou de problèmes, le cahier de rédaction, le cahier d'histoire, le cahier de dictée, le cahier de verbes, deux cahiers d'analyse, etc., etc., et, brochant sur le tout, le cahier de brouillon réservé aux ébauches, aux essais, aux barbouillages, aux griffonnages et, plus d'une fois, aux sottises, si bien qu'on pouvait et qu'on pourrait encore donner pour attributs, pour blason à l'écolier, en même temps qu'un fagot de livres écornés, une pile de cahiers maculés, fripés et gondolés. Car ce n'est pas une petite affaire que de maintenir frais et présentables une dizaine de manuscrits qui n'en finissent pas de s'achever pour faire le saut traditionnel chez l'épicier.

Les cahiers nombreux durent trop longtemps et sont, par suite, d'un entretien laborieux. Et puis, le moyen de suivre un enfant sur tant de routes et par tant de sentiers! Un esprit se révèle par la suite et par l'ensemble de ses opérations. Pourquoi égrener en quelque sorte l'application ou l'aptitude dont il fait preuve, les soins qu'il doit apporter à la rédaction de ses devoirs et à la tenue de ses cahiers, compliquer, comme à plaisir, le contrôle et les directions? Pourquoi, en outre, grossir la dépense? car il est bien évident que beaucoup de cahiers, même à poids égal de papier, coûtent plus qu'un seul. D'ailleurs, l'enfant aime le changement; un cahier nouveau lui plait et l'encourage; il prend, quand on le lui remet, les meilleures résolutions; or, de bonnes résolutions, dussent-elles ne vivre que ce que vivent les roses, sont toujours une bonne chose, une victoire sur le grand ennemi ; la négligence, le laisser-aller et, dans l'espèce, le dégoût qu'inspirent à l'enfant ses pages défraîchies, déparées par mille accidents inséparables d'un long usage.

On dit avec raison : une place pour chaque chose et chaque chose à sa place. Mais c'est abuser de ce proverbe que de le changer en celui-ci : un cahier pour chaque matière d'enseignement. Sans doute, dans les hautes écoles d'enseignement secondaire, où chaque cahier reproduit un cours spécial, se transforme en quelque sorte en un livre, le meilleur de tous, celui que l'on gardera de préférence, que l'on consultera avec le plus de fruit pour raviver ses souvenirs et repasser par des chemins heureusement frayés, il peut, il doit même y avoir le cahier d'histoire, le cahier de géographie, le cahier d'arithmétique, de géométrie, d'algèbre, etc. Mais il n'en saurait être de même dans la simple et humble école primaire. Là, sans doute, nous avons des cours à faire, mais non à dicter et à conserver en manuscrits; ces manuscrits ne seraient que d'informes ébauches; même dans les grandes classes, ils seraient pleins de fautes, d'erreurs et de lacunes; mille fois mieux valent nos livres élémentaires dûment expliqués et suffisamment compris. Nous n'avons pas à instruire à fond, mais à initier aux connaissances les plus rudimentaires. Nous avons surtout à former des esprits, à développer les facultés, à provoquer l'effort, à le diriger et à le soutenir. Pour cela, c'est assez de quelques cahiers, peut-être d'un seul. C'est, croyons-nous, aux conférences de 1854 (Loiret), qu'a eu lieu la première tentative de réaction contre la multiplicité des cahiers à l'école primaire. D'après les procès-verbaux de ces conférences, on proposait de ne conserver que le cahier d'écriture, le cahier de brouillon et le cahier de mise au net. A quelque vingt ans de distance, on alla plus loin, notamment dans le Nord; on imagina le cahier unique, qu'on appela le cahier journal. C'était une réforme radicale s'il en fut. Les instituteurs de toute une région convinrent de l'adopter et l'adoptèrent en effet, mais non toujours sans réserves. Plusieurs demandèrent grâce pour le cahier d'écriture. Pourquoi! peut-être pour se continuer le bénéfice des cahiers préparés; peut-être aussi pour conserver à l'écriture la place d'honneur qu'elle a toujours eue dans nos écoles primaires et qui, malheureusement, lui est disputée et contestée jusque dans nos écoles normales. Ces chevaliers de l'écriture — et je me permets de compter parmi eux — trouvent que des pages entières d'écriture plaisent plus aux élèves et aux familles, excitent davantage à l'application, font plus ressortir l'effort et le payent mieux que des travaux épars, perdus et comme noyés dans le cahier unique, cahier à tout faire, qu'ils comparent méchamment à l'arche de Noé ou à l'habit d'Arlequin.... Nous sommes tentés de leur donner raison s'ils emploient jusqu'au bout les cahiers préparés, ou s'ils se contentent de faire copier, suivant les anciens errements, des collections de modèles lithographiés; nous les appuierions moins volontiers si, adoptant un procédé qui tend à se généraliser, ils professent l'écriture comme les autres matières, faisant — à la condition, bien entendu, que les circonstances matérielles s'y prêtent — au tableau noir un modèle, j'entends un véritable modèle digne d'être imité, le démontrant et en surveillant ensuite la reproduction; à ceux-là la belle et pleine page d'écriture importe moins; des fragments, pourvu qu'ils soient soignés et appliqués, bien qu'isolés les uns des autres par d'autres devoirs sur le cahier unique, ne les scandalisent nullement.

Au cahier d'écriture les réfractaires à demi ajoutent un cahier de rédaction. L'arrêté du 27 juillet 1882, englobé à peu près tel quel dans l'arrêté encyclopédique du 18 janvier 1887, y invite, disent-ils, par cette disposition : « ... Les rédactions sont corrigées par le maître en dehors des classes », laquelle signifie que les cahiers seront transportés de la classe dans le cabinet du maître ou de la maîtresse. Mais, si, comme il arrive souvent pour les adjoints et les adjointes, ce cabinet n'est autre que la chambrette louée ou concédée loin de l'école, faudra-t-il...? Non, n'est-ce pas? le mieux sera de laisser le cahier unique, fatalement volumineux et toujours nécessaire, dans le pupitre de l'élève ou sur le bureau du maître et de n'avoir à faire voyager qu'un cahier de rédaction, plus léger, plus maniable, et dont les absences peuvent se prolonger jusqu'à la rédaction prochaine. — Le mieux ne serait-il pas de faire faire les rédactions sur des feuilles volantes? Ce serait peut-être la solution du problème.

Enfin les réfractaires à outrance, les obstinés partisans du passé, dans une conférence à laquelle j'assistais, jeune et encore exempt de préjugés, vantèrent le cahier de dessin, le cahier d'histoire et de géographie, le cahier de morceaux de mémoire; quelques-uns même parlèrent avec tendresse du cahier de brouillon et du cahier de corrigé ou de mise au net. Pour le cahier de dessin, on leur répondit par ce que nous avons dit du cahier d'écriture; pour le cahier d'histoire et de géographie, par la facilité que nous avons de mettre entre les mains de nos élèves de bons livres où nos leçons se trouvent résumées dans un meilleur style que celui que nous pourrions attendre de nos meilleurs élèves. Le cahier de morceaux de mémoire est un répertoire hors de cause; le cahier de brouillon a fait son temps, depuis que l'ardoise est là pour les recherches, pour les essais et les tâtonnements; d'ailleurs, tout devoir doit être soigné, jeté le plus vite possible dans le moule qui lui est propre, et peut figurer, même dans son premier jet, sur le cahier-journal; pour la mise au net, si on la juge utile, le même cahier-journal ne l'exclut pas. Un tracé géographique peut se faire partout; pour la carte d'une certaine dimension, une feuille volante s'y prête mieux que n'importe quoi.... Bref, la discussion terminée, il ne resta debout que le cahier unique comme principe et le cahier d'écriture comme concession. Et le cahier de devoirs mensuels? dira-t-on. Le cahier de devoirs mensuels n'était point né alors. Aujourd'hui, il est prescrit par l'autorité supérieure; il n'est donc plus saison de le discuter. Il est entré dans la règle; qu'il entre maintenant dans les mœurs scolaires, *si qua fata aspera rumpat,* s'il triomphe du froid accueil qui lui a été fait malgré sa noble et haute origine, et du peu de sympathie que lui ont témoigné les récents congrès.

De tout ce qui précède, il résulte que nous penchons vers le cahier unique. Que de bonnes raisons, il nous semble, on peut invoquer en sa faveur! Par sa merveilleuse synthèse, il rend le contrôle facile à tous les points de vue : marche générale de l'école, choix et suite des devoirs, méthodes et procédés employés, niveau et progrès de l'enseignement, tout est là, embrassé presque d'un seul coup d'œil. L'examen d'un cahier vous livre un élève; l'examen de cinq ou six, pris au hasard, vous livre toute une classe, le maître ou la maîtresse compris. On dit que le grand avantage du cahier de devoirs mensuels est de permettre à l'élève de se comparer à lui-même. Il en est de même du cahier unique, pour peu qu'il dure quinze jours ou un mois, et cette comparaison à des distances rapprochées, si elle n'est la meilleure, a sa valeur cependant pour l'enfant aussi bien que pour le maître et pour la famille : que d'observations utiles on peut faire à un écolier lorsqu'on échange le cahier qu'il vient d'achever pour un cahier nouveau! Et la bonne tenue de ce cahier, qui est le compagnon, le confident, l'instrument du travail quotidien, ne peut-elle pas créer d'aussi bonnes habitudes que celle d'un cahier qui n'apparaît que rarement et dans lequel on verra toujours, quoi qu'on fasse, un cahier d'apparat et comme un habit des dimanches? Dans tous les cas, il est une utile simplification, et, nous l'avons dit déjà, il constitue une sérieuse économie; ces deux circonstances le recommandent au moins à notre attention.

Mais je m'aperçois qu'au lieu de traiter mon sujet à un point de vue tout à fait général, je me laisse aller à l'éloge du cahier unique. C'est que ce cahier est l'expression dernière du principe que j'ai posé : le moins de cahiers possible. Je reviens à ce principe. J'en fais mon symbole, non un symbole étroit et fermé, mais le fondement d'une doctrine susceptible de s'élargir, de laisser une certaine latitude dans la pratique. Je ne condamne donc pas ceux de mes collègues qui, eu égard à certains milieux et à certaines circonstances, font usage de plusieurs cahiers, ajoutent un ou deux cahiers au cahier principal; je me prononce seulement contre la multiplicité des cahiers.

---

68. — LES EXERCICES ÉCRITS

Des exercices écrits à l'école primaire. — Quelles sont, à votre avis, les règles générales qui doivent présider au choix des exercices écrits à l'école primaire? — Application de ces principes dans les trois cours.

On nous dit de nous tenir le plus possible en communication avec nos élèves, de causer beaucoup avec eux, de les associer à nos leçons, afin de les faire collaborer, dans une large mesure, à leur propre éducation. Certes l'on a raison; l'enseignement oral, compris comme il doit l'être à l'école primaire, offre de grands avantages : il oblige l'enfant à parler, à se révéler, à faire emploi de ses facultés; d'ailleurs, il le repose plus qu'il ne le fatigue; il le charme, il introduit la vie, l'entrain, le mouvement, l'émulation là où le pauvre écolier s'attendait peut-être à ne trouver que le silence, l'immobilité, la contrainte et l'ennui. Bref, il est une de nos plus précieuses ressources pour faire aimer l'école, donner le goût de l'instruction et exercer une heureuse action sur l'esprit et sur le cœur de nos élèves.

Mais tout le monde sait qu'il ne suffit pas; qu'à l'école primaire comme ailleurs, plus peut-être qu'ailleurs, il faut y joindre des devoirs écrits. Ces devoirs s'imposent pour des raisons d'ordre matériel en même temps que pour des raisons d'ordre moral. D'une part, nous ne pouvons parler et faire parler toute une journée; souvent notre situation est telle qu'il faut abandonner une division à elle-même pour nous occuper exclusivement d'une autre; d'autre part, notre enseignement produirait de bien maigres résultats si nous n'imposions pas à nos élèves un travail de réflexion, des efforts personnels, des exercices d'application, en un mot, des devoirs écrits. Il est superflu d'insister sur ce point : à défaut de convictions, il y aurait des préjugés et des habitudes auxquels nous nous garderions bien de nous attaquer, car ce serait peine absolument perdue. Aussi nous hâtons-nous de dire de notre mieux quelles sont les règles générales qui doivent présider au choix de ces devoirs ou exercices écrits dont nous venons d'affirmer la nécessité.

Ces règles se tirent, il nous semble, du but même que se propose l'école.

L'école a pour objet de faire l'éducation morale et intellectuelle de l'enfant, sans nuire, tant s'en faut, à son développement physique; de le préparer à la vie; par suite, de l'accoutumer de bonne heure à faire acte de volonté et d'énergie, à se tirer seul d'affaire et à vaincre les difficultés qu'il rencontrera si souvent sur son chemin. Les devoirs écrits seront en conséquence.

Ils seront choisis de manière à produire sur l'enfant d'heureuses impressions, à développer chez lui ces sentiments honnêtes qui font l'homme moral, sociable, civilisé, à laisser dans ses souvenirs quelques maximes fortifiantes, quelques préceptes de conduite auxquels il puisse recourir dans les luttes et dans les embarras de la vie. En d'autres termes, les devoirs seront avant tout sains et moralisateurs; c'est là un caractère qu'on devra leur reconnaître tout d'abord en feuilletant les cahiers qui les contiennent. Ils seront en outre instructifs : c'est en grande partie par eux que des connaissances nouvelles s'ajouteront aux connaissances acquises, comme la pierre s'ajoute à la pierre pour la construction d'un édifice. Quand, dans une exposition ou dans une inspection, on veut juger de la valeur des devoirs écrits, la première question qu'on se fait est celle-ci : « Qu'est-ce que cela dit au cœur et à l'esprit? » et, si l'on est obligé de se répondre : « Rien ou pas grand' chose », on éprouve une impression pénible, on plaint les élèves et on condamne le maître.

L'école, disions-nous tout à l'heure, ne doit point nuire, tant s'en faut, au développement physique de l'enfant. Eh bien! elle nuirait à ce développement si les devoirs écrits étaient longs, fatigants, ou seulement ennuyeux. L'enfant n'est point homme encore et ne peut être traité comme tel; chez lui, le cerveau est faible et la pensée vacillante; sa nature le porte au changement; le plaisir ou l'attrait peuvent seuls soutenir son attention. Par des devoirs longs ou monotones, on étiole ses organes et on le dégoûte d'ailleurs de l'école et du travail. Il en serait de même si on le mettait aux prises avec des difficultés au-dessus de son âge, de ses forces, de son degré de développement intellectuel : « il faut suivre l'enfant et non le devancer », dit Rousseau; « il faut faire en sorte qu'il soit toujours au-dessus de sa tâche », dit Fénelon. Il en serait de même encore si les sujets des devoirs n'étaient point empruntés au monde auquel il appartient et qui lui est familier; si on le plaçait dans les nuages, quand il vit sur la terre, dans les sphères aristocratiques ou bourgeoises, quand il est élevé à l'atelier ou sur le champ de ses pères. Ainsi les devoirs écrits devront être d'abord moralisateurs et instructifs, ensuite courts, variés, attrayants, relativement faciles et, de plus, appropriés aux milieux.

Et c'est parce qu'ils n'ont pas toujours présenté ces

qualités que les devoirs écrits ont soulevé et soulèvent encore de si vives répulsions. En les voyant, d'un côté, si vides, si dépourvus d'intérêt et d'utilité pratique, quelquefois si étranges et si bizarres ; de l'autre, si longs, si absorbants, plutôt faits pour occuper que pour instruire, on est tenté de penser qu'en les imposant, le maître n'a eu en vue que de se débarrasser de ses élèves et de se ménager des loisirs.

Voici une autre règle à joindre à celles que nous énumérions tout à l'heure : A moins qu'ils n'aient pour objet une récapitulation générale, — ce qui a souvent lieu dans les cours supérieurs, — les devoirs écrits doivent être l'application de la leçon qui vient d'être faite, de la théorie qui vient d'être exposée. L'enseignement oral a le précieux avantage de pénétrer plus facilement dans l'intelligence et d'y faire la lumière. Mais, comme nous le disions en commençant, il est fugitif (*verba volant*) ; il ne tarderait pas à échapper, à s'évanouir en quelque sorte, si un exercice écrit ne venait immédiatement le confirmer et le fixer (*scripta manent*). Du reste, cette règle est comme stéréotypée : les livres y sont fidèles, dans les grammaires, arithmétiques, etc., etc., tout chapitre est suivi de nombreux exercices d'application. Et c'est avec raison : au livre, au professeur, d'ouvrir la voie et de l'éclairer ; à l'élève d'y marcher et d'y faire usage des forces qu'on vient de lui faire acquérir.

Donc, rien de vague ou d'indécis dans les devoirs écrits. Qu'à la seule lecture d'une dictée on puisse reconnaître de quelle règle elle est l'application ou à quelle règle elle prépare ; qu'à l'examen d'un problème on devine où en sont les élèves en arithmétique ; qu'à l'inspection d'une page d'écriture on voie sur quelles difficultés ils sont exercés. En un mot, que partout apparaissent le dessein, le but, une prévision.

Telles sont les règles. Ajoutons que, pour les suivre, il ne suffit pas d'ouvrir son livre, de déployer son journal pédagogique, de prendre et d'accepter de confiance les devoirs qu'un éditeur empressé nous envoie par la poste.

Ces devoirs peuvent être bons en eux-mêmes. Mais quoi? Ceux qui nous les fournissent ne sont-ils pas trop loin pour apprécier les circonstances particulières où nous nous trouvons placés et qui, si souvent nous dominent? Ils ont devant les yeux une école idéale. Pour eux, tous les élèves sont exacts et assidus, toutes les intelligences sont ouvertes, toutes les volontés soumises, toutes les attentions soutenues; il n'y a qu'à dévider d'un mouvement uniforme et régulier la pelote qu'ils nous présentent, qu'à filer la quenouille qu'ils nous tendent plantureusement garnie, qu'à nous embarquer sur le fleuve qu'ils nous montrent, et à y suivre le fil de l'eau, entrainant avec nous notre auditoire comme le soleil ses planètes et les planètes leurs satellites. Hélas! messieurs, et les besoins particuliers de la région! et les olives, les châtaignes, les « magnans », la moisson, les vendanges! et ces paresseux, ces nonchalants, ces retardataires incorrigibles! et ces mille heurts auxquels nous exposent les maladies, les mauvais vouloirs, le manque d'outillage, etc.! Aidons-nous donc de nos livres et de nos journaux, mais ne nous en faisons point esclaves. Sachons garder notre initiative et notre liberté : nous en avons grand besoin pour approprier notre enseignement en général, nos devoirs écrits en particulier, à nos besoins propres, aux exigences de notre situation. Si nous n'y prenions garde, les livres et les journaux spéciaux deviendraient pour notre enseignement primaire un véritable fléau, au lieu de nous être d'utiles et précieux auxiliaires. Il y a là un véritable danger; qu'on nous pardonne de le signaler en passant.

Ces règles sont-elles tellement générales qu'elles soient applicables dans les trois cours d'une école primaire? Oui, sans doute. En bas, en haut, dans les degrés intermédiaires, partout, les devoirs écrits doivent contribuer à l'éducation morale et à l'éducation intellectuelle; partout ils doivent être courts, variés, attrayants, proportionnés aux forces, appropriés aux milieux; partout encore ils sont le complément obligé, la mise en œuvre et l'application nécessaire de la leçon orale. S'il y a des différences, elles ne peuvent se trouver que dans la mesure observée.

Dans le cours élémentaire, l'attrait et la brièveté l'emporteront. Pour l'écriture, pour la copie, pour la dictée, quelques mots, puis quelques phrases empruntés soit à la lecture, soit à l'entretien du jour ; pour le calcul, la reproduction de nombres concrets ou bien la solution de quelques gros problèmes dans lesquels les gâteaux, les oranges, les pommes, les billes, les objets usuels joueront un rôle prépondérant. Pour la géographie, des cours d'eau, des montagnes, des côtes, des baies, des golfes, des îles, etc., illustreront utilement le tableau noir ou les premiers cahiers ; pour le dessin, des lignes et des figures d'où la fantaisie ne sera pas toujours bannie, suffiront à exercer l'œil et la main ; pour l'histoire, un nom dûment orthographié (Vercingétorix, César, Clovis, Charlemagne, Duguesclin, Jeanne d'Arc, Bayard, etc.), ou bien des affirmations dogmatiques comme celles-ci : Vercingétorix fut brave ; il a défendu sa patrie, la Gaule, contre les Romains. — Charlemagne fut un grand conquérant ; il fit beaucoup de guerres et fonda un vaste empire. — Jeanne d'Arc était une bergère ; elle quitta son troupeau et sa chaumière pour aller combattre les Anglais qui avaient envahi la France ; elle fut faite prisonnière et les Anglais la brûlèrent vive à Rouen... constitueront des rédactions succinctes et substantielles, qui mériteront un éloge ou un bon point.

Dans le cours moyen, tout s'élèvera d'un ou de plusieurs degrés. Les enseignements devenant plus étendus et plus sérieux, les devoirs écrits s'en ressentiront : au lieu de quelques lignes d'écriture, des pages bien propres, faites d'après un modèle consciencieusement observé ; de vraies dictées, des rédactions ou des résumés un peu plus développés ; des problèmes où les quatre règles commenceront à se mêler pour provoquer la réflexion et le discernement ; des cartes un peu soignées, des dessins déjà réguliers, au lieu des ébauches primitives ou des essais tout à fait rudimentaires des premiers jours....

Dans le cours supérieur, l'intelligence s'est développée, le jugement s'est formé, la main s'est affermie; l'enfant est plus prêt pour les devoirs écrits et ceux-ci, comme l'enseignement lui-même, peuvent prendre une extension nouvelle. Mais que toujours il nous souvienne que l'enfant n'est point une bête de somme qu'il soit loisible de charger à volonté, que son éducation ne se fait pas à grand renfort de devoirs donnés à tort et à travers, sans choix, sans autre préoccupation que celle d'alléger notre tâche à ses dépens.

---

69. — DES DEVOIRS FAITS DANS LA FAMILLE

Des devoirs faits dans la famille; avantages et inconvénients. — En toute hypothèse, dans quels cours, sur quelles matières du programme et à quelles conditions les devoirs dont il s'agit vous paraissent-ils pouvoir être donnés aux élèves? Pourraient-ils être remplacés et par quoi?

Devoirs faits dans la famille.... Il y a donc des devoirs à faire en dehors de l'école? L'enfant qui s'échappe joyeux de la classe où il a passé six longues heures de captivité, ne recouvre donc pas la liberté de se mouvoir et de vaguer à son aise, de jouir un peu de ce *farniente* si occupé qui est l'apanage de son âge et que la bonne nature a mis au seuil de la vie pour nous la faire aimer? Nous ne lui laisserons donc pas un moment où il s'appartienne pleinement, où, *cura liber ab omni*, il voie devant lui une libre et franche soirée, un sommeil exempt de mauvais rêves, un réveil que n'assombrisse pas la perspective d'avoir tout à l'heure des devoirs à présenter et des leçons à réciter? Non, il n'est pas, paraît-il, un petit coin de terre où les heureux jours de l'enfance et de la première jeunesse ne soient cruellement troublés et tourmentés :

> .... un endroit écarté
> Où d'être encore enfant on ait la liberté;

l'âge d'or est bien décidément devenu un mythe; ceux qui ont inventé les devoirs à faire dans la famille en ont effacé les derniers vestiges. Transformer le foyer paternel en une salle d'étude, en faire une succursale de l'école, y poursuivre le malheureux enfant, l'y clouer toute une soirée sur une chaise devant des livres et des cahiers, quelle odieuse extension de la loi sur l'obligation! quel dédain des lois qui président au développement de l'être humain! Et aussi quel oubli des obstacles que va rencontrer l'enfant pour accomplir la tâche supplémentaire qu'on lui impose! Du moins, à l'école, il trouve un calme et un recueillement relatifs; la lumière du bon Dieu ne lui est pas marchandée; il a son petit domaine propre, son ménage d'écolier, ses instruments de travail au grand complet. Il n'est d'ailleurs ni seul, ni condamné à l'immobilité; la vie et le mouvement abondent autour de lui; comme les abeilles à la ruche, lui et ses condisciples collaborent à l'œuvre commune sous la haute direction d'un maître qui aide, soutient et encourage. Si là il est soumis à un régime contre nature (c'est la civilisation, non la nature, qui a créé l'école), à tout le moins lui en adoucit-on les rigueurs et parvient-on même à le lui rendre agréable. Il n'en est pas ainsi quand vous l'astreignez à des devoirs dans la famille. Pour vous en convaincre, promenez-vous quelque soir par les rues de la ville ou du village; plongez dans l'intérieur des demeures ou des boutiques un regard dont, pour le moment, nous vous pardonnons l'indiscrétion. Vous apercevrez votre écolier travaillant péniblement sur le coin d'une table embarrassée de toutes sortes de choses ou, dans tous les cas, peu faite pour son usage. Solitaire, morose, ennuyé, il griffonne plus qu'il n'écrit, prenant des attitudes à faire frémir nos médecins hygiénistes, à leur faire pronostiquer la scoliose, la myopie, le rachitisme, toutes les infirmités dont ils ont chargé l'école dans ces derniers temps. Le père et la mère, par leurs allées et venues, le dérangent et le troublent, les petits frères et les petites sœurs le harcèlent; la lampe ou la chandelle fumeuse lui fatiguent les yeux plus qu'elles ne l'éclairent; si c'est en hiver, il grelotte ou lutte contre la somnolence. Vous regretterez alors les devoirs que vous lui avez donnés; vous seriez heureux de voir les parents jeter au feu ses paperasses; si c'est un garçon, le faire manœuvrer à l'atelier ou dans la basse-cour, au besoin l'envoyer polissonner sur la place publique. Le lendemain, que vous rapportera-t-il? je ne sais, mais assurément rien qui vaille un esprit reposé, des membres dégourdis, une figure épanouie et des yeux pétillants de jeunesse et d'ardeur.

Voilà les résultats les plus fréquents et à peu près inévitables des devoirs faits dans la famille.

Et cependant... la vie écolière est courte; elle ne suffit vraiment point à la tâche qui nous est imposée. Nos programmes sont pléthoriques, et on aura beau vouloir les réduire, on y perdra toujours son temps et ses peines, parce que ce sont les besoins et les mœurs, bien plus que les législateurs eux-mêmes, qui les ont faits ce qu'ils sont. Les examens et les concours arrivent bientôt; ils sont utiles; bien plus, ils sont nécessaires et il faut les préparer. Que voulez-vous? ce n'est pas notre faute si nous vivons dans un siècle de fièvre, si une somme formidable de travail s'impose à tous, même à l'enfance. Une sorte de fatalité nous amène à étendre la vie écolière, par suite à dérober quelques heures de plus à ces loisirs que la nature semble pourtant garantir à l'enfance. Et puis, à l'école, comme nous le disions tout à l'heure, le maître est là qui aide, écarte les obstacles, jette quelques fleurs sur la route; les condisciples sont là aussi qui stimulent et qui entraînent. D'ailleurs, l'école, la classe, c'est le lieu des cours; le temps s'y écoule trop vite pour que le travail personnel, le travail de réflexion et d'assimilation s'y fasse d'une manière un peu complète et réellement fructueuse; ce travail doit se faire ailleurs ou, du moins, il est bon qu'il se fasse dans la solitude et dans l'isolement. D'ailleurs encore, les parents, qui sont nos maîtres en définitive, demandent que nous les *débarrassions* le plus possible de leurs enfants; de là le succès des études surveillées que les municipalités veulent bien payer; de là, à défaut de ces études,

la faveur dont jouissent quand même les devoirs donnés à
faire à la maison.

D'un côté, des inconvénients, de l'autre, des avantages
et une sorte de nécessité; quelle sera la solution du problème? La voici, croyons-nous.

Nous ne proscrirons pas absolument les devoirs dont il
s'agit. Seulement, au lieu de les donner par habitude, par
routine, au hasard, nous les donnerons avec tact, avec
mesure, avec discernement : 1° Nous les réserverons pour
les élèves qui sont vraiment capables d'en comprendre
l'importance et de les faire plutôt de bonne volonté que par
force; 2° dans notre arsenal de devoirs, nous choisirons,
pour la maison, ceux qu'on peut faire seul et avec ses
propres ressources, qui ne demandent pas une trop grande
tension d'esprit, et surtout qui offrent quelque attrait.

Notre premier principe nous dispense de parler des
enfants du cours ou des cours élémentaires. Pour ceux-là,
la règle est encore « non de gagner du temps, mais d'en
perdre ». Que seraient-ils abandonnés à eux-mêmes dans
les conditions si vraies, si navrantes, que nous avons
décrites plus haut? Des barbouillages sans nom dont le
résultat le plus sûr serait de créer peut-être des habitudes
fâcheuses, à tout le moins de faire naître un dégoût prématuré de l'étude, du travail, de l'école elle-même. Laissons-les à leurs jeux et à l'heureuse insouciance de leur
âge; il est pour eux « trop matin ». L'enfant du cours
moyen doit encore être traité avec indulgence. Ne lui
demandons que peu afin d'obtenir de lui quelque chose :
une copie, une mise au net, un exercice de conjugaison,
toujours, quoi qu'on fasse, un peu machinal, un de ces
exercices d'application qui se trouvent dans la plupart des
grammaires et qui n'exigent qu'une somme fort légère
d'attention, ou bien simplement une leçon qui pourra être
apprise sur le chemin même de l'école, etc.

Nous arrivons au cours supérieur. *Fervet opus.* C'est
ici que la vie écolière chauffe, et qu'une sorte d'ébullition
s'y produit; il n'y a plus de temps à perdre et le travail
intense devient une nécessité. Du reste, les organes de

l'enfant se sont affermis : le cerveau, cet instrument de la pensée, approche de son entier développement et se trouve en état de supporter mieux la fatigue. Le sérieux est venu à l'âme et les préoccupations d'avenir en même temps ; l'enfant commence à chercher sa voie, à comprendre que la carrière ne se fera pas toute seule et qu'il faut la préparer. Il ne trouvera donc point exorbitant d'emporter de l'école un peu de travail pour la soirée, pour la matinée, pour le jeudi ou le dimanche ; il saura trouver dans la maison, sous le berceau ou la tonnelle, peut-être dans sa chambrette, un coin où il puisse se recueillir et prolonger sa journée : tracer une carte et la parfaire à son gré, résoudre un problème qui l'intéresse ; soigner une narration qui lui plaît, une page d'écriture ou un dessin qui lui feront honneur ; se fortifier sur un point où il regrette d'être faible ; se préparer à un examen où il entend réussir. Car, comme nous l'avons posé en principe, les devoirs à faire dans la famille doivent avoir de l'attrait, si nous voulons que l'enfant s'y applique, y mette du goût, au lieu de les bâcler comme il ferait d'un pensum. Ainsi compris, les devoirs dans la famille sont possibles ; ils allègent notre tâche sans accabler l'écolier ; ils nous créent des loisirs, assurent la liberté de nos mouvements, en rejetant en dehors des classes ce qui d'ordinaire les encombre.

Ils nous créent des loisirs..., n'augmentent-ils pas au contraire nos labeurs ? ce que nous gagnons d'un côté, ne le perdons-nous pas de l'autre ? Peut-être, car, bien que, d'après ce que nous venons de dire, les devoirs faits dans la famille doivent être des œuvres toutes d'attrait et de raison, constituer presque des actes libres, il n'en est pas moins vrai qu'ils doivent être contrôlés, même corrigés dans une certaine mesure. Sans doute ; mais ce sera un motif de plus pour en régler le nombre et l'étendue, d'abord sur les forces de l'enfant, ensuite sur les nôtres, pour y préférer la qualité à la quantité, pour ne point en abuser, ce qu'on nous reproche de faire.

Ainsi, au fond, nous ne sommes pas favorables aux devoirs donnés dans la famille. Nous ne les admettons que dans des limites fort restreintes et dans des conditions qui sont loin de se rencontrer toujours. Dès lors, ne vaudrait-il pas mieux les supprimer, quitte à les remplacer à l'école même? Les remplacer? Par quoi, s'il vous plaît? — Eh bien! mais par une prolongation des classes, en faisant arriver les élèves plus tôt ou en les renvoyant plus tard. — Faire les classes de quatre heures, n'est-ce pas? ou du moins faire séjourner les enfants à l'école quatre heures le matin et quatre heures le soir. Le soir, l'heure de surplus serait employée à faire les devoirs; le matin, elle serait employée à achever ces devoirs et à apprendre les leçons. — Je le veux bien, si les circonstances le permettent, surtout si les hygiénistes y consentent et, avec eux, les vrais pédagogues, ceux qui connaissent bien les enfants et ont souci de leur développement dans tous les sens. Pour ma part; je me borne à prendre les résolutions suivantes :

Je donnerai peu de devoirs à la maison; je n'en donnerai peut-être pas du tout. Je les remplacerai par un emploi consciencieux du temps dont je dispose à l'école. Oh! là, je ne perdrai pas une minute; j'exigerai l'exactitude, l'assiduité, un travail varié et attrayant, mais aussi, solide et soutenu. Je les remplacerai encore par le choix des méthodes et des procédés qui sont reconnus pour être les plus rationnels, les plus conformes à l'objet de l'école, les plus sûrs et les plus rapides. Je les remplacerai enfin par un redoublement de zèle et de dévouement. Comment! en agissant ainsi, je ne parviendrais pas à mettre mes élèves en possession des petites connaissances que comporte leur âge et qu'on pourra équitablement exiger d'eux pour l'examen du certificat d'études, voire même, s'il y a lieu, pour l'admission aux écoles supérieures ou aux écoles normales! J'espère mieux de leurs efforts et des miens. J'attends davantage du bon emploi des six ou sept fois douze cents heures que m'assurent les règlements, et que me laissent les nécessités ordinaires de la vie. Serais-je le seul à avoir cette confiance en l'école et en moi-même?

70. — LA CORRECTION DES DEVOIRS ÉCRITS

De la correction des devoirs écrits. — Son importance. — Limites dans lesquelles il vous paraît juste de la renfermer [1].

Je n'ai que trente et quelques années. Pourquoi, me dit-on, si jeune encore, avez-vous déjà les yeux vieillis et fatigués? — J'ai beaucoup lu. — La nuit? — Oui, de neuf à dix heures du soir jusqu'à une ou deux heures du matin. — Et que lisiez-vous comme cela, mon Dieu! des romans? — Pis que cela : de la littérature scolaire, des cahiers et des copies d'élèves. J'étais maîtresse adjointe; ma directrice n'admettait pas qu'un seul devoir ne fût corrigé, qu'une seule faute ne fût au moins soulignée à l'encre rouge; mon inspecteur fronçait le sourcil quand, ouvrant les cahiers, il y trouvait un problème resté fautif, une rédaction non retouchée et même refaite, des lettres, des points, des virgules oubliés par l'élève et non rapportés par la maîtresse, une page ou un devoir laissés sans note ou sans paraphe. J'avais de cinquante à soixante élèves et les devoirs écrits pleuvaient chez moi; on en faisait en classe, à la promenade, à la maison, partout : devoirs de copie, devoirs de grammaire, devoirs d'arithmétique avec force problèmes, devoirs d'histoire avec développements et résumés, de géographie avec cartes multiples et détaillées, devoirs... divers. Tout cela se multipliait pour moi par cinquante au moins, et je montais à ma chambrette, j'en redescendais, pliant sous le poids d'un portefeuille plus bourré que ceux de nos ministres. Mes jeudis, mes dimanches, mes nuits se passaient à déchiffrer des griffonnages, à charger des cahiers ou des

---

1. Nous empruntons cette dernière étude à une copie qui a été envoyée au *Manuel général de l'instruction primaire* par une institutrice d'Algérie; elle a été quelque peu retouchée et nous ne la donnons pas comme un modèle, mais comme un spécimen réussi d'épreuve écrite dans un des examens de la profession.

copies de ratures et d'annotations. Ah! j'en ai signalé et relevé des fautes! j'en ai usé des flacons de carmin! j'en ai perdu des heures de ma jeunesse!...—Comment, perdu? — Oui, perdu : je n'ai pas foi dans les corrections solitaires, auxquelles l'intéressé n'assiste pas et, en définitive, ne prend aucune part.

Je traite en ce moment un sujet. A deux cents lieues de moi, par delà la Méditerranée, mon correcteur va, sur la marge que je laisse à cet effet, me critiquer, me gourmander, « renvoyer en leur lieu les vers mal arrangés », réprimer « des mots l'ambitieuse emphase »; ici, « le sens va le choquer, plus loin, ce sera la phrase »;

> Votre construction commence à s'obscurcir;
> Ce terme est équivoque, il le faut éclaircir,

me dira-t-il à chaque instant. Rien de mieux. Dès que ma copie me sera retournée, je la décachèterai avec émotion; je la relirai avec empressement; la moindre note sera pour moi un avertissement, une direction, un conseil dont j'aurai à cœur de faire mon profit; rien de cette correction à distance ne sera perdu. Pourquoi? Parce que j'ai un but prochain : celui d'obtenir le certificat d'aptitude pédagogique et que j'ai besoin de savoir ce que je vaux pour la circonstance, ce que je puis espérer de moi, en quoi je suis forte, en quoi je suis faible; parce que, à mon âge, on est sérieuse et préoccupée de l'avenir. Mais l'enfant, est-ce qu'il y a pour lui un passé et un avenir? Est-ce qu'il n'est pas tout entier dans le présent? Est-ce que le devoir qu'il a fait n'a pas été une corvée dont il a eu hâte de se délivrer? La corvée est accomplie : adieu les préoccupations. Il jettera un coup d'œil distrait sur le cahier ou sur la copie que vous lui rendrez; il cherchera tout au plus le chiffre dont vous aurez payé son travail, et tout sera dit. Vous, pauvre maîtresse, vous en serez pour vos veilles et pour la satisfaction platonique d'avoir rempli la tâche que l'on vous a fait envisager comme un devoir de premier ordre. Ce sera quelque chose sans doute, mais non tout ce que vous cherchiez : vous vouliez en outre être utile et vous aurez travaillé à peu près en vain.

La véritable correction des devoirs écrits, la seule vraiment profitable, est celle qui se fait en classe, par les procédés propres à chaque matière. Là l'élève est forcé de voir ses fautes; il les comprend, il les touche du doigt, il en éprouve une salutaire confusion, il les corrige et peu à peu s'en corrige. Et puis, il y a là de sa part collaboration, activité, exercice des facultés, un travail personnel d'où résulte la culture et le développement intellectuel; et cet avantage se produit non pour un seul, mais pour quarante ou cinquante élèves à la fois. S'agit-il d'une définition, d'une règle, d'une idée, d'une phrase à trouver? tous la cherchent, plusieurs la rencontrent, quelques-uns la formulent. Pour les problèmes, chacun apporte son raisonnement, sa solution. Pour une dictée, chacun, à titre de revanche bien entendu, épluche son voisin de son mieux et s'épluche lui-même en même temps. — Mais le temps presse et le maître ne peut tout voir en détail au cours d'une classe; des fautes échappent et demeurent, qui iront s'étaler dans la famille, chez l'épicier, chez le marchand de tabac, peut-être sur les tablettes d'une exposition; que pensera-t-on de l'école, du maître ou de la maîtresse? — Ceux qui ne savent pas ce que c'est qu'une école en penseront ce qu'ils voudront. Les personnes sages porteront plus haut et placeront mieux leurs appréciations : les devoirs sont choisis avec soin; ils se succèdent dans un bon ordre; les derniers sont supérieurs aux premiers.... A travers quelques *lapsus* inévitables, qui sont le fait de l'âge et du milieu, l'intelligence, le jugement, la mémoire, l'imagination, la sensibilité, le désir de bien faire apparaîtront, et l'on ne pensera pas que l'école soit mal tenue ou mal dirigée, parce que *tous* les devoirs n'auront pas été corrigés minutieusement et que quelques malheureuses fautes, par exemple des fautes d'orthographe — celles qui scandalisent surtout les puristes — n'auront point été soulignées, supputées, additionnées à l'encre rouge.

Du reste, la correction collective des devoirs est bien dans l'esprit de nos règlements, car on lit dans l'arrêté du 27 juillet 1882 : « IV. La correction des devoirs et la réci-

tation des leçons ont lieu pendant les heures de classe auxquelles se rapportent ces devoirs et la récitation de ces
leçons. Dans la règle, les devoirs sont corrigés au tableau
noir en même temps que se fait la *visite des cahiers....* »
Il y a toutefois une restriction : « Les rédactions sont corrigées par le maitre en dehors des classes.... »

Voilà qui est grave : de par le règlement, je dois revenir
à mes veilles pour corriger, dans le silence du cabinet,
cinquante ou soixante rédactions, et quelles rédactions! La
plupart sont informes, à reprendre à peu près dans leur
entier : les idées sont à trouver, les phrases à refaire, les
mots et expressions à changer, sans compter la note générale qui devra justifier mon appréciation par un adverbe ou
par un chiffre. Il me faudra bien, au bas mot, donner à
chaque copie dix minutes, huit ou neuf heures à l'ensemble.
O mes pauvres yeux! O mes relations de famille et de
société! O soins que je dois à mon ménage, à ma santé, à
la correction de mes compositions!... Il va falloir sacrifier
encore une fois tout cela aujourd'hui, demain, après-demain,
toujours, car je fais faire le plus de rédactions que je puis.
Former nos enfants à trouver des idées et à les rendre convenablement, n'est-ce pas là l'un des principaux résultats
que nous devions chercher à obtenir?

Nenni. Revenue de mes illusions, ramenée par l'expérience et par la force des choses à ce qu'il y a de possible
et de pratique, voici comment je vais m'y prendre pour
concilier le soin de ma vie et de ma santé avec mes devoirs
d'institutrice, de professeur. Pour le moment, je viens de
recueillir mes cinquante rédactions. Je les parcours toutes
et je ne tarde pas à être fixée sur les mauvaises, les médiocres et les bonnes, comme aussi sur le soin et le degré d'application qui y ont été apportés. J'en choisis une ou deux
dans chaque catégorie. Ce sont celles-là que je corrigerai en
détail, mais en classe seulement. L'opération a lieu dès le
lendemain à l'heure prescrite par l'emploi du temps. Chemin faisant, se dessinent la manière dont il convenait de
poser la question et de la diviser, les idées principales qu'il
fallait trouver et rassembler, les idées accessoires qui

devaient naturellement se grouper autour; les fautes de français, voire les fautes d'orthographe, sont signalées, les mots et expressions impropres sont réformés, les phrases boiteuses sont remises sur leurs pieds..... Le corrigé émerge peu à peu des critiques et des observations. Tout le monde y a travaillé, y a apporté son contingent. Tout le monde aussi sent en quoi pèche sa propre composition, voit en quoi elle est défectueuse et comment il faudrait s'y prendre si le devoir était à recommencer.

Voilà une correction qui portera d'autres fruits que la correction solitaire que j'aurais pu faire à la lueur de ma lampe. Cela, qu'on veuille bien le remarquer, ne m'a pas empêchée de prendre une idée à peu près juste du travail de chacun et d'être en mesure d'en apprécier, s'il y avait lieu, la valeur approximative par un chiffre. Seulement, les choses se sont faites vite et, je le crois du moins, aussi bien qu'il était possible, eu égard au temps et aux forces dont je disposais.

Je me résume. Ma respectable directrice avait raison : tous les devoirs donnés doivent être corrigés, mais on ne saurait exiger qu'ils le soient individuellement et par le menu : 1° parce que ce labeur est peu utile ; 2° parce que les forces humaines ont des bornes, mêmes celles des jeunes institutrices ; que, pour tous tant que nous sommes, les jours ne sont que de vingt-quatre heures, que la nature veut que l'on prélève à peu près les deux tiers de cette somme pour le sommeil, pour la vie matérielle et pour la vie morale, et que, dans tous les cas, il n'est pas possible d'en distraire plus de la moitié pour ses obligations professionnelles.

Je m'aperçois que j'ai passé sous silence une partie de mon texte : « Importance de la correction des devoirs écrits » C'est qu'à mes yeux, c'est là une vérité de bon sens et qui n'a pas besoin d'être démontrée.

Donner des devoirs sans les corriger serait inviter à ne les point faire ou à les négliger : comment faisions-nous autrefois nos devoirs de vacances, que nous savions bien être purement et simplement jetés au panier dès que nous les avions déposés dans le cabinet de la directrice? La perspective de la correction, d'une mise en jugement d'où sortira un verdict motivé d'éloge ou de blâme, soutient l'enfant et l'arme contre son indolence naturelle. Ce serait, en outre, faire manquer le but de l'école, qui est d'instruire en provoquant l'effort et en prévenant les défaillances, de mettre sans cesse l'enfant en présence de lui-même et de ses camarades pour le pousser à son perfectionnement et l'y faire collaborer. Enfin, c'est au cours d'une correction bien faite que l'esprit travaille, que le jugement s'exerce, que les facultés se développent, en un mot, que l'éducation intellectuelle et morale progresse. Nous corrigerons donc nos devoirs écrits. Seulement, nous ne pouvons le faire que dans la limite de nos forces : c'était surtout le point que, pour ma part, je tenais à établir. Visiter tous les cahiers, contrôler tout travail qui a été prescrit, mais ne faire que les corrections possibles, utiles et praticables, voilà la seule tâche que j'impose à mes adjointes et que, du reste, je m'empresse de partager avec elles. Je termine en disant que je donne cette doctrine non comme parfaitement orthodoxe, non comme absolument bonne, mais comme mienne et, en outre, comme celle qui demeure après le rapide épuisement des premières forces et de la première ferveur.

FIN

TABLE DES MATIÈRES